누구나 쉽게 시작하는

게임 디자인 &
페이퍼
프로토타입

글로벌게임
연구회
추천도서

이은정 지음

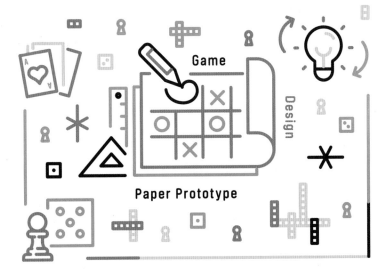

Game

Design

Paper Prototype

길벗
캠퍼스

이은정(Lee Eunjung)

시골에서 태어나 성장하는 동안 주변은 온통 규칙 없는 놀이로 채워진 리얼파크였다. 〈스톤 에이지〉 시스템에 매료되어 게임이 어떻게 작동하는지 알아내려고 규칙을 해부하면서 콘솔, PC, 모바일 등 디지털 게임 시스템의 기반이 되는 보드게임 메커니즘과 게임 디자인을 연구하고 있다.

2000년대 후반, 보드게임 업계에 발을 내딛어 전문 개발사와 연구소에서 보드게임 디자인 분야를 개척하며 혼재되어 있던 용어를 정리하고자 연구하고 있다. 또한, 보드게임 디자인과 보드게임 디자이너라는 전문직군을 정립하고 정의하는데 연구를 지속하고 있다. 현재 게임 경험 디자이너이자 게임 시스템 디자인 전문가로서 대학교 게임학과(부) 학생들에게 게임 디자인과 메커니즘 분석 분야를 가르치고 있다. 게임 재미검증을 위한 페이퍼 프로토타입 제작을 위한 새로운 커리큘럼을 만들었으며, 지금은 다양한 기술을 활용한 하이브리드 게임 디자인을 연구 중이다. 주요 보드게임 디자인 경력은 다음과 같다.

〈신라: 천년의 미소〉 시스템, 밸런스 디자인
〈MBTI 성격유형: 캐릭터〉 시스템, 밸런스 디자인
〈식스틴〉 시스템, 밸런스 디자인
〈에그애드〉 시스템, 밸런스 디자인
〈코드톡〉 시스템, 밸런스 디자인
〈한글날〉 시스템, 밸런스 디자인
〈컬렉션〉 시스템, 밸런스 디자인
〈시그널〉 시스템, 밸런스 디자인
〈팝콘〉 시스템, 밸런스 디자인
〈에코빌리지〉 시스템, 밸런스 디자인

매직빈게임즈의 시스템/레벨 디자이너이자 게임 디자인 컨설턴트로 일하고 있으며, 게임학, 게임 시스템, 메커니즘 분석에 대한 연구를 하고 있다.

누구나 쉽게 시작하는
게임 디자인 & 페이퍼 프로토타입

초판 1쇄 발행 • 2024년 1월 31일 | **지은이** • 이은정 | **발행인** • 이종원 | **발행처** • (주)도서출판 길벗 | **브랜드** • 길벗캠퍼스
출판사 등록일 • 1990년 12월 24일 | **주소** • 서울시 마포구 월드컵로 10길 56(서교동) | **대표 전화** • 02)332-0931 | **팩스** • 02)323-0586
홈페이지 • www.gilbut.co.kr | **이메일** • gilbut@gilbut.co.kr | **책임편집** • 신유진(backdoosan@gilbut.co.kr) | **디자인** • 강은경
제작 • 이준호, 손일순 | **영업마케팅 및 교재 문의** • 박성용(psy1010@gilbut.co.kr) | **영업관리** • 김명자 | **독자지원** • 윤정아, 최희창
전산편집 • 앤미디어 | **CTP 출력 및 인쇄** • 금강인쇄 | **제본** • 경문제책

ISBN 979-11-407-0773-7 93000(길벗 도서번호 060104)
정가 27,000원

독자의 1초를 아껴주는 정성 길벗출판사
(주)도서출판 길벗(www.gilbut.co.kr) • IT교육서, IT단행본, 경제경영서, 어학&실용서, 인문교양서, 자녀교육서
길벗스쿨(www.gilbutschool.co.kr) • 국어학습, 수학학습, 어린이교양, 주니어 어학학습, 학습단행본
페이스북 • www.facebook.com/gilbutzigy | **커뮤니티** • http://cafe.naver.com/gilbutit

보드게임 산업에 뛰어든지 얼마 지나지 않아서 산업 내부에 의도적으로 만든 이슈가 있었다. 그중 한 가지가 당시 회장 사에서 정관을 변경한 사건이다. 해당 사건의 내용은 '보드게임 개발사는 매년 신제품 1개 이상을 출시하지 않으면 협회에서 퇴출시키겠다.'는 항목을 추가한 것이다. 타 산업에서 이전해 1인 개발사로 창업한지 3년 차인 나에게 매년 새로운 제품을 출시한다는 것은 쉬운 일이 아니었다. 그해 연말이 다가오자 불면증에 시달리면서 조급한 마음으로 급하게 보드게임을 만들었고, 덕분에 회원사 자격을 유지할 수 있었다. 물론 출시는 하지 못했다. 지금 생각하면 기억 속 개그 프로그램 같은 이슈로 남아있지만, 그 당시에 들었던 퇴출이라는 단어는 충격 그 자체였으며, 그 이후로도 지금까지 들어보지 못했다. 10여 년 전의 일이지만, 문득 궁금해진다. 그때의 전 회장사는 그해에 신제품을 출시했었던가?

그리고 1년쯤 지났을 무렵, 출시해야겠다는 생각으로 가깝게 지내는 타 보드게임 사 대표님과 게임을 해 보았다. 그분이 프로토타입으로 테스트 플레이를 해 보았냐고 조심스럽게 물었고, 00 뒷골목에서 만든 것 같다고 했다. 테스트 플레이를 어떻게, 그리고 얼마나 해야 하는지 몰랐던 것보다 00 뒷골목 작업물 같다는 말은 퇴출이라는 단어만큼 충격적이었다. 그 시절에 보드게임 디자인 입문이나 프로토타입 제작 교과서 같은 책이 있었다면 00 뒷골목 작업물을 만들기 위해 해답을 찾느라 허비한 시간은 없었을 것이다. 이렇게 두 번의 충격 후, 게임의 개념과 원리에 관심을 갖고 보다 깊이 있는 공부를 하기 위해 대학원에서 게임학과 게임 메커니즘을 연구하기 시작했다. 연구한 내용을 기반으로 여러 대학에서 게임 전공 학생들에게 필요한 커리큘럼을 개발하고 보드게임 메커니즘, 페이퍼 프로토타입, 경험 디자인(UI/UX), 게임 분석을 가르치고 있다.

이 책은 누구나 게임을 만들 수 있지만, 만들지 못했던 사람들에게 조금이라도 도움을 주고자 집필했다. 또한, 게임을 만들어 봤지만, 여전히 게임 개발을 어렵게 느끼고 있는 디자이너, 게임 디자인이 어려운 디자이너, 게임 기획만 가능한 디자이너, 게임 아트만 가능한 디자이너, 둘 다 안 되는 디자이너, 이제 게임 디자인에 관심을 갖기 시작하는 디자이너 등 누구라도 시도할 수 있는 방법을 설명한다.

게임 디자이너는 두 가지 관점을 가져야 한다. 하나는 디자이너 관점에서 시스템과 콘텐츠를 디자인하고, 다른 하나는 플레이어 관점에서 특별한 감정이 제대로 전달되고 있는지 경험을 검증해야 한다. 이 책은 게임 디자인부터 프로토타입 제작, 그리고 플레이테스트까지 게임 디자이너가 할 수 있는 모든 부분을 다룬다. 이를 위해 처음부터 끝까지 사람이 하는 수고와 어려움을 해결하고 차시별 주제에 대한 이론과 개념을 학습하고 주요 메커니즘 분석을 융합한 수업으로 설계하여 설명한다.

이 책의 목표는 여러분이 게임 디자이너가 되도록 돕는 것이다. 여러분의 아이디어가 독창적인 게임이 되는 데 필요한 기술과 도구를 제공하고 프로세스를 따라 게임 디자인의 경계를 넓혀갈 수 있도록 도움을 주고자 한다.

목차에 따라 수업을 진행하면서 내용을 완전히 습득하면 게임의 재미를 위해서 디자인을 수정할 수는 있어도 게임 디자인을 하지 못하는 사람은 없을 것이다. 게임 디자인을 정리한 책은 시중에 많이 나와 있지만, 게임 아이디어를 프로토타입으로 제작하여 시각화하는 책은 없으며, 테스트를 통해 재미와 밸런스를 검증하는 프로세스까지 실습할 수 있는 책은 더더욱 없다. 물론 이 책의 진행 순서가 표준이거나 내용이 정답은 아니지만, 막막했던 게임 디자인 프로세스의 방향성을 찾는데 도움될 것을 확신하면서, 보드게임을 포함한 게임 디자이너나 개발자에게 한 장이라도 도움이 되길 바란다.

저자 이은정

이 책은 게임 아이디어를 프로토타입으로 제작하여 시각화하는 과정을 보여 준다. 차시별 주제에 따른 필수 이론과 개념을 설명하고 주요 메커니즘을 체험한다. 또한, 이론과 개념을 바탕으로 주제에 대한 실습을 병행하므로 누구나 쉽게 따라할 수 있을 것이다. 이 책은 게임을 처음부터 끝까지 디자인하고 게임 재미검증을 위한 프로토타입을 제작하여 테스트하는 실습에 초점을 맞췄다. 매주 게임 시스템을 결정짓는 주요 메커니즘을 소개하고 체험하게 함으로써 게임 개발 과정에서의 다양한 어려움을 일부 해소하고 일정 부분 도움받을 수 있는 요령을 보여 준다.

| 이 책의 대상 독자 |

이 책은 게임 아이디어를 시각화하거나 보드게임 디자이너 지망생을 우선적으로 고려했으며, 대학에서 게임 기획의 재미검증을 위한 게임 경험 디자인 수업 교재로 활용할 수 있도록 구성했다. 이 책을 읽는 대부분의 사람이 이미 보드게임을 만든 경험이 있을 수 있지만, 페이퍼 프로토타입을 어떻게 제작해야 하는지 모르는 독자와 이를 활용해서 테스트할 때 주요 질문과 체크리스트를 사용하는 독자는 없을 것으로 간주하고 집필했다. 따라서 게임 디자인이나 개발에 입문하는 초보자에게 개발 경험을 통해 실무 디자이너로 이끌기 위해 만들어진 책이라 할 수 있다.

- 게임 개발에 관심있는 누구나
- 게임 기획문서를 준비하는 게임 디자이너
- 게임 시스템을 배우고 싶어하는 프로그래머
- 게임 그래픽 디자이너
- 게임 아이디어의 재미검증 방법이 궁금한 프로듀서
- 게임 관련 학과(학부) 학생
- 보드게임 시스템/콘텐츠 디자이너
- 보드게임 레벨 디자이너
- 아트 디자이너를 필요로 하는 게임 디자이너
- 인공지능, 콘텐츠, AI융합콘텐츠 등의 소프트웨어 관련 학과(학부) 학생
- 학생들에게 게임 디자인과 메커니즘 분석을 연결해 가르치고 싶은 교수자

| 이 책의 활용법 |

이 책은 게임 프로토타입 제작이나 보드게임 개발에 대한 사전 지식 없이 처음 시작하는 사람이 쉽게 따라할 수 있도록 집필했다. 또한, 대학생의 게임 경험 디자인 교과목의 강의 교재로 활용하기 위해 집필했다. 이 책을 학습하는 가장 좋은 방법은 각 장별 이론을 익히고 예문을 이해한 다음에 실습을 통해 목차대로 학습 진도를 따라가면서 게임을 만들어 보는 경험과 지침을 얻는 것이다.

이 책은 게임 개발 비용과 개발 기간의 손실을 방지하고 프로젝트를 성공시키기 위해 주제별 이론과 개념을 이해하고 각 요소 간의 상호작용을 디자인한다. 디자인된 아이디어를 프로토타입으로 구체화하고 테스트를 통해 개선된 버전을 생성할 수 있도록 전체적인 개발과정을 한 학기 수업에 맞게 핵심만을 다뤘다.

게임 관련 학과에서는 게임 개발 기술을 집중적으로 실습하고 결과를 평가하는데, 게임이 제대로 만들어졌는지 검증하려면 프로토타입을 만들어서 플레이테스트해 보아야 한다. 프로토타입 중에서 가장 리스크가 적고 쉽게 접근할 수 있는 방법은 보드게임 기반의 페이퍼 프로토타입이다. 이 책을 통해 학생들이 게임 아이디어를 창의적으로 디자인하는 능력과 개발 능력을 기를 수 있기를 바란다.

이 책에서 다루는 내용은 다음과 같다.

- 게임 재미검증을 하기 위한 페이퍼 프로토타입 개발에 관한 모든 내용
- 게임 프로토타입 개발 프로세스의 전체 구성
- 매주 주제별로 이론, 개발 예시를 통한 분석, 실습 가이드 3단계로 학습
- 게임 프로토타입을 활용한 체크리스트

| 이 책의 구성 |

이 책은 한 학기 15주차의 수업에서 활용할 수 있도록, 중간발표와 기말발표를 고려하여 총 13개의 장으로 구성되어 있다. 챕터별 필수 이론과 개념, 메커니즘 분석, 실습하기 3단계로 구성되어 있어 매주 게임의 다양한 면을 접할 수 있고, 추상적인 아이디어를 구체화하는 게임 프로토타입을 제작하고 테스트 함으로써 학생들 스스로 기본적인 게임 아이디어에 대한 재미를 검증할 수 있는 틀을 완성할 수 있도록 구성했다. 1시수 수업의 이론을 바탕으로 2시수 수업에서는 메커니즘 분석, 3시수 수업에서는 실제 실습 시간을 부여하여 매주 목표를 달성하게 지도하는 것을 권장한다.

1. 수업 개요

교과목 개요 및 수업 목표	
교과목 개요	게임 개발의 새로운 접근방식인 페이퍼 프로토타입에 대해 이해하고, 창작자의 필수 역량인 디자인 엔터테인먼트 능력을 높여 게임 아이디어를 페이퍼 프로토타입으로 시각화하는 경험을 통해 게임 개발의 기본 원리를 이해한다.
수업 목표	경험 디자인 중심 수업으로, 게임 디자인에서 페이퍼 프로토타입 개발, 그리고 테스트를 통한 재미와 밸런스 검증까지 게임 개발 전체 프로세스를 실습하고 게임 디자인 엔터테인먼트 역량을 갖추는 것이다.

2. 수업 계획

주차별	챕터	주제	준비
1주차	1장	오리엔테이션 & 페이퍼 프로토타입의 이해 –페이퍼 프로토타입의 필요성과 이해 –게임 디자인 프로세스	교재 PPT PC

2주차	2장	소재, 테마 정하기	교재 PPT PC
		– 흥미로운 소재 설정 – 핵심 메시지를 전달하는 테마 설정	
3주차	3장	장르 정하기	교재 PPT PC
		– 장르에 대한 이해와 게임에 자주 나타나는 장르 – 플레이 유형과 특징	
4주차	4장	플레이어, 타겟	교재 PPT PC
		– 플레이어가 게임을 하는 동기 – 타겟층별 특성 이해	
5주차	5장	놀이의 특성과 유형	교재 PPT PC
		– 놀이와 의미 있는 놀이의 차이점 – 놀이의 유형과 특성	
6주차	6장	게임의 특성과 구성요소	교재 PPT PC
		– 게임의 특성 이해 – 게임의 구성요소와 디자인 요소 이해	
7주차	7장	게임 재미	교재 PPT PC
		– 재미 유형 및 특성 이해 – 게임 디자인을 위한 재미요소	
8주차	중간고사	중간고사	PPT PC
		중간발표	
9주차	8장	세계관, 스토리	교재 PPT PC
		– 매력있는 세계관 설정 – 흥미로운 스토리 작성	
10주차	9장	메커닉스	교재 PPT PC
		– 코어 메커닉스 다이어그램 – 규칙 설계	
11주차	10장	프로토타입 제작	교재 PPT PC
		– 프로토타입의 중요성 – 프로토타입 개발 요소	
12주차	11장	아트, UI	교재 PPT PC
		– UI, UX에 대한 이해 – UI 디자인 요소 및 사례	
13주차	12장	플레이테스트 및 크로스 테스트	교재 PPT PC
		– 테스트 과정 및 테스트에 대한 질문 – 체크리스트와 피드백을 활용한 크로스 테스트	
14주차	13장	규칙서 작성하기	교재 PPT PC
		– 규칙서 구성과 흐름 – 규칙서 작성하기	
15주차	기말고사	기말고사	PPT PC
		–기말발표	

1 장

페이퍼 프로토타입의 이해

페이퍼 프로토타입의 목적과 특징을 이해하고 게임 디자인 프로세스를 이해한다.

1.1 이론과 개념

01 게임

게임에 대해 이야기할 때, 우리는 종종 영화나 드라마 또는 음악 같은 미디어 형태로 이야기하곤 한다. 왜냐하면 게임의 정보를 전달받고, 구매하고 경험하는 방식이 영화, 드라마, 음악, 심지어 책과도 매우 비슷하기 때문이다. 하지만 이런 미디어 상품들과 비슷하게 포장되고 판매된다고 해서 같은 방식으로 제작된다고 생각하면 안 된다. 영화나 드라마, 음악, 또는 책이 제공하는 경험과 게임이 제공하는 경험은 근본적으로 다르기 때문에 다른 형태와 다른 방식으로 게임을 구상하고 디자인해서 제작해야 한다.

경험 이전에, 기본적으로 사용하는 용어부터 다르다. 영화와 드라마는 '보다', 음악은 '듣다' 또는 '부르다', 책은 '보다' 또는 '읽다'라고 하며, 게임은 '한다'라고 말한다. 이러한 행동을 하는 주체도 영화는 '관객', 드라마는 '시청자', 음악은 '청취자' 또는 '가수', 책은 '독자'라고 한다. 이들은 미디어에 대해 일방적으로 보기만 하거나 듣기만 한다. 반면 게임은 '플레이어'라고 한다. 플레이어는 게임이 작동하게 하고 지속할 수 있도록 행동을 멈추지 않는다는 의미를 내포하고 있다. 그 행동이 무엇인지 이해하기 위해서는 게임이 무엇인지부터 알아야 한다.

게임(Game)의 어원은 '흥겹다'와 '뛰다'라는 뜻으로 인도의 유러피언 계통 언어인 Ghem에서 파생된 단어다. 또한, '흥겹다'는 인간의 정신적인 상태를 의미하고, '뛰다'는 신체적인 행위를 의미하는 합성어로 게임의 사전적 의미는 놀이와 오락, 유희와 즐거움을 내포하고 있지만 실제로 게임 영역은 완전하게 정립되지 않은 미지의 영역으로 남아있다.

문명의 아버지로 불리는 시드 마이어(Sid Meier)는 게임을 플레이어의 관점에서 보고 다듬어야 한다고 주장하면서 "게임은 흥미로운 선택의 연속이다."라고 했다. 게임은 즐거움과 도전, 경쟁과 규칙을 통해 자신과 타인의 공통점과 차이점을 습득하고 의사소통의 기회를 제공하는 것으로, 때로는 규칙 위반과 의견 불일치로 일어나는 문제를 해결해야 할 상황도 생기지만, 공간 속에서 연령 제한 없이 참여하는 모든 사람에게 흥미와 즐거움을 준다는 것을 포함하고 있다.

게임 디자이너인 그렉 코스티키얀(Greg Costikyan)은 게임을 예술의 한 형태로 보고, 플레이어라고 불리는 참가자가 게임 신호를 통해 목표를 달성하는 과정에서 자원 관리에 관한 의사결정을 내리는 것이라고 했다. 게임을 한다는 것은 사건의 특정한 상태를 불러오도록 규칙에 대해 허락된 수단만을 사용하여 유도된 행동에 참여하는 것으로, 효율적인 수단을 금지하고 덜 효율적인 수단으로 게임 활동이 가능하도록 하는 규칙을 받아들이는 것을 의미한다.

● 게임의 진화

인간 문화의 대표적인 산물은 놀이이며, 유희적 행위로 놀이에서 진화한 형태가 게임이다. 게임은 인류 역사와 함께 내부적 변화를 허용하고, 사회문화적 유행에 민감하게 반응하면서 새로운 형태로 진화해 왔다. 게임은 플레이 형태에 따라 아날로그 게임과 디지털 게임으로 구분한다. 아날로그 게임에는 보드게임이 있으며, 디지털 게임에는 아케이드 게임, PC 게임, 콘솔/비디오 게임, 모바일 게임이 있다.

그림 1-1 Cézanne의 카드놀이하는 사람들

❶ 보드게임

놀이에서 진화한 가장 오래된 게임은 보드게임(Board Game)이다. 보드게임의 영문 명칭은 "Tabletop Game"이며 테이블에서 여러 사람이 얼굴을 맞대고 다양한 진행 방식으로 즐기는 게임을 말한다. 전자 기기를 사용하는 디지털 게임(Digital Game)과 구분해서 테이블 게임(Table Game) 또는 오프라인 게임(Offline Game)이라고 한다.

그림 1-2 보드게임하는 사람들

보드게임의 본고장인 독일에서 부르는 'Spiel'은 게임을 하는 행위를 통칭하는 것으로 'Play'와 'Game'으로 번역되며, 사회성 게임이라고 부른다.

보드게임의 역사는 기원전 3,000년 경에 메소포타미아 지역의 수메르 유적지를 비롯해 이집트, 페르시아, 로마 등 많은 문명 유적지에서도 보드게임과 유사한 흔적이 발견되었다. 이때 발견된 게임은 왕이 즐겼던 것으로 추정된다. 1920년대에는 미국에서 게임의 형태를 갖춘 최초의 보드게임인 〈백개먼(Backgammon)〉이 개발되었다. 이 게임은 주사위를 굴려 자신의 말을 게임판에서 먼저 나가게 하면 이기는 게임이다. 이때부터 주사위는 보드게임의 중요한 구성물이 되었다.

그림 1-3 고대에서 즐겼던 백개먼

최초의 주사위가 언제 만들어졌는지 확실하지는 않지만, 기원전 10세기 이전, 상아나 동물의 뼈로 만든 주사위가 이집트 유물에서 발견되었다. 기원전 59년에 율리우스 카이사르(Julius Caesar) 시저가 루비콘강을 건너면서 남긴 "주사위는 던져졌다."라는 말에서 짐작할 수 있듯이 당시에도 주사위는 결과를 예측할 수 없는 결정을 내릴 때 사용되었음을 알 수 있다. 이처럼 보드게임은 인류 문명과 함께 시작되었으며, 구성물이나 형태는 유지하려고 애쓰면서도 새로운 놀이 방법을 만들기 위해 변화를 시도해 왔음을 알 수 있다.

그림 1-4 고대 주사위들

국내에서 보드게임이라는 정식 명칭을 사용한 것은 오래되지 않았다. 1982년에 국내 최초 보드게임인 〈부루마블(Blue Marble)〉이 출시되면서 아이들 사이에 커다란 인기를 끌기 시작했다. 이 게임은 1934년에 발매된 미국의 〈모노폴리(Monopoly)〉와 비슷한 형태를 취하고 있는 것으로, 아이들에게 경제 개념을 심어주기 위한 목적으로 개발되었다. 그래서 이 시기에는 교육용 교구라고 부르다가, 2000년대에 보드게임 카페가 생기면서 보드게임이라는 말이 대중적으로 사용되었다. 원래는 게임이라고 불렀지만, 스포츠 게임 또는 콘솔/비디오 게임과 구분하기 위해 '보드게임'이라는 명칭이 붙게 되었다.

❷ 아케이드 게임

아케이드 게임은 보드게임에서 가장 먼저 진화한 형태로, 오락실 등 특정한 장소에서 돈을 지불하고 플레이하는 게임을 일컫는 말이다. 아케이드 게임은 17세기 유럽에서 시작되었고, 이후 19세기 미국에서 인기를 끌면서 1920년대 미국에 놀이공원이 등장하면서 게임기 역시 더욱 복잡한 구조를 이룬 다양한 기계식 게임기로 발전했다.

그림 1-5 테이블 축구

당시 성공했던 게임인 〈테이블 축구〉를 비롯해 야구, 하키 등 스포츠를 소재로 한 게임이 등장하며, 이런 게임을 '기계식 보드게임'이라고 불렀다. 게임기의 인기가 높아지면서 음식점이나 술집 등 사람들이 많이 모이는 곳에 설치되는 경우가 늘어났다.

1930년대에 이르러 전기 장치의 발전으로 인해 아케이드 게임에 센서나 효과음 등을 추가해 재미를 더한 아타리 사의 〈퐁(Pong)〉이 큰 성공을 거두면서 급격한 변화를 맞이하게 된다. 이때부터 기계에 동전을 투입하면 자동으로 게임을 즐길 수 있는 게임장이 탄생하여 본격적으로 사람들을 끌어모으기 시작했다.

한국에서 전자오락실은 1973년 서울에서 처음으로 생긴 이후, 1970년대 말에 이르러 그 수가 급격하게 증가했다. 1980년대 초에는 〈갤러그〉, 〈스페이스 인베이더〉 등의 게임들이 전자오락실에 설치되어 있었지만, 일부 업소에서는 사행성 기계를 설치하여 영업하기도 했다. 또한, 청소년들의 이용이 늘어나고 오래 머무르면서 생기는 문제들로 인해 비행의 장소로 인식되기도 했다. 국내 전자오락실에서 가장 많은 인기를 끌고 있는 장르는 대전 격투 게임이다. 〈스트리트 파이터 II〉와 〈아랑전설〉의 커다란 성공 이후 〈버추어 파이터〉와 〈철권〉 시리즈가 대전 격투 게임의 대중화를 이끌었다. 일본이나 미국에서는 아케이드 게임을 전문적으로 개발하는 대형 게임회사들이 많다. 이처럼 콘솔/비디오 게임 산업에서 거대한 비중을 차지하지만, 한국에서는 오락실과 아케이드 산업에 부정적인 시선이 강하고, 2000년대 이후 인터넷과 PC의 대중화로 상대적으로 관심을 적게 받는 분야다.

그림 1-6 퐁

❸ PC 게임

처음에 컴퓨터 게임은 텍스트 방식의 머드였다. 1960년대는 게임에 필수적인 컴퓨터 그래픽 기술이 제2의 도약을 맞이하면서 머그로 발전했다. 1949년, MIT 대학의 월윈드(Whirlwind)라는 메인프레임컴퓨터가 최초로 CRT(Cathode-Ray Tube)를 그래픽 디스플레이 장치로 사용한 이후, 1962년 이반 서덜랜드(Ivan Sutherland)는 라이트펜을 이용하여 스크린에 직접 상호작용적으로 그래픽을 처리할 수 있는 스케치패드(Sketchpad) 시스템을 구상했다.

한국의 PC 문화는 1981년, 삼보 컴퓨터에서 'SE-8001'을 제작하고, 1982년에 애플 II 호환의 '트라이젬 2.0'을 출시하면서 본격적으로 시작되었다. 고가여서 주로 회사나 학교 등에만 보급되었고, 개인이 구입한 것은 그다지 많지 않았기에 1980년대 초반까지는 PC 게임 문화가 사실상 존재하지 않았으며, 이를 컴퓨터 게임이라고 불렀다. 1984년 말부터 전자오락실에서 즐기던 컴퓨터 게임은 가정에서 즐기는 개인용 컴퓨터(Personal Computer), 즉 PC 게임과 콘솔/비디오 게임으로 옮겨가기 시작했다. 그동안 컴퓨터 게임이라고 사용해 오던 용어가 PC 게임으로 변경해서 사용하기 시작한 것도 이때부터다. PC 게임과 콘솔/비디오 게임이 아케이드 게임과 가장 큰 차이점은 게임 개발 부분이다. 아케이드 게임은 게임을 만들기 위해 하드웨어와 소프트웨어를 모두 새로 개발해야 했지만, PC 게임과 콘솔/비디오 게임은 소프트웨어만 개발하면 된다. 덕분에 플레이어들이 직접 게임 개발에 참여하면서 PC 게임도 함께 성장했고, 수많은 게임회사와 개발자가 등장했다. 최초의 롤플레잉 게임(RPG) 〈아칼라베스〉를 만든 리처드 개리엇(Richard Garriott)처럼 회사를 설립하거나, 개발자 단독으로 게임을 만들기도 하는 등 다채로운 게임들이 등장했다.

❹ 콘솔/비디오 게임

최초의 가정용 콘솔/비디오 게임기(Game Console)는 1968년에 미국의 발명가인 랄프 베어(Ralph Baer)가 개발한 '브라운 박스(Brown Box)'다. 1972년, 마그나복스 사에서 상용화되어 '오디세이(Odyssey)'라는 명칭으로 출시했다. 게임은 핑퐁, 테니스, 스키, 농구, 배구, 길 찾기 등이 있었으며, 1975년까지 약 35만 대가 판매되는 큰 성공을 거두면서 가정용 콘솔 게임기의 가능성을 열어주었다. 이후 1977년, 아타리 사에서 발매한 '아타리 2600'이 성공적으로 시장에 안착하면서, 〈팩맨〉, 〈스페이스 인베이더〉와 같은 아케이드 게임들이 출시되었다. 지속적인 성장세를 보인 PC 게임과 달리 변화하는 환경에 제대로 대처하지 못한 아타리 사가 일명 '아타리 쇼크'라 불리는 극심한 부진을 겪게 되면서 콘솔/비디오 게임 시장은 1983년에 닌텐도의 '패미컴'이 그 자리를 채우며 주도권이 바뀌게 된다. 패미컴은 이후 〈슈퍼 마리오 브라더스〉 등의 게임과 1984년에 레이저총 입력 장치인 'NES 재퍼'를 통해 세계적인 인기를 끌면서 가장 대중적인 콘솔/비디오 게임기로 자리 잡았다. 1985년에는 일본의 닌텐도 사의 패밀리 컴퓨터, 일명 패미컴이 전 세계에서 인기를 끌었다.

그림 1-7 슈퍼 패미컴

그림 1-8 아타리 2006

닌텐도는 1990년, '슈퍼 패미컴'을 출시하여 10여 년간 세계 콘솔/비디오 게임 시장을 석권하였으며, 패미컴 시리즈의 콘솔/비디오 게임 〈슈퍼 마리오〉는 국내에서도 큰 인기를 끌었다. 1994년에는 소니 인터랙티브 엔터테인먼트에서 출시한 '플레이스테이션'이 세계적으로 호응을 받았고, 아케이드 게임에서 넘어온 〈철권 2〉, 플레이스테이션으로 공개된 〈바이오하자드〉, 스퀘어 에닉스의 〈파이널 판타지〉 등이 큰 인기를 얻었다. 이 시기에 닌텐도는 휴대용 게임기 '게임보이(Game Boy)'를 출시했고, 〈포켓몬스터〉를 통해 큰 수익을 올렸다. 2001년에는 마이크로소프트에서 엑스박스(Xbox)를 출시하여 콘솔 게임기 시장에 뛰어들었다. 2006년에는 닌텐도에서 출시한 콘솔 게임기인 '위(Wii)'가 동작 인식 센서를 사용해 게이머가 몸으로 직접 조작하는 게임을 만들어 콘솔/비디오 게임의 수요층을 넓혔고, 위 스포츠(Wii Sport)는 2018년까지 8,265만 장을 판매하여 전 세계에서 가장 많이 팔린 콘솔 게임 타이틀로 기록되었다.

❺ 모바일 게임

모바일 게임은 휴대폰에 내장되어 있던 번들 프로그램으로 시작하여, 휴대폰의 발전과 함께 성장했다. 세계 최초의 모바일 게임은 1994년, 독일의 전자제품 제조사인 하게누크(Hagenuk)의 휴대폰 모델 하게누크 MT-2000에 탑재한 〈테트리스〉(1984)지만, 1997년, 노키아에서 개발한 〈스네이크(Snake)〉가 대중화된 첫 번째 모바일 게임으로 널리 알려져 있다. 2000년대 초반에는 모바일 기기용 게임 개발 플랫폼 'Java'가 등장하면서, 게임을 개발하고 배포하는 표준화된 방법이 제시되어 모바일 게임 산업이 급속도로 성장했다. 이 시기에는 팝캡 게임즈의 〈비주얼드(Bejeweled)〉, 고스트 게임즈의 〈니드 포 스피드(Need for Speed)〉와 같은 굵직한 게임들이 모바일 게임으로 인식되기도 했다.

2007년, 애플의 '아이폰'의 등장은 모바일 게임 산업에 지대한 영향을 미쳤다. 대형 터치 스크린과 고성능 하드웨어를 도입하여 이전보다 수준 높은 게임을 즐길 수 있게 되었고, 2008년에는 애플 앱 스토어(Apple App Store)를 출시하며 개발자가 게임을 직접 배포하는 동시에 새롭게 출시된 게임 타이틀을 유저가 쉽게 다운로드할 수 있는 기반을 마련한 것이다. 같은 해에 출시한 안드로이드 마켓(현 구글 플레이)은 대체 플랫폼을 제공하며 모바일 게임 시장의 경쟁을 가열했다. 그 결과, 2009년에 출시한 로비오 엔터테인먼트의 〈앵그리 버드(Angry Birds)〉, 2010년에 출시한 하프브릭 스튜디오의 〈후르츠 닌자(Fruit Ninja)〉가 대중적인 인기를 얻으며 수백만 건의 다운로드를 기록했고 모바일 게임이 주류 게임 시장으로 떠올랐다.

한국 모바일 사업은 1990년대 휴대폰 기술이 발전하면서 보급률이 늘어났고, 1998년 모바일 게임 전문 게임사인 컴투스가 탄생했다. 컴투스는 1999년에 〈퀴즈 심리 테스트〉, '다마고치' 등 모바일 게임 5종을 통신사에 서비스하기 시작했다. 이것이 한국 최초 모바일 게임이다. 2000년대에는 이동통신사 중심으로 모바일 게임을 별도 구매해 플레이하는 방식의 서비스가 이뤄졌다. 이후 2006년 게임빌은 업계 최초로 미국에 해외 법인을 설립했으며, 진출 직후 중국 시장 공략에 주력하면서 2007년 7월에는 업계 최초로 코스닥에 상장했다.

세계 모바일 게임 산업은 2007년, 애플이 아이폰을 출시하면서 거대한 변화를 맞았다. 아이폰의 등장과 함께 모바일 게임 생태계가 급변했으며, 2009년 11월에 아이폰의 한국 상륙과 동시에 모바일 게임 유통구조가 달라졌다. 통신사와 단말기 중심 시장구조가 앱 스토어 기반으로 재편되었다. 이어서 2012년, 카카오게임 플랫폼이 등장하면서 한국 모바일 게임 생태계가 다시 뒤흔들렸다. 카카오는 메신저 이용자와 게임을 이어주는 것으로 큰 호응을 얻었다. 선데이토즈의 〈애니팡〉, 넥스트 플로어의 〈드래곤플라이트〉, 그리고 2014년부터 게임빌의 〈별이 되어라!〉 등은 당시 엄청난 인기를 얻으며 '국민 게임'이라 불렸다.

02 페이퍼 프로토타입

하나의 게임을 출시하기 위해 게임 개발사들은 수년간 인력, 시간, 자본을 아낌없이 투자한다. 하지만 이렇게 투자한 프로젝트의 대부분 회사 또는 게임 내부의 여러 이슈로 인하여 중단하거나 게임 내 발생한 문제를 해결하지 못해 고생하는 경우가 많다. 실제로 초기 기획한 게임의 방향성과 재미를 원안 그대로 개발하여 프로젝트를 성공시킬 가능성은 크지 않다는 것이다. 게임 시장 내 경쟁은 매우 치열하다. 매년 수백, 수천 개의 새로운 게임이 개발되고 사라지기를 반복하지만, 실제로 스토어에 등록되는 게임은 많지 않다. 더 중요한 것은 출시된 게임 중 플레이가 지속되는 게임이 10% 내외라는 점이다. 이러한 현상의 가장 큰 이유는 테스트 부족이다. 따라서 게임 개발사들에게 이러한 치열한 경쟁에서 승리하고 생존하기 위한 수단으로 프로젝트를 성공시키기 위해 기획 초기에 프로토타입을 활용하여 게임의 방향성과 재미를 검증하는 과정이 중요한 요소로 주목받고 있다.

그림 1-9 페이퍼 프로토타입을 활용한 경험 디자인

게임 기획 초기에는 프로젝트 범위와 내용이 명확하지 않을 수 있다. 초기 기획이 잘못 디자인되었을 경우, 게임 개발이 어느 정도 진행된 상태에서 이를 바로잡기 위해서는 많은 비용과 시간적 손실을 감수해야 한다. 이런 손실을 사전에 방지하기 위해서 게임 디자인의 방향성과 재미를 검증할 수 있는 다양한 방법론들을 개발하고 있다. 적은 비용으로 짧은 시간에 간단하게 만들어서 프로젝트의 목표를 빠르게 검증하고 변화에 유연하게 대처할 수 있는 방법이 '프로토타입(Prototype)'이다.

그림 1-10 페이퍼 프로토타입 제작 과정

프로토타입은 게임 아이디어, 동기, 디자인 가치를 직접 플레이할 수 있는 실질적인 형태로 만든 것으로, 근사하다고 생각하고 있는 게임 아이디어가 정말 멋있는지 확인하는 과정이다. 본격적인 게임 개발에 앞서 재미요소나 구현 가능성 등을 검증하기 위해 간단하게 핵심 기능만 구현해 제작한 시제품을 뜻한다. 플레이어와 인터페이스 간의 최종 상호작용에 대한 시뮬레이션으로, 성공적인 플레이어 경험(PX)을 만드는 데 중요한 역할을 하는 핵심이자 최초의 게임 방향성과 재미 설계가 의도한 대로 작동하는지 확인하기 위한 중요한 도구다. 프로토타입은 테스트를 통해 개선이 필요한 영역이 드러나기 때문에 게임을 출시하기 전에 사용성 문제를 찾고 해결하기 위한 필수 과정이다.

프로토타입으로 플레이테스트를 해 보면 예상치 못했던 상황과 의도치 않은 결과가 쏟아지는 경우가 많은데, 이것은 당연한 결과다. 따라서 디자인 초기에 프로토타입을 만들어서 게임 디자이너가 의도한 목표와 디자인 가치를 잘 담아낸 플레이어 경험이 제대로 전달되는지 확인해야 한다. 즉, 프로토타입은 철저하게 플레이어 경험에 중점을 둬야 한다. 플레이어가 게임을 어떻게 느낄지, 게임이 플레이어에게 어떤 경험을 전달할지, 그리고 플레이어가 게임을 통해서 무엇을 느끼고 생각하게 될지에 대해 아이디어를 구체적으로 형상화하는 것이다.

본격적으로 게임을 개발하면 기획, 아트, 프로그래밍 등 리소스를 대대적으로 투입해야 하기에 중간에 프로젝트를 취소하기가 쉽지 않다. 그렇기에 사전에 프로토타입을 제작해 게임성이나 재미를 미리 검증하고 나서 본격적인 개발에 들어가면 여러 위험부담을 최소화할 수 있다. 프로토타입 제작 방법과 제작에 필요한 구성요소는 따로 정해져 있지 않다. 다만, 게임의 주요 메커니즘과 핵심 재미요소를 포함하고 있다면 어떻게 만들어도 상관없다.

● 프로토타입의 목적

프로토타입은 플레이 분위기, 재미, 도전 등을 강조하기 때문에 만드는 과정이 까다로울 수 있지만, 이로 인해 플레이가 만들어지는 것이다. 모든 플레이가 재미있을 필요는 없다. 교육을 목적으로 하는 기능성 게임이나, 시뮬레이션 게임은 재미보다 목적이 우선이다. 그렇지만 플레이어에게 흥미로운 선택을 하게 하고, 적극적으로 사용자 경험에 끌어들이기 위해서는 실제 게임의 메커닉스를 그대로 담아서 프로토타입을 만드는 것이 중요하다. 일반적으로 프로토타입은 다음과 같은 3가지 목적을 가지고 실행된다.

❶ **아이디어 생성(Idea Generation)** : 프로토타입을 통해 새로운 아이디어를 얻거나 생성할 수 있고, 플레이어가 실제 수행하는 행위를 보면서 의미 있는 정보를 얻을 수 있으므로, 여러 디자인 아이디어를 시도하고 문제 가능성의 대안을 모색할 수 있다.

❷ **의사소통(Communication)** : 게임 디자이너, 엔지니어, 아트 디자이너들과 플레이어 간의 소통을 원활하게 한다. 이해관계자 및 플레이어의 추가적인 니즈와 불편 등을 파악하고 서비스를 개선하는 데 활용된다. 이 과정에는 아이디어나 기술과 상관없이 누구라도 참여할 수 있으며, 혼자 또는 팀 작업으로도 쉽게 만들 수 있다. 팀원들은 리더 디자이너의 아이디어에 의견을 내고, 그것을 디자인 프로세스에 반영하여 더 다양한 관점으로 발전시킬 수 있다. 나아가 커뮤니케이션을 활성화하여 디자이너와 개발자, 플레이어가 서로 의견을 공유하는 데 도움을 준다.

❸ **평가(Evaluation)** : 프로토타입을 통해 개발 과정에서 수행해야 할 행동에 문제는 없는지, 더 개선할 수 있는 점들은 무엇인지를 평가해 볼 수 있다. 디자인 프로세스를 거치는 동안 다양한 방식으로 반복 테스트를 할 수 있기 때문에 게임 디자인의 방향성과 재미 검증을 위한 도구 역할을 한다. 뿐만 아니라, 플레이어 피드백에 즉각적인 대응이 가능하다. 주재료가 종이이기 때문에 프로토타입을 만들 때 구성물이 빠졌거나, 시각적으로 중요한 부분을 빠르게 보완할 수 있다. 또한, 페이퍼 프로토타입은 만드는 데 비용이 전혀 들지 않거나, 최소 비용으로 저렴하게 만들 수 있다. 이와 같은 이유로 폭넓은 게임 디자인 프로세스가 가능하다.

그림 1-11 MBTI 성격유형 보드게임 캐릭터 페이퍼 프로토타입

● 프로토타입의 종류

프로토타입의 종류는 다음과 같이 3가지로 분류된다. 목적에 따라 선택하여 사용하면 유용하게 활용할 수 있다.

❶ 최종 결과물과 유사성에 따른 분류

프로토타입의 완성도에 따라 저충실도 프로토타입(Low-Fidelity Portotype)과 고충실도 프로토타입(High-Fidelity Portotype)이 있다. 저충실도(Lo-fi) 프로토타입은 높은 수준의 설계 개념을 유형 및 테스트 가능한 아티팩트로 변환하는 빠르고 쉬운 방법이다. Lo-Fi 프로토타입의 가장 중요한 역할은 게임의 시각적인 외관보다는 기능, 즉 핵심 작동 방법과 재미를 확인하고 테스트하는 것이다. 이러한 유형의 프로토타입에는 페이퍼 프로토타입과 파워포인트, 키노트, Adobe XD와 같은 특수 디지털 도구를 사용하여 서로 연결하는 방식의 와이어 프레임이 있다. 이 유형은 제작 비용이 저렴하고, 빨리 만들 수 있으며, 만드는 과정에서 특별한 기술이 필요하지 않기 때문에 디자이너가 아닌 사람도 아이디어 공식화 과정에 참여할 수 있어서 협업이 가능하다. 반면, 참가자가 작동해야 하는 것과 작동하지 않는 것을 테스트하는 것이 명확하지 않을 수 있고, 많은 상상력을 필요로 하므로 사용자 테스트 결과가 제한적이다. 그래서 복잡한 애니메이션이나 전환을 전달하는 것은 불가능하다.

고충실도(Hi-fi) 프로토타입은 실제 게임과 최대한 유사하게 나타나고 작동하도록 만들어야 하기에 게임에 대한 확실한 이해가 있고 실제 사용자와 함께 테스트하거나 이해 관계자로부터 최종 디자인 승인을 받아야 할 때 Hi-fi를 만든다. Hi-fi의 특징은 모든 인터페이스 요소, 간격 및 그래픽이 실제 앱이나 웹사이트처럼 사실적이고 상세해야 하며, 실제 또는 실제와 유사한 콘텐츠를 사용하므로 프로토타입에는 최종 디자인에 나타날 콘텐츠의 대부분 또는 전부가 포함된다. 장점은 사용성 테스트 중 의미 있는 피드백이다. 즉, 사용성 테스트 세션 동안 테스트 참가자가 실제 제품과 상호작용하는 것처럼 자연스럽게 행동할 가능성이 높기에 의미있는 피드백을 받을 수 있다. 또한, Hi-fi는 상호작용을 통해 어포던스와 같은 그래픽 요소 또는 애니메이션 전환 및 미세 상호작용과 같은 특정 상호작용을 테스트할 수 있다. 이러한 유형의 프로토타입은 이해 관계자에게 보여 주기에도 좋을 뿐 아니라, 고객과 잠재 투자자에게 제품이 어떻게 작동해야 하는지에 대한 명확한 아이디어를 제공한다. 반면, 프로토타입을 만드는 데 시간과 비용이 많이 든다.

초기 디자인 프로토타입의 경우 저충실도(Lo-fi)로 신속하게(High-speed) 제작되며, 콘셉트 디자인의 방향성과 목표를 검토하고 테스트하는 것이 목적이다. 이 경우, 프로토타이핑 시 이해 관계자들 간의 상호작용을 통해 콘셉트 디자인을 빠르게 수정하면서 더욱 발전시킬 수 있다. 후기 디자인 프로토타입은 완성된 콘셉트 디자인을 효과적으로 전달하고 검증하기 위한 목적으로 사용되어야 하기 때문에 충실도가 높으며(Hi-fi), 시간이 걸리더라도 상세하게 테스트할 수 있도록 정교하게 만들어야 한다.

❷ 프로토타입의 기능 범위 및 정도

세부적이지는 않지만 다양한 기능과 콘셉트를 포함하여 최종 결과물을 전반적으로 예상해 볼 수 있는 프로토타입을 수평적(Horizontal) 프로토타입이라고 하며, 몇몇 기능들을 세부적인 수준까지 구현하여 보다 정밀한 상황을 예측 혹은 검증할 수 있는 프로토타입을 수직적(Vertical) 프로토타입이라고 한다.

❸ 디자인 대상

가구, 생활용품 등 자체적 인터렉션이 거의 없는 디자인 과정에서 스케치, 컴퓨터를 활용한 3D 모델링, 제품 모형 등의 전통적인 하드웨어 중심의 프로토타입 방법들이 사용된다. 반면, 소프트웨어 중심의 제품, 예를 들면 멀티미디어 타이틀, 웹사이트, 게임 등을 제작할 때에는 페이퍼 프로토타입 또는 멀티미디어 제작 환경을 통한 프로토타입이 유용하게 활용될 수 있다.

● 페이퍼 프로토타입의 특징

페이퍼 프로토타입의 가장 큰 장점은 게임 디자인의 강력한 쌍방향 커뮤니케이션을 통해 게임 아이디어를 스케치하고 테스트 과정에서 다양한 사람의 참여와 영감을 불러일으킬 수 있다는 데 있다. 이러한 과정을 통해 게임 개발 주기의 획기적 단축을 가져오게 되고, 게임 이용자의 요구사항을 정확히 파악하여 플레이어의 만족도를 증가시킬 수 있다. 많은 경우 게임 시스템 오류는 부정확한 이용자 분석에서 기인하는데, 페이퍼 프로토타이핑은 이러한 오류를 초기에 발견할 수 있고 수정이 쉽다는 강점이 있다. 효과적인 페이퍼 프로토타이핑은 의사소통 방법과 게임 이용자의 참여환경을 활성화하여 게임 플레이어의 기대를 충족시키는 결과를 가져온다.

최근에는 국내 게임회사들도 페이퍼 프로토타입을 중요하게 다루면서 게임 개발 프로세스 단계에 적용하고 있다. 게다가 게임 메커니즘 분석을 위해 사내 보드게임 동아리를 만들거나 기존 디지털 게임을 보드게임으로 개발하는 등 플랫폼 다변화를 시도하는 사례가 늘고 있다. 이런 관점에서 페이퍼 프로토타입은 게임 디자인을 포함하여 게임의 방향성과 재미 검증을 위한 게임 개발 프로세스의 중요한 부분이 되었다.

게임 디자이너는 초기에 실제로 본인이 디자인한 게임이 플레이어에게 어떻게 다가가는지 확인하기 위해 프로토타입을 만들어서 플레이테스트에 의존한다. 그리고 끊임없이 질문을 만들어야 하는데, 이것이 바로 페이퍼 프로토타입이 필요한 이유다. 게임 디자이너는 게임이 재미있는가? 플레이어들은 즐거워하는가? 테마를 제대로 이해하는가? 메커니즘은 매력 있는가? 구성물은 적절한가? 플레이어가 도전 가능한 수준인가? 등을 기반으로 내부 테스트와 외부 테스트를 반복하면서 게임 디자인을 발전시킬 수 있어야 한다.

그림 1-12 페이퍼 프로토타이핑 작업

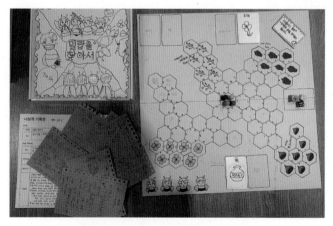

그림 1-13 제작 완료된 페이퍼 프로토타입

페이퍼 프로토타입에서 중요한 것은 질문이다. 게임 디자이너는 처음부터 끝까지 게임 디자인에 대한 질문을 계속 만들어 내고, 더 좋은 게임 시스템을 형성하는 데 집중해야 한다. 즉, 프로토타입에 심어놓은 질문에 대한 통쾌한 해답이 나올 때까지 테스트와 수정의 반복 작업을 해야 한다는 사실을 염두에 두고 디자인 가치를 참고하는 것도 잊지 말아야 한다.

게임의 최종 목표는 플레이어가 경험하게 될 감정을 디자인하는 것이다. 페이퍼 프로토타입은 최종 목표를 이루기 위해 목적에 맞게 제대로 디자인되었는지 확인하는 과정이다. 디자이너는 절대 이 점을 잊으면 안 된다. 하지만 여기에도 예외는 있다. 플레이어 경험과 상관없이 본인의 만족을 위한 게임을 만든다면 페이퍼 프로토타입을 무시하고 어떤 과정으로 만들어도 상관없다. 그러나 게임을 만들고 싶다는 것은 누군가에게 의미 있는 경험을 선물하고 싶은 마음이 있다는 것이다. 그렇다면, 시간을 두고 게임 디자인에 대한 고민을 해결하기 위해 노력해야 한다.

그림 1-14 플레이어가 경험하게 될 게임 세계

03 게임 디자인 프로세스

● 게임 개발 프로세스

게임은 다양한 분야의 기술을 융합해서 만들어야 하는 만큼 개발 과정이 여러 단계로 이뤄져 있다. 가장 먼저 어떤 게임을 만들지 아이디어를 정리해서 방향성을 정하고 어떤 놀이와 어떤 재미를 만들지 결정한다. 다음은 본격적인 재미를 만들기 위해서 구성요소가 돋보이도록 극적인 내용을 만들고, 요소 간의 관계에 교착이 일어나지 않도록 빈틈을 채워준다. 마지막으로 게임에 계획한 재미가 잘 전달되는지 테스트를 통해 부족한 부분은 채우고, 과한 부분은 덜어내는 작업을 한다. 하지만 이전의 게임 개발 프로세스는 대부분 연구자의 연구 기준에 따라 개발 단계가 다르고 용어도 혼용되어 있어서 오히려 게임 디자이너들이 혼돈에 빠질 우려가 있다. 『게임 디자인을 위한 기초 이론』에서는 이런 문제를 해결하고 게임 개발을 쉽게 할 수 있는 게임 개발 프로세스를 소개했다. 이 프로세스는 단계별로 어떤 작업을 수행해야 하는지 알려주기 때문에 디지털 게임을 개발할 때에는 유용하다. 하지만 보드게임 개발 프로세스에 적합하지 않은 부분이 있으므로, 보드게임 개발에 해당하지 않는 부분은 제거하고, 일부 용어를 보드게임에서 사용하는 용어로 수정하여 재정리했다. 보드게임 또는 페이퍼 프로토타입 개발 프로세스는 다음과 같다.

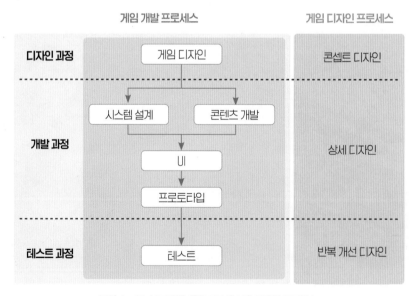

그림 1-15 보드게임 개발 프로세스와 디자인 프로세스

첫째, 디자인 과정이다. 이 단계는 어떤 게임을 만들 것인지 아이디어를 내고 게임의 전체적인 방향성을 잡는 과정이다. 즉, 게임의 형태를 구상하고 그 형태를 지탱할 뼈대를 세운다. 처음에 잡은 게임 형태가 어떤 모양이냐에 따라 개발 결과가 완전히 달라진다. 그러므로 시간이 걸리더라도 게임 개요에 대한 내용이 구체화될 때까지 자기 자신에게 집요하게 질문해야 한다.

둘째, 개발 과정이다. 이 단계는 게임을 본격적으로 개발하는 과정이다. 이전 단계에서 근본적인 내용이 구체화 되었다면 그 내용을 움직이게 하는 게임 요소를 특징지어 두드러지게 할 재미를 디자인하고, 극적인 요소를 추가한다. 게임에 들어갈 각각의 구성요소에 재미를 디자인한 후, 모든 요소를 섞어서 하나의 극적인 재미가 만들어지도록 연출해야 한다. 프로세스를 해결하는 것이 쉬운 과정은 아니지만, 플레이에 빈틈이 생기지 않도록 꼼꼼하게 디자인해야 한다.

셋째, 테스트 과정이다. 지금까지 디자인한 게임이 제대로 작동하는지, 내부적으로 완전한지, 균형은 맞는지, 재미는 있는지를 검증하기 위해서 프로토타입을 제작한다. 그리고 재미가 있는지를 테스트한다. 이 과정을 반복하면서 의미 없거나 과한 것은 제거하고 부족한 부분을 채워서 게임을 완성해 나간다. 테스트의 범위는 규정된 것이 없으며, 내부, 외부 테스트를 비롯해 전문가 및 타겟 등 다양한 대상으로 테스트하는 것이 중요하다.

● 게임 디자인 프로세스

게임 개발 프로세스와 게임 디자인 프로세스를 혼용해서 사용하는 경우가 많은데, 둘은 의미가 완전히 다르다. 게임 개발 프로세스는 말 그대로 게임을 개발하는 절차이며, 게임 디자인 프로세스는 개발 프로세스를 따라가면서 각 단계에서 공개할 정보를 결정하고 재미를 채워가는 것이 목표다. 대부분 의미와 상관없이 게임 개발 프로세스로 통칭해 오고 있지만, 이 책의 목표가 게임 디자인과 프로토타입을 통한 디자인 경험이므로, 게임 디자인 프로세스로 구분하여 정의한다.

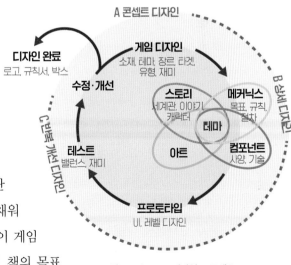

그림 1-16 CDR 디자인 프로세스

게임 디자인 프로세스의 전체적인 절차는 플레이어 경험 중심의 관점에서 창의적 아이디어로 의미 행동을 포함하는 게임 플레이 사고를 따른다. 구조는 단계마다 하위 요소로 구성되어 있으며, 각 단계는 콘셉트 디자인(Concept Design), 상세 디자인(Detailed Design), 반복 개선 디자인(Repeated Improvement Design)으로 각 단계의 알파벳 첫 글자를 따서 CDR 프로세스라고 한다.

❶ 콘셉트 디자인(Concept Design)

만들고자 하는 게임의 개요를 명확하게 하고 디자인 방향을 잡는 과정이다. 게임 디자인에서 가장 먼저 해야 할 일은 만들고자 하는 게임의 아이디어를 도출하고 개요를 설정하는 것이다. 맛있는 빵을 굽기 위해서는 가장 먼저 빵을 구울 수 있는 주방이 있어야 한다. 주방에는 빵 모양을 결정하는 틀과 오븐, 그리고 각종 조리 도구들이 필요하다. 게임 디자인도 마찬가지다. 게임을 디자인하려면 우선 게임의 틀을 만들어야 한다. 소재, 테마, 장르, 타겟을 명확하게 설정하고, 놀이 성질과 재미를 설계하여 게임을 탄탄하게 만든다.

❷ 상세 디자인(Detailed Design)

이 단계에서는 콘셉트 디자인에서 설계한 테마를 중심으로 먼저 게임을 움직이게 하는 구성요소인 스토리(Story), 메커닉스(Mechanics), 구성물(Components), 그래픽(Graphics)을 두드러지게 할 재미를 상세화하고 목표와 규칙을 꼼꼼하게 디자인하는 과정이다. 또한, 각 구성요소에 재미를 불어넣고, 요소 간의 관계에 균형을 잡아서 빈틈이 생기지 않도록 하는 과정이다.

스토리는 이야기, 세계관, 캐릭터의 하위 요소가 있다. 이야기는 게임이 만들어 내는 일련의 사건이며, 이야기에는 시간적 배경과 공간적 배경 세계가 있다. 그 세계에는 이야기를 끌어가는 캐릭터가 있다. 이야기는 플롯에 따라 인물의 행위로 일어나는 모든 갈등과 인물과의 관계다. 모든 게임에 스토리가 존재하는 것은 아니지만, 스토리는 플레이어에게 재미와 몰입을 제공하는 중요한 요소다. 메커닉스는 목표, 객체, 규칙, 절차, 피드백 시스템을 명확하게 설계하여 극적인 재미를 만들어 낸다. 구성물은 게임의 재미를 부각시켜 줄 수 있는 것을 사용하며, 그래픽은 게임의 미적 요소로서 집중력과 몰입에 개입하는 시각적인 외형이다. 상세 디자인으로 게임에 대한 재미를 확신하면 지금까지의 추상적인 작업을 구체화하여 실제 게임을 해 볼 수 있는 페이퍼 프로토타입 형태로 제작한다.

❸ 반복 개선 디자인(Repeated Improvement Design)

게임 디자인의 마지막 단계는 반복 수정이다. 이 단계에서 중요한 것은 테스트를 반복하는 것이다. 게임 규칙은 이해하기 쉽고 명확한지, 플레이 시간은 적절한지, 디자이너의 의도가 플레이어에게 제대로 전달되는지, 유사한 게임이 존재하거나 규칙이 너무 생소하진 않은지 확인하고, 난이도와 밸런스 등 부족한 점을 보완해야 한다. 이 과정은 디자이너와 플레이 테스터 모두 만족스러운 결과물이 나올 때까지 진행하며, 플레이테스트를 반복할수록 게임의 재미 균형과 완성도를 높일 수 있다.

게임을 만들려고 할 때 가장 우선하는 작업은 방향성과 게임성을 구분해서 디자인하는 것이다. 방향성은 어떤 게임을 만들 것인지, 누구를 대상으로 할 것인지에 대한 명확한 설계도다. 특히 게임 디자인을 처음 하거나, 게임 디자인을 배우는 학생들에게는 게임 디자인에서 가장 중요한 부분이라고 할 수 있다.

이 책에서는 〈2장〉에서 〈7장〉까지 게임의 방향성을 정하는 과정을 다룬다. 게임의 소재, 테마, 장르, 타겟을 설정하고, 게임의 특성과 놀이 유형을 정하며, 그리고 게임의 구성요소와 요소 간의 관계를 만들어서 게임 콘셉트 디자인에서 핵심인 재미를 결정한다. 〈8장〉과 〈9장〉은 좋은 게임을 만들기 위해서 스토리와 메커닉스에 극적인 재미를 넣는다. 이 과정은 게임의 핵심을 만드는 과정에 해당한다. 〈10장〉과 〈11장〉은 추상적으로 만든 게임 아이디어를 구체화하는 과정이다. 프로토타입을 통해 레벨 디자인을 하고, 아트웍과 UI 디자인을 한다. 〈12장〉에서는 실제로 게임이 재미있는지 검증하고 밸런스를 맞춘다. 〈13장〉에서는 규칙서와 디자인 문서를 작성한다.

2 장

소재, 테마

게임의 소재와 테마에 대해 학습하고 만들고자 하는 게임의 소재
와 테마를 정한다.

2.1 이론과 개념

게임을 디자인할 때 가장 꼼꼼하게 다뤄야 하는 프로세스는 방향성이다. 게임을 어떻게 만들 것인지에 대한 방향을 잡지 못하면 극적인 재미를 설계할 수 없다. 게임의 방향을 잡으려면 아웃라인 즉, 게임 개요를 분명하게 설정해야 한다. 개요의 사전적 의미를 찾아보면 '간결하게 추려 낸 주요 내용', 또는 '중요한 내용의 요점을 간추린 것'이라고 되어 있다. 게임에서의 주요 내용은 중심 내용일 수도 있고 아닐 수도 있다. 그렇다면 게임에서 주요 내용은 무엇일까? 게임 디자인 경험이 풍부하다면 이런 고민은 하지도 않겠지만, 이 책은 게임 디자인을 처음 시도하거나, 게임 디자인 경험이 많지 않은 디자이너들이 게임 디자인을 쉽게 할 수 있도록 도움을 주는 것이 목표이기 때문에, 게임 디자인에 쉽게 접근하는 통로로써 소재를 먼저 다룬다. 게임을 디자인할 때, 어느 것을 꼭 먼저 해야 한다는 규정이 없으므로, 본인에게 맞는 사례를 만들어서 차근차근 채워나가면 된다.

많은 사람이 대단하고 거창한 스토리를 만들어야 거대한 게임이 된다고 생각한다. 물론, 게임 스토리가 멋지면 좋겠지만, 그런 스토리를 만들기 위해서는 흥미로운 소재 선정이 우선되어야 한다. 대중들의 관심을 끌고, 오래도록 지속하는 게임들은 스토리도 멋지지만 소재가 흥미롭다. 물론 가볍게 고른 소재에 멋진 스토리를 얹혀서 좋은 게임이 될 수도 있지만 대중들의 플레이를 지속하기는 쉽지 않다. 소재는 자신이 떠올린 아이디어를 발전시켜 가는 데 필요한 원천이자 재료이며 넓은 의미로는 창작의 결과가 되는 인료의 일체를 말한다. 소재에 디자이너의 철학과 의미 있는 메시지를 담으면 테마가 된다. 다시 말하자면, 멋진 테마를 찾기 위해서는 흥미로운 소재가 있어야 한다.

게임을 처음 만났을 때, 대부분의 사람들은 그래픽 또는 아트를 통해 소재를 예측하고 대략적인 스토리를 그려낸다. 이 과정에서 발현되는 상상은 플레이어의 관심을 끄는데 영향을 미친다. 또한, 게임 디자이너가 의도하는 방향을 결정하는 중요한 요소이기도 하다. 그래서 게임 디자인의 첫 시간인 〈2장〉에서는 소재와 테마에 대해 알아보고 만들고자 하는 게임의 소재와 테마를 정한다.

01 흥미로운 소재

● 게임 소재

넷플릭스의 흥행작 중 〈오징어 게임〉이라는 드라마가 있다. 빚에 쫓기는 수백 명의 사람이 거액의 상금을 거머쥐기 위해 벌이는 서바이벌 게임이다. 사람들은 그 돈만 있으면 새로운 삶을 시작할 수 있을 것 같은 기대를 하지만, 모두 승자가 될 순 없다. 게임에서 탈락하는 사람들이 죽임을 당하는 모습을 보면서 끔찍하다는 생각이 들지만, 시간이 갈수록 다른 사람들이 게임에서 탈락해 죽어 없어지길 바라게 된다. 남은 인원이 줄어들 때마다 처음의 공포는 사라지면서 거액의 상금 주인이 마치 본인이 될 수 있을 것 같은 환상에 빠져든다. 잔혹한 게임 속에 던져진 이들의 도덕성과 인간성을 시험대에 올린 이 드라마의 소재는 어렸을 때 재미있게 놀았던 '오징어 게임'과 '구슬치기' 등 골목 놀이다.

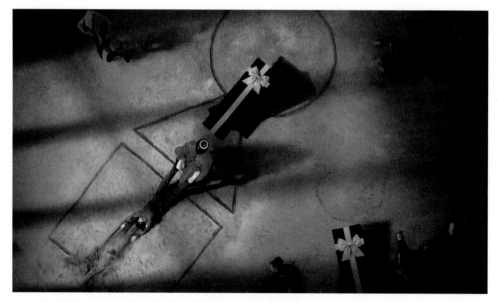

그림 2-1 오징어 게임

K-POP이 전 세계에서 신드롬을 일으키며 하나의 장르이자 문화가 되면서, 이것을 소재로 만든 게임들이 출시되고 있다. 싱가포르 CRX 엔터테인먼트에서 개발한 〈K-POP & 락밴드 매니저(K-Pop & Rock Band Manager)〉는 4인조 K-POP 밴드를 키우는 게임이다. 인도네시아의 위사게니 스튜디오에서 개발한 〈키스: KPOP 아이돌 스토리즈-로드 듀 데뷔(KISS: KPOP Idol StorieS-Road to Debut)〉는 K-POP 아이돌로 데뷔하여 성공적인 커리

어를 보내는 것을 목표로 한 아이돌 시뮬레이션 게임이다. 네델란드에서는 원투플레이의 비주얼 노벨 장르인 〈펄스 오브 러브(Pulse of Love)〉는 집세와 할머니 병원비를 벌기 위해 인기 K-POP 그룹 'BSB'가 주최한 노래 대회에 남장하고 출전하는 여성 주인공 한별과 아이돌 그룹 멤버들 간의 연애가 주제다. 그리고 일본의 게임 개발자인 히지키(HIJIKI)가 만든 〈프리콜라주 아이돌라이즈드(Pricolage - IDOLIZED)〉는 무려 서스펜스 어드벤처 장르다. 오디션 프로그램에서 인기를 얻고 데뷔한 K-POP 아이돌 세나는 어느 날 갑자기 실종된다. 플레이어는 팬으로서, 세나를 찾기 위해 그녀의 SNS를 파헤치고 목격 정보를 수집하며 단서를 모아야 하는 게임이다.

그림 2-2 프리콜라주 아이돌라이즈드 프로모션 영상

사람들에게 외면당하지 않는 게임을 만들기 위해서는 멋진 소재를 잡아야 한다. 어떤 것이라도 게임의 소재가 될 수 있지만, 사람들의 시선을 집중시킬 수 있는 게임 소재를 잡는 것은 테마를 설정하는 것만큼 어렵다. 게임의 소재는 시대의 이슈, 트렌드, 문화, 사회 환경 등을 고려해서 결정하는 것이 중요하다. 그러나 호흡이 긴 게임을 희망한다면 유행이나 이슈를 너무 많이 반영하지 않는 것이 좋다. 게임의 장르와 메커니즘은 우리가 생각하는 것보다 유행에 민감하고 변화도 빠르다. 또한, 소재는 핵심 타겟이 관심 가질 만한 주제여야 하며, 게임의 무게를 감당할 수 있는 수준이어야 한다. 무거운 소재에 메커니즘이 가볍거나, 가벼운 소재에 복잡한 메커니즘을 디자인하면 플레이어 경험에 혼란을 줄 수 있다.

● 게임에서 볼 수 있는 소재

보드게임 소재로 가장 많이 사용하는 것 중 하나는 역사와 문명이다. 역사는 실제 있었던 사실에 게임 메커니즘을 디자인하기 때문에 스토리가 방대하고 게임의 무게도 가볍지 않다. 〈세계의 역사(History of World)〉는 문명의 태동부터 20세기에 이르기까지 장엄한 역사 속에서 영토를 확장하고 제국의 명성을 얻기 위해 싸우는 게임이다. 전투는 공격과 방어로 이뤄지며 주사위를 사용해서 진행한다. 13개의 주요 지역이 존재하고, 5개의 시대를 거치는 동안 주요 국가들이 발흥하고 해당 지역의 중요성이 달라진다. 지역에 배치된 군대의 개수에 따라 잔존, 우세, 제패가 결정되고 점수로 이어진다. 각 시대가 열릴 때마다 8개의 제국이 생겨나고, 시대별로 게임이 진행되기 때문에 8개 중 어떤 제국을 플레이할지 결정하는 것이 제국의 수도 위치만큼 중요하다. 시대별 사건 카드는 왕국 카드 2~3개, 강화 카드 5~6개로 구성되고 카드를 사용해서 요새와 군대를 파괴하거나 반란을 일으켜 전쟁 없이 승리할 수 있게 도와준다. 필요하다면 공성전을 펼칠 수도 있다.

그림 2-3 세계의 역사

태초의 문명 발상지인 수메르에서 20세기에 이르기까지 방대한 역사를 담고 있는 이 게임의 소재는 전쟁이다. 전쟁을 배경으로 방대한 역사, 문명의 발전, 영토 확장, 제국의 명성 등 이렇게 많은 스토리를 만들어 냈다. 게임 전체 스토리에서 가장 작은 단위가 소재이다. 소재가 있어야 테마를 결정하고, 테마가 시나리오와 메커닉스 방향을 이끌어 가기 때문에 결코 소홀히 해서는 안 된다.

아름다운 배경이나 독특한 매력을 가진 특정 도시 역시 보드게임의 멋진 소재가 된다. 프랑스 남부 옥세타니 지역의 요새 도시를 소재로 만든 〈카르카손(Carcassonne)〉, 이탈리아 베수비오 화산 폭발로 인해 사라진 폼페이를 소재로 만든 〈폼페이(Pompeii)〉, 부유한 항구이자 낙원 같은 아름다운 섬 〈푸에르토리코(Puerto Rico)〉, 아프리카에 위치한 회사들의 경영을 다루는 〈몸바사(Mombasa)〉, 아프리카 야생을 다룬 〈보츠와나(Bostwana)〉, 미국 라스베가스 도시의 특징을 다룬 〈라스베가스(Las Vegas)〉 등이 있다.

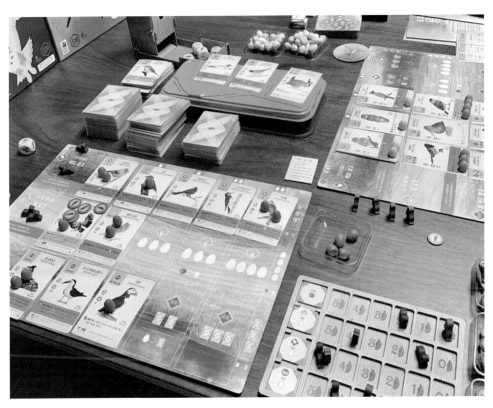

그림 2-4 윙스팬

〈라스베가스(Las Vegas)〉는 미국 라스베가스의 카지노를 떠올리게 하는 게임이다. 6개의 슬롯머신에 머니를 충족시키고, 주사위를 굴려서 각 슬롯머신에 주사위 개수가 가장 많은 사람이 머니를 획득한다. 슬롯머신에서 사람들이 운에 의지하는 만큼 주요 구성물도 주사위를 사용한다. 〈석기시대(Stone Age)〉는 일꾼을 배치하여 나무, 벽돌, 금 등 자원을 채집하기도 하고, 일터로 보내서 식량을 마련하기도 한다. 마을을 건설하여 부족을 늘리고, 문명을 건설하는 등 소재를 게임에서 재미있게 잘 살려낸 대표적인 보드게임이다.

이 외에도 동화를 소재로 만든 〈어린왕자(Le Petit Prince)〉, 〈아기돼지 삼형제(The Three Little Pigs)〉, 꿈속 내용을 소재로 만든 〈슬리핑 퀸즈(Sleeping Queens)〉 등 게임 소재는 다양하다. 자신의 일기장을 소재로 만든 게임 디자이너도 있다. 오늘 아침에 마신 커피를 소재로 게임 아이디어를 떠올릴 수도 있고, 〈컬렉션〉처럼 분리수거를 하다가 떠오른 생각을 게임으로 만들 수도 있다. 길 찾기 소재로 만든 〈라비린스(Labyrinth)〉, 〈시그널(Signal)〉, 새를 소재로 만든 〈윙스팬(Wingspan)〉, 〈피에프 마츠(Piepmatz)〉, 보석을 소재로 만든 〈세공사(Segongsa)〉, 〈스플렌더(Splendor)〉, 수나 숫자가 게임의 소재로 사용된 〈루미큐브(Rummikub)〉, 〈식스틴(Sixteen)〉이 있다. 이 외에도 바람, 해, 물 등 원소를 소재로 만드는가 하면, 청각, 촉각, 후각의 감각을 소재로 만든 보드게임도 있다. 영어의 알파벳, 한글의 자음과 모음, 음악 악보 등 특정한 교육을 목적으로 만든 게임은 문자 구조에서 소재를 찾기도 한다.

02 핵심 메시지를 전달하는 테마

게임을 디자인할 때, 가장 먼저 구축해야 하는 것은 방향성이라고 했다. 게임이 나아갈 방향이 명확해야 올바른 재미를 끌어낼 수 있으며, 가령 디자인 과정에서 헤매더라도 빠르게 길을 되찾을 수 있다. 『게임 디자인을 위한 기초이론』에서 게임의 방향을 잡는데 기준이 되는 것은 '테마'라고 했다. 게임 디자이너라면 누구라도 이 말에 공감할 것이다. 여기에서 중요한 것은 '디자이너'다.

디자이너에는 2가지 의미가 있다. 첫 번째는 경험자로, 일반적으로 이미 많은 경험을 했고, 그 경험들로 자신만의 노하우를 특정 지은 사람들을 부를 때 사용한다. 하지만 게임 디자인 경험이 처음이거나 경험이 많지 않은 사람이 '테마'를 찾는다는 것은 쉽지 않은 일이다.

필자도 다년간의 게임 경험을 갖고 있으며, 지금도 게임 디자인을 하고 있지만, 새로운 게임을 디자인할 때마다 '테마'를 찾는 것은 여전히 어렵다고 느낀다. 두 번째는 게임 디자인을 시작하는 사람으로, 이들은 아직 테마가 무엇인지 개념이 명확하지 않다. TRPG의 직계 조상으로 불리는 〈던전 앤 드래곤(Dungeons & Dragons)〉을 만든 개리 가이각스(Gary Gygax), 최고의 명작 TCG 카드 게임인 〈매직: 더 게더링(Magic: The Gathering)〉을 만든 리처드 가필드(Richard Garfield), 세계적인 게임 〈마리오와 루이지(Mario and Luigi)〉 시리즈, 〈젤다의 전설(The Legend of Zelda)〉, 〈스타폭스(Star Fox)〉, 〈피크맨(Peak Man)〉 등을 만들어 낸 미야모토 시게루(Miyamoto Shigeru), RPG 장르에 많은 영향을 끼친 역작으로 알려진 〈울티마(Uitima)〉를 만든 워렌 스펙터(Warren Spector) 같은 디자이너가 되고 싶고, 그들이 만든 게임 같은 게임을 만들고 싶다는 바램은 있지만, 무엇부터 해야 하며, 어떻게 해야 하는지 방법을 알지 못해 게임 디자인을 어렵다고 여기고 있다.

누구나 게임 디자이너가 될 수 있다. 하지만 처음부터 멋진 테마를 찾거나, 짧은 시간에 숙련된 게임 디자이너가 될 수는 없다. 유명한 디자이너들도 자신이 무엇을 하고 싶어하는지 스스로에게 질문하고 다양한 게임에 호기심을 가지고 플레이하면서 생겨난 습관이 스스로를 멋진 디자이너로 만든 것처럼, 이들이 했던 것을 꾸준히 반복하다 보면 어느 순간 디자이너가 되어 있을 것이다. 디지털 게임에서는 디자이너를 기획자라고 부르며, 아날로그 게임에서는 작가라 부르기도 한다. 단순히 게임만 만든다면 그렇게 불러도 상관없다. 하지만 디자이너가 되고 싶다면 게임을 디자인할 때 테마를 찾기 위한 고민을 해야 한다. 게임의 소재를 모았다면, 방향을 잡고 메시지를 특정 지어 줄 테마를 찾아야 한다.

● 테마란 무엇인가?

테마의 어원을 살펴보면 영어로 Theme, 독일어로 Thema, 프랑스어로 The'me, 러시아어로 Tema라고 읽는다. 넬슨 신이 그의 저서 『넬슨 신의 영상 백과사전』에서 "작품에서 전달하고자 하는 주된 생각 또는 메시지"라고 정의했는데, 이 말은 테마의 정의를 가장 잘 표현한 말이다. 다음은 『게임 디자인을 위한 기초 이론』에서 소개하는 3명의 연구자와 저자가 주장하는 게임의 테마를 정리한 것이다.

게임 테마의 정의

- **사사키 토모히로 : 테마의 표현 방식 분류**

  테마는 게임에 일정한 이미지와 방향성을 이끌어 내는 열쇠가 되는 말과 문장이다.

  테마를 표현하는 방법으로는 사랑, 용기같이 한마디로 정의되는 타입과 긴 문장으로 정의되는 타입 2가지가 있다.

- **웬디 디스페인 : 테마의 중요성 강조**

  게임에서 재미뿐만 아니라 의미를 부여하고 인간의 가치를 이해하게 만드는 중추적인 아이디어면서 동시에 모든 작업을 이끌어 줄 유용한 도구다.

- **이재홍 : 게임의 구성요소들을 통합하는 구심점으로 표현**

  작품에 그리고자 하는 중심사상이자, 핵심이고 작품을 통해 표현하고자 하는 궁극적인 목표다. 여러 구성요소를 통합시켜 한 방향으로 이끌어 가는 구심점이다.

  게임의 테마에는 설득력과 호소력이 끈끈하게 담겨있어 여러 감정이 분출되어야 한다.

- **남기덕 : 게임의 일관된 방향성 강조**

  게임 플레이하는 내내 일관되게 공감될 수 있도록 게임의 모든 요소를 통합해 하나의 방향성을 가지게 만드는 것이다.

사사키 토모히로는 테마를 게임에서 일정한 이미지와 방향성을 이끌어 내는 열쇠가 되는 문장으로 정의하고, 표현 방식을 2가지로 분류했으며, 웬디 디스페인은 게임에서 재미와 의미를 부여하고 인간의 가치를 이해하게 만드는 중추적인 아이디어이자 도구라고 정의하면서 테마의 중요성을 강조했다. 이재홍은 작품을 그리고자 하는 중심사상이자 핵심이고, 작품을 통해 표현하고자 하는 궁극적인 목표라고 하면서 게임의 구성요소들을 통합하는 구심점으로 정의했다. 남기덕은 게임을 플레이하는 내내 일관되게 공감할 수 있도록 게임의 모든 요소를 통합해 하나의 방향성을 가지게 만드는 것이라고 하면서 일관성과 방향성의 중요성을 강조했다.

테마에 관한 연구는 인간의 사상이나 감정을 언어로 표현하는 소설, 시 등 문학과 영화, 드라마 등 영상 미디어에서 오래전부터 연구해 온 학문이다. 현재는 많은 분야에서 테마를 사용하고 있는 만큼 의미에도 조금씩 차이가 있다. 시, 소설 등 문학작품 또는 음악, 미술 등 예술작품에서는 테마가 주제를 의미한다. 컴퓨터와 관련된 분야에서는 스킨을 테마라 부르기도 한다. 또 증시에서는 주가의 등락을 결정하는 공통적인 요인에 테마를 붙여서 테마주라고 부른다. 이처럼 테마는 분야와 영역의 특성에 따라 의미가 조금씩 다르다.

게임 테마는 게임에 대한 작은 궁금증에서 시작한다. 〈체스〉의 테마는 무엇일까? 무엇에 대한 것일까? 이 질문에 한 단어나 한 문장으로 게임 전체를 하나로 묶어서 모든 요소가 지지해야 하는 개념이 바로 테마다. 남기덕은 하먼 멜빌(Herman Melville)의 "위대한 책을 쓰려면 위대한 테마를 잡아야 한다."라는 말을 빌어 "위대한 게임을 만들려면 위대한 테마를 잡아야 한다."고 했다. 이 말은 앞서 게임 연구에서 본 테마의 정의에서 소개한 연구자들이 하고자 했던 말을 한 문장으로 깔끔하게 정리한 말이다. 이어서 테마에는 인간에 대한 고민이 반드시 담겨있어야 한다고 했다. 대부분의 게임 테마는 디자이너의 경험에 기반한다. 즉, 게임 디자인 최고의 목표는 게임 경험의 정수를 플레이어에게 전달하기 위한 고민을 해결하는 것이다.

게임 디자이너 리치 골드(Rich Gold)는 그의 저서 『풍부』에 코끼리를 소재로 테마를 잡는 기본적 예시를 저술했다. 개념은 아이들에게 코끼리가 뭔지 이해하는 경험을 제공하는 것이다. 코끼리를 소재로 다양한 관점에서 테마를 찾을 수 있다. 코끼리 힘의 세기, 코끼리 크기, 코끼리 외형, 코끼리가 좋아하는 것 등이 있지만, 이 책에서 전달하고자 하는 메시지는 "코끼리란 무엇인가?"이다. 다시 〈체스〉로 돌아가서, 〈체스〉의 테마는 무엇이라고 생각하는가? 〈체스〉의 테마는 상대 왕의 항복을 받아내는 정복이다. 이것을 위해 최적의 타이밍을 노리고, 최상의 행동으로 상대의 움직임을 압박해 나간다.

대부분 보드게임에서도 이처럼 테마를 찾을 수 있다. 테마가 없거나, 아주 약해서 없는 것처럼 느껴지기도 하고, 반대로 아주 강해서 겉으로 드러난 테마도 있다. 테마를 드러내는 강도는 다르지만, 게임 속에 녹아서 소재에 대한 메시지를 전달한다는 관점에서 공통적으로 테마를 가지고 있다는 것이다. 즉, 게임 디자이너는 플레이어가 게임을 진행하면서 테마를 서서히 찾아갈 수 있도록 테마 팔레트를 잘 디자인할 수 있어야 한다. 게임을 디자인할 때 뚜렷한 테마를 디자인한다는 것은 쉽지 않다. 게임 디자이너가 게임을 통해 플레이어에게 전달할 메시지를 의도해서 만들었지만, 플레이어는 자신이 편리한 대로 해석할 가능성이 더 크다. 그래서 애매한 테마보다 차라리 테마가 없는 것이 더 훌륭한 게임이 될 수 있다.

〈스톤 에이지〉는 2008년에 출시된 일꾼 놓기 보드게임이다. 배경은 석기시대로, 보드판은 석기시대 부족 생활을 섬세하게 구현했다. 플레이어는 부족을 늘리고, 사냥과 농사를 통해 기본 식량을 제공하고, 도구를 개발하는 등 그 시대를 잘 나타내고 있다. 숲에서 나무, 채취장에서 흙, 채석장에서 돌, 강에서 금, 사냥터에서 식량 등 자원을 얻고 필요할 때 자원을 사용해서 문명을 발전시켜 나간다. 모든 구성물의 모양, 기능, 상호작용 등 행동 곳곳에서 숨겨진 테마를 찾을 수 있도록 잘 디자인해 놓았다. 이 게임의 테마는 '문명을 발전시키는 것'이다.

〈카탄(Catan)〉은 카탄이라는 무인도에서 자신의 세력을 넓혀 진정한 정착자가 되는 테마를 갖고 있다. 이 게임은 1995년에 발매되어 선풍적인 인기를 얻으면서 각종 시상식에서 많은 상을 받았다. 〈카탄〉이 이토록 성공했다 하여, 섬에 정착하는 테마를 가진 모든 보드게임이 성공한 것은 아니다. 같은 소재를 선택해도 메시지를 어떻게 그려내느냐에 따라 보드게임의 방향이 완전히 달라지고, 플레이어가 느끼는 감정이나 재미 경험의 유형이 다르다.

2015년에 발매된 〈에그애드(EggAdd)〉역시 뚜렷한 테마의 접근법을 보여 준다. 〈에그애드〉는 둥지를 노리는 이웃들로 부터 알을 보호하고 무사히 병아리로 부화할 수 있도록 온갖 노력을 아끼지 않는 '엄마의 사랑'을 테마에 담았다. 〈컬렉션(Collection)〉은 가정에서 배출되는 쓰레기를 같은 종류끼리 모아서 자원화하는 것이다. 수집, 교환, 거래 등 몇 가지 정해진 행동으로 승리하기 위해 전략을 세우는 시스템이다. 이 게임의 테마는 '분리배출'이다. 〈에코빌리지(Eco Village)〉는 세계 5대륙의 35개 국가에서 기후변화에 대응하는 지속가능한 환경을 테마로 디자인했다. 탄소 배출로 인한 지구온난화 현상으로 가뭄, 홍수, 산불, 해수면 상승 등 지구촌 곳곳의 환경변화 요인을 찾고 대처 방안에 필요한 자원, 기술, 정책을 마련하여 위기에 대응한 사례 중심의 환경 보드게임이다. 플레이어들은 게임을 통해 기후변화의 심각성을 인식하고 지속 가능한 생태계를 위해 혼자, 또는 협력으로 목표를 달성해 나간다.

그림 2-5 스톤 에이지

그림 2-6 카탄

● 테마의 특성

좋은 테마는 까다로운 디자인 과정을 거쳐서 만들어진다. 모든 게임의 테마가 훌륭할 필요는 없다. 그러나 게임이 플레이어들의 직접적인 참여와 상호작용으로 경험을 쌓아간다는 점에서 디자이너는 인간에 대한 고민을 계속해야 한다고 연구자들은 이야기한다. 왜냐하면 테마는 인간과 세상 사이에 존재하는 작은 궁금증에서 시작하는 것이기 때문이다.

또한, 게임에서 테마를 효과적으로 디자인하기 위해서는 테마가 갖는 특성을 이해하고 활용할 수 있어야 한다면서 『게임 디자인을 위한 기초 이론』에서 게임 테마의 특성을 11가지로 정의했다. 표 2-1은 각각의 특성에 대한 키워드와 조작적 정의에 대해 상세하게 소개한 내용이다.

표 2-1 게임 테마의 11가지 특성

No.	특성	키워드	조작적 정의
1	감동	감동	크게 느끼며 마음이 움직이는 것
2	공감	공명, 자연스럽게 느낌	남의 감정, 의견 따위에 대해 자기도 그렇다고 느끼는 것
3	구체	구체적	실제적이고 세밀한 부분까지 담고 있는 것
4	단일	하나, 통일	단일한 성질
5	독창	개성, 독창성	모방 없이 새로운 것을 만들어 내거나 생각하는 것
6	명확	명확한	명백하고 확실한 성질
7	방향	방향성, 목표, 지침	방향이 나타내는 특성 또는 제작되는 특성
8	일관	일관성	하나의 방법이나 태도, 한결같은 성질
9	집약	압축, 농축	하나로 모아서 뭉뚱그리는 것
10	철학	철학, 가치, 해석	철학에 기초를 두거나 철학에 관한 것
11	통합	통합, 결합, 조화	둘 이상의 조직이나 기구 따위를 하나로 합치는 것

게임이 플레이어에게 주는 감동은 스토리를 통해 테마로 전달된다. 하지만 11가지 특성을 모두 만족시킬 수 있는 테마를 만든다는 것은 정말 어려운 일이다. 게임 디자인 경험이 많고 성공한 디자이너라면 가능할 수도 있지만, 게임 디자인 경험이 적거나 이제 막 게임 디자인을 시작하는 초보자라면 불가능하다. 11가지 중 3가지 이상만 만족시킬 수 있어도 좋은 테마가 될 수 있으므로 테마의 어떤 특성을 어떻게 디자인하느냐에 따라 플레이어가 느끼는 경험을 매우 다양하게 줄 수 있다.

게임이 플레이어에게 주는 감동의 요소는 다양하다. 테마가 될 수도 있고, 스토리 자체가 될 수도 있다. 또는 메커니즘에서 어떤 액션 하나가 플레이어에게 특별한 감동을 주는 요소가 되기도 한다. 그중에서 가장 뜨거운 경험 요소가 테마라고 할 수 있다. 최고의 테마는 플레이어 감정의 깊은 곳을 건드리는, 즉 플레이어와 공명하는 테마다. 성별, 나이, 직업에 상관없이 모두가 공명하는 테마를 잡아낸다면 그 게임은 플레이어에게 감동을 주면서 초월적인 변화의 경험을 줄 수 있다.

03 테마의 가치

테마는 특정 게임을 특정 단어나 문장으로 의미 있는 놀이라고 표명하는 것이다. 『게임 디자인을 위한 기초 이론』에서 테마는 대부분 단독 게임에 사용되지만, 시리즈로 만들어진 게임에서는 테마가 계승되어 나타나기도 한다고 했다. 테마가 전승되는 사례는 보드게임에서도 찾아볼 수 있다. 〈던전 앤 드래곤(Dungeon & Dragons)〉과 〈반지의 제왕(The Lord of the

그림 2-7 던전 앤 드래곤 초판

Rings)〉이 대표적이다. 1974년 룰 북 출간 이후, 총 3권으로 구성된 〈던전 앤 드래곤〉은 판타지 열풍을 일으키면서 수많은 RPG 장르의 게임에 힘을 실어 주었다.

〈반지의 제왕〉은 출시 이후, 지금까지 여러 시리즈와 확장팩을 계속 만들어 내고 있는 시리즈 게임의 대표작이다. 2019년에는 Golden Geek 최고의 테마 보드게임 후보에 오를 정도로 모든 시리즈와 확장팩의 테마가 일관되고 같은 방향성을 고집하고 있다. 최근에 출시한 〈반지의 제왕: 가운데 땅 여정〉은 2~5명이 협력으로 진행하는 보드게임이다. 종이, 플라스틱, 나무류를 사용하는 일반 보드게임과 다르게, 이 게임은 어플과 연동해서 게임을 진행하는 하이브리드 보드게임이다. 고유한 자질이 있는 영웅들이 기술과 특수 능력을 사용해서 어떤 생명체나 지형 등과 상호작용하면서 마주치는 수많은 난관을 해결하는 이야기다. 게임 시스템은 영웅들을 공격하거나 상호작용을 하면서 카드 덱을 사용한다. 지식을 얻어 무기나 갑옷 등의 아이템을 업그레이드하고, 각종 경험자는 클래스마다 특징적인 카드를 구입하는 데 사용할 수 있다. 원작의 탄탄한 스토리와 명확한 테마를 통해 RPG의 정수를 잘 디자인한 게임으로 평가받고 있으며, 이 게임의 테마는 성장이다.

그림 2-8 반지의 제왕

게임에서 시리즈를 이끌어 가는 방향성과 성공 여부는 게임 디자이너의 철학과 인생관을 담은 테마에 따라 결정된다. 게임사에서 시리즈를 개발할 때에는 초창기 팀원들이 끝까지 일을 같이하는 경우는 아주 드물고, 대부분 개발 도중에 게임 디자이너가 변경된다. 이런 경우, 게임의 방향성과 분위기가 바뀌어 유저가 떠나게 되는 상황이 만들어지기도 한다. 『게임 디자인을 위한 기초 이론』에서는 장기적으로 시리즈를 성공적으로 이끌어 가는 게임 디자이너들은 자신만의 테마를 가지고 있으며, 그들은 하나의 작품만 아니라 시리즈를 통해 자신의 테마를 계승하고 발전시켜 간다고 했다. 이어서 미국과 일본의 대표적인 게임 디자이너의 시리즈 작품과 테마를 소개하고 있다.

표 2-2 대표적인 미국 게임 디자이너의 작품과 테마

게임 디자이너(미국)	게임&시리즈	출시연도	테마
피터 몰리뉴	파퓰러스	1989~	선과 악
	던전키퍼	1997~	선과 악
	블랙 앤 화이트	2001~	선과 악
	페이블	2004~	선과 악
윌 라이트	심시티	1989~	세상과 소통
	심즈	1999~	인간과 소통
	스포어	2006~	생명과 소통
리차드 개리엇	울티마	1981~	미덕
	울티마 온라인	1997~	미덕과 자유

미국의 게임 디자이너 피터 몰리뉴는 신의 입장에서 모든 게임의 테마를 선과 악으로 그려냈다. 윌 라이트는 게임 세상을 장난감으로 보고 장난감을 통해 세상, 인간, 생명과 소통하려 했으며, 리차드 개리엇은 미덕(3원칙: 진실, 사랑, 용기 / 8미덕: 동정, 정직, 명예, 겸손, 정의, 희생, 영성, 용맹)을 게임 테마로 녹여냈다.

표 2-3 대표적인 일본 게임 디자이너의 작품과 테마

게임 디자이너(일본)	게임&시리즈	출시연도	테마
미야모토 시게루	동키콩	1981~	남자의 로망
	슈퍼 마리오	1985~	남자의 로망
	젤다의 전설	1986~	남자의 로망
사카구치 히로노부	파이널 판타지	1987~	삶과 죽음
	로스트 오딧세이	2007~	삶과 죽음
호리이 유지	드래곤 퀘스트	1986~	성장

일본의 게임 디자이너 미야모토 시게루는 힘든 역경을 이겨내고 공주를 구출하는 남자의 로망을, 사카구치 히로노부는 주변 사람들의 죽음이라는 경험을 통해 삶과 죽음에 대한 고민을, 호리이 유지는 방대한 시나리오와 영웅 이야기를 통해 영웅의 성장을 테마로 표현했다.

국가와 게임 장르를 막론하고 게임 디자이너들이 게임 테마의 선정과 표현 방식에는 차이가 있지만, 자신만의 독특한 게임 시스템을 발전시키고 새로운 장르를 창조하거나 다른 장르에 영향을 주면서 자신만의 테마와 시리즈를 통해 꾸준히 계승한다는 점은 같다는 것이다. 보드게임 디자이너 중에서도 시리즈를 통해 테마를 계승해 나가고 있는 유명한 디자이너와 그의 성공작들이 있다.

표 2-4 대표적인 보드게임 디자이너의 작품과 테마

보드게임 디자이너	게임&시리즈	출시연도	테마
클라우스 토이버	카탄	1995~	개척과 무역
알란 R 문	티켓 투 라이드	2004~	기차 여행
맷 리콕	팬데믹	2008~	전염병 대응
도날드 X 바카리노	도미니언	2008~	왕국 건설
부르노 캐슬라	킹도미노	2016~	왕국 구성

클라우스 토이버는 〈카탄(Catan)〉을 통해 중세 시대를 시작으로 개척과 무역을 테마로 보드게임 시리즈를 이어나가고 있다. 알란 R 문은 〈티켓 투 라이드(Ticket to Ride)〉를 통해 미국, 유럽, 아시아, 아프리카 등 대륙별 기차 여행을 테마로 담고 있다. 맷 리콕은 〈팬데믹(Pandemic)〉이라는 게임을 통해 전염병의 무서움과 대응을, 도날드 X 바카리노는 〈도미니언(Dominion)〉이라는 게임에서 왕국 건설이라는 테마로 덱빌딩 장르를 등장시키고 다른 장르 등장에 큰 영향을 주었다. 부르노 캐슬라는 〈킹도미노(Kingdomino)〉라는 시리즈로 출시되고 있는 타일 놓기 형태의 게임으로 왕국 구성을 테마로 하고 있다.

소개한 보드게임 디자이너의 대표적인 작품과 테마는 생성형 AI ChatGPT의 도움을 받아 소개하는 내용으로, 보드게임 최고의 디자이너라고 단정할 수는 없지만, 보드게임 장르와 메커닉스에 어느 정도 영향을 미친 게임이라는 것은 사실이다.

게임은 누가 만들었으며, 어떻게 만들었냐도 중요하겠지만, 어떤 테마를 가지고 있느냐를 더 중요하게 바라봐야 한다. 매년 수많은 게임이 출시되고, 그리고 사라지고 있다. 자신이 만든 게임이 전 세계인에게 익숙해지는 데 시간이 걸리더라도 사라지지 않는 게임이 되게 하려면, 자신만의 게임 테마를 만들어야 한다.

04 소재와 테마의 관계

이 책에서 가장 먼저 다룬 요소는 소재고, 이어서 테마에 대해 해석했다. 이제 소재와 테마를 명확하게 구분할 수 있을 것이라고 생각하겠지만, 막상 게임 디자인을 시작하면 소재와 테마를 정하는 것은 쉽지 않다. 글을 쓸 때 무엇을 쓸 것인지 분명하게 정하지 않고 막연하게 글을 쓰기 시작하면 읽는 사람이 무슨 말인지 이해하지 못할 때가 많다. 게임도 마찬가지다. 어떤 것을 만들 것인지 방향성을 분명하게 정하고 개발을 시작해야 디자이너는 디자인 프로세스 과정에서 흔들리지 않으며, 플레이어는 게임에서 무엇을 해야 하는지 알고 플레이한다.

소재와 테마의 차이를 다시 정리해 보자. 소재란 이야깃거리로, 게임의 바탕이 되는 재료로 있는 그대로의 모습이며 어떠한 설명이나 해석이 들어가지 않은 상태를 말한다. 소재가 정해지면 무엇을 중심으로 게임을 만들어야 할지 고민을 갖게 된다. 이 단계가 테마로 넘어가는 과정인데, 바로 테마에 접근하면 찾기 어렵다. 여기서 소재와 테마를 연결해 주는 고리를 제재라고 한다.

제재란 소재가 가진 속성 중 디자이너가 관심을 갖고 주목하며, 게임 테마나 타이틀(게임명)과 밀접한 관계가 있는 것으로 소재 중에서 가장 중심이 되는 소재를 말한다. 그다음 게임을 통해 플레이어가 어떤 경험을 하면 좋을지 생각하게 되는 것이 바로 테마다. 테마란 디자이너가 내세우는 의미와 가치며, 사상으로 삼고자 하는 메시지다.

좋은 소재는 테마를 뒷받침해야 한다. 아무리 흥미로운 소재라도 테마와 관련성이 없으면 효과적이지 못하다. 이런 경우 테마가 게임의 핵심 메시지를 전달하지 못하기 때문에 플레이어가 게임을 통해 느끼는 감정이나 경험이 밋밋하다고 느낄 우려가 있다. 또한, 소재와 테마 간의 관계가 합리적이고 타당한 이유가 있어야 한다. 둘의 관계가 합리적이지 못하고 이치에 맞지 않으면 일관성이 없기 때문에 게임의 신뢰성을 갖기 어렵다.

> ☑ 잠깐만요 **소재와 테마의 차이점**
>
> • **소재**
> 이야깃거리
> 게임의 바탕이 되는 재료
>
> • **제재**
> 소재 중 디자이너가 가장 관심을 갖고 주목하는 것
> 테마, 타이틀(게임명)과 밀접한 관계가 있는 것
> 소재 중에 중심이 되는 소재
>
> • **테마**
> 작품에서 게임의 의미와 가치
> 중심적인 사상
> 메시지

소재와 테마 간의 관계를 어떻게 만들어 줄 수 있을까? 예를 들어, 전쟁과 관련된 게임을 만들 때, 소재는 2차 세계대전, 핵폭탄, 학살, 멸망, 승리, 무기, 군대, 병사 등이 있을 것이다. 이 중에서 다른 모든 소재를 포괄할 수 있는 '2차 세계대전'을 제재로 정한다. 마지막으로 제재와 소재를 통해 테마를 찾아야 한다. 즉, '2차 세계대전'이라는 소재를 통해 이야기하고 싶은 것이 영웅신화인지, 권력인지, 화합과 평화인지, 영토 확장인지 아니면 전쟁의 잔혹함인지 또는 전우애나 고통인지에 해당하는 것이 테마다. 다시 말해서 테마는 전쟁을 이야기하는 것이 아니라, 그 전쟁이 만들어 내는 감정이나 경험에 해당한다.

> ☑ 잠깐만요 **소재와 테마의 관계**
>
> • **소재**
>   전쟁, 2차 세계대전, 핵폭탄, 학살, 멸망, 승리, 무기, 군대, 병사 등
>
> • **제재**
>   2차 세계대전
>
> • **테마**
>   영웅신화, 권력, 화합과 평화, 영토 확장, 전쟁의 잔혹함, 전우애, 고통 등

〈체스(Chess)〉는 체스판 위에서 두 명의 선수가 자신의 기물을 정해진 규칙으로 이동시켜 전열을 정비하다가, 상대방의 킹(King)을 공격(체크)하여 체크메이트 상황으로 몰아넣는 쪽이 승리하는 추상 전략 게임이다. 이 게임의 소재는 왕, 전략, 공격, 권력, 정복 등이며, 가장 중심이 되는 소재는 전략이다. 이 소재를 통해 승리보다는 개인의 의지와 지성을 다루고 있다. 이 외에도 〈모노폴리(Monopoly)〉, 〈팬데믹(Pandemic)〉, 〈컬렉션(Collection)〉, 〈신라: 천년의 미소(Silla: The Smile of a Thousand Years)〉에서 다양한 소재로 특정한 테마를 나타내고 있다.

표 2-5 보드게임에서 사용하는 소재와 테마

게임	소재	제재	테마
체스	왕, 여왕, 성, 폰, 공격, 전략 등	전략	의지와 지성
모노폴리	경제, 부, 자본, 거래, 욕구 등	자본	인간의 욕구
팬데믹	전염병, 백신, 바이러스, 감염, 연구소 등	전염병	전염병 대응
컬렉션	음식물, 플라스틱, 환경, 분리수거, 일상생활, 행동 등	분리수거	환경의 중요성
신라: 천년의 미소	역사, 경주, 신라, 첨성대, 불국사, 김유신, 황금 등	신라	왕국 건설

메커니즘 분석

01 주사위 굴리기

"신은 주사위 놀이를 하지 않는다." 이 말은 위대한 과학자 아인슈타인(Albert Einstein)이 남긴 말이다. 그의 말처럼 신은 주사위 놀이를 하지 않았을지도 모르지만, 인류가 인위적으로 만든 것 중에 가장 긴 세월 동안 사랑받는 장난감은 아마 '주사위(Dice)'일 것이다. 주사위가 언제 처음으로 만들어졌다는 기록은 없다. 하지만 기원전 3,000년경 고대 이집트에서 만들어진 〈세네트(Senet)〉에서 주사위를 사용한 흔적과 상아나 동물의 뼈로 만든 주사위가 발견되었다. 기원전 1,000년경 인도 종교문학인 '리그베아'에도 주사위가 등장했으며, 고대 그리스 아테네의 시인이자 극작가 메난드로스(Menande)의 희극에서 "주사위는 던져졌다."라는 말이 나왔다. 그리고 "왔노라, 보았노라, 이겼노라."로 유명한 고대 로마의 황제 율리우스 카이사르(Gaius Julius Caesar)가 이탈리아 북부 작은 강인 루비콘강을 건너기 전에 이 문구를 그대로 사용했고, '알레아'라는 단어가 있었던 것으로 짐작할 수 있듯, 주사위는 단순한 놀이를 넘어 이미 오래전부터 사용되고 대중화되었다는 것을 알 수 있다.

오랜 세월 동안 수많은 게임에서 주사위가 사용된 만큼, 메커니즘도 다양하게 변주되어 주사위 대신 룰렛이나 윷을 사용하기도 한다. 어떤 것을 사용하든 주사위가 가지는 가장 큰 의미는 정해진 범위 안의 수 중에서 무작위적인 하나를 추출하는 것이다. 여전히 주사위가 보드게임의 주요 구성물인 이유는 게임에서 얻는 행운과 기대감, 이것으로 인한 극적인 재미와 기쁨이 있기 때문이다. 그리고 주사위를 굴리기 전에 원하는 면이 나와주길 바라는 간절함, 굴렸을 때의 두근거림, 성공했을 때의 기쁨, 실패했을 때의 아쉬움 등 그 짧은 순간 동안 주사위만이 연출해 낼 수 있는 뒤얽힌 감정 경험이 강렬하다.

- **주사위 굴리기(Dice Rolling)** : 주사위를 굴려서 해당 주사위를 직접 사용하는 방식이다.

- **주사위 굴려서 이동하기(Roll and Move)** : 주사위를 굴려서 해당 값만큼 게임 말을 이동하거나, 해당 이미지가 있는 곳에 게임 말을 이동하는 방식이다.

- **주사위 굴려서 가져오기/버리기(Roll and Take/Throw)** : 주사위를 굴려서 해당 자원이나 아이템을 가져오는 것, 또는 버리는 방식이다.

- **주사위 굴려서 적기/그리기(Roll and Write/Drawing)** : 주사위를 굴려서 해당 아이템이나 지시어를 적는 것, 또는 그리는 방식이다.

● 라스베가스

〈라스베가스〉는 라스베가스의 카지노를 모티브로 만든 게임이다. 게임에는 주사위 눈이 수대로 표시된 6개의 카지노가 등장하고 플레이어는 카지노에서 자신의 운을 시험하려는 손님이 되어 승부를 펼쳐야 한다. 게임의 목표는 많은 돈을 따내는 것이다. 게임이 시작되면 6개의 카지노를 테이블에 나열하고 지폐 더미를 섞어서 카지노마다 최소 5만 달러 이상이 되도록 놓는다. 자기 차례에는 가지고 있는 모든 주사위를 굴린다. 주사위 각각의 결괏값을 확인하고 그중 하나의 결괏값을 선택해 같은 결괏값의 모든 주사위를 카지노 한 곳에 올려놓는 것이다.

그림 2-9 라스베가스

예를 들어, 자기 차례에서 보는 주사위를 굴려 주사위 5가 3개 나왔다면 이 3개의 주사위를 5번 카지노에 올려놓는다. 이렇게 돌아가면서 주사위를 굴리고 선택하길 반복한다. 모든 플레이어가 모든 주사위를 카지노에 올리면 라운드가 끝나고 수익을 정산한다. 수익을 정산하기 전에 한 카지노에 주사위 개수가 같은 색깔이 있다면 해당 플레이어들은 그 카지노에서 자신의 주사위를 치운다. 카지노에 가장 많은 주사위를 올린 플레이어부터 가장 가치가 높은 지폐를 하나씩 가져가고 남은 지폐가 있다면 폐기한다. 이와 같이 4번의 라운드를 진행하고, 게임이 끝나면 가장 많은 돈을 가진 플레이어가 승리한다.

● 스트라이크

〈스트라이크〉는 로마의 콜로세움 같은 경기장에서 주사위를 굴려 나온 값에 따라 결투를 벌이는 게임이다. 모두가 같은 수의 주사위를 나눠 가진 후, 남은 주사위 중 하나를 경기장 안에 굴려 놓으면 게임이 시작된다. 차례가 되면 플레이어는 가지고 있는 주사위 1개를 경기장 안에 던져 놓아야 한다. 다른 주사위에 맞지 않게 조심스럽게 굴려도 되고, 집어 던지듯 강하게 넣어도 되며, 이미 경기장 안에 있는 주사위를 맞춰도 된다. 이렇게 하면 경기장에 놓여있는 주사위 값이 변할 수 있는데, X가 나온 주사위와 경기장 밖으로 나간 주사위는 모두 제거되고, 같은 숫자가 표시된 주사위들은 가져온다. 만약 모든

그림 2-10 스트라이크

주사위의 값이 모두 달라서 아무것도 가져올 수 없다면 다시 주사위 1개를 던져도 되며, 차례를 마칠 때까지 액션을 반복해도 된다. 경기장에 놓인 주사위를 적절히 타격하여 값을 바꾸거나 경기장 바깥으로 벗어나게 만드는 등의 손재주가 빛을 발하는 경우도 있다. 주사위를 모두 잃으면 게임에서 탈락하며, 최종적으로 주사위를 하나라도 가지고 있는 플레이어가 승리한다.

2.3 실습하기

2주차 실습

① **목표** : 게임의 소재와 테마 정하기

② **추천 분량** : PPT 1~2장

01 만들고자 하는 게임의 소재를 정한다.

- 소재 1 :
- 소재 2 :
- 소재 3 :
- 소재 4 :
- 소재 5 :
- 소재 6 :
- 소재 7 :

02 소재 중에서 중심이 되는 소재, 즉 핵심 소재(제재)를 선택한다.

- 핵심 소재 :

03 핵심 소재를 통해 플레이어에게 전달하고자 하는 메시지가 무엇인지 결정하고 테마를 정한다.

- 게임 테마 :

3 장

장르

게임 장르를 결정짓는 요소, 장르 유형, 플레이 유형을 학습하고
게임의 장르를 정한다.

3.1 이론과 개념

장르는 소재, 테마와 함께 어떤 게임을 만들 것인지 결정하는데 중요한 축이다. 게임 디자인은 소재와 테마, 장르을 어떻게 전하느냐에 따라 방향이 달라진다. 〈2장〉에서 이해한 내용을 기반으로 만들고자 하는 게임의 소재와 테마가 명확해졌다면 이제 장르를 정해야 한다. 이쯤이면 학생들로부터 "소재, 테마, 장르의 차이점이 무엇인가요?"라는 질문을 듣게 될 것이다. 학생들 입장에서는 당연히 궁금해 할 내용이며, 정확하게 이해하기 어려운 것도 맞다.

〈1장〉에서 게임 개발 과정에 따른 디자인 프로세스를 소개했다. 가장 먼저 게임의 전체적인 방향을 잡기 위해 개요를 설정한 후, 구성요소를 활용하여 재미를 만든다. 그리고 프로토타입을 제작하여 테스트를 진행하는 프로세스를 반복적으로 따른다고 했다. 모든 게임이 그와 같은 단계를 거쳐야만 하는 것은 아니며, 장르를 꼭 디자인 초반에 정해야만 하는 것은 더더욱 아니다. 하지만 이 책에서 장르는 소재와 테마 다음 순서에 다룬다. 왜냐하면 게임에서 소재와 테마를 정했다고 어떤 게임을 만들겠다는 확신이 생기는 것이 아니기 때문이다. 게임의 방향성이라고 하는 것은 어떤 게임을 만들 것인가에 대한 완전한 명제다. 즉, 어떤 게임을 만들려고 하는지 언제 누가 물어봐도 같은 대답을 할 수 있을 정도로 분명해야 한다는 것이다. 게임의 방향성을 결정하는 요소가 어떤 것이라는 정답은 없지만, 적어도 소재, 테마, 장르, 타겟을 정하고 나면 자신이 어떤 게임을 만들려고 하는지, 그것을 어떻게 만들어야 하는지 계획이 투명해진다.

이번 장에서는 게임의 장르를 정한다. 어떤 현상을 대할 때, 다양한 방법으로 현상을 나누고 쪼개서 분석하는 것처럼 장르도 마찬가지다. 장르란 무엇이며, 장르는 어떤 기준으로 구분하는지, 구분된 장르에는 어떤 것이 있는지에 대한 분석을 마치면 만들고자 하는 게임의 장르를 쉽게 정할 수 있다. 장르를 구분 짓는 요소에는 어떤 것이 있는지, 게임에는 어떤 장르가 있는지, 그리고 플레이는 어떻게 구분하는지 이해하고 장르를 정해 본다.

01 장르를 결정짓는 요소

● 장르 필름연구

장르란 프랑스어로 '공통된 관습이 반복적으로 사용되는 것'을 의미한다. 작품이나 콘텐츠를 구분할 때 이용되는 분류 범위로, 테마를 전개해 나가는 방식, 또는 분위기 등을 기준으로 삼아 특징적으로 유사한 그룹의 관습을 반복하여 사용하면 그것이 특정한 하나의 장르가 된다. 장르는 사회, 경제, 문화의 변화에 민감하게 반응하면서 게임에 관여하여 새로운 장르가 생겨나기도 하고, 소멸하기도 한다. 물론 오랜 세월 꾸준히 이어오고 있는 장르도 있다.

게임 장르를 분류하기 위해 보다 쉬운 이해를 지원하는 영화 장르에 대해 살펴보기로 한다. 미국의 장르 연구가 조셉 캠벨(Joseph Campbell)이 그의 장르 필름연구에서 규정한 3가지 장르 분류의 중요한 요소는 다음과 같다.

> ### ☑ 잠깐만요　장르 필름연구의 3가지 요소
>
> 1. **포뮬러(Formula)** : 줄거리 전개의 내러티브와 패턴 구조
> 2. **컨벤션(Convention)** : 반복적으로 등장하는 관습
> 3. **아이콘(Iconography)** : 화면에 보이는 디테일한 이미지 단위

❶ 포뮬러(Formula) – 공식

공식적 구성(Formula Plots)이란 관객이 과거의 감상 경험을 통해 스토리의 기본적인 설계로부터 스토리의 전개 또는 스토리 흐름의 해결 방안을 알게되는 것을 말한다. 따라서 공식이란 예견된 결말의 흐름에 따라 진행되는 일련의 행위들의 반복이다.

❷ 컨벤션(Convention) – 관습

공식이 예상되는 결과에 의한 전체의 구성에 해당하는 일련의 행위라면, 관습은 분리되어 있는 행위의 단위를 의미한다. 즉, 관습은 공식적 플롯이 누가 무엇을 언제 어디에서 누구에게 왜 했는가?라는 것들을 시각화된 행위로 진화되는 방법이다.

❸ 아이콘(Iconography) – 도상

도상은 장르에서 가장 작은 단위로 시각화된 모든 것을 의미하며, 건물, 창문, 나무, 테이블, 그리고 배우나 캐릭터도 포함된다. 도상은 장르에서 반복되어 사용됨으로써 그 의미를 획득한다.

조셉 캠벨이 정의한 장르 요소를 게임에 대입하여 게임의 장르요소를 정리하면, 장르를 분류하는 기준을 정할 수 있다. 게임은 놀이를 즐기는 사람들이 관습적인 행동을 반복하면서 경쟁하고, 이기기 위한 전략을 세우고 그것을 사용하면서 서로 연관 지어놓은 놀이규칙의 집합이다. 디자이너의 일방적인 주도로 이루어지는 체계가 아니라 플레이어가 참여하여 함께 만들어 내는 분류 체계라는 점에서 영화 장르와 비슷한 양식을 가진다.

● 장르의 분류 기준

도서관에 가면 한국십진분류표라는 것을 볼 수 있다. 이 표는 역사, 문학, 철학, 종교와 같이 책을 어떻게 분류할 것인가에 대한 기준이다. 게임에도 이러한 분류가 필요하며 장르 이상의 의미가 있다.

게임 장르는 플레이어가 어떤 게임을 할 것인지 결정하는 데 도움을 줘서 게임 방향의 폭을 줄여 준다. 플레이어는 게임의 장르와 간략한 스토리 소개에 대한 정보를 통해 게임의 재미와 감정을 기대한다. 실제로 게임을 하지 않아도 플레이어는 누적된 경험으로 게임의 느낌을 파악하고 선택하게 된다. 〈코드톡(CODETALK)〉은 이전 플레이어가 지정해 주는 코드를 받아서 본인의 칩 3개가 연결될 수 있도록 전략을 세우며 진행하는 방식이며, 〈식스틴(Sixteen)〉은 이미 놓여있는 여러 색깔의 타일에 자신의 타일을 규칙에 맞게 연결해서 놓는 방식으로, 박스 그래픽만 봐도 스도리기 게임 안에 내재되어 있는 추상 전략 장르라는 것을 알 수 있다. 〈통(Tong)〉, 〈텔레스트레이션(Telestrations)〉은 이미지 카드를 통해 각자의 이야기를 만들어 가면서 플레이어들이 상호작용하는 스토리텔링 장르다. 플레이어는 게임의 장르에 대한 정보만으로도 어떤 경험과 느낌일지 짐작하게 된다.

게임 장르는 디자이너가 어떤 게임을 만들어야 플레이어들에게 좋은 반응을 받을지 고민하고 결정하는 데 매우 유용하다. 2015년, 보드게임 〈딧식(Dicit)〉의 등장은 그동안 주사위, 카드 등의 텍스트를 사용해 오던 플레이어들에게 그림카드만으로 보드게임을 진행할수 있다는 점에서 이슈의 흥행이었다. 이후 〈딕싯〉을 모티브로 스토리텔링을 변주한 보드게임들이 꾸준히 출시되고 있으며, 사용 분야가 넓어 성공 가능성도 크다. 추리 장르역시 플레이어들에게 꾸준히 많은 선택을 받고 있는 게임이다. 이미 알고 있는 내용과 확인된 정보로부터 어떠한 판단을 근거로 삼아 다른 판단을 이끌어 내는 행위는 추리 게임물의 핵심 메커니즘이다. 1947년, 영국의 앤서니 프랫(Anthony E. Pratt)이 고안한 〈클루(Clue)〉는 추리 장르 중에도 가장 장수한 게임이다. 살인 사건의 용의자를 찾아내기 위해추리 노트를 활용한다. 상대방이 이동한 장소나 사용한 범행을 조사하고, 최종 진상을 찾아내어 사건을 해결하는 것이 이 게임의 묘미다.

그림 3-1 클루

게임 장르는 디자이너와 게임과 플레이어의 협상으로 만들어 내는 산물이다. 디자이너는 기존에 성공한 게임을 분석하면서 어떤 장르의 게임을 플레이어들에게 어필할 수 있는가를 판단한다. 성공한 게임들로부터 착안한 창작의 모티브를 통해서 게임 디자이너는디자인에 대한 실패의 가능성은 낮추고, 성공에 대한 기대를 높여주는 평가 잣대의 역할을 한다. 게임을 정리하고 분석하는 연구자들과 평론가들에게도 장르는 유용하다. 게임의 공통된 양식과 관습, 그리고 도상에 대해 일관성 있는 분류 체계를 마련해 주므로 시대별, 국가별, 산업별로 여러 가지 연구가 가능하여 다양한 활용방안을 제시한다. 잘 팔리는 장르로서의 게임은 플레이어들의 요구를 충분히 수용해서 많은 게임을 판매하기 위한 전략을 수립한다. 이처럼 장르는 사회, 경제, 문화 변화에 따른 수요를 반영하여 스스로 점진적 변화를 계속하고 있다.

게임 디자이너가 게임의 장르를 이해하는 것은 게임 디자인의 전체적인 방향을 잡는데 강력한 지침이 된다. 게임은 시스템이 복잡하고 다양한 메커닉스가 얽혀있기 때문에 장르를 구분하기가 상당히 까다롭다. 특히 보드게임은 세계 최대의 보드게임 커뮤니티를 자랑하는 대표 사이트인 보드게임긱(BoardGameGeek)에서도 테마와 메커닉스 카테고리로 나누었지만, 그 속에서 용어가 혼용되어 있다.

디지털 게임은 플레이어 행동을 기준으로 장르를 구분하는 반면, 보드게임은 큰 틀에서는 플레이어 행동을 기준으로 장르를 분류하고 있으나, 게임의 특성상 메커니즘을 기준으로 장르가 바뀌거나 새로 생겨난 것이 많다. 디지털 게임이든 비-디지털 기반의 보드게임이든 실제로 테마와 메커니즘의 조화가 완벽하여 플레이어들이 새로운 경험과 독특한 감정을 강하게 느꼈다면 해당 게임명이나 메커니즘, 또는 테마가 하나의 장르로 만들어지기도 하면서 현재 복잡한 장르 구조를 이루고 있다.

장르는 예술에서 작품을 구분할 때 이용되는 느슨한 분류 범위다. 주로 문학에서 사용되었으나, 영화, 음악, 만화, 게임 등 다른 예술 분야로 폭넓게 적용되고 있다. 예술작품을 분류하는 데에는 여러 기준이 있겠지만, 게임에서 장르는 대체로 플레이어의 행동이나 유형 또는 규칙 등을 기준으로 삼는다. 주로 문학, 영화 등 예술에서 사용하다가 크로우포드의 저서 『The Art of Computer Game Desing』에서 처음으로 게임에 기준을 적용하여 사용하기 시작했고, 그 이후로 많은 학자가 게임의 장르를 명명하고 규정짓는 기준을 연구해 왔다.

표 3-1 게임 장르를 연구한 연구자와 구분 기준

연구자	게임 장르 구분 기준
코스티키안	게임 메커닉스를 기준으로 장르 분류
시커만	
그레이스	게임 타입을 기준으로 장르 분류
코스터	게임 플레이를 기준으로 장르 분류
아담스	
프로스카	게임 규칙을 기준으로 장르 분류
울프	도상법과 테마를 기준으로 장르 분류

코스티키얀과 지커만은 게임 메커닉스를 장르 분류 기준으로 삼았으며, 그레이스는 게임 타입을 기준으로 장르를 분류할 수 있다고 했다. 코스터와 아담스는 게임 장르는 플레이어가 게임을 진행하는 행동에 있다고 보면서 게임 플레이를 기준으로 장르를 구분해야 한다고 했다. 프로스카는 게임 규칙, 울프는 도상법과 테마를 장르 분류 기준으로 정의했다.

● 플랫폼별 주 이용 장르

한국에서는 게임을 어떻게 분류하고 있을까? 한국 게임산업을 대표하는 보고서 중의 하나인 게임백서(2022)에 나타난 게임 장르는 PC 게임 19개, 모바일 게임 21개, 콘솔/비디오 게임 18개로 나타났다. 플랫폼별로 나타난 장르와 주 이용 장르가 무엇인지 알아보자.

❶ PC 게임 주 이용 장르

PC 게임 주 이용 장르 순위는 롤플레잉(RPG/MORPG/MMORPG), 슈팅(FPS/TPS/건슈팅), 스포츠, 시뮬레이션, 레이싱, 퍼즐, AOS(MOBA), 액션, 실시간 전략 게임(RTS), 배틀로얄, 보드, 대전격투, 액션 RPG(ARPG), 퀴즈, 카드(고스톱/포커/TCG), 어드벤처, 액션 어드벤처, 시뮬레이션 RPG(SRPG), 리듬, 기타 순으로 나타났다.

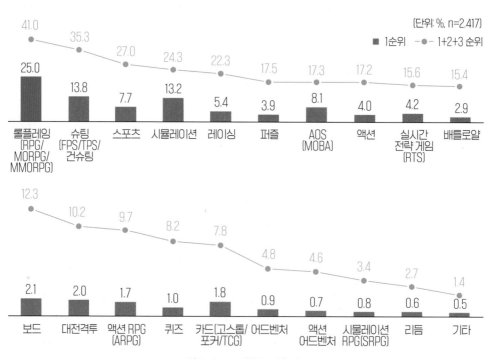

그림 3-2 PC 게임 주 이용 장르

성별로 보면 남성은 롤플레잉(RPG/MORPG/MMORPG), 슈팅(FPS/TPS/건슈팅), 스포츠, 시뮬레이션, AOS(MOBA), 실시간 전략 게임(RTS), 레이싱, 액션, 로얄배틀 장르를 이용하는 비율이 높게 나타났고, 여성은 남성과 선호 장르가 비슷하나 스포츠와 AOS(MOBA), 실시간 전략 게임(RTS) 보다는 보드와 퀴즈 장르를 더 선호하는 것으로 나타났다.

❷ 모바일 게임 주 이용 장르

모바일 게임 주 이용 장르 순위는 퍼즐, 롤플레잉(RPG/MORPG/MMORPG), 보드, 시뮬레이션, 레이싱, 스포츠, 슈팅(FPS/TPS/건슈팅), 액션, 카드(고스톱/포커/TCG), 배틀로얄, 대전격투, 어드벤처, 소셜 네트워크(SNS), AOS(MOBA), 액션 RPG(ARPG), 교육, 실시간 전략 게임(RTS), 리듬, 시뮬레이션 RPG(SRPG), 카지노, 기타 순으로 나타났다.

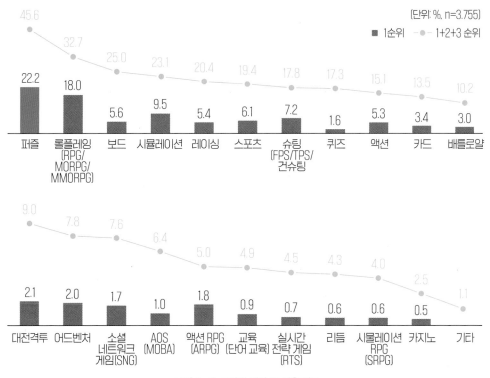

그림 3-3 모바일 게임 주 이용 장르

성별로 보면 남성은 롤플레잉(RPG/MORPG/MMORPG), 스포츠, 퍼즐, 시뮬레이션 RPG(SRPG), 슈팅(FPS/TPS/건슈팅), 액션, 레이싱, 보드, 카드, 배틀로얄, 대전격투 장르를 이용하는 비율이 높게 나타났고, 여성은 퍼즐 장르가 압도적으로 높게 나타났으며,

이어서 보드, 롤플레잉(RPG/MORPG/MMORPG), 시뮬레이션 RPG(SRPG), 레이싱, 슈팅 (FPS/TPS/건슈팅), 소셜 네트워크(SNS) 장르를 이용 순으로 나타났다.

❸ 콘솔/비디오 게임 주 이용 장르

콘솔/비디오 게임 주 이용 장르 순위는 스포츠, 액션(비행/대전/러닝/횡스크롤), 보드, 슈팅(FPS/TPS/건슈팅), 시뮬레이션(비행/육성/연애/경영/건설), 롤플레잉(RPG/MORPG/MMORPG), 레이싱, 대전격투, 어드벤처, 리듬, 액션 어드벤처, 퍼즐, 액션RPG(ARPG), 시뮬레이션 RPG(SRPG), 배틀로얄, 실시간 전략 게임(RTS), 카드(고스톱/포커/TCG), 교육, 기타 순으로 나타났다.

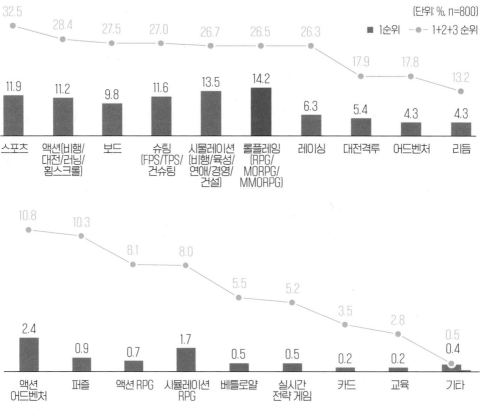

그림 3-4 콘솔/비디오 게임 주 이용 장르

성별로 보면 남성은 스포츠, 액션(비행/대전/러닝/횡스크롤), 롤플레잉(RPG/MORPG/MMORPG), 시뮬레이션(비행/육성/연애/경영/건설), 레이싱, 대전격투, 보드, 어드벤처 장르를 이용하는 비율이 높게 나타났으며, 여성은 보드, 시뮬레이션(비행/육성/연애/경영/건설), 레이싱, 스포츠, 액션(비행/대전/러닝/횡스크롤), 리듬, 슈팅(FPS/TPS/건슈팅) 장르를 이용하는 비율이 높게 나타났다.

● 게임 메커닉스를 기준으로 분류한 보드게임 장르

보드게임은 디지털 게임보다 훨씬 다양한 시스템이 복합되어 있어서 하나의 기준으로 장르를 분류하는 것은 어렵다. 더군다나 디지털 게임에서 분류한 장르는 보드게임에서 사용하기에는 다소 무리가 있다. 보드게임은 인류 문명과 같이 시작해서 시대의 사회문화적 유행을 빠르게 받아들이면서 발전해 왔고, 디지털 게임 등장과 진화에도 큰 영향을 준 만큼 디지털 게임과 다른 장르 분류 기준을 찾을 필요가 있다.

보드게임의 원류는 놀이다. 놀이에 규칙을 만들면서 생겨난 엄격한 놀이가 바로 보드게임이다. 세계적인 커뮤니티 보드게임긱(BoardGameGeek)에서도 메커니즘과 카테고리로 구분하고 있으며, 실제로 보드게임에서 메커니즘은 장르로 불리거나 새로운 장르를 만들어 내고 있다. 메커니즘은 게임 장르 분류 기준에서 가장 세분화한 단위이며 가장 게임다운 기준이다. 보드게임긱에 등록된 메커니즘은 182개며, 플레이어 행동을 끌어내는 동사는 41개다. 일부는 부사와 함께 사용하고 있으므로, 장르를 결정할 수 있는 동사의 원형만 추출하면 20개의 메커니즘이 도출된다.

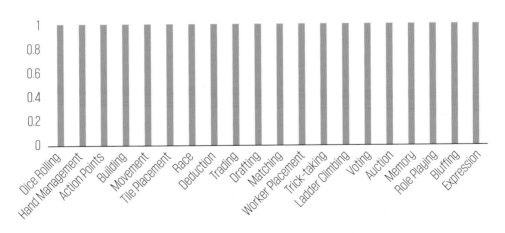

그림 3-5 메커니즘을 기준으로 분류한 보드게임의 20개 장르

도출된 단어는 주사위 굴리기, 손패 관리하기, 액션 선택하기, 건설하기, 이동하기, 타일 놓기, 달리기, 추리하기, 교역하기, 가져오기, 연결하기, 일꾼 놓기, 트릭 따기, 사다리 오르기, 투표하기, 경매하기, 기억하기, 흉내 내기, 속이기, 표현하기다.

다음은 보드게임에서 가장 많이 이용하는 메커니즘 순위며, 1위는 주사위 굴리기다. 고대 사람들이 즐겼던 보드게임에서도 주사위가 많이 등장했던 것처럼, 게임이라는 특성과 보드게임이라는 특수성으로 인해 주사위의 사용이 압도적인 것에는 이견이 없다.

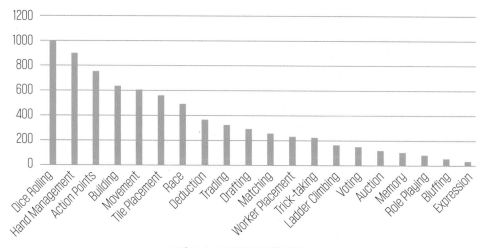

그림 3-6 보드게임 주 이용 장르

이것을 보드게임 장르라고 규정할 수는 없지만, 학문적인 접근에서 본다면 가장 객관적인 기준에 근거한다는 점에서 메커니즘을 기준으로 분류한 보드게임의 장르로 볼 수 있다. 단지 20개의 장르는 보드게임의 메커니즘을 기준으로 분류한 것이기 때문에 만약 생각하는 다른 기준이 있다면 그 기준으로 분류해서 더 많은 장르를 나타내거나, 수를 줄일 수도 있다. 장르의 기준이 모호했던 보드게임에서 메커니즘을 기준으로 장르를 분류해 보는 시도만으로도 보드게임 장르의 유통성을 확보하는 것이다.

덱 만들기(Deck Building), 추리(Deduction), 트릭 따기(Trick-taking), 속이기(Bluffing), 스토리텔링(Storytelling) 등은 메커니즘이 장르로 발전한 대표적 사례다. 그러나 실제로 하나의 메커니즘만으로 게임의 장르라고 하기에는 해결되지 않는 문제점이 많다. 예를 들어, 액션 포인트의 경우, '플레이어가 할 수 있는 여러 행동 중에 현재 상황에 효율적인 몇 가지를 선택하는 것을 장르라고 볼 수 있는가?'라는 의문을 해결하기에는 여전히 무리다. 일꾼 놓기도 마찬가지로, 게임을 진행시키고 목표를 달성하기 위해 필요한 곳에 일꾼을 배치하거나, 일꾼의 수를 늘려 확보한 이벤트를 추가로 활용하는 것은 보드게임에서 많이 볼 수 있는 일반적인 경우가 더 많다. 플레이 중 한 부분에 영향력을 줄 수는 있겠지만, 이것을 장르로 보기는 어렵다. 보드게임에서 가장 중요한 것은 메커니즘이지만, 단일화된 세계 게임 시장에서 기준으로 통용되는 게임 장르로 일반화하기에는 아직 해결해야 할 점이 많다.

02 장르별 특성

● 플레이어 행동을 기준으로 분류한 장르

장르를 분류하기 위해서는 게임의 가장 넓은 범위에서 공통된 공식을 찾아야 한다. 어니스트 아담스(Ernest Adams)는 『Fundamentals of Game Design』에서 게임 플레이 유형에 따라 장르를 구분하며, 게임 플레이는 행동에 의해 구성되므로, 게임 장르는 결국 어떤 행동이 게임에 영향을 미치는가에 따라 정해진다고 볼 수 있다고 했다. 즉, 플레이어가 게임을 하는 동안 어떤 행동을 하는가?에 따라서 다양한 경험으로 나타난다.

❶ 액션

게임을 진행하는 동안 반응 시간이 짧고, 재빠른 움직임을 요구하는 것으로, 플레이어의 손 조작에 의지하거나 순발력을 필요로 하는 분야이다. 액션 플레이의 핵심 기술은 눈과 손의 협응력과 조정력이다. 액션 보드게임은 게임에 참가하는 플레이어들이 주어진 문제를 짧은 시간에 처리할 수 있을 정도의 정보만을 보여 주기 때문에, 다른 장르의 게임에 비해 형태가 비교적 단순하고 복잡성이 낮다. 일정한 스토리라인에서 플레이어가 주어진 버튼 조작으로 적을 공격하거나 방어하는 게임으로, 버튼 조작으로 게임이 진행되는 전반을 가리키므로 매우 폭넓은 장르이기도 하다. 보드게임에서 버튼은 게임 진행에 사용되는 모든 컴포넌트와 전략적 기술을 포함한다. 액션 게임은 플레이어의 실력이 게임에 직접적인 영향을 미치는 경우가 많다. 액션은 가장 오래된 장르로, 메커니즘 자체가 다른 장르에 비해 간단하게 분석될 수 있기 때문에 디자인 요소가 뚜렷하다. 액션 보드게임의 디자인 요소는 라운드라고 하는 레벨이 존재하거나, 시간제한, 라이프, 파워업, 스코어, 미션, 잠긴 문과 열쇠 등이 있다. 대표적인 게임으로 〈쉐이크 쉐이크(Shake Shake)〉, 〈빼고쌓고 묵찌빠〉, 〈프레즌트(Present)〉, 〈할리갈리(Halli Galli)〉, 〈뱅(Bang)〉, 〈힛더햇(Hit the Hat)〉 등이 있다.

2003년, 다빈치 게임즈가 발매한 〈뱅(Bang)〉은 서부 개척시대가 배경이다. 보안관과 무법자로 나뉜 양 팀이 눈치를 보며 최후의 승리를 위해 경쟁을 벌인다. 역할을 숨긴 플레이어는 각각의 인물에게 부여된 특수 능력과 총알을 갖고 게임을 시작한다. 〈뱅〉은 상대방을 공격하거나 탈락시키는 행동을 모두 카드로 수행한다. 공격은 자신의 차례에 카드는 필요한 만큼 사용할 수 있지만, 총알에 해당하는 뱅카드는 1장만 사용해야 한다는 제약이 있다. 방어는 술통, 총알 빗나감, 기관총, 맥주, 다이너마이트 등으로 막아내거나 피해를 줄일 수 있다.

다른 형태의 액션 게임인 〈쉐이크 쉐이크(Shake Shake)〉는 테트리미노 도형을 쌓기 위해 플레이어들이 동시에 액션을 하는 게임이다. 사각판 위에 원판을 올려놓고, 흔들거리는 판에 블록을 번갈아 가면서 올린다. 플레이어들은 공간을 많이 차지하기 위해 눈과 손의 협응으로 블록이 차지하는 공간을 확보하면서 떨어지지 않게 쌓으면 된다.

그림 3-7 뱅 게임 카드 아트웍

〈뱅〉과 〈쉐이크 쉐이크〉는 전혀 다른 형태의 액션 게임이다. 〈뱅〉은 게임에서의 버튼이 모두 카드로 되어 있다. 어떤 총을 사용할 것인지, 몇 거리에 있는 사람을 조준할 것인지, 어떤 물건으로 날아오는 총알을 막을 것인지를 모두 카드 장수로 조절한다. 반면 〈쉐이크 쉐이크〉는 플레이어가 행동하는 버튼 조작 자체가 블록이다. 이 외에도 액션의 종류에는 장애물을 피하고 아이템을 수집하는 형식의 플랫포머, 전쟁에 초점을 맞춘 슈터, 서로 능력치 대결을 펼치는 대전격투, 계속 전진하는 형태의 레이싱 등이 있다.

❷ 롤플레잉

롤플레잉 게임(RPG, Role-Playing Game)은 플레이어가 게임 속 캐릭터를 연기하며 스토리를 만들어 가는 스토리텔링 형태다. 핵심 재미는 스토리라는 구조를 제공하는 것이며, 스토리를 플레이어가 어떻게 진행하느냐에 따라 재미와 감동이 달라진다. 롤플레잉 게임이라는 말은 현재 디지털 게임에서 많이 사용하고 있지만, 시초는 〈던전 앤 드래곤(D&D The Legend of Dragons)〉이라는 보드게임이다. 플레이어들이 테이블에 둘러앉아 게임 진행자로 불리는 마스터가 진행하는 대로 스토리에 따라 플레이하던 것에서 생겨났다.

대표적인 롤플레잉 게임인 〈한밤의 늑대인간(One Night Werewolf)〉은 제목 그대로 한밤에 나타나 인간을 해치고, 낮에는 늑대의 신분을 숨긴 채로 인간 행세를 하는 진짜 늑대를 찾아서 죽이는 게임이다. 이 게임은 마스터라는 진행자가 필요하다. 진행자는 밤과 낮을 관리하고, 플레이어들이 맡은 각각의 캐릭터 활동을 관리한다. 이 게임에서 독특한 것은 밤에 다 같이 눈을 감았을 때, 차례에 정해진 직업별로 활동을 한다는 것이다. 예를 들어, 도둑은 모두 잠든 밤에 나타나 두 캐릭터의 신분이 적힌 카드를 바꾼다. 낮에 잠에서 깬 사람들이 신분 카드를 확인하고 자신의 신분이 바뀌어 있으면 새로 바뀐 신분으로 활동한다. 〈한밤의 늑대인간〉은 테이블에서 마스터가 풀어가는 스토리에 플레이어들이 이야기를 만들어 가는 전통적인 TRPG 게임이다. TRPG는 아날로그 테이블에서 하는 TRPG가 여러 형태로 확장되면서 TRPG(Table Talk), ARPG(Action), SRPG(Simulation), ORPG(Online), MORPG(Multiplayer Online), MMORPG(Massively Multiplayer Online), DRPG(Dungeon) 등 다양한 형태의 하위 장르가 생겨났다.

그림 3-8 미국 드라마 '빅뱅 이론' 주인공들이 TRPG 즐기는 모습

❸ 시뮬레이션

실제 세계에서 일어나는 문제나 현상 또는 일어날 만한 문제나 현상을 게임 세계로 모방하여 플레이어가 간접 경험을 할 수 있게 하는 게임이다. 시뮬레이션 게임에 주로 사용되는 소재는 건설, 경영, 정치, 운송, 전쟁 등이다.

〈테라포밍 마스(Terrafoming Mars)〉는 화성을 소재로 활용해 인간이 살아갈 수 있는 테라포잉 개척을 테마로 만들어진 게임이다. 이 게임은 물과 산소가 없고 기온이 영하 30도인 화성에 테라포밍 사업을 통해 기온과 산소 농도를 올려 인간이 살 수 있는 환경으로 만드는 과정을 모의실험해 볼 수 있다. 〈테라포밍 마스〉는 한 세대를 지칭하는 라운드가 지날 때마다 자기 차례에 할 수 있는 행동은 크게 7종류로, 손에 든 프로젝트 카드 사용, 일반 프로젝트 추진, 파란색 카드 행동 수행, 식물 자원으로 녹화 사업, 열 자원으로 온난화 사업, 업적 달성 선언, 기업상 제정이다. 이 중에서 플레이어의 생산력에 가장 영향을 끼치는 것은 손에 든 프로젝트 카드와 일반 프로젝트 추진으로 이 2가지가 게임 플레이의 중심이 되는 행동이다. 지하수 추출, 녹지 형성, 도시 건설 등 기업들이 화성에서 인간이 살아갈 수 있는 새로운 환경을 개척하는 과정을 실감 나게 디자인한 판타지 전략 시뮬레이션 게임이다.

❹ 어드벤처

어드벤처의 일반적인 스토리는 깊은 산속에 있는 동굴을 탐험하고 그 속에 있는 보물을 찾아 집으로 돌아오는 것이다. 플레이어가 목표를 달성하기 위해 어려움에 도전하고, 역경을 이겨내며 모험을 끝내면 보상을 받는 스토리로 이뤄진다.

〈파이어볼 아일랜드(Fireball Island)〉는 마치 인디애나 존스, 혹은 쥬만지를 떠올리게 하는 보드게임이다. 파이어볼 아일랜드는 3D 보드게임으로 사이즈가 커서 게임에 대한 몰입감과 테마 이입이 쉽게 이루어진다. 플레이어들이 보물을 찾기 위해 헬리콥터를 타고 파이어볼 아일랜드로 향한다. 불카의 심장이라는 보석을 찾기 위해 플레이어들은 서로의 보석을 훔치기도 하고, 불덩이를 맞고 넘어지기도 하며, 잿불 구슬을 만나면 큰 봉변을 당하기도 한다. 무사히 불카의 심장을 찾아서 헬기장에 도착하면 게임이 종료된다. 이 게임은 모험이라는 테마와 목표를 달성하기 위해 다양한 액션이 추가된 것으로 장르는 액션 어드벤처다.

〈잉카의 황금(Incan Gold)〉은 잉카의 보물을 찾기 위해 탐험가들이 위험을 감수하고 모험을 떠난다. 자이언트 스파이더, 미라, 불의 함정, 맹독을 품은 독사 등 위험천만한 위기를 넘어서면 어마어마한 황금을 찾을 수 있지만, 황금이 있는 곳이 가까워질수록 더 위험한 상황에 빠질 수 있어서 그동안 얻었던 모든 보물을 버리고 도망가야 할지도 모른다. 하지

그림 3-9 잉카의 황금

만 가치를 따질 수 없는 어마어마한 잉카의 보물은 분명 이곳에 있다. 플레이어는 공포를 이겨내고 귀중한 보물을 얻기 위해 탐험을 계속할 것인지, 발견한 보물을 버리고 안전하게 복귀할 것인지 결정해야 한다.

❺ 전략

전략의 사전적 의미는 승리에 대한 가능성과 유리한 결과를 증대시키고 패배의 위험을 감소시키기 위해 수단과 잠재역량을 발전 및 운용하는 과학술로, 군사적 의미에서 전술의 상위 개념이다. 전략과 액션 장르는 다른 장르와 잘 어우러지기 때문에 디자이너가 의도한 경험을 플레이어가 보다 가깝게 느낄 수 있도록 하는데 좋은 효과를 낼 수 있다.

〈문명(Cuvilization)〉은 원래 PC 기반 시뮬레이션 게임이지만, 보드게임으로 플랫폼을 확장하여 발매했다. 상대보다 빨리 문명을 발전시키고 문명 점수에 도달하거나, 전쟁을 통해 상대의 거점을 모두 점령하기 위해 전략을 짜야 하는 게임이다.

〈체스(Chess)〉도 기물을 최대한 효율적으로 움직여 상대 진영을 정복하고 상대편 왕의 항복을 받아내기 위한 전략을 만들어야 한다. 〈문명〉과 〈체스〉 두 게임은 같은 전략 장르이지만, 〈체스〉와 같은 게임은 추상 전략으로 따로 구분하기도 한다.

전략 장르의 게임은 각각의 구성요소에 대한 운용과 시스템의 흐름을 파악해 게임에서 추구하고자 하는 목적에 도달하는 플레이 방식을 취한다. 게임의 요소적 측면에서 작동의 한 부분에 집중하는 것이 아니라 전체 운영을 목표로 하는 게임들을 말한다.

❻ 퍼즐

말 그대로 게임에서 목표를 달성하기 위해 퍼즐을 맞추거
나, 문제를 풀고 다음 레벨을 진행하는 방식의 게임이다.
〈우봉고(Ubongo)〉에서 플레이어는 주어진 시간 내 정
해진 폴리오미노 퍼즐 조각으로 게임판에 빈 공간 없이
채워야 원하는 보석을 얻을 수 있다. 〈쉐입스업(Shapes
Up)〉도 〈우봉고〉와 비슷한 장르로 칠교를 활용한 조각
으로 개인판을 먼저 채우면 승리한다. 〈큐윅스(Qwixx)〉
나 〈간츠 숀 클레버(Gans Schon Clever)〉는 주사위를 굴

그림 3-10 우봉고

려 필요한 것을 선택하고 가지고 있는 시트지에 적거나 그리면서 칸을 채우는 방식의 게
임이다.

❼ 스토리텔링

가볍게 대화를 하면서 대화 자체가 게임으로 진행된다는 것이다. 가족을 소재로 이야기
를 나누는 〈통(Tong)〉, 상황과 배경을 소재로 대화를 나누는 〈이야기톡(Storypic)〉, 색깔
과 도형으로 감정을 나누는 〈이매진(Imagine)〉 등이 있다. 이 게임들은 플레이어들이 카
드의 속성이나 패턴을 활용하여 다양한 주제를 정해 이야기를 나누면서 소통하고 커뮤니
케이션을 이루는 형식으로 진행된다.

❽ 추리

이 장르는 숨겨진 단서를 찾아내는 과정으로 시작된다. 어떤 사건이나 문제를 해결하기
위해 단서를 찾아서 증거를 모으고, 파편적으로 깨져있는 조각을 붙여서 완벽한 해답을
찾아낸다. 추리 장르는 대부분 탈출이나 범인 찾기 등의 스토리를 따라가는 편이다. 방탈
출 형태의 게임이 대표적이라고 보면 된다.

● 장르의 혼합

보드게임 장르는 단독으로 존재할 때보다 대 장르 간의 결합, 대 장르와 하위 장르의 결
합을 통해서 더 큰 효과를 기대할 수 있다. 보드게임에서 장르 간의 결합은 스토리를 풍
부하게 하고 경험하는 감정을 다양하게 만들어 내는 데 도움이 된다.

〈코마너츠(Comanauts)〉는 '액션' 장르와 '어드벤처' 장르를 혼합한 '액션 어드벤처' 장르 설정을 통해 플레이어들에게 독특한 세계관을 경험할 수 있게 하는 보드게임이다. 인류를 구할 천재 박사가 코마 상태에 빠져서 누워있다. 여기서 코마는 무의식의 여행자를 뜻하며, 플레이어들은 그의 머릿속으로 들어가 악당을 해치우고, 기억 속 트라우마를 통해 숨겨진 이야기를 알아낸다. 머릿속 세상은 무려 11곳이 있고, 게임을 진행할 때마다 5곳을 골라 사용하는 재미가 있다. 빌런을 찾아내는 추리 요소와 베일에 쌓인 진실을 찾아내는 모험의 몰입감까지 주는 보드게임으로, 여러 장르를 혼합하여 넓은 세계관을 통해 다양한 경험을 제공하는 대표적인 예이다.

그림 3-11 코마너츠

그림 3-12 뱅

액션 게임에서 소개한 〈뱅(Bang)〉은 보안관, 부관, 무법자, 배신자가 마을의 치안을 놓고 서부극을 벌이는 게임으로 플레이어는 각각의 캐릭터 역할을 맡아 목표를 달성하기 위해 서로 싸운다. 보안관은 마을의 치안을 담당하는 캐릭터로, 마을의 치안을 위협하는 무법자들과 자신의 위치를 노리는 배신자를 모두 사살해야 하는 역할이다. 부관은 보안관을 보좌하는 캐릭터이나. 무법사는 보안관과 게임 내내 싸워야 하는 석내사도 수배에서 벗어나려면 보안관을 제거해야 하는 역할을 수행한다. 마지막으로 배신자는 보안관을 몰아내고 새로운 보안관이 되려고 하는 자로 모두를 사살하고 혼자 남아서 최후의 1인으로 승리하는 것이 이 게임의 목표다. '액션' 장르와 '롤플레잉' 장르 2가지를 복합한 '액션 RPG' 장르다.

게임에서 장르 혼합이 흥행이나 성패를 결정하는 것은 아니지만, 장르 간의 혼합은 그 자체만으로도 새로운 창조로서 의미가 있으며, 전략적인 결합이 어우러졌을 때 디자이너는 기대한 효과를 거둘 수 있다.

보드게임의 장르 혼합은 장르 간에서만 이루어지는 것은 아니다. 타 콘텐츠 장르와도 혼합된 형태로 발전하고 있는데, 이는 〈언락(Unlock)〉처럼 페이퍼 형태의 보드게임에 모바일을 혼합한 하이브리드로 플랫폼 장르 이전 현상이 일어나고 있다. 또 테이블에 앉아서 즐기던 보드게임을 도심 공간에서 위치기반 서비스를 혼합해서 빅게임 형태로 확장하고 있다. 보드게임의 장르를 혼합할 때, 공식의 익숙함에 변주의 즐거움을 창작할 수 있어야 한다. 새로 나온 보드게임이 플레이어들에게 너무 생소하지 않게 디자이너는 세세한 부분까지 고려해서 장르를 결정해야 한다.

게임은 영화나 드라마처럼 보는 미디어가 아니라 플레이어가 참여해서 직접 행동으로 스토리를 만들어 가기 때문에 '하는 미디어'다. 플레이어 행동은 보드게임 장르를 분류하는 가장 느슨한 기준이며, 플레이어가 보드게임을 진행해 가는 행동에 따라 보드게임 대 장르를 분류한다.

게임 플레이(Game Play)는 플레이어가 게임과 상호작용하는 특정한 방식으로 게임을 플레이어와 연결하기 위해 만들어 놓은 여러 가지 장치다. 특히 보드게임 플레이는 다양한 규칙 체계와 메커니즘이 복잡하게 얽혀서 표면에 드러나 있다.

게임 플레이 유형은 어떤 현상의 성질이나 특징 따위를 공통적인 것끼리 묶어놓은 틀로, 단순한 추상개념이 아니라, 추상적인 보편성과 개별적인 구체성이 통일되어 있는 것을 의미한다.

보드게임은 하나의 규칙으로 만들어진 것이 아니라, 여러 가지 요소가 각각의 메커니즘으로 엮여 있어서 유형을 분석할 때 한 가지 방법으로 분석하는 데에는 한계가 있다. 규칙을 통해 정의되는 패턴, 플레이어가 하는 행동, 스토리 전개, 테마 등 다양한 관점에서 기준을 정할 수 있겠지만, 플레이 유형을 명확하게 구분하기가 쉽지 않다. 이것을 이해하려면 규칙 체계와 메커니즘을 살펴봐야 한다. 보드게임은 이것이 게임의 표면에 드러나 있으며, 게임의 가장 바깥에서 플레이에 영향을 주는 것은 구성물이다. 구성물과 이들의 상호작용 방식에 따라 플레이 유형이 달라진다.

● 구성물에 따른 플레이

보드게임이 다른 미디어나 디지털 게임과 확실히 다른 것은 게임이 진행될 수 있도록 하는 객체 즉, 구성물을 직접 만지고, 이동하면서 플레이한다는 것이다. 다양한 구성물이 가지는 질감과 모양은 촉각, 시각, 청각을 동시에 만족시키는 중요한 게임 요소다. 게임에 사용하는 구성물이 다양하고, 각 구성물에는 행동에 대한 규제가 디자인되어 있다. 보드게임은 구성물을 기준으로 보드게임, 카드 게임, 타일 게임, 주사위 게임, 종이와 펜 게임, 하이브리드 게임의 6가지 유형으로 나눈다. 이 외에도 다양한 구성물이 있지만, 유형을 결정할 만큼 핵심적인 구성물로 보기는 어렵다.

❶ 보드(판)게임

보드게임은 보드판이라 부르는 넓은 판이 들어있는 것으로, 이런 유형의 게임을 통상적으로 보드게임이라 부른다. 보드의 역할은 게임의 스토리를 풀어가는 공간이자 사건과 배경을 중심으로 캐릭터가 활동하는 곳이다. 여기에는 점수와 라운드 등 진행 상황을 알려주는 리더보드의 기능도 함께 디자인되는 것이 일반적이다. 또 캐릭터나 게임 말이 이동하면서 게임이 진행되고 있는 현재 상황을 알려준다. 보드게임은 단순한 어린이용 게임에서 구성물이 많고 메커니즘의 복잡성이 높은 전략 게임에 이르기까지 가장 많이 나타나는 유형이다. 보드판만 사용하는 경우는 매우 드물며 카드, 주사위, 칩 등 다른 구성물과 함께 사용한다. 게임에 따라 차이는 있지만, 이 유형의 게임은 대체로 박스 사이즈가 크고 구성물의 종류도 다양하다.

그림 3-13 브라스

❷ 카드 게임

카드 게임은 구성물이 카드뿐인 것을 의미해 왔다. 그러나 게임의 재미를 확장하기 위해서 점수 토큰, 아이템 자원이 조금씩 추가되면서 카드 게임의 범위가 넓어졌다. 이 유형은 게임의 모든 요소를 카드에 표현해야 하기에 게임 카드에 다양한 속성이 디자인되어 있다. 〈매직: 더 게더링(Magic: The Gathering)〉과 〈위대한 달무티(The Great Dalmuti)〉는 대표적인 카드 게임이다. 〈매직: 더 게더링〉은 최초의 TCG로 카드를 조합하여 덱을 만들고 게임을 하는 독창적인 메커니즘의 발명품이다. 이 게임은 2만 종류 이상의 다양한 카드가 발매되었을 정도로 엄청난 성공을 거두었으며, 지금도 정기적으로 새로운 세트가 나오고 있다. 〈위대한 달무티〉 역시 〈매직: 더 게더링〉만큼 성공을 거둔 게임으로, 중세 유럽 신분체계를 카드 족보로 연계했다는 점에서 또 하나의 혁신을 이뤄낸 작품이다. 이 외에도 탄탄한 스토리와 울림이 있는 테마를 가진 카드 게임 중에는 보드게임 못지않은 대작이 많다.

❸ 타일 게임

타일 게임은 보드판이나 카드 대신 두꺼운 타일 형태로 만든 조각을 조합해서 모양을 만들거나 위로 쌓는 방식으로, 보드게임에서 상호작용을 일으키는 주요 도구가 타일인 게임이다. 타일의 종류에도 여러 가지가 있지만, 보드게임에서는 주로 종이, 플라스틱, 나무를 사용한다. 종이 타일 형태의 대표적인 보드게임은 〈카르카손(Carcassonne)〉, 플라스틱 타일 형태에는 〈식스틴(Sixteen)〉이 있다. 이 외에도 어린이용 보드게임에서 블록형 타일을 많이 사용하며, 〈코드톡(CODETALK)〉이나 〈치키몽키(Cheeky Monkey)〉와 같은 칩 형태의 타일 게임도 있다.

그림 3-14 카르카손

❹ 주사위 게임

주사위 게임은 흔히 말하는 운이 작용하여 게임의 결과에 미치는 영향이 큰 형태를 말한다. 이 유형 역시 보드게임과 마찬가지로 주사위만 단독으로 사용하기보다는 다른 구성물과 함께 사용되는 경우가 훨씬 많다. 〈블루 프린트(Blue Prints)〉는 카드에 그려진 건축 설계도를 보고 그 위에 건물을 짓는데 사용되는 주요 기자재를 주사위로 사용하고, 〈라스베가스(Las Vegas)〉는 기계에 걸려있는 돈을 갖기 위해 배팅의 수단으로 주사위를 사용한다. 주사위는 운에 의존하기 때문에 실력이나 전략에 상관없이 플레이어들에게 공평한 기회를 제공한다는 점과 예측할 수 없는 불확실성의 가능성을 가진다는 점에서 보드게임에서의 사용이 익숙하다.

❺ 종이와 펜 게임

종이와 펜 게임은 보드게임 진행 자체가 종이에 펜으로 그림을 그리거나, 줄을 긋거나, 글자를 적는 등 다른 보조 도구 없이도 많이 활용되고 있는 유형이다. 〈텔레스트레이션(Telestration)〉은 각자 들고 있는 스케치북을 한 턴이 끝날 때마다 왼쪽 사람에게 넘기는 방식이다. 단어는 그림으로, 그림은 단어로 적거나 그리는 행동을 본인의 스케치북을 돌려받을 때까지 모든 플레이어가 반복한다.

최근 발매하는 보드게임들은 다양한 도구를 혼합해서 만든다. 각각의 도구가 게임 진행에서 차지하는 비율도 크게 다르지 않다. 이런 보드게임의 유형을 정의할 때, 게임에서 차지하는 비율이 조금이라도 더 많은 것을 유형으로 본다.

그림 3-15 텔레스트레이션

❻ 하이브리드 게임

이 유형은 아날로그와 디지털을 융합한 게임 방식이다. 보드판, 카드 등 물리적 게임 도구와 모바일 기기 간의 양방향 인터랙션을 활용하여 게임을 진행해 나간다. 〈언락(Unlock)〉은 핸드폰이나 태블릿에서 전용 앱을 통해 정해진 시간 내에 암호 판독을 해야 하는 시스템이다. 암호 판독, 잔여 시간, 배경음악, 힌트 등은 전용 앱에서 구현되고, 증거 수집, 해독 등은 테이블에 펼쳐놓은 카드를 활용한다.

그림 3-16 언락

● 플레이어 상호작용에 따른 플레이

보드게임 플레이 종류를 구분할 때, 가장 기본적인 분류 방법은 대결 방식에 따른 상호작용이다. 보드게임은 주어진 목표를 달성하기 위해 어떤 대상과 대결을 펼치며 경쟁을 한다. 대부분의 보드게임이 목표를 달성하기 위해 상대방과 겨루는 방식으로 진행되지만, 게임에 따라 대결 상대가 게임 그 자체가 될 수도 있다. 보드게임은 대결 방식에 따라 경쟁 플레이와 협력 플레이로 나눈다.

❶ 경쟁 플레이

경쟁 플레이(Competitive Play)는 게임의 모든 요소가 상대방과의 경쟁을 유도하는 것으로 디자인되었으며, 승자와 패자가 구분된다. 보통은 일대일 경쟁 상황에서 진행되지만, 스포츠처럼 팀으로 경쟁 플레이가 진행되기도 한다. 경쟁 플레이는 게임에서 하는 대부분이 경쟁을 위한 행동이므로, 상대의 판단까지 고려해서 행동해야 한다.

경쟁 플레이는 대칭 경쟁 플레이(Symmetrical Competition Play)와 비대칭 경쟁 플레이(Asymmetric Competition Play)로 나뉜다. 대칭 경쟁 플레이는 플레이어들이 공통된 목표를 달성하기 위해 모두 같은 액션과 오브젝트를 사용하여 상대의 생각을 간파하며 경쟁을 하는 것이고, 비대칭 경쟁 플레이는 플레이어들이 추구하는 목표는 공통이지만, 사용하는 액션과 오브젝트, 그리고 능력이 모두 다른 플레이다. 예를 들면, 그림 카드를 보고 각자의 생각과 느낌을 이야기하는 〈통(Tong)〉은 대칭 경쟁 플레이, 〈딕싯(Dixit)〉은 비대칭 경쟁 플레이다.

❷ 협력 플레이

협력 플레이(Cooperative Play)는 플레이어들이 혼자서는 절대 이룰 수 없는 미션을 서로 힘을 합쳐 달성하는 플레이로, 경쟁 플레이에서 경험할 수 없었던 또 다른 재미와 묘미를 느낄 수 있다. 협력 플레이 역시 대칭 협력 플레이와 비대칭 협력 플레이로 나눌 수 있다.

대칭 협력 플레이는 플레이어들이 공동의 목표를 이루기 위해 모두 같은 액션과 오브젝트, 능력을 사용해서 플레이한다. 〈더 게임(The Game)〉은 1부터 100까지 수로 된 100장의 카드에 1과 100이 각각 1장씩 추가되어 총 102장의 카드로 진행되는 카드 게임이다. 이 게임은 1카드 2장과 100카드 2장을 테이블에 놓고 네 줄이 되게 만든다. 플레이어들은 진행 차례가 되면 손에 있는 카드 1장을 테이블에 놓고, 더미에서 카드 1장을 가져와서 보충한다. 카드를 내려놓을 때, 이미 내려놓은 카드에 오름차순이 되게 놓거나, 내림차순이 되게 놓아야 한다. 이때 중요한 포인트는 플레이어들이 협력하여 모든 카드를 내려놓아야 하므로, 이미 내려놓은 카드에 연속되는 수가 있다면 그 카드를 놓는 것이 가장 좋다. 그런 경우가 아니라면 4개의 줄 중에 자신이 내려놓을 카드의 차이가 가장 적은 곳을 골라서 놓는 것이 유리하다. 모든 카드를 내려놓으면 공동의 승리로 끝나지만, 조건이 맞지 않아 더는 카드를 낼 수 없어 손에 남기게 되면 실패로 끝난다.

비대칭 협력 플레이는 플레이어들이 각자 다른 액션, 다른 오브젝트, 다른 능력을 사용하여 공동의 목표를 추구하는 플레이며, 〈펜데믹(Pandemic)〉이 대표적이다. 〈펜데믹(Pandemic)〉은 2008년, 지맨 게임즈에서 발매했으며, 치명적인 질병으로부터 전염되고 있는 세상을 구하기 위해 플레이어들이 각자의 능력을 합쳐 4가지 치료제를 개발해야 한다. 플레이어들의 능력은 의료원, 조사원, 과학자, 연구원 등 저마다 특별한 능력이 있다. 플레이어들은 서로의 능력을 잘 활용해서 질병의 감염 경로와 확산을 막으려고 노력한다. 게임 목표에 잘 도달할 수 있도록 합리적인 협동 작전을 펼쳐야 하는 보드게임이다.

❸ 협력 경쟁/경쟁 협력 플레이

경쟁과 협력을 모두 플레이에 넣은 게임들도 있다. 경쟁과 협동 중 어떤 것에 비중을 더 많이 두느냐에 따라 협력 경쟁 또는 경쟁 협력 플레이가 된다. 스톤마이어 게임즈에서 1800년대 산업도시를 배경으로 출시한 보드게임 〈두 도시 사이에서(Between Two Cities)〉는 플레이어와 플레이어 사이에 도시가 형성되고, 도시를 사이에 둔 두 플레이어가 서로 협력하여 도시를 건설하는 플레이다. 진행 차례가 되면 플레이어는 손에 들고 있는 타일 2개를 선택하여 양옆에 있는 도시에 각각 하나씩 배치하고, 남은 타일은 옆 사람에게 넘겨준다. 이런 식으로 두 플레이어가 도시 하나를 건설하므로 서로 협력하는 것은 필수다. 게임이 종료되었을 때, 도시를 사이에 둔 두 플레이어는 도시에 지은 건물 중 가장 가치가 적은 건물의 점수를 받게 된다. 그래서 높은 점수를 받으려면 모든 건물의 평균 가치를 올려야 하므로 두 플레이어의 협력이 중요하다. 이렇게 게임을 진행하면서 점수를 계산하여 최종적으로 점수가 가장 많은 사람이 승리자가 되므로, 도시를 사이에 두고 양옆의 플레이어들 간의 경쟁적 플레이도 이루어진다. 이 게임의 핵심 플레이는 협동이지만, 최종 승리를 위해 서로를 견제하는 경쟁 플레이가 일부 포함되어 있다. 반대로 핵심 플레이는 경쟁이지만, 경쟁에서 이기기 위해 약간의 협력을 요구하는 플레이도 있다. 경쟁 플레이나 협력 플레이를 단독으로 진행하는 게임도 좋지만, 2가지를 모두 플레이에 넣는 방식도 다른 경험을 제공한다.

03 기술에 따른 플레이

플레이어가 다양한 기술을 사용하여 플레이를 진행하는 것으로, 플레이 종류에는 다음과 같이 기술에는 실력 기반 플레이, 전략 기반 플레이, 운 기반 플레이가 있다.

❶ 실력 기반 플레이

실력 기반 플레이는 대부분 손 조작으로 진행되는 보드게임에서 많이 활용되는 방식으로, 〈젠가(Jenga)〉, 〈텀블링 몽키(Tumbling Monkey)〉처럼 물리적인 기량에 의존하는 플레이다. 〈쉐이크 쉐이크(Shake Shake)〉는 원형 입체 블록을 흔들거리는 판에 무너지지 않게 쌓아가는 플레이다. 흔들거림을 줄이고 블록이 무너지지 않게 쌓으려면 어느 위치에 블록을 올려야 하는지 중심점을 찾고, 손의 힘 조절을 통해 조심스럽게 올려야 한다. 〈슈퍼 라이노(Super Rhino)〉는 카드를 접어 벽을 세우고, 지붕을 얹는 플레이로 진행 플레이어는 손에 든 카드 1장을 선택하여 카드에 표시된 모양으로 집을 지어야 한다.

❷ 전략 기반 플레이

일반적으로 전략 플레이는 정신적 기량을 요구하는 것으로, 승패를 가리는데 전략이 큰 영향을 미치고, 보드게임에서 주어진 모든 전략적 요소를 활용하여 위험을 제거하고 목적을 달성해야 하는 플레이 방식이다. 전략 플레이에서 가장 중요한 것은 선택이다. 플레이 특성상 게임 진행 과정에서 변수가 많고, 변수가 발생할 확률도 무한대이기 때문에 플레이어의 움직임이나 행동 하나하나가 매우 중요하므로 의미 있는 선택이 되는 전략을 펼쳐야 한다. 그리고 전략 플레이의 또 다른 요소는 한정된 자원과 유닛 상성이다. 〈매직: 더 게더링(Magic: the Gathering)〉이나 〈도미니언(Dominion)〉 같은 트레이딩 카드 게임을 전략 플레이 게임의 대표 예로 들 수 있으며, 문명, 경영 게임에도 전략적 플레이가 작용한다. 전략 기반 플레이는 보드게임에서 가장 많이 나타나는 기술이며, 대부분 보드게임이 전략을 기반으로 한다. 그러므로 실력 기반과 전략 기반 플레이는 경험의 정도와 연관성이 있다.

❸ 운 기반 플레이

보드게임에서 가장 많이 사용하는 오브젝트는 당연히 주사위다. 주사위는 단독으로 플레이하기도 하지만, 대부분 다른 플레이에 어울려 사용되는 경우가 훨씬 많다. 플레이어들은 자신의 실력과 전략으로 보드게임에서 이겼을 때 큰 감동을 받지만, 때로는 실력이나 전략이 아닌, 운에 기대를 걸고 기회를 얻고 싶어 한다. 주사위는 실력과 전략에 의존하지 않고, 운에 의존하는 요소로 플레이어에게 결과의 불확실성과 기회를 제공하는 플레이로 이끈다. 〈검정고무신 동네 한바퀴〉는 전통놀이를 모아놓은 것으로, 윷놀이, 제기차기, 공기놀이, 고무신 치기 등의 미니게임으로 구성되었다. 이 게임은 우리가 알고 있는 윷놀이 기반의 플레이다. 특별한 기술이나 전략을 사용해서 게임을 진행하는 것이 아니라, 윷에 의존해야 하기 때문에 운 기반으로 플레이된다. 게임 말을 이동하고 멈춘 장소에 있는 미니게임 선택에도 운이 작용한다. 미션이 쉬워 누구나 선호하는 홀짝과 고무신 치기와는 다르게, 제기차기와 공기놀이는 실력이 요구되는 게임이기 때문에 대체로 피하려고 하지만, 이 게임에서는 운에 의해 결정이 된다. 게임을 디자인할 때 게임의 특성에 따라 플레이 유형을 한 가지로만 디자인하기도 하지만, 대부분 보드게임은 3가지 플레이가 혼합되어 있다.

3.2 메커니즘 분석

01 핸드 매니지먼트

핸드 매니지먼트(Hand Management)는 흔히 카드 관리 또는 핸드 관리라고 부르며, 카드 유형의 게임에서 가장 많이 활용되고 있다. 이 메커니즘은 카드를 받는 것에서 시작하고 게임의 목표는 손에 있는 카드를 효율적으로 관리하여 최상의 조합을 만들어 내거나 목표 달성을 위해 최적의 카드만 남기는 방식이다. 또는 손에 든 카드를 빨리 모두 없애는 것이다. 보편적으로 카드로 구성된 보드게임은 거의 이 메커니즘은 필수적이라고 할 정도로 많이 사용되고 있다. 〈우노〉나 〈젝스님트〉처럼 단독 메커니즘으로 사용되기도 하지만, 많은 게임에서 핵심 메커니즘을 보조하는 메커니즘으로 활용한다. 이 메커니즘 중에서 가장 많이 활용하고 있는 것은 베스트 카드와 베스트 콤비네이션 방식이다.

- **베스트 카드(Best Card)** : 게임 규칙에 따라 손에 있는 카드를 1장 또는 여러 장을 내면서 카드를 효율적으로 관리하여 최적의 카드만 남기는 것이다. 또는 조건에 맞는 카드를 내면서 손에 있는 카드를 빨리 없애는 방식이다.

- **베스트 콤비네이션(Best Combination)** : 손에 있는 카드를 효율적으로 관리하여 최상의 조합을 만드는 방식이다. 자신의 차례가 되면, 테이블에 있는 카드 덱(더미)이나 다른 사람의 손에 있는 카드와 교환하면서 자신의 손에 있는 카드를 최상의 조합이 되게 만들어 나간다. 족보는 싱글, 페어(원/투), 트리플, 풀하우스, 스트레이트, 포카드 등으로 되어 있으며, 이러한 규칙은 트럼프 카드놀이 중에서 변주된 형태로 볼 수 있다.

● 러브레터

〈러브레터〉는 순수하고 따뜻한 마음을 가진 공주를 흠모하는 한 왕국의 모든 젊은이가 대책 없이 공주에게 보내는 사랑 편지 이야기다. 공주에게 사랑을 고백하고 싶지만, 성 안으로 들어갈 수가 없어서 성에 있는 사람들 가운데 자신의 편이 되어 줄 사람을 찾아야 한다. 게임이 시작되면 플레이어들은 카드를 1장씩 받고, 남은 카드는 테이블에 덱(더미)으로 둔다. 자신의 차례가 되면 덱에서 카드 1장을 가져오고, 손에 있는 2장 중에서 1장을 본인 앞에 내려놓으면서 능력을 사용한다. 모든 플레이어가 차례를 번갈아가면서 이 과정을 반복하고, 누군가 혼자 살아남거나, 덱이 소진되었을 때 숫자가 가장 높은 카드를 가지고 있는 사람이 승리자가 되어 토큰 1개를 가져오면 라운드가 끝난다. 게임은 여러 라운드로 진행되며, 토큰이 모두 소진

그림 3-17 러브레터

되었을 때 게임이 종료되고 토큰을 가장 많이 획득한 사람이 최종 우승자가 된다.

● 코르세어

〈코르세어〉는 18세기 대항해시대, 바다를 지배하는 해적들의 전성기를 다룬다. 게임의 목표는 정부의 승인을 받은 사략해적인 코르세어들이 지략과 전략으로 명성을 쌓아서 국왕의 총애를 받고, 바다를 지배하는 최고의 해적왕이 되는 것이다. 게임이 시작되면 플레이어들은 카드를 똑같이 나눠 갖는다. 남은 카드가 있다면 박스에 넣어두고 이번 라운드에는 사용하지 않는다. 자신의 차례가 되면, 다른 사람의 손에 있는 카드 1장을 랜덤으로 가져온다. 그리고 자신의 손에 든 카드를 확인한 다음 카드 1장을 테이블에 내려놓는다. 이때 카드에는 해적 캐릭터, 해적 등급, 대적 카드의 정보가 공개되어 있는데, 대적 카

그림 3-18 코르세어

드는 테이블에 내려놓을 수 없다는 규칙이 있다. 다만, 특수 카드를 사용해서 이벤트를 만들 수는 있으며, 모든 플레이어가 차례를 번갈아가면서 이 과정을 반복한다. 게임을 진행하다가 모든 플레이어의 손에 카드가 1장씩 남았을 때 게임이 종료되며, 가장 높은 계급 카드를 가지고 있는 사람이 승리한다. 단, 0, 1, 2, 12 등급 카드 간의 특수 관계가 발생한다.

3.3

실습하기

3주차 실습

① **목표** : 게임의 장르 정하기

② **추천 분량** : PPT 1~2장

---

01 장르의 종류와 특징을 간단하게 정리해 보자.

- 장르 1 :
- 장르 2 :
- 장르 3 :
- 장르 4 :

02 여러 개의 장르를 혼합할 경우, 어떻게 배분할 것인지 비율을 정한다.

예 장르1 : 장르2 : 장르 3 = 20% : 10% : 70%

03 혼합된 장르의 경우, 비율이 가장 적은 것부터 적는다. 비율이 가장 많은 장르가 가장 마지막에 위치하면서, 이것이 중심 장르가 된다. 〈2장〉에서 정한 소재와 테마로 만들고자 하는 장르를 정한다.

- 게임 장르 :

4 장

플레이어, 타겟

플레이어가 게임을 하는 동기, 플레이어가 게임에서 얻고자 하는 욕구, 게임의 유형, 타겟별 플레이어 특성을 학습하고 타겟을 정한다.

4.1 이론과 개념

게임의 방향성을 결정하는 데 가장 중요하면서 가장 힘든 게임 소재, 테마, 장르를 정했으면 이제 마지막 요소인 타겟을 정하는 과정이다. 타겟은 게임을 플레이할 주 대상층이다. 이것은 게임의 난이도를 쉽게 할 것인지, 게임에 복잡성을 높여서 어렵게 만들 것인지를 결정하는 중요한 요소이자, 출시 후 판매로 인한 수입에 직접적인 영향을 미치는 동인이다. 이 장에 대한 학습이 끝날 때 쯤이면, 만들고자 하는 게임이 어떤 방향으로 디자인되어야 하는지에 대한 확신이 생길 것이다.

게임은 크게 게임과 플레이어로 구분된다. 디자이너가 아무리 좋은 게임을 만들어도 플레이할 사람이 없다면 그것은 더 이상 게임이라고 볼 수 없다. 매년 수백, 수천 개의 게임이 출시되고 있다. 그중에서 플레이어들의 선택을 받는 게임이 몇 개나 되겠는가? 물론, 플레이어가 게임을 선택할 때 스토리가 멋지거나 메커닉스가 재미있거나 그래픽이 아름답다는 이유로 게임을 할 수도 있다. 그러나 이런 요소들은 게임을 선택하고 플레이하면서 느낄 수 있다. 타겟은 장르와 같이 플레이하기 전에 어떤 게임을 선택할지 고민하는 시간을 단축시켜 주는 요소다.

게임 디자인 초반에 타겟을 정하는 것은 중요하다. 물론 스토리와 메커닉스 등 게임을 다 만들고 나서 타겟을 정해도 출시할 수 있다. 그러나 이 책의 목적이 게임 디자인 경험이 많지 않은 학생을 대상으로 한다는 점에서 재미를 만들기 전에 타겟부터 먼저 정하는 것이 게임 디자인을 쉽게 배우는 방법이며, 제대로 배우는 과정이라고 생각한다.

이 장에서는 타겟을 정하기 위해서 먼저 플레이어에 대해 학습한다. 모든 사람은 성향과 취향이 달라 좋아하는 장르와 재미를 느끼는 요소가 다르다. 같은 게임을 하더라도 스토리를 진행시켜 나가는 방향과 시스템을 풀어가는 방식도 다르다. 가장 중요한 것은 게임에서 느끼는 감정이입과 경험도 다르다는 것이다. 모든 사람을 만족시킬 수 있는 게임을 만들 수 있으면 가장 좋겠지만, 그건 불가능한 일이다. 그래서 최대한 많은 사람이 만족할 수 있는 게임을 만들기 위해서는 플레이어가 왜 게임을 하는지, 게임을 통해 어떤 욕구를 충족하고자 하는지, 그리고 플레이어는 어떤 유형의 특성을 보이는지, 나아가서 타겟층별 플레이어들은 어떤 특성을 보이는지 알고 타겟을 정하면 디자인 방향을 보다 명확하게 할 수 있다.

01 플레이어가 게임을 하는 동기

사람들은 저마다 동기를 가지고 게임을 한다. 남과의 경쟁에서 이기기 위해, 스트레스를 풀기 위해서, 또는 현실 탈출을 위해서 게임을 즐기는 이용자들도 있다. 메타는 2021년, 이러한 게임 이용자들의 게임 플레이 이유를 8가지로 분석하고 패턴에 맞는 광고가 필요하다는 내용의 보고서를 제시했다. 사람들이 게임을 하는 이유는 다양하며, 그들의 동기부여를 위해 대부분의 게이머 및 게임 장르 유형에 적합한 동기부여 요소 8가지를 발표했다.

> ☑ 잠깐만요 **메타의 게이머 및 장르 유형에 적합한 8가지 동기부여**
>
> 1. **자기표현** : 창의성과 정체성을 표현할 기회를 반기는 게이머
> 2. **진행도** : 건설하고 관리하고 개선하는 일에서 자부심을 느끼는 게이머
> 3. **발견** : 새로운 것을 배우고 발견하는 일을 좋아하는 게이머
> 4. **현실탈출** : 불만족스러운 현실에서 벗어나 편안하게 기분을 전환하려는 게이머
> 5. **사회적 관계** : 오랜 친구 또는 새로운 친구와 어울리며 유대 관계를 맺고 싶어하는 게이머
> 6. **전문성** : 탁월한 수행 능력을 기르고 싶어 하는 게이머
> 7. **힘과 권력** : 현실에서 누리지 못하는 권력을 갖고 싶어 하는 게이머
> 8. **휴식** : 시간을 때우거나 즐겁고 느긋하게 또는 차분하게 시간을 보내려는 게이머

이어서 게임 플레이 동기부여 8가지를 〈호텔 엠파이어 타이쿤(Hotel Empire Tycoon)〉 게임에 매핑시켰다. 〈호텔 엠파이어 타이쿤〉은 플레이어가 자신의 호텔 제국을 건설하여 관광업계의 거물이 되는 것을 목표로 하는 시뮬레이션 게임이다. 작은 호텔부터 열심히 운영해서 훌륭한 비즈니스 성장을 이루어야 하며, 내부의 모든 세부 사항을 개선하여 소박한 호텔을 5성급 리조트로 키워야 한다. 이 게임에서 호텔 인테리어를 디자인하는 것은 '자기표현' 영역이며, 호텔을 1성급에서 5성급으로 레벨업 시키는 것은 '진행도'에 해당한다. 화난 직원을 달래고 관리가 필요한 것은 '전문성', 유명인을 접객하는 것은 '발견' 영역이다. 또한, 직원을 채용하고 해고하는 것은 '힘과 권력' 영역이며, 호텔의 여유로운 분위기는

'휴식'이라는 동기부여 요소라고 정리했다. 이처럼 하나의 게임에 하나의 동기부여만 있는 것은 아니다. 하나의 게임에 2가지 이상의 동기부여가 있을 수 있으며, 〈호텔 엠파이어 타이쿤〉은 무려 8가지 동기부여 요소를 모두 포함하고 있다.

게임 디자이너가 좋은 게임을 만들어 내려면 플레이어가 어떤 것을 선호하고, 어떤 것을 선호하지 않는지 잘 파악해야 한다. 흔히 플레이어가 무엇을 원하는지 알고 있다고 생각하거나 스스로 취향을 잘 안다고 생각하지만, 절대 그렇지 않다. 일부는 너무나 은밀해서 스스로가 의식적으로 피하는 것도 있다. 게임 디자이너가 플레이어에게 기억에 남을 경험을 주기 위해서는 게임을 디자인할 때 플레이어로부터 포괄적이고 심층적으로 경청하는 노력을 해야 한다. 플레이어의 생각, 감정, 욕망, 두려움에 대해 내밀하게 알아야 한다.

게임은 플레이어마다 플레이 방식과 경험이 다르다. 아무리 잘 만든 게임이라도 플레이어가 게임을 하고 싶어 하는 동기가 없으면 그 게임은 빨리 잊혀지기 마련이다. 그래서 게임 디자이너는 플레이어가 게임을 하고 싶어 하는 동기를 게임 디자인에 어필해야 한다. 게임 디자이너가 어필할 플레이어 요소를 살펴보면 다음과 같다.

표 4-1 플레이어가 게임을 하는 동기

게임을 하는 동기	
도전과 보상	목표 달성에 도전할 수 있는 기회 제공과 보상
상호작용	둘 이상의 물체나 대상이 서로 영향을 주고받는 행동
성취감	노력이나 극복으로 이뤄낸 만족감
갈등과 경쟁	장애, 규칙, 상대를 이기기 위한 고민과 심경
지식 획득	새로 알게 된 정보, 일상에 적용할 수 있는 데이터 수집
상상력	게임 세상을 현실 세계로 받아들이고 모험을 하는 것
오락	즐겁고 스릴 있는 것

❶ 도전과 보상

도전은 플레이어를 게임에 참여시키기 위해 목표를 제시하고, 목표 달성에 도전할 수 있도록 기회를 제공하는 것으로 미션, 과제, 퀴즈 등이 있다. 보상은 도전을 완료하여 목표를 달성한 플레이어에게 배지, 포인트, 권한, 계급, 아이템 등의 보상을 줌으로써 또 다른 도전을 유발한다. 게이브 지커맨과 크리스토퍼 커닝햄은 플레이어의 동기유발 요인 중 보상의 우선순위인 SAPS 프레임워크 이론을 주장했다.

- **지위(Status)** : 레벨, 랭킹, 배치 등 남들과 비교했을 때 우월함을 느낄 수 있고, 대우받고 있음을 인지하게끔 제공하는 보상 요소
- **접근 권한(Access)** : 일반적인 경우 접근할 수 없는 권한을 부여함으로써 남들이 다른 특별함을 느끼게끔 제공하는 보상 요소
- **권력(Power)** : 경쟁자들에게 영향력을 행사할 수 있는 힘이나 권력을 부여함으로써 게임 내 경쟁력을 제공하는 보상 요소
- **상품(Stuff)** : 포인트, 현금성 보상 등을 주는 것으로 당장은 효과가 있으나 장기적으로 지속 가능한 동기부여를 제공하는 데 한계가 있는 보상 요소

❷ 상호작용

게임은 플레이어들이 서로 우호적인 관계에서 경험을 만들어 가기 때문에 플레이어는 게임과 상호작용을 하는 동시에 다른 플레이어와 상호작용을 한다. 이러한 상호작용은 플레이어에게 게임에 참여하게 하는 강한 동기를 일으키고, 사회화를 형성한다. 사회화는 단순히 여러 사람이 어울려 게임을 하는 것으로 만들어지는 것이 아니라, 플레이어들이 나누는 대화, 서로 돕거나 지원하는 협동, 그리고 관용을 베풀면서 둘 이상의 물체나 대상이 서로 영향을 주고받는 일련의 행동으로 만들어진다. 게임에서 상호작용은 한 쪽 방향으로 영향이 나타나는 인과관계와는 달리 양방향으로 영향이 나타나며, 이것에 플레이어는 게임을 하는 동기를 가진다.

- **대화** : 플레이어들이 게임에 참여하여 서로 이야기를 나누는 것
- **협동** : 서로 돕거나 지원하는 것
- **이해** : 상대 플레이어의 사고나 행동을 받아들이는 것

❸ 성취감

플레이어는 자신의 스킬이나 노하우, 그리고 노력으로 이뤄낸 승리에 성취감을 느끼는 것에서 동기를 가진다. 이것뿐만 아니라 운으로 목표하는 것을 얻거나 달성했을 때 느끼는 성취감도 포함된다. 게임에서 플레이어가 성취감을 느끼는 동기에는 여러 가지가 있다. 예를 들면, 가장 일반적인 것은 게임에서 이겼을 때의 성취감이다. 다른 형태로는 승패를 떠나 미션이나 문제를 해결했을 때, 어려운 규칙을 완벽하게 이해했을 때에도 성취감을 느끼게 되는데, 이런 요인들로부터 플레이어는 게임을 하는 동기를 얻는다.

- **승리** : 상대 플레이어를 이기는 것

- **강화** : 노하우나 스킬을 향상시키는 것

- **해결** : 어려운 문제나 미션을 풀어서 끝내는 것

- **운** : 자신의 실력이나 노력보다 쉽게 얻어내거나 이루는 것

❹ 갈등과 경쟁

게임을 통해 벌어지는 갈등과 경쟁은 플레이어에게 동기를 유발하는 중요한 요소다. 게임이 어떤 경쟁이나 갈등도 없이 그냥 밋밋한 플레이만 이루어진다면, 플레이어는 쉽게 지루함을 느끼고 새로운 놀이를 찾게 될 것이다. 디자이너는 게임의 소재와 테마에 어울리는 적절한 갈등과 경쟁을 디자인할 수 있어야 한다.

- **경쟁** : 목표를 달성하고 승리를 이루기 위해 상대와 겨루는 것

- **갈등** : 게임을 진행하면서 겪게 될 장애나 상대 플레이어의 행동이나 심리를 예측하기 위해 고민하는 것

❺ 지식 획득

일부 플레이어는 게임을 통해 다양한 지식을 쌓고 활용하는 방법을 획득하는 것에 동기를 가진다. 학습적인 지식을 목적으로 하기도 하지만, 게임을 플레이하면서 배운 지식을 현실에 적용하고 활용하는 방법을 획득하는 것은 플레이어에게 강한 동기를 갖게 한다.

❻ 상상력

상상력은 게임 스토리와 세계관에 몰입하여 현실과 분리된 사실을 잊고 플레이어가 마치 게임 속 세계가 현실인 것처럼 생각하는 것이다. 스토리가 어떻게 펼쳐질지, 게임 속 캐릭터는 어떻게 성장하게 될지 상상하는 재미 역시 플레이어가 게임을 하고 싶어 하는 동기가 된다. 스토리에 참관하고, 캐릭터가 되어 새로운 스토리를 만들고, 게임 세계를 궁금해 하고, 새로운 것을 찾아다니는 모험을 모두 포함한다.

- **참관** : 스토리를 따라가는 것

- **참여** : 스토리 속 캐릭터가 되어 행동하는 것

- **디렉터** : 게임을 진행하면서 스토리를 만드는 것

• **모험** : 게임 세계를 궁금해 하고 새로운 것을 찾아다니는 것

➐ 오락

오락은 스킬이나 전략이 필요 없는 것과 관련되어 있다. 게임을 진행하면서, 또는 진행 후에 플레이어에게 기분전환의 기회를 제공한다. 가끔은 전략이나 스킬보다 그냥 가볍게 게임을 하면서 친구, 가족과 일상에 활력을 얻는 것으로 동기를 갖는다.

디자이너는 플레이어에 접근하는 방식에 대해 고민하고 자신만의 새로운 방법을 찾아서 디자인할 수 있어야 한다. 나아가 어떤 동기 요인을 주된 요소로 디자인해야 플레이어가 좋아할 것인지, 어떤 요인들을 결합해야 좋아할 것인지 범위를 세분화하고 좁혀 들어가야 한다.

02 플레이어 욕구

인간은 기본적으로 무엇을 가지고 싶어 하는 마음과 무엇을 하고 싶어 하는 마음을 지니고 있다. 비슷한 성격의 소유자라고 할지라도 주어진 환경에 따라 전혀 다른 행동을 하게 되는데, 이 행동의 근원 중 하나가 욕구이며, 인간마다 추구하는 욕구가 다르다. 이런 인간의 욕구는 플레이어에게서도 그대로 나타난다. 플레이어는 기본적으로 게임을 하고 싶어 하고, 게임에서 만들어놓은 모든 것에 도전하고 싶어하며, 도전해서 목표를 달성했을 때 어떤 보상을 받고 싶은 욕구를 지니고 있다.

인간의 욕구에 대한 여러 연구 중 에이브러햄 매슬로(Abraham Maslow)의 5단계 욕구 위계 이론과, 매슬로의 이론을 토대로 했으나 한계점을 지적한 클레이턴 폴 앨더퍼(Clyton Paul Alserfer)의 ERG 이론이 있다.

● 5가지 욕구 위계 이론

매슬로는 인간의 동기를 연구하면서 욕구의 중요성을 강조했고, 그는 인간에게는 5가지 욕구가 있다고 주장했다. 1단계는 생리적 욕구, 2단계는 안전 욕구, 3단계는 애정 소속 욕구, 4단계는 존중 욕구, 5단계는 자아실현 욕구에 해당 된다. 그가 주장한 이론의 핵심은 다음과 같은 구조를 지닌다.

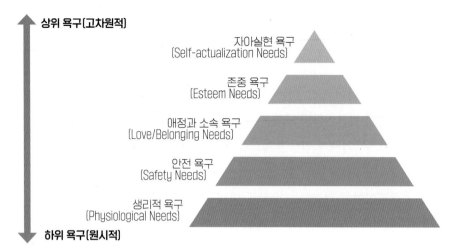

그림 4-1 매슬로의 5가지 욕구 위계 이론

첫째, 인간에게는 결핍을 해소하기 위한 5가지 욕구가 존재하며, 각각의 욕구는 단계별 계층 구조로 되어 있다. 둘째, 낮은 단계일수록 욕구가 강력하고 높은 단계일수록 미약해진다. 즉, 피라미드와 같은 구조를 가진다. 셋째, 하위 단계에 대한 욕구가 만족되어야 다음 상위 단계에 대한 욕구가 생긴다. 하위 단계의 욕구가 충족될 때까지 끊임없이 해당 욕구를 충족하기 위해 노력한다.

❶ 생리적 욕구(Physiological Needs)

- 삶 그 자체를 유지하기 위한 가장 기본적인 욕구

- 의식주, 공기, 물, 식욕, 수면욕, 성욕 등

❷ 안전 욕구(Safety Needs)

- 부상, 죽음과 같은 신체의 위험과 생리적 욕구의 박탈에 대한 두려움으로부터 개인, 가족, 단체를 보호하려고 하는 욕구

- 신체, 직장, 자원, 도덕, 가족, 건강, 재산에 대해 보장받으려는 욕구

❸ 애정과 소속 욕구(Love/Belonging Needs)

- 가족, 친구, 커뮤니티, 사회에 귀속되어 친교를 맺고 싶어하는 욕구

- 우정, 친구, 가족, 그룹에 가입이나 성적 친밀감, 스승과 제자 관계 등

❹ 존중 욕구(Esteem Needs)

- 소속된 사회에서 인정받아 가치의 내재화를 하려는 욕구

- 자기 존중, 자신감, 존경, 신뢰, 명성 등

❺ 자아실현 욕구(Self-actualization Needs)

- 자신의 잠재력을 최대한 발휘해 스스로 발전하고자 하는 가장 높은 단계의 욕구

- 문제 해결, 도덕성, 창조력, 자발성, 편견 극복 등

● ERG 이론

매슬로는 인간이 하나의 욕구 단계에 머물러 있는 이상, 상위 단계로 도달할 수 없다고 주장했기에 결국 인간은 하나의 욕구만 가지게 된다고 봤다. 반면, 앨더퍼는 각 단계별 만족과 토행을 순차적으로 반복하며 동시에 여러 욕구를 가질 수 있다고 봤다. 또한, 하위 단계가 충족되지 않다고 할지라도 상위 단계의 욕구가 발생할 수 있다고 했다. 욕구의 개념은 매슬로가 잡았지만, 현실적으로 활용될 수 있도록 실증적 연구를 통해 재정립한 것은 앨더퍼다.

그는 매슬로의 5가지 욕구 단계를 존재 욕구(Existence Needs), 관계 욕구(Relatedness Needs), 성장 욕구(Growth Needs) 3단계로 축소시켜 그룹화했다. 3단계 욕구 단계의 앞 글자를 따서 ERG 이론이라고 칭한다.

표 4-2 매슬로와 엘더퍼의 욕구 단계 비교

매슬로의 욕구 단계		앨더퍼의 욕구 단계
물리적 욕구	생리적 욕구	존재 욕구
	안전 욕구	
정신적 욕구	애정과 소속의 욕구	관계 욕구
	존중 욕구	
	자아실현 욕구	성장 욕구

❶ 존재 욕구(Existence Needs)

- 인간이 쾌적하게 살아가기 위한 기본적인 생존에 대한 욕구

- 의식주, 갈증, 배고픔, 직업, 생산 등

❷ 관계 욕구(Relatedness Needs)

- 인간 관계 형성에 의해 충족될 수 있는 사회적 욕구

- 가족 관계, 친구 관계, 대인 관계 등

❸ 성장 욕구(Growth Needs)

- 잠재력을 극대화해 인간으로서 보다 성장하고자 하는 개인적 욕구

- 창조적 성장, 잠재력 성장 등

03 플레이어 유형

● 플레이어 유형

게임에 유형이 있듯이 플레이어도 유형이 있다. 플레이어는 같은 게임이라도 각자 취향에 따라 선호하는 게임이 다르기 때문에 플레이어 유형을 알고 접근하는 것이 좋다. 모든 플레이어를 만족시킬 수 있는 게임을 만들기는 어렵지만, 플레이어 유형을 고려해서 디자인하면 어려운 일은 아니다. 리차드 바틀(Richard A. Bartle)은 플레이어가 느끼는 쾌락 취향에 따라 플레이어를 4가지 유형으로 구분했다. 이에 따라 플레이어는 게임 세계에서 다양한 재미를 찾으려는 행동을 통해 상호작용 기반의 2가지 축을 기준으로, 플레이어 유형을 4가지로 분류했다.

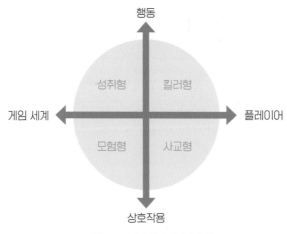

그림 4-2 바틀의 플레이어 유형

☑️ 잠깐만요　**바틀의 4가지 플레이어 유형**

1. **성취형(The Achiever)** : 주된 쾌락은 도전이며, 세상에서 행동하는 것에 흥미를 느낌
2. **모험형(The Explorer)** : 주된 쾌락은 발견이며, 세상과 상호작용 하는 것을 좋아함
3. **킬러형(The Killer)** : 주된 쾌락은 참견이며, 사람에게 행동하기를 좋아함
4. **사교형(The Socialiser)** : 주된 쾌락은 친목이며, 플레이어와 상호작용하는 것을 좋아함

❶ 성취형

성취형은 게임 내에서 주어진 목표를 달성하고 성장하는 것에 재미를 느낀다. 레벨업을 하거나 포인트를 올리기 위해 아무리 힘든 것도 열심히 한다. 이 유형은 게임이 주는 목표를 달성하기 위해 노력을 하기도 하지만, 스스로 가능한 목표를 설정하고 수행하기 위해 계획을 세우고 어려운 부분을 공략한다. 〈랩마이스(Lab Mice)〉는 레벨 100까지의 보드판이 있고, 같은 그림을 연결하되, 다른 선에 닿거나, 같은 칸을 지나가거나, 빈칸이 있

그림 4-3 쉐이크 쉐이크

으면 안 된다. 플레이어는 100레벨까지 끝내기 위해 도전을 즐기면서 자신이 세운 목표를 성취하려고 모든 방법을 동원한다. 〈쉐이크 쉐이크(Shake Shake)〉는 테트로미노 블록을 빈 공간 없이 윗면을 평평한 원형이 되게 조립하는 데 도전한다. 여러 번 실패해도 시간을 들여 공식을 터득해 나간다. 게임 플레이를 위한 메커닉스는 아니지만, 번외 도전으로 플레이어 스스로 목표를 세우고 성취할 때까지 포기하지 않고 집중한다. 이러한 대표적인 유형이 성취형이다.

❷ 모험형

모험형은 게임을 탐사하면서 시스템에 숨겨진 비밀과 새로운 요소를 밝혀내고, 밝혀지지 않은 미지의 세계를 발견하는 것에 재미를 느낀다. 이 유형은 탐험을 통한 발견을 목적으로 놀이를 전개하며, 게임 세계에서 무언가를 수집하고 모험을 통해 새로운 시공간에 대한 지식을 쌓는 것을 추구하는 형이다. 성취형에서 목표를 달성하기 위해 레벨업을 하거나 포인트를 모으는 행동 따위는 새로운 미션을 해결하고 스토리를 따라가는데 귀찮은 장애물에 불과하다.

〈사건의 재구성(Chronicles of Crime)〉과 같은 추리형 보드게임에서 플레이어는 사건의 진실을 밝혀내기 위해 숨겨놓은 단서를 찾고, 증거가 될 만한 정보를 알아내는 재미는 즐긴다. 범인이 누구인지는 크게 궁금하지 않으며, 게임이 숨겨놓은 새로운 단서와 정보를 발견하는 재미에 푹 빠져있는 유형이다.

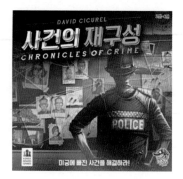

그림 4-4 사건의 재구성

❸ 킬러형

킬러형은 자신의 행동이나 존재가 다른 플레이어에게 영향력을 행사할 수 있는지에 대해 관심을 갖고, 그것에 재미를 느낀다. 특히 자신의 영향력과 존재감을 승리로 인정받는 것을 매우 중요하게 여긴다. 킬러형은 압도적인 지배 상황을 즐기기 위해 수단과 방법을 강제적으로 만드는 경향이 있다. 다른 플레이어를 속이거나 의도적으로 피해를 주거나, 모욕하는 것에 관대하고, 이러한 방법조차 즐거운 놀이를 위한 표현으로 인식하고 상대에게 영향을 주는 것에 쾌감을 강하게 느끼는 경향이 있다. 보드게임처럼 규칙이 제한적인 행동으로 상대를 이기는 것을 즐기며, 다른 유형보다 우월의식에 가득 차 있다. 킬러형은 전체 플레이어 중에 차지하는 비중은 적지만, 이 유형의 플레이어들은 상대 플레이어와 게임 세계를 파괴하면서 우월의식에 익숙한 행동으로 다른 플레이어들과 상호작용을 하는 것이 특징이다.

❹ 사교형

사교형은 게임 시스템보다 다른 플레이어와 관계를 중시하여 우호적인 교류와 소통하는 플레이를 선호한다. 이 유형에게 중요한 경험은 승리하는 것이 아니며, 함께 어울리는 것, 그들과 교류하는 것, 이런 유대관계를 지속적으로 유지하는 것, 그리고 더 많은 사람을 만나는 데에서 쾌감을 느낀다. 사교형은 그룹을 만들어 커뮤니티 활동을 하거나, 새로운 사람을 만나서 공감대를 형성하기 위해 스스로 모임을 주최하기도 한다.

리차드 바틀은 초기에 플레이어는 주로 위에 소개한 4가지 유형 중 하나의 유형에 속한다고 했다. 그러다가 각 유형별로 밸런스를 잡는 것이 게임 세계를 유지하는 데 중요하다고 판단하고 플레이어 유형이 아닌, 각 축을 강조하는 방법을 제시했다.

▶ 게임 세계 축으로부터 플레이어 축을 강조하는 방법

성취형과 모험형이 게임 세계에 많으면 플레이어 간 소통이 줄어들고 콘텐츠의 소모가 심각해진다. 보드게임에서 제공하는 가상세계는 없어지고 플레이어들을 잡아 둘 지속력이 떨어진다. 이들의 관심을 게임 세계에서 플레이어로 돌리는 방법은 다음과 같다.

- 플레이어 간 소통을 유지하기 위한 커뮤니티 기능을 추가한다.
- 게임 세계를 줄이고, 게임 참가자 수를 늘린다.
- 게임 내 장소 간의 거리를 줄이고 이동 수단을 제한한다.

▶ 플레이어 축으로부터 게임 세계 축을 강조하는 방법

킬러형과 사교형이 게임 세계에 많으면 게임 내에서 제공된 콘텐츠를 즐기는 플레이어들이 방해를 받게 되고 게임에서 떠나게 된다. 과도하게 많아진 킬러형은 성취형과 모험형이 게임을 즐기지 못하게 괴롭히고, 사교형은 서로 모여 모임을 즐기느라 게임을 클리어하지 못한다. 이들의 관심을 플레이어에서 게임 세계로 돌리는 방법은 다음과 같다.

- 상대 플레이어에게 영향을 미칠 수 있는 수단을 줄이고 커뮤니티 기능을 간소화한다.
- 게임 세상을 크게 제작하고 계층을 만들어 복잡하게 디자인한다.
- 게임 내 장소 간의 연결을 늘리고 이동 수단을 많이 제공한다.

▶ 행동 축으로부터 상호작용 축을 강조하는 방법

성취형과 킬러형이 게임 세계에 많으면 게임 내 상호작용이 줄어들기 때문에 게임 자체가 지루해질 수 있다. 플레이어간 상호작용이 줄어들면 다양성이 줄어들고 단순화되기 때문이다. 이들의 관심을 행동에서 상호작용으로 돌리는 방법은 다음과 같다.

- 게임 플레이 정보를 모호하게 주며 수수께끼를 자주 준다.
- 레벨업이나 클래스 시스템을 축소한다.
- 목표 달성을 위한 보상을 줄이고 새로운 명령을 창조할 수 있는 기능과 쉬운 퍼즐을 제공한다.

▶ 상호작용 축으로부터 행동 축을 강조하는 방법

모험형과 사교형이 게임 세계에 많으면 게임 디자이너가 의도해서 만들어 놓은 콘텐츠를 즐기지 않아 게임이 단순한 가상공간으로 전락해 버린다. 즉, 그래픽이 좋은 채팅 프로그램이 될 수도 있다는 의미이다. 이들의 관심을 상호작용에서 행동으로 돌리는 방법은 다음과 같다.

- 자세한 게임 매뉴얼을 제공하고 정보를 명확하게 세부적으로 제공한다.
- 목표 달성에 대한 보상을 줄인다.
- 전투 시스템을 복잡하고 깊게 디자인하여 어려운 퍼즐을 배치한다.

리차드 바틀은 추가 연구를 통해 하나의 축을 추가해서 플레이어 유형을 8가지로 늘리고, 기존 4가지 유형 변화에서 예외적인 순서가 있을 수 있다는 가능성을 열어뒀다. 보드게임을 디자인할 때, 플레이어 각 유형별 특징을 이해하는 것도 중요하지만, 게임 세계를 디자이너가 의도한 방향대로 이끌어 갈 수 있는 디자인 능력은 더욱 중요하다.

● 놀이 인격

플레이어가 보드게임을 하면서 나타내는 유형은 계속 바뀐다. 상대 플레이어에 따라 바뀌고, 게임 환경에 따라 바뀌기도 하며, 게임의 숙련도에 따라서도 바뀐다. 처음에는 간단하고 예쁜 것을 선호하다가, 경험과 숙련이 쌓이면서 전략적인 플레이를 선호하는 것으로 바뀐다. 반대로 처음에는 전략적인 것을 선호하다가 점점 간단하고 쉬운 시스템으로 자연스럽게 바뀌기도 한다. 이것은 플레이어가 다양한 이유로 인해 선호하는 유형이 바뀌면서 놀이를 선택하는 기준에 영향을 미치게 되고, 놀이를 대하는 태도에도 변화가 생기게 된다.

스튜어트 브라운(Stuart Brown)은 저서 『플레이, 즐거움의 발견』에서 놀이는 인생에 흥분과 모험을 되살리고, 세상과 충만한 교감을 할 수 있도록 해 준다고 했다. 그리고 놀이를 중심으로 일을 연상시키며, 우리 삶에 꼭 필요한 정수이자 활기찬 인생을 만들어 준다고 했다. 그는 인간이 놀이를 함에 있어서 표현하는 유형을 8가지로 정리하고, 이것을 '놀이 인격'이라고 정의했다. 인간에게 놀이는 '창의성'과 '혁신'의 핵심이다. 놀이를 할 때 인간은 가장 순수한 인간성과 진실한 개성을 표출하고, 진정으로 살아 있는 것 같은 느낌을 받는다고 했다. 놀이 경험은 인격을 형성하는 다른 어떤 경험보다도 이후의 인생을 더 잘 예측해 주는 것으로, 가장 핵심적이고 순수한 자아는 놀이를 통해 자신의 내면에서 저절로 떠오른다는 것이다.

☑ 잠깐만요 **8가지 놀이 인격**

1. 익살꾼(Joker)
2. 활동가(Kinesthete)
3. 탐험가(Exploer)
4. 수집가(Collector)
5. 경쟁자(Competitor)
6. 스토리텔러(Storyteller)
7. 창조자(Creator)
8. 감독(Director)

❶ 익살꾼

익살꾼은 놀이를 1차원적으로 즐기는 개구쟁이 유형이다. 가장 기본적이고 극단적인 농담이나 허튼 말로 놀이의 분위기를 더 재미있고 유쾌하게 만드는 데 노력을 기울이는 편이다. 이런 유형은 게임을 진행할 때, 스스로 진행자 역할을 하는 경우가 많으며, 캐릭터 흉내를 내거나 성대모사를 하는 등 전체적인 분위기를 이끌어 간다.

❷ 활동가

활동가는 생각이나 계획한 것을 행동으로 실천하는 것을 좋아한다. 이런 유형은 스포츠, 운동, 춤 등을 즐기는 유형이 대표적이며, 놀이에 참여해서 전략을 세우거나, 방법을 찾거나, 경쟁하는 것이 주된 관심사가 아니라, 놀이는 자신이 좋아하는 활동을 하기 위한 수단으로 사용할 뿐이다. 보드게임에서 이런 유형은 모임을 개최해서 사람들을 모으거나, 게임 준비, 정리 등에 적극적인 사람들에게서 많이 볼 수 있다.

❸ 탐험가

놀이의 인격에서 탐험가는 동굴이나 지역을 돌아다니면서 탐험하는 사람이 아니라, 나이가 들어도 놀이에 열정을 가지고 새로운 놀이에 대한 관심과 궁금증으로 그것에 참여하여 새로운 것을 익히고 즐기는 유형이다. 보드게임에서 이런 유형은 새로운 게임이 출시

될 때마다 플레이하거나, 다양한 플레이어들과 같은 게임을 통해 다양한 경험을 하고 싶어하는 유형에 나타난다.

❹ 수집가

흥미로운 물건이나 경험을 수집하면서 스릴을 느끼는 유형이다. 새로운 보드게임을 구입해서 새로운 메커니즘을 경험하는 그 자체를 수집하기도 하고, 일부는 보드게임을 플레이하는 것이 목적이 아니라, 미니어처 피규어가 들어 있는 보드게임을 모으거나, 그래픽이 아름다운 것을 구하는 것을 목적으로 한다. 이런 유형은 보드게임을 정말 좋아하거나 오랫동안 플레이해 온 게이머가 대표적이며, 자신이 선호하는 장르만 수집하는 그룹도 있다.

❺ 경쟁자

경쟁자는 목표가 뚜렷하다. 엄격한 규칙이 적용된 보드게임을 진행하면서 지배욕을 기반으로 이기기를 좋아하고, 자신을 알려서 최고가 되는 것에 인격을 표현하는 유형이다. 때로는 지나친 경쟁심으로 상대를 지치게 하거나 힘들게 하는 경우도 있다.

❻ 스토리텔러

보드게임 속에 존재하는 장소나 배경, 스토리를 따라 캐릭터에 감정을 이입시켜 흥미진진한 매직서클을 경험하는 유형이다. 스토리텔러는 자신이 보드게임의 스토리를 만들어 가지는 않지만, 디자이너가 만들어 놓은 스토리에 푹빠져 흐름을 따라 캐릭터의 생각과 감정을 체험하는 유형을 포함한다.

❼ 창조자

이 유형은 무엇인가를 만드는 것에 행복을 느끼는 유형이다. 이 유형은 세상에 없는 것을 처음으로 만들거나, 기존에 있는 것을 새롭게 개선하거나 발전시키는 경우도 포함된다. 보드게임을 디자인하는 모든 디자이너가 창조자가 될 수 있으며, 플레이하는 모든 플레이어가 느끼는 경험도 창조자에 속한다.

❽ 감독

감독 유형은 처음부터 종료까지 전반적으로 참여하여, 계획을 즐기고 다양한 장면을 연출하는 등 관여하고 감독하는 유형이다. 대부분 리더나 권력가에게서 많이 볼 수 있다.

놀이에서 나타나는 인격은 사람마다 다르게 나타나며, 같은 사람이라도 놀이의 종류에 따라 달라진다. 하지만 비슷한 놀이를 좋아하는 사람은 비슷한 인격을 가지고 있을 가능성이 높다. 놀이 인격은 플레이어 유형과 연관이 깊으며, 놀이 인격을 플레이어 유형에 대입하여 플레이어가 보드게임을 하고 싶어하는 동기를 발현하는 효과를 높일 수 있도록 디자인해야 한다.

04 타겟별 플레이어 특성

● 나이에 따른 플레이어 특성

그렇다면 플레이어가 게임을 하는 동기의 범위는 어떻게 세분화해야 할까? 가장 좋은 방법은 게임 디자이너 스스로가 플레이어들의 나이에 대입해 보는 것이다. 그들의 정신적인 관점에 시선을 맞춰서 플레이어들이 생각하는 것을 생각하고, 보는 것을 보고, 듣는 것을 듣고, 표현하는 것을 따라해 보는 것이다. 플레이어에 투사해 보는 일은 지속적인 주의와 경계가 필요하지만, 게임을 디자인할 때 수용자층(Market Segments)에 대한 분석은 중요하다. 특히, 나이는 게임 디자이너에게 가장 중요한 변인이다. 개개인이 모두 독특하다는 사실을 알지만, 게임은 많은 사람을 대상으로 하기에 비슷한 나이를 특정 집단으로 간주해야 한다. 나이에 따른 집단을 규정하는 공식적인 방법은 없으며, 다양한 집단에서 다양한 기준으로 다양하게 집단을 나누고 있다.

게임도 플레이어 집단을 규정하는 기준이 있다. 단, 디지털 게임이냐 아날로그 게임이냐에 따라 기준이 다르다. 먼저 디지털 게임에서 규정한 플레이어 집단을 '등급'이라고 한다. PC, 온라인, 모바일, 콘솔/비디오 게임물은 등급 분류 세부기준에 따라 전체 이용가, 12세 이용가, 15세 이용가, 청소년 이용 불가로 구분하고 있으며, 아케이드 게임물은 전체 이용가와 청소년 이용 불가의 두 등급으로 구분한다. 반면, 보드게임은 게임의 수준을 이해할 수 있는 나이를 기준으로 플레이어 그룹을 나눈다. 일반적으로 연령대를 넓게 잡아서 느슨한 구조를 만들기도 하지만, 대체로 사람의 성장 과정과 인지 수준에 맞춰서 플레이어를 구분한다. 제시 셸(Jesse Schell)은 『The Art of Game Design』에서 사람이 생애 과정 동안 어떻게 발달하는지를 알아보기 위해서 연령별로 인구통계 분석을 소개했다. 이 연구는 2010년 이전에 이뤄져 현재와 차이가 있으므로, 제시 셸이 구분한 연령을 기반으로 현재의 생애 과정을 재정리했다.

❶ 0~3세(영아/유아) : 이 연령대의 어린이는 장난감에 깊은 흥미를 보인다. 아직 인지할 수 있는 나이는 아니므로, 오감으로 감각을 경험할 수 있는 정도면 된다.

❷ 4~6세(미취학 아동) : 게임에 흥미를 보이는 나이다. 게임은 매우 단순하고, 구성물이 간단한 것이 좋다. 이 시기에는 다른 사람을 흉내 내는 것을 좋아하므로, 유치원에서 또래들과 소꿉놀이, 병원놀이 등 역할 놀이 방식의 게임을 찾게 된다.

❸ 7~9세(어린이) : 이 시기는 아이가 학교에 다니기 시작하고, 사회에 소속되어 자연스럽게 게임을 플레이하는데 흥미를 갖게 된다. 또한, 진지하게 생각하고, 문제를 풀 수 있다. 이 나이가 되면 단순히 부모가 골라주는 걸 받아들이는 수준에서 벗어나 특정한 장난감이나 게임을 선호하는 취향을 스스로 결정하게 된다.

❹ 10~13세(아동) : 이 시기의 아이들은 엄청난 신경계 성장을 시작한다. 불과 몇 년 전에는 하지 못했던 깊고 미묘한 사고를 갑자기 하게 된다. 이 시기를 강박의 세대라고 부르기도 하는데, 이 연령의 어린이는 흥미로운 것에 굉장히 열정을 갖게 되기 때문이다. 특히, 소년들은 이 흥미의 대상이 게임이 되곤 한다.

❺ 13~18세(청소년) : 성인이 될 준비를 하는 시기로, 이때 남성과 여성의 취향이 극명하게 갈리는 모습을 볼 수 있다. 남성은 계속해서 경쟁과 우월함에 흥미를 보이는 반면, 여성은 현실적인 것들과 소통에 더 집중하게 된다. 이 때문에 이 시기에 남성과 여성의 게임 취향은 매우 달라진다. 그러나 양성 모두 새로운 경험을 실험해 보는 일에 흥미를 느끼며, 어떤 것들은 게임 플레이를 통해 일어날 수 있다.

❻ 18-24세(청년) : 첫 번째 성인 집단으로, 커다란 변화가 나타나는 시기다. 일반적인 성인은 어린이보다 플레이 시간이 적다. 대부분의 성인이 계속 플레이를 하게 되지만, 바로 이 시점에서 청소년 시절의 실험을 마치고, 어떤 플레이와 유희 장르를 좋아하는지 그들의 취향을 확정하게 된다. 청년은 일반적으로 시간과 자금 모두 충분하기 때문에 게임의 거대한 소비자 군이 된다.

❼ 25~34세(청년) : 이 시기에는 시간이 점점 중요해지기 시작한다. 성인으로서의 책무가 가중되기 시작하므로 이 연령대의 성인은 대부분 게임을 가끔가다 즐기는 오락거리로 여기거나, 어린 아이들과 같이 즐기는 캐주얼 게이머가 된다. 한편, 게임을 가장 중요한 취미로 여기는 하드코어 게이머가 된 이 연령대의 유저는 많은 게임을 구매하고 그들의 호불호를 널리 알리는 소속 사회 집단에서 구매 결정에 영향을 미치는 존재가 되기 때문에 매우 중요한 타깃 시장이다.

❽ 35~50세(중년) : 원숙한 가정이라 부르는 단계이며, 이 연령대 성인은 대부분 생업과 가정 내 책임에 매여 있으므로 캐주얼 게임을 플레이하는 정도다. 이 연령대의 성인은 자식들이 성장함에 따라 비싼 게임의 구매를 결정하는 사람이며, 가능하다면 가족 모두가 같이 즐길 수 있는 게임을 찾게 된다.

❾ 50~65세(장년) : 빈 둥지라고 불리는 이 연령대의 성인은 자식들이 분가해 나가고, 은퇴를 앞두게 되어 갑자기 여유시간이 잔뜩 생긴 사람들이다. 젊었을 때 즐기던 게임으로 돌아가는 사람도 있고, 새로운 게임 경험을 찾아 나서는 사람도 있다. 이 연령대의 성인은 강한 사회적 요소가 들어있는 골프, 테니스, 축구 등 게임에 흥미를 보인다.

❿ 65세 이상(노년) : 새로 만들어진 집단에서 새로운 사람들과 제2의 인생을 시작하는 나이다. 이 시기는 기억력이 떨어지고, 신체 움직임이 생각보다 더딘 현상을 나타낸다. 손과 몸을 사용하는 게임에 흥미를 보인다.

연령대별 집단을 나누는 다른 방법도 있겠지만, 보드게임에서 일반적으로 구분하는 방법이다. 이러한 연령대별 집단의 특성을 이해하면 게임을 디자인할 때 플레이어를 이해하는 능력이 생기며, 게임 난이도와 시스템을 설계할 때 방향성을 잃지 않는 기준이 될 수 있다. 아무런 근거 자료나 기준 없이 그냥 타겟층을 정하는 것은 플레이어에게 게임 디자이너의 주장에 대한 설득력을 높이기 어렵고 게임 디자인을 지속하는데 혼란을 야기할 수 있다.

● 성별에 따른 플레이어 특성

남성과 여성은 취향, 흥미, 기술, 능력 등 여러 면에서 다르다. 라프 코스터(Raph Koster)는 저서 『재미이론(Theory of Fun)』에서 게임을 플레이하고 이기는 핵심은 추상화된 형식적 시스템을 꿰는 것이고, 일반적으로 여성보다는 남성들이 이를 더 즐긴다고 언급했다. 남녀가 각각 어떤 것을 선호하는지를 완벽하게 기술한 목록은 분명 없을 것이다. 중요한 점은 성별에 따라 중요한 차이가 존재함을 알고, 게임이 원래 의도한 대로 유저를 즐겁게 할 수 있는 적절한 요소를 담고 있는지 주의 깊게 고려해야 한다는 것이다.

❶ 남성이 좋아하는 게임 요소

- **정복** : 남성은 무언가를 정복하는 것을 즐긴다. 그것이 중요하거나 쓸모 있을 필요는 없으며, 오직 그것이 도전적이기만 하면 된다. 여성은 그 대상이 의미 있는 용도가 있을 때에 더 정복욕을 보이는 경향이 있다.

- **경쟁** : 남성은 자신이 최고라는 걸 입증하기 위해 서로 경쟁하는 것을 정말로 즐긴다. 여성들은 게임에서 이길 때 느끼는 긍정적 감정보다 질 때 느껴지는 부정적인 느낌을 더 크게 느끼곤 한다.

- **파괴** : 남성은 파괴를 좋아한다. 매우 어린 남자아이가 블록 놀이를 하면서 가장 신날 때는 블록으로 만들 때가 아니라, 쌓던 탑을 완성한 후 그것을 무너뜨릴 때인 경우가 많다. 콘솔/비디오 게임은 이런 게임 플레이가 자연스럽게 잘 맞는데, 이는 실제 세상에서 가능한 것보다 훨씬 더 큰 규모로 가상 파괴를 할 수 있기 때문이다.

- **공간 퍼즐** : 일반적으로 남성이 여성보다 공간 추론 능력이 뛰어나다는 연구 결과가 있으며, 이것은 일상의 사례와도 일치한다는 점에서 대부분이 동의할 것이다. 이와 관계해서 3차원 공간에서 풀어야 하는 퍼즐은 남성에게 흥미를 끌기 쉽지만, 여성에게는 짜증나는 요소로 다가가는 경우가 많다.

- **시행착오** : 남성은 시행착오를 통해 학습하는 것을 더 선호하는 경향이 있다. 어떤 면에서는 이런 경향이 남성을 위한 인터페이스 디자인을 쉽게 해 주는 측면이 있다. 왜냐하면 남성은 실제로 시험해 보아야 이해할 수 있는 인터페이스를 선호하는데, 이것은 정복욕을 자극하는 면이 있기 때문이다.

❷ 여성이 좋아하는 게임 요소

- **감정** : 여성은 인간의 풍부한 감정을 탐구하는 경험을 좋아한다. 남성에게 감정이란 재미있는 경험의 한 요소이지만, 여성은 그것만으로 만족하는 경우는 없다.

- **현실 세계** : 여성은 현실 세계와 의미 있는 관계가 있는 오락거리를 선호하는 경향이 있다. 어린 소년·소녀가 노는 모습을 관찰하면, 소녀들이 현실 세계와 관련된 놀이에 더 많은 중점을 두는 반면, 소년들은 환상적인 영웅 놀이에 더 많은 관심을 보인다. 이러한 경향은 성인이 되어서도 계속되며, 여성은 현실 세계와 의미 있게 연결될 때 흥미를 더 많이 느낀다. 이는 내용의 중요성일 수도 있고, 때로는 게임의 사회적인 측면이 이러한 영향을 미칠 수도 있다. 여성들은 때로 가상의 플레이어와 게임을 하는 것보다 현실에서 진짜 관계를 맺고자 하는 경향이 있다.

- **양육** : 여성은 양육을 즐거워한다. 승부를 내는 게임에서 약한 플레이어를 돕다가 이기고 있던 게임을 지는 경우가 있는데, 이것은 여성에게 있어서 플레이하는 사람들의 관계와 감정이 게임 자체보다 더 중요하기 때문이기도 하지만, 여성이 양육 행위를 즐거워하기 때문이기도 하다.

- **대화와 언어 퍼즐** : 여성은 공간 관련 능력이 부족한 대신에 언어 능력이 뛰어나다고 한다. 여성은 남성보다 훨씬 많은 책을 구입하기도 하고, 크로스워드 퍼즐을 하는 사람의 대부분이 여성이다. 재미있거나 의미 있는 대화나 언어 퍼즐을 활용하는 현대 콘솔/비디오 게임은 거의 없으므로 이 부분은 새로운 기회가 될 수 있을 것이다.

- **예시로 배우기** : 남성이 시행착오를 통해 배우는 것을 선호하는 반면, 여성은 주로 예시를 통해 학습하는 것들을 선호한다. 여성은 명확한 튜토리얼을 통해 단계적으로 안내되어, 실제로 수행해야 할 때에는 자신이 무엇을 어떻게 해야 하는지 잘 이해할 수 있게 도와주면 매우 좋아한다.

연령과 성별을 비롯한 그 밖의 많은 요소를 고려하더라도, 게임 디자인에서 중요한 점은 스스로 플레이어의 관점에서 게임을 어떻게 만들어야 플레이어를 가장 즐겁게 할 수 있을지 판단하는 것이다. 훌륭한 게임 디자이너는 언제나 플레이어를 생각해야 하고, 플레이어의 거울이 되어야 한다. 능숙한 디자이너는 플레이어의 시각과 홀로그래픽 디자인 시각을 동시에 들고서, 게임의 역학 구조와 게임의 경험과 플레이어를 동시에 생각한다. 플레이어의 행위를 관찰할수록 그들이 무엇에 즐거워하는지 예측이 쉬워질 것이다.

4.2 메커니즘 분석

01 액션 포인트 제한

게임을 진행시키기 위해서는 플레이어의 행동이 필요하다. 이러한 행동은 운에 기초하거나, 전적으로 플레이어의 기술에 의존하거나, 둘 사이 어딘가에 있을 수 있다. 게임이 다른 활동과의 차이점은 플레이어는 반드시 어떤 행동을 해야만 한다는 것이다. 액션은 플레이어가 게임에서 수행해야 할 원자적 단계 또는 일련의 행동이다. 예를 들어, 게임 말 이동, 자원 판매, 전투, 자원 놓기 등 모든 것이 액션이 될 수 있다.

액션 포인트 제한(Action Points)은 게임 진행을 위한 여러 가지 액션 중 진행 라운드에 사용 가능한 액션의 수량을 제한해서 플레이어가 필요한 액션을 선택하는 것이다. 또 본인이 액션에 필요한 기술을 만들거나 액션 포인트를 획득한 범위 내에서 액션이 가능한 메커니즘이다. 이러한 액션 시스템은 플레이어가 연속적으로 수행할 수 있는 액션의 수와 상호관계, 플레이어 간의 상호작용 및 기타 기능 측면에서 게임의 복잡성을 제어한다.

이 메커니즘의 장점은 소비되는 AP(액션 포인트) 수가 다를 수 있는 액션들의 조합 중에 어떤 것을 어느 순서로 사용하는가가 게임의 흐름을 좌우한다. 그래서 각 액션의 가치와 필요성과의 연관성에 의해 실행 여부와 실행 횟수가 플레이어마다 다르다. 이는 플레이어에게 충분히 자유도를 가지고 게임을 할 수 있게 해 주는 시스템이기에 게임 진행에 다양한 플레이를 제공할 수 있다. 반면 플레이어의 자유도와 액션의 조화로 만들어 내는 플레이 가치를 판단하는 것이 어렵다. 게임 초반부터 게임의 최적화 액션이 필수이므로 게임 플레이 경험이 많지 않은 초보자나 이 메커니즘에 대한 경험이 많지 않은 플레이어는 게임 시스템을 이해하는데 어려움을 겪게 되고 실력 차를 나타내게 된다.

- **동시 선택**(Simultaneous Selection) : 플레이어들이 결과를 만들기 위해 동시에 목표하는 것을 선택한다.

- **순차적 선택(Sequential Selection)** : 선 플레이어부터 순서대로 목표하는 것을 선택한다.

- **행동 선택(Action Points)** : 할 수 있는 여러 가지 액션 중, 필요한 것만 선택한다. 선택하지 않은 액션은 이월되거나 소멸된다.

- **액션 큐(Action Queue)** : 카드의 작업 대기열을 만들어 놓고, 가장 앞에 있는 것부터 사용하는 시스템이다. 각 플레이어는 본인 앞에 만들어 놓은 카드의 작업 대기열을 모두 사용할 수도 있고, 제한된 수량만큼 선택해서 사용할 수도 있다.

- **액션 리트리블(Action Retrieval)** : 카드의 작업 대기열을 만들어 놓고, 한 명씩 필요한 카드를 선택해서 사용한다. 모든 플레이어의 액션이 끝나면 작업 대기열의 비어 있는 곳에 새로운 카드를 채운다.

- **액션 또는 이벤트 선택(Action Event)** : 카드에 핵심 액션과 이벤트가 함께 있으며, 플레이어가 둘 중 하나를 고르면 다른 사람들은 남은 것을 수행하게 된다. 만약 플레이어가 액션을 선택하면 다른 사람들은 이벤트를 행동한다.

- **이동 거리 선택(Rondelle)** : 여러 칸으로 나뉜 원형 트랙에서 플레이어는 게임 규칙이 허용하는 범위 내에서 게임 말을 원하는 만큼 이동 후, 멈춘 장소에 표시된 기능이나 액션을 수행한다.

- **따라 하기(Follow)** : 선 플레이어가 고른 액션을 다른 플레이어들이 따라 한다.

● 신라: 천년의 미소

〈신라: 천년의 미소〉는 이름에서 알 수 있듯이 신라 시대를 모티브로 만든 게임이다. 6세기 신라 전성기의 주요 인물들의 관계와 업적을 세계관으로, 화려했던 왕터를 복원하고 왕권을 강화하여 천년의 역사를 만드는 것이 이 게임의 목표다. 게임이 시작되면, 보드판을 테이블에 펼쳐서 왕터를 만들고 지형 타일과 건설 카드를 각각 규칙에 따라 덱(더미)으로 나눠 놓는다. 차례를 결정짓는 신분 타일(골품제)을 잘 섞어서 5개는 공개하고 나머지는 앞면이 보이지 않게 덱(더미)으로 둔다. 마지막으로 캐릭터 카드를 1장씩 선택하고, 해당하는 게임 말과 점수 마커를 가져간 다음 자신의 차례가 되면 일반 행동과 제한 액션을 한다.

일반 행동은 신분 카드를 선택하고 해당 자원을 가져오는 것으로, 이것은 필수 행동이다. 계급이 낮은 신분은 가져오는 자원의 가치가 낮은 반면에 다음 라운드를 먼저 시작하는 기회를 가질 수 있으며, 계급이 높은 신분은 자원의 가치가 높은 것을 가져오지만, 다음 라운드에서 순서를 늦게 배정받는다.

그림 4-5 신라: 천년의 미소

제한 액션은 지형 타일을 연결해서 점수를 얻거나 건설 카드에 표시된 자원을 지불하고 지형에 맞는 건축물을 건설해서 점수를 얻는 방법 중 1가지를 선택한다. 건출물을 건설할 때에는 지형마다 건설할 수 있는 종류가 다르기 때문에 자원이 풍부하고 건설 카드가 시장에 공개되어 있어도 해당하는 지형이 만들어지지 않아서 짓지 못하는 경우가 발생한다. 그러므로 타이밍을 잘 맞춰야 하는 것 또한 이 게임의 재미요소 중 하나다.

모든 플레이어가 차례를 마치면 라운드가 끝나고, 가져온 신분 카드에 적힌 계급 칸에 게임 말을 놓는다. 다음 라운드는 신분이 가장 낮은 사람부터 시작한다. 이렇게 여러 라운드를 진행하고, 지형 타일 한 더미 또는 건축물 3종이 소진되면 종료된다.

● **티칼**

〈티칼〉은 마야 문명, 남아프리카의 가장 강력한 왕국의 수도 티칼의 찬란했던 문명을 탐험하는 게임이다. 플레이어는 티칼 유적 탐험대의 리더가 되어 정글에 숨겨진 사원과 보물을 찾는 것이 목표다. 게임이 시작되면, 보드판을 테이블에 펼쳐서 정글을 만든다. 이어서 지형 타일은 같은 알파벳끼리 잘 섞어서 순서대로 쌓아두고, 보물 타일은 잘 섞어서 두 덱(더미)으로 쌓아 둔다. 그리고 사원은 같은 층끼리 모아두고, 각자 1가지

그림 4-6 티칼

색깔을 골라 탐험 대원과 텐트, 요약표를 가져온다. 자신의 차례가 되면 지형 타일을 뽑아 게임판에 놓고 각자에게 주어진 액션 중 원하는 행동을 선택한다. 게임을 진행하다가 누군가 지형 타일 중 화산 타일을 뽑으면 중간 승점 계산 라운드를 진행한다. 플레이어들은 사원을 개척해 가치를 높이고 가장 많은 수의 탐험 대원으로 점유하면 승점을 얻을 수 있다. 또한, 유적지에 묻혀 있는 보물을 발굴해 같은 보물끼리 모으면 많은 승점을 얻을 수 있다. 이렇게 여러 라운드를 반복하면서 마지막 지형 타일을 사용한 후에 마지막 승점 계산 라운드를 진행하고 게임이 종료된다.

실습하기

4주차 실습

① **목표** : 핵심 타겟 정하기

② **추천 분량** : PPT 1~2장

01 플레이어가 게임을 하는 동기에는 어떤 것이 있는가? 그 중에서 만들고자 하는 게임에 어떤 동기 요소를 만들 것인지 정한다.

02 만들고자 하는 게임에 적용할 플레이어 유형을 정한다. 그리고 유형별 분배를 어떻게 할 것인지 정한다.

예 플레이어 유형1 : 플레이어 유형2 : 플레이어 유형3 = 20% : 10% : 70%

03 핵심 타겟을 정하고, 그렇게 설정한 이유를 간략하게 적는다.

- 타겟 :
- 설정 이유 :

놀이 유형과 단계

놀이의 특성, 게임의 특성, 4가지 놀이 유형을 학습하고 다양한 유형을 조합하여 놀이 유형을 정한다.

5.1 이론과 개념

게임의 소재와 테마, 장르, 타겟이 명확해졌다면 어떤 게임을 만들 것인지 방향이 정해진 것이다. 게임 디자인 프로세스에서 가장 중요한 방향성을 확보했으니, 게임을 구체화해야 한다. 앞에서 설정한 테마와 소재, 장르, 타겟은 매우 추상적이다. 추상적인 게임이 구체적인 형태를 갖추려면 게임의 특징이 살아나게 만들어야 한다. 영화는 배우의 연기를 보면서 스토리를 감상하는 경험을 제공하고 게임은 캐릭터를 움직이면서 스토리를 플레이하는 경험을 제공한다. 이처럼 콘텐츠마다 도드라지는 성질이 있는데, 이것을 '특징'이라고 한다.

게임의 특성과 놀이 유형을 정하려면 게임의 원류부터 이해해야 한다. 〈1장〉에서 게임은 놀이에서 파생되어 진화된 것이라고 했다. 게임은 밋밋했던 놀이에 규칙이 추가된 보드게임을 거쳐서 지금의 PC, 모바일 등과 같은 디지털 게임으로 발전해 왔다. 이런 과정을 거치면서 게임을 만드는데 사용하는 도구나 기술, 게임을 진행하는 플랫폼, 플레이어 참여 방식 등 많은 부분이 바뀌었다. 진화하는 동안 게임을 특정 짓는 일부 새로운 특성이 생겨난 것도 있겠지만, 원류의 특성을 변형했거나 그대로 계승한 것도 있을 것이다. 놀이를 분석해야 하는 또 다른 이유는 놀이에 의미를 넣어 만든 것이 게임이라고 〈3장〉에서 이야기했다. 이런 점에서 놀이와 게임을 별개로 취급할 수 없으며, 게임을 연구할 때 놀이의 연구를 우선으로 하는 것은 필수다.

이 장에서는 먼저 놀이의 특성에 대해 살펴본다. 놀이에서 어떤 점을 특성이라고 보며, 그 특성 중에서 어떤 것이 게임으로 파생되었는지 동인을 알아본다. 다음은 인간이 놀이를 어떤 과정으로 받아들이는지 놀이의 단계에 대해 알아본다. 놀이를 처음 시작할 때 인간은 놀이를 어떻게 받아들이는지, 시간이 지나면서 인간이 놀이를 받아들이고 대하는 태도가 어떻게 달라지는지 알아본다. 그리고 놀이 성격에 따른 유형을 알아본다. 인간의 취향과 성향이 모두 다르고 다양한 것처럼, 놀이에도 성격이 있어서 다양한 유형이 만들어진다. 놀이의 유형을 이해하고 만들고자 하는 게임에 놀이를 디자인하는 것은 좋은 게임을 결정하는 요소다. 마지막으로 학습한 내용을 바탕으로 만들고자 하는 게임에 적용할 놀이를 정한다. 놀이 유형을 2가지 이상 정해서 어떻게 배분할지 결정한다. 놀이 유형을 정하면 내부의 형태가 갖춰질 것이다.

01 놀이의 특성

● 놀이

놀이라는 개념을 처음 구축한 사람은 네덜란드의 고전 학자인 요한 하위징아(Johann Huizinga)다. 그는 저서 『호모 루덴스』에서 놀이는 행동에 대한 제약이나 규칙이 전혀 없거나, 아주 약하게 작용하기에 그 자체가 밋밋하고 자유로우며, 특별한 목적 없이 나타나는 것이 일반적이며, 직접적인 보상이 없더라도 놀이 그 자체가 주는 즐거움과 만족감 때문에 대부분 자발적으로 이뤄진다는 것이다. 또한, 놀이의 참여자는 놀이 규칙에 따라 수행하는 여러 가지 행위를 하면서 즐거움을 얻거나, 특정 행위 이후에 돌아오는 보상으로 즐거움을 얻고자 한다. 놀이의 개념은 단순히 노는 행동을 의미할 뿐 아니라 참여자가 규칙을 준수하고 상호작용을 통해 공정한 경쟁을 펼쳐가는 놀이 과정 전체를 의미한다. 인간은 새로운 것에 대한 호기심과 도전에 대한 욕구를 만족시키기 위해 놀이의 규칙을 점점 엄격하게 다루려고 노력해 왔다.

〈실뜨기〉는 실의 두 끝을 연결하여 손가락에 걸고 두 사람이 마주 앉아 서로 주고받으면서 모양을 만들며 노는 놀이이다. 상대의 손가락에 있는 실을 자신의 손가락으로 옮길 때 반드시 다른 모양을 만들어야 하며, 모양을 만들지 못하면 놀이가 끝난다. 이 놀이는 문제 카드를 보고 모양을 만들어가는 방식의 패턴 게임과 네트워크 게임 등으로 발전했다. 〈숨바꼭질〉은 술래가 눈을 가린 채 수를 세는 동안 아이들은 몸을 숨긴다. 수 세기를 마친 술래가 숨어있는 아이들을 찾으러 다니는 동안 숨어있던 아이들은 술래를 피해 술래집에 돌아와야 한다. 잡히지 않고 무사히 도착하면 또 숨을 기회가 생기지만, 집에 돌아오기 전에 술래에게 잡히면 새로운 술래가 된다. 이 놀이는 가면 놀이 같은 것으로 자신의 신분이 들키지 않게 숨기고 자신의 이득을 취하는 형태이 마피아 게임과 추리 게임 장르에 영향을 주었다. 〈소꿉놀이〉는 아이들이 가족 구성원의 역할을 나누어 음식을 만들고, 상을 차리고, 밥을 먹고, 서로 대화를 나누면서 노는 놀이이다. 이 놀이는 아이가 어른을 흉내 내는 활동으로, 누군가를 그대로 따라 하거나, 역할을 흉내 내는 TRPG에 영향을 주었다. 〈병원놀이〉는 의사와 간호사의 흉내를 낸다는 점에서 소꿉놀이와 비슷하지만, 단순히 누군가를 흉내 내는 것이 아니라, 사건의 원인을 파악하고 해결해 본다는 점에서 소꿉놀이와 차이가 있다. 병원이라는 특수 장소에 찾아오는 환자들의 증상을 파악하고, 각각의 증상에 맞게 처방해 주는 체험형 놀이이다. 이러한 체험형 놀이는 누군가를 흉내 내는 것에 초점을 맞춘 것이 아니라, 상황과 사건을 파악하고 그것을 해결해 보는 경험을 하는 것에 초점을 맞춘 것으로 시뮬레이션 장르의 보드게임이 이런 놀이에서 발전된 형태라도 볼 수 있다.

그림 5-1 실뜨기　　　　　　그림 5-2 숨바꼭질　　　　　　그림 5-3 소꿉놀이

놀이를 어떤 관점에서 생각하느냐에 따라 많은 학설이 있지만, 근대의 놀이에 대한 개념은 조금 다르게 해석할 수 있다. 인간은 오랜 세월 동안 놀이의 형태를 변화시키면서 새로운 놀이를 만들고 그 문화를 형성해 왔다. 밋밋한 놀이에 규칙을 만들고 참가자들의 행동을 규제할 수 있는 장치를 하나씩 추가하기 시작했다. 그러면서 생각할 것이 생기고, 노는 방법도 점점 복잡해진 형태의 새로운 놀이가 만들어졌다.

● 의미 있는 놀이

오늘날 놀이는 시대의 유행을 빠르게 반영하면서 놀이 성격과 속성을 발전시키거나 새로운 특성을 만들어 낸다. 요한 하위징아(Johann Huizinga)는 "모든 놀이에는 의미가 있다."라고 했다. 이것은 놀이 중에 무언가가 작동하여 일상생활의 필요를 뛰어넘고 행동에 의미를 부여하는 무언가라는 것이다. 나아가 "성공적인 게임 디자인의 궁극적인 목표는 의미 있는 놀이를 창조하는 것"이라고 했다. 바로 의미 있는 놀이는 게임 속 행동과 결과 간의 관계에 대한 식별이 가능하면서 게임의 전체 맥락 속에 통합되어 있을 때 발현된다는 것이다.

☑ 잠깐만요 **요한 하위징아의 놀이 의미에 대한 해석**

- **놀이 중에 무언가가 작동** : 시스템, 질서, 규칙, 규율
- **일상생활의 필요를 뛰어넘고** : 상상 세계, 매직 세계, 가상 세계
- **행동에 의미를 부여하는 무엇** : 경험, 느낌, 감정

그의 말을 해석해 보면, 하위징아는 놀이를 역할과 의미 관점에서 보고자 노력했다는 것을 알 수 있다. 〈체스(Chess)〉는 기물을 표현하는 체스 말의 선택부터 방향과 움직임으로, 이것이 상대와의 경쟁 작용으로 전달된다. 단지 체스의 보드판, 게임 말, 규칙만으로는 의미 있는 놀이가 되지 못한다. 〈체스〉가 놀이로서 의미 있는 이유는 게임 시스템과 플레이어의 상호작용, 플레이어 간의 상호작용, 그리고 게임이 진행되는 맥락 속에서 찾아볼 수 있다. 게임을 할 때 어떤 상황인지, 어떤 전략을 쓸 것인지, 어떤 말을 선택할 것인지, 말을 어떤 방향으로 움직여야 할 것인지, 다른 플레이어와 어떻게 상호작용할 것인지, 심지어 게임을 할 것인지 말 것인지를 결정하면 이로 인한 행동이 다른 모든 체스 말들의 관계에 영향을 미치고, 게임의 결과를 초래한다. 이런 요소들이 〈체스〉가 의미 있는 놀이임을 알 수 있게 한다.

게임을 한다는 것은 선택하고 행동한다는 것이다. 이런 모든 일련의 행동은 게임 시스템 안에서 이뤄지기 때문에 의미 있는 의사결정을 지원받을 수 있도록 게임이 디자인되어야 한다. 즉, 게임에서 하는 모든 행동에 대한 결과를 플레이어들이 알 수 있도록 식별 가능한 형태로 디자인해야 한다. 〈축구〉에서 공을 찼는데 아무런 변화가 없다면, 골에 들어갔는지, 다른 선수에게 패스가 되었는지, 그것도 아니면 상대팀에게 빼앗겼는지 알 수 없을 것이다. 게임을 제대로 하고 있는지에 대한 정보제공이 없다면 플레이어가 행동하는 데 의미를 가지지 못한다.

보드게임에서 플레이어가 카드를 사용하거나 말을 움직이면서도 다음 행동에 어떤 변화를 요구하는지, 목표 달성을 위해 좋은 행동인지 나쁜 행동인지 의미를 모른다면 플레이어는 게임을 계속할 이유를 찾지 못할 수 있을 것이다. 분명한 것은 플레이어가 하는 행동과 그 행동 이후의 행동, 그리고 결과 간의 관계를 식별할 수 없다면 의미 있는 놀이로 인식이 불가능해진다는 것이다. 게임에서 식별 가능성은 플레이어가 행동을 취했을 때 무슨 일이 발생하는지를 알려준다. 이처럼 식별 가능성이 없다면 공을 찰 때 어느 각도로

어느 타이밍에 차야 하는지 고민하지 않을 것이고 보드게임에서 아무 카드를 내거나 아무 곳에나 말을 옮겨 놓을 것이다.

놀이가 의미 있으려면 행동과 결과가 게임 전체 맥락 속에 통합되게 디자인해야 한다. 〈체스〉는 기물을 어떻게 옮기느냐에 따라 중반부로 갈수록 게임을 점점 복잡하게 만들며, 후반부에 다다르면 승리를 위한 치열한 대결로 이어진다. 이 점에서 〈체스〉는 플레이어들에게 심오한 의미를 전달한다. 〈마라톤〉은 선수들이 뛰는 동안 현재 진행 시간과 순위에 대한 정보를 계속 보여 준다. 아니, 본인이 계속 정보들을 확인하는데, 이런 행동의 결과는 완주 후 최종 순위와 기록을 결정한다. 이러한 즉각적인 피드백은 마라톤 선수들이 속도를 내야 하는지, 유지해야 하는지, 늦춰야 하는지, 계속 달리는 것이 좋을지, 멈추는 것이 좋을지 행동을 선택하게 하고 이후 결과로 이어지게 한다. 즉, 행동과 결과가 전체 맥락에 잘 통합되었을 때 의미가 있는 것이다.

의미 있는 놀이는 게임의 여러 측면에서 동시에 지니고 있어서 플레이어의 경험을 형성하고 축적하는 다층적인 의미를 생성시킨다. 플레이어가 게임을 하는 것에 진정한 의미를 지니도록 하려면 게임의 디자인 구성을 잘 짜야 한다. 이런 점에서 게임 식별성은 플레이어에게 무슨 일이 발생했는지를 인식시켜 주고, 게임 통합성은 발생한 일이 나머지 게임에 어떤 영향을 줄지를 알려주어 두 요소를 갖춘 게임은 진정한 의미를 지닌다고 할 수 있다.

● 게임은 의미 있는 놀이다.

오랜 시간이 흘러도 꾸준히 사랑받고 있는 게임은 그 게임만이 가진 심오한 매력이 있다. 〈루미큐브(Rummikub)〉는 색깔이나 수 조합에 따라 타일을 연속 또는 그룹으로 놓아서 자신의 타일을 없애는 게임이다. 이 게임의 포인트는 게임 플레이가 본격적으로 진행되는 시점을 알리는 등록 시스템의 특별한 경험과 타일을 모두 사용했을 때의 강한 성취감이다. 실제 게임 플레이가 시작되는 시점을 등록 후라고 본다면, 그 전까지 등록하지 못한 플레이어는 심리적으로 미묘한 감정을 경험하게 된다. 그러다가 여러 개의 타일을 한번에 등록 또는 내려놓는 상황에서의 또 다른 복잡한 감정을 경험하게 된다.

그림 5-4 루미큐브(좌상)/모노폴리(우상)/젠가(좌중)/할리갈리(우중)/
슈퍼마리오 3D 월드+퓨리 월드 게임을 하는 아이들(하)

〈모노폴리(Monopoly)〉는 지역을 구매하고, 구매한 지역에서 이용료를 받아 재산을 모으는 게임으로 핵심은 거래를 통해 부자가 되는 행복한 경험이다. 하지만 이것보다 더 중요한 핵심 플레이는 주사위를 던지는 행동과 이동해야 할 지역에 대한 기대감이다. 주사위를 굴려서 아무도 구매하지 않은 땅에 도착했을 때의 기쁨, 호텔을 지어 받은 이용료로 인해 불어난 돈을 통해 마치 부자가 된 듯한 기분을 느낄 수 있다. 〈할리갈리(Halli Galli)〉는 같은 과일이 5개가 되면 종을 치는 게임으로 빠른 행동과 종소리에 힘을 실었다. 〈젠가(Jenga)〉는 타워에서 스틱 1개를 뽑아 맨 위에 올리는 게임으로 중심을 잡아 무너지지 않게 쌓는 아슬함이 있다. 닌텐도의 대표 콘솔/비디오 게임 시리즈인 〈마리오(Mario)〉는 '게이머가 조작한 만큼 움직인다.'라는 액션 게임의 기초를 확립한 게임으로, 핵심 시스템은 달리고 점프하는 것이 전부다. 새로운 시리즈가 나올 때마다 게임 플레이에 활기를 불어 넣는 새로운 액션 시스템도 같이 추가되지만, 마리오를 이야기했을 때 떠올리는 것은 역시 달리기와 점프다.

일반적으로 플레이어의 성격이나 게임에서 나타나는 게임 인격에 따라 사람마다 즐기는 게임이 다르다. 그러나 앞서 소개한 5개의 게임은 플랫폼과 시스템이 모두 달라도 거의 대부분의 사람이 이 게임들을 좋아한다. 또한, 여러 번 반복 플레이해도 지루해하지 않으며, 다른 사람들에게 추천하는 게임이라는 것이다. 게임 디자이너를 꿈꾸는 사람이라면 누구나 이런 게임을 만들고 싶어한다. 단순 놀이와 게임의 가장 큰 차별점은 '의미'다. 플레이 자체가 제공하는 경험이 특별하지 않다면 그것은 그냥 놀이다. 그러나 플레이 자체만으로도 특별한 경험을 할 수 있으며, 그 특별한 경험을 해야 하는 이유가 발생한다면 그것은 의미 있는 놀이가 된다. 조금 더 깊이 해석하자면, 의미 있는 놀이가 바로 게임이다.

02 놀이의 단계

● 놀이의 특징

앞에서 놀이의 의미에 대해 살펴봤다. 놀이는 삶에 흥분과 모험을 살리고 놀이를 중심으로 일을 연장시키고, 세상과 충만한 교감을 할 수 있도록 해 준다. 놀이 없는 삶은 단순히 생존하기 위해 기계적이고 지루하게 일하는 것일 뿐이다. 놀이는 모든 예술, 게임, 재미, 경이로움의 토대며 근본이며 우리 삶에 꼭 필요한 정수다.

수십 년간 놀이를 연구한 스튜어트 브라운(Stuart Brown)과 크리스토퍼 본(Christpher Vaughan)은 놀이는 굉장히 다양하기 때문에 놀이에 대해 절대적인 정의를 내리는 것을 피해왔다. 또한, 놀이는 기본적으로 매우 원초적이기 때문에 인간의 의식이나 언어의 기본적인 형태의 놀이는 복잡한 지적 체계와 상관없이 저절로 이뤄진다고 보았다. 그러면서 이들은 놀이에 특징이 있다는 것을 발견하고 7가지 특징을 소개했다.

> ☑ 잠깐만요 **스튜어트 브라운과 크리스토퍼 본의 놀이 특징**
>
> - 놀이 그 자체가 목적이다.
> - 자발적이다.
> - 고유의 매력이 있다.
> - 시간 개념에서 자유로워진다.
> - 자의식이 줄어든다.
> - 즉흥적으로 바꿀 수 있다.
> - 지속하고 싶은 욕구를 불러일으킨다.

놀이는 생존에 꼭 필요한 것은 아니다. 먹을 것을 얻거나 돈을 버는 데 도움이 되는 것도 아니며, 실용적 가치를 위해서 하는 것도 아닌 놀이는 그 자체가 목적이다. 예를 들어, 어릴 때 했었던 유치원 놀이를 생각해 보자. 소꿉놀이나 병원놀이를 하기 위해 어떤 목표를 계획하고 한 것은 더더욱 아니다. 그저 친구들과 어울리는 것이 좋았고 어른 흉내를 내는 것이 좋았을 뿐이다. 이처럼 놀이는 단지 노는 그 자체가 목적이다. 그 누구의 강요도 없고, 그 어떤 의무적인 것도 없기에 자발적으로 참여한다.

놀이는 고유의 매력이 있어 지루하지 않고 흥분을 일으키면서 재미있고 기분이 좋아지게 만든다. 그래서 놀이에 몰입하면 시간 감각을 잃어버리게 된다. 그 순간에는 자신이 생각하고 있는 현실을 잊고 놀이 속에서의 다른 자아가 되어 완전히 다른 세계로 들어가 시간 개념에서 자유로워진다. 칙센트 미하이(Mihaly Csikszentmihalyi)는 이러한 상태를 몰입(Flow)이라고 표현했다.

또한, 놀이는 방법이 엄격하게 정해져 있지 않으며, 우연과 기회라는 요소가 끼어들거나 아무런 관련이 없어 보이는 요소들이 놀이에 끼어들어 즉흥적으로 놀이의 특징을 바꿀 수 있다. 놀이를 계속할 방법을 찾아 재미를 방해할 요소가 등장하면 새로운 규칙을 즉흥적으로 만들어서 놀이가 중단되지 않도록 지속하고 싶은 욕구를 불러일으킨다. 즉, 놀이는 정해진 규칙을 따라 하거나 다른 사람을 즐겁게 만들거나 현실적일 필요가 없다. 놀이는 놀이 자체가 존재 이유이고 보상이다.

● 놀이의 단계

놀이는 목표가 없지만, 인간은 놀이를 계속하는 경향이 있다. 놀이를 처음 시작할 때는 호기심으로 시작하지만, 시간이 흐름에 따라 놀이에 대한 감정과 놀이에서 얻는 의미와 가치는 변화한다.

스코트 에버리(Scott Eberle)는 스트롱 미국 놀이 박물관에서 아이들이 노는 모습을 관찰하면서 놀이에 노출된 시간이 증가함에 따라 놀이와 아이 간의 특별한 관계가 형성되고 있다는 것을 발견했다. 그는 여러 해 동안 다양한 아이의 놀이 모습을 관찰하며 이를 통해 놀이가 진행되는 동안 대부분의 사람이 거치는 6가지 단계를 정의했다. 이 단계는 기대, 놀라움, 즐거움, 이해, 힘, 평형이다.

> **☑ 잠깐만요 스코트 에버리의 놀이 단계**
>
> 1. **기대** : 무슨 일이 일어날지 궁금해하는 것, 예상을 하며 기다리는 것
> 2. **놀라움** : 새로운 감각 또는 아이디어, 예상치 못한 발견, 발상의 전환
> 3. **즐거움** : 기분 좋은 느낌, 예상하지 못한 즐거움을 느낄 때와 비슷한 기분
> 4. **이해** : 새로운 지식의 습득, 명백히 다른 개념들을 종합하는 것
> 5. **힘** : 건설적인 경험과 이해를 통해 얻는 숙달된 상태
> 6. **평형** : 우아함, 만족, 통달, 평정심

❶ 기대

놀이의 1단계로, 참여자는 앞으로 일어날 일과 자신이 어떤 것을 체험하게 될지 호기심을 갖고 참여한 후 그것에 대해 기대를 가진다. 예를 들어, 〈체스〉를 생각해 보자. 체스를 처음 할 때, 흑백의 격자로 된 체스판과 다양한 모양의 체스말에 호기심을 갖게 된다. 이 두 가지로 게임이 어떻게 진행될지, 체스 말은 어떻게 이동시킬 것인지, 어디로 이동시킬 것인지, 제대로 배워서 게임을 잘 할 수 있을지 살짝 불안하고 두려움을 가진다. 그러면서도 게임이 재미있을 것 같고 잘 할 수 있을 것 같은 예상과 기대를 가진다.

❷ 놀라움

2단계 놀라움은 1단계에서 예상하지 못했던 재미를 발견하게 되고 새로운 감정과 경험을 하게 됨으로써 점점 놀이에 빠져들게 되는 단계다. 〈체스〉에서 이기기 위해 전략을 세우고 체스말을 이동하면서 상대의 말을 잡고 잡히는 과정에서 전혀 예상하지 못했던 재미를 느끼고 매력에 빠지게 된다.

❸ 즐거움

3단계는 즐거움이다. 2단계에서 예상하지 못한 재미를 발견하고 새로운 전략을 찾을수록 즐겁고 기분이 좋아지게 된다. 〈체스〉 게임에 집중하면서 이 행위가 전혀 힘들지 않으며, 오히려 게임을 하는 자체가 즐겁고 기분이 좋아진다. 게임을 하는 것도 즐겁지만, 다른 사람과 전략을 주고받으면서 상대방의 말을 잡거나 반대로 자신의 말이 상대방에게 잡히더라도 이 순간은 즐겁고 기분 좋다고 느낀다.

❹ 이해

4단계는 게임을 제대로 이해하고 새로운 지식을 습득하게 된다. 〈체스〉에서 게임의 목표와 메커니즘을 제대로 이해하면 새로운 전략을 세울 수 있게 된다. 이 단계가 되면 상대를 제압할 수 있겠다는 자신감이 생긴다. 앞에서는 게임에 대한 가벼운 기대로 시작했다가 예상하지 못했던 재미를 발견하고 그 속에서 즐거움을 느꼈다면, 4단계부터는 게임을 이해하고 깊이 있게 들여다보는 과정에 돌입한다.

❺ 힘

5단계는 놀이와 게임을 이해하고 자신감이 생기면서 강력한 힘을 지니게 된다. 그 힘은 단순한 파워가 아니라, 더 많은 시간과 노력을 들여서 경험으로 단련되고 숙련된 숙달에 이른다. 〈체스〉에서 게임의 메커니즘을 이해하고 전략을 읽을 수 있게 되면 상대방을 이길 수 있겠다는 자신감이 생긴다. 이를 위해 매일 체스를 두면서 수많은 변수를 찾아내고 예측할 수 있는 상황과 전략 답안지를 만들어 가면서 스스로를 단련시켜 기술에 능숙해지도록 숙달되게 한다.

❻ 평형

마지막 6단계는 배우고 익히는 것의 꼭대기에 다다른 상태며, 이 단계가 되면 마음의 평정심을 찾고 평형상태가 되면서 놀이와 게임을 통달하게 된다. 통달이란 사물의 이치나 지식, 기술 따위를 훤히 알거나 아주 능란하게 할 수 있는 수준을 의미한다. 〈체스〉에서 예상했던 변수를 발생시키고 계획한 전략으로 상대방의 왕이 공격할 수 없는 상태로 만들면 게임에서 이긴다. 이렇게 이기는 게임을 하고 나면 더 이상 자신을 이길 사람은 없으며, 누구와 게임을 해도 이길 수 있다는 강한 신념이 생겨서 불안함이 제거되고 평정을 찾게 된다. 즉, 게임을 통달한 수준에 이른다.

〈식스틴〉 보드게임을 통해 놀이의 단계를 다시 정리해 보자. 플레이어가 이 게임을 처음 접했을 때, 타일의 촉감과 청각으로 인해 어떤 게임인지 호기심이 생기고 특별한 경험을 하게 될 것 같은 기대를 하게 된다. 타일을 내려놓을 때 어떤 타일을 내는 것이 가장 효율적일지 고민하면서 다른 사람의 표정을 살피게 된다. 가령 상대가 내려놓은 타일로 인해 나의 턴을 진행할 수 없어서 패스하거나, 타일을 내려놓을 수 없는 상황에서 누군가에 의해 다시 타일을 내려놓을 수 있는 상황이 만들어지는 등 예상하지 못한 재미를 발견하고 그 감정이 즐거움으로 바뀌면서 기분이 좋아진다. 여러 번 게임을 플레이하면서 게임의 메커니즘과 메커니즘 간의 관계를 이해하게 되면 이길 수 있겠다는 자신감이 생기면서 숙달하게 된다. 게임을 완전히 이해하고 이기는 게임까지 경험하게 되면 게임을 대하는 마음이 편안해진다. 더 이상 게임을 이해하려고 노력하지 않아도 되고 이기기 위해 더 이상의 단련도 필요없다. 이 단계의 플레이어들은 대부분 경쟁 논리에서 벗어나 편안한 상태에서 게임을 즐긴다. 이런 플레이어들을 보고 게임에 통달했다고 한다.

스코트 에버리가 아이들의 노는 모습을 통해 놀이의 단계를 찾아낸 것은 게임 분야에서도 대단히 큰 의미가 있다. 게임 디자이너가 놀이의 단계를 이해하고 게임을 디자인하면 자신이 만들고자 하는 게임에서 어느 단계에 더 집중해서 디자인할지 방향을 잡기가 쉬워진다. 플레이어가 게임을 시작하면서 재미를 발견하고 즐거움을 느끼고 숙달 단계를 지나서 통달에 이르게 하려면 게임에 대한 호기심과 기대를 저버리게 해서는 안 되고, 놀이나 게임에 대해 플레이어가 충분한 기대감을 가질 수 있도록 의미를 담아서 디자인해야 한다. 또한, 놀이의 특성을 고려해서 만들고자 하는 게임에 놀이 단계를 적용해 보자.

03 4가지 놀이 유형

● 로제 카이와의 4가지 놀이 유형

이처럼 놀이는 오랜 시간을 이어오는 동안 규칙이 엄격해지면서 다양한 게임 장르에 영향을 미쳤음을 알 수 있다. 〈실뜨기〉는 패턴, 퍼즐 장르, 〈숨바꼭질〉은 추리 장르, 〈소꿉놀이〉는 TRPG, RPG 장르, 〈병원놀이〉는 시뮬레이션 장르 등 놀이가 게임의 장르에 관여할 수 있었던 것은 놀이의 성격과 속성이 달랐기 때문이다. 참여자가 같아도 놀이에서 느끼는 재미 정도가 다르고, 어떤 놀이를 할 것인가에 따라 놀이에서 하는 행동이 다르다. 그 놀이가 가진 고유의 특성이 참여자의 놀이 방식이나 형태를 완전히 다르게 만든다고 생각하면 된다. 이러한 관점에서 로제 카이와(Roger Cailois)는 『놀이와 인간』에서 놀이에도 종류가 있다고 했다. 놀이는 다양성과 많은 수로 인해, 명확한 범주로 놀이 전부를 분류하는 기준을 발견하는 것은 애초에 가능하지 않다. 하지만 그는 놀이의 성격과 유형을 분석하고, 여러 가능성을 검토한 결과 규칙과 의지라는 2개의 축을 기준으로 놀이 유형을 4가지로 분류했다. 이 4가지 놀이는 인간의 모든 유희, 즉 놀이에서 발전되어 현대의 아날로그 및 콘솔/비디오 게임에서도 매우 중요한 이론으로 알려져 있다.

> ☑ 잠깐만요 **로제 카이와의 4가지 놀이 유형**
>
> **1. 아곤(Agon)** : 경쟁 놀이
> **2. 알레아(Alea)** : 우연 놀이
> **3. 미미크리(Mimicry)** : 역할 놀이
> **4. 일링크스(Ilinx)** : 스릴 놀이

❶ 아곤(Agon) : 경쟁 놀이

아곤은 그리스어로 갈등, 경쟁을 의미한다. 희극에서 주요인물의 갈등, 경쟁을 나타낼 때 사용하는 말로, 미국의 문학비평가인 해럴드 블룸(Harold Bloom)이 처음으로 사용했다. 경쟁이란 경쟁자들이 서로 싸우도록 평등한 기회가 인위적으로 설정된 투쟁이다. 놀이의 원동력이 어떠한 경쟁자에게 있어서도 승리를 명확하게 하여 자신의 우수성을 인정받고 싶어하는 욕망이다. 현대의 게임에서는 〈리그 오브 레전드〉, 〈배틀 그라운드〉, 〈아그리콜라〉, 〈마라카이보〉와 같은 게임들에서도 나타난다. 이러한 게임들은 경쟁을 기반으로

하며, 혼자 하는 게임에서도 자기 자신과의 경쟁 또는 AI와의 경쟁과 같은 요소가 포함되어 있다. 놀이의 원동력은 어떠한 경우에도 자신의 능력을 인정받고 싶어하는 욕망이다. 그렇기 때문에 아곤의 실천 요구는 적절한 연습, 꾸준한 노력, 지속적인 주의, 강한 의지, 끈질긴 인내, 부지런한 훈련이다. 자신에게만 의지해서 정해진 한계 내에서 그 힘과 기술을 공정하게 발휘하지 않으면 안 된다. 아곤은 개인 능력의 순수한 형태로 나타나며, 그 능력을 표현하는 데 도움이 된다.

- 규칙과 의지의 범주 사이에 존재한다.
- 놀이에서 자신의 우월성을 나타내기 위한 경쟁 형태다.
- 여기에서 중요한 것은 경쟁적 놀이가 성립되기 위해 반드시 평등한 기회와 동등한 조건이 제공되어야 한다.
- 경쟁을 통해 승패를 가려낼 수 있는 명확한 규칙과 승패 조건이 필요하다.
- 의지하는 것은 오로지 자기 자신이며, 결과의 책임도 자신에게 있다.
- 축구, 야구, 육상, 체스, 바둑 등

그림 5-5 아카디아 퀘스트

❷ 알레아(Alea) : 우연 놀이

알레아는 라틴어로 요행, 우연을 뜻하는 주사위 놀이를 의미한다. 놀이를 함에 있어서 행운이란 사람들에게 기쁨을 줄 수 있고 나쁜 영향을 줄 수도 있다. 아무런 노력 없이 행운으로 결과를 얻고자 하는 것이다. 작게는 랜덤 박스 같은 확률 시스템이 있으며, 크게는 플레이어가 게임을 할 때 행운이나 운으로 어려움을 통과할 때의 기쁨도 이 유형에 해당한다. 이런 우연적인 요소에도 플레이어는 스스로 성취감과 자부심을 느끼게 된다.

알레아는 아곤과 반대로, 의지와 능력을 포기하고 상대방을 이기기보다는 운명을 이기고자 하는 마음이다. 아곤이 경쟁자들 간의 기회를 평등하게 하는 데 모든 주의를 기울이면서 놀이하는 자는 자기에게만 의지한다면, 알레아는 위험과 이익의 균형을 빈틈없이 잡는데 주의를 기울이면서 모든 것에 의지한다. 또한, 극히 사소한 징후를 어떤 징조나 예고로 간주하고 자신을 제외한 모든 것에 의지한다.

- 규칙과 탈의지 범주 사이에 존재한다.

- 라틴어로 요행과 우연을 뜻하는 것으로 주사위를 의미한다.

- 놀이에서 일정한 법칙이 없는 확률과 통계에 의한 자의성 그 자체이다.

- 위험과 이익의 균형을 빈틈없이 잡는데 주의를 기울인다.

- 누구나 공평하다는 점이 전제되어있는 가장 순수한 형태이다.

- 의지를 제외한 운명에 의지하며, 사소한 징후도 어떤 징조나 예고로 간주한다.

- 주사위, 룰렛, 복권 등

그림 5-6 라스베가스

❸ 미미크리(Mimicry) : 역할 놀이

미미크리는 영어로 흉내, 모방을 뜻하는 말로, 자신이 가공의 인물이 되어 그 인물에 어울리게 행동하는 것을 의미한다. 미미크리의 특징은 일정하고 엄격한 규칙이 존재하지 않는 대신, 무엇인가를 모방하고 느끼는 감정이 놀이에서 규칙과 동일한 기능을 한다는 것이다. 사람들은 실제 세계에서 하지 못하는 일들을 놀이를 통해 기쁨을 느낄 수 있다. RPG에서 흔히 말하는 '직업'이라는 요소가 될 수도 있지만, 궁극적으로는 게임을 어떻게 플레이할 것인가에 대한 '규칙'이라고 볼 수 있다. 게임에서의 '규칙'은 가장 기초적인 요소이면서, 게임의 모든 요소들의 집합이라고 할 수 있다. 역할은 게임에서만 느낄 수 있는 새로운 감정과 경험을 플레이어가 체험할 수 있게 만들어 준다.

- 탈규칙과 의지 범주 사이에 존재한다.

- 영어로 흉내와 모방을 뜻한다.

- 허구적인 세상에서의 자아를 전제로 하는 가공의 인물이 되어 행동하는 가면 놀이의 대표적이다.

- 소꿉놀이, 코스프레, 가장행렬, 뱅, 한밤의 늑대인간 등

그림 5-7 글룸헤이븐

④ 일링크스(Ilinx) : 스릴 놀이

일링크스는 그리스어로 소용돌이를 뜻한다. 마치 롤러코스터를 탄 것처럼 어지럽고 신나는 기분을 나타내는 기분 좋은 패닉과 스릴을 추구한다. 일시적으로 지각의 안정을 파괴하고 의식을 관능적인 현기증 상태에 떨어뜨리는 것으로, 육체의 평행감각을 혼란에 빠뜨리거나 무아지경에 빠지게 하는 2가지 현상이 있다. 일링크스는 아곤, 미미크리, 알레아를 모두 이끌어 내기 위한 과정이라고 볼 수 있기 때문에 게임을 재미있게 느끼는 가장 큰 요소라고 볼 수 있다. 축구 경기에서 응원하는 팀이 멋진 골을 넣었을 때, 전략 게임에서 플레이어가 생각한 전술이 적에게 통했을 때, 손에 들고 있던 마지막 주사위를 굴려서 원하는 것이 나왔을 때 등 많은 부분에서 일링크스를 느낄 수 있다. 플레이어는 이런 스릴을 느끼기 위해 게임을 플레이하는 동기부여가 되고, 게임의 어려운 부분을 극복하고 상대방을 이기기 위해 노력한다.

- 탈규칙과 탈의지 범주 사이에 존재한다.
- 그리스어로 소용돌이를 뜻한다.
- 일시적으로 공포나 기분 좋은 혼란 상태를 일으키는 현상이다.
- 조금 더 포괄적인 의미에서 몰입 상태라 할 수 있다.
- 롤러코스터, 그네, 번지점프, 스키, 스카이다이빙, 공포 게임, 권투 등

그림 5-8 폴가이즈

표 5-1 로제 카이와의 4가지 놀이 유형

		아곤	알레아	미미크리(모의)	일링크스(현기증)
파이디아 ↑	규칙없는	경주 격투기 등등	술레 결정을 위한 셈 노래 앞이냐 뒤냐 놀이	어린이의 흉내 공상놀이 인형, 장난감의 무구 가면 가장복	어린이의 〈뱅뱅돌기〉 회전목마 그네 왈츠
야단법석 소란 폭소	육상경기				
연날리기 솔리테르 카드로 점치기 크로스워드 퍼즐	권투 당구 펜싱 체커 축구 체스 스포츠 경기 전반		내기 룰렛 단식복권 복식복권 이월식복권	연극 공연예술 전반	볼라도레스 장터에서 타고 노는 장치 스키 등산 공중곡예
↓ **루두스**					

세로로 들어간 각 단의 놀이배열은, 위에서 아래로 **파이디아** 요소가 감소하고, **루두스** 요소가 증가해 가는 순서에 따른다.

● 놀이의 조합

게임은 수많은 메커니즘을 조합해서 극적인 재미를 만들어 내는 것처럼, 놀이도 여러 유형이 조합되어 있다. 〈바둑〉, 〈체스〉 등과 같이 네 가지 놀이가 단독으로 적용된 단순한 게임도 있지만, 대부분 2가지 이상의 놀이가 조합되어 있기에 게임의 유형은 아곤, 알레아, 미미크리, 일링크스로 구분한 카이와의 4가지 놀이의 유형보다 훨씬 다양하게 나타난다.

예를 들면, '연날리기'는 일링크스로 놀이 유형이 1가지이지만, 〈가위바위보〉는 아곤과 알레아가 섞여 있어서 2가지 놀이 유형이 나타난다. 놀이 유형 비율이 아곤과 알레아가 비슷하게 배분된 경우에는 우리가 알고 있는 일반적인 〈가위바위보〉 게임이다. 하지만 비율에 변화를 주면 전혀 다른 유형으로 전혀 다른 경험을 제공한다. 아곤의 비율을 높이고 알레아의 비율을 그만큼 내리면 서로 마주 보고 하는 〈가위바위보〉 게임이 된다. 적당한 긴장감과 눈치, 그리고 심리 요소가 작용한다. 그런데 아곤의 비율을 내리고, 알레아의 비율을 그만큼 높이면 서로 등을 대고 하는 〈가위바위보〉 게임이 된다. 상대방에 대한 정보가 전혀 없기 때문에 거의 운에 의지해야 하며, 전략이라고 해봐야 아마 어떤 것을 낼 것 같다는 예측이 전부다. 그런데 이마저도 데이터가 아니라 예측이기 때문에 확률에 가깝다.

〈귀신 놀이〉는 역할 놀이의 미미크리 유형이다. 여기에 일링크스를 조합하면 다른 게임이 된다. 미미크리 비율을 높이고 일링크스 비율을 낮게 조합하면 '핼러윈' 놀이가 된다. 아이들은 귀신이나 유령을 흉내 내면서 역할에 집중하고 재미있어 하며, 적당한 스릴을 기대하고 즐긴다. 반대로, 일링크스 비율을 높이고 미미크리 유형을 낮은 비율로 조합하면 '유령의 집' 놀이가 된다. 유령의 집은 귀신 놀이보다 훨씬 스릴 있다. 어둡고 서늘한 복도나 방을 지날 때, 어디선가 나타날 것 같은 긴장감과 공포가 기분 좋은 혼란 상태를 일으키면서 재미를 준다.

☑ 잠깐만요 **놀이 유형의 조합**

가위바위보
- 마주보기 = 아곤 70% : 알레아 30%
- 등 돌리기 = 아곤 30% : 알레아 70%

귀신 놀이
- 핼러윈 = 미미크리 60% : 일링크스 40%
- 유령집 = 미미크리 20% : 일링크스 80%

〈바둑〉과 〈체스〉는 단일 유형, 〈가위바위보〉와 〈귀신 놀이〉는 2가지 유형이 조합된 놀이다. 이에 비해서 대부분 성공한 게임은 3가지 이상의 유형을 조합하여 훨씬 더 복잡한 놀이로 나타난다. 물론 여러 유형을 조합해야 게임이 재미있고 성공하는 것은 아니지만, 게임에 다양한 유형을 넣으면 다양한 재미를 디자인하는 데 도움이 된다. 여기에서 중요한 것은 밸런스다. 유형 간의 조합을 어떻게 배분하느냐에 따라서 새로운 재미를 만들어 낼 수도 있고, 아닐 수도 있다.

비-디지털, 디지털을 막론하고 매년 수백, 수천 개의 게임이 쏟아져 나오고 있다. 대부분 게임은 놀이가 안정적이나 일부 놀이가 불안정한 게임이 있다. 카이와는 이것이 '있을 수 없는 조합'으로 발생하는 문제라고 지적한다. 경쟁, 운, 모의, 현기증의 4가지 놀이 유형은 따로따로 떨어져서 나타나는 것은 아니며, 유형 간의 서로 결합하는 능력이 있기 때문에 대부분 서로 잘 조합되어 나타난다. 하지만 일부 결합되지 않는 유형이 있다. 예를 들면, 아곤과 일링크스는 결합 지점이 없다.

게임을 디자인할 때, 어떤 놀이에 집중했는지 그리고 어떤 비율로 조합했는지에 따라 게임은 플레이어에게 전혀 다른 경험을 제공하게 된다.

5.2

메커니즘 분석

01 액션 드래프팅

카드나 자원을 나눠 갖는 방법은 여러 가지가 있으며, 드래프트(Draft)는 여러 방법 중에서도 하나의 방법이다. 이 메커니즘은 액션 선택 자체 내에서 상호작용을 생성한다.

액션 드래프팅(Action Drafting)은 게임 목표나 진행을 위해 플레이어들이 액션이나 카드를 고르는 행동이다. 액션을 위한 시장을 만들고 플레이어가 차례대로 액션을 1개씩 선택한다. 액션을 위한 드래프팅은 카드의 액션을 고르거나, 주사위를 굴려서 필요한 것을 고른다. 경우에 따라서 타일이나 자원칩 풀로 구현된다.

액션 드래프팅은 누가 선택한 액션은 이번 라운드 동안에는 다른 플레이어들이 액션을 할 수 없도록 제한하기도 하고, 누군가 선택한 액션을 모든 사람이 돌아가면서 실행하기도 한다. 많은 게임에서 차용하고 있으며, 앞으로도 변주된 버전이 꾸준히 나올 수 있을 만큼 활용 가치가 높은 메커니즘이다.

- **핸드 드래프팅(Closed_Hand Drafting)** : 비공개로 손에 들고 있는 카드 중 1장을 선택하고 남은 카드는 옆 사람에게 전달한다. 이번 라운드 동안 사용되는 카드 중 자신에게 넘어올 카드를 예상해야 하고, 또 옆 사람에게 어떤 카드를 넘겨줄 것인지 전략적으로 플레이하는 것이 이 게임의 매력이다. 그래서 이 메커니즘은 정보의 비대칭을 생성한다.

- **필드 드래프팅(Open_Field Drafting)** : 테이블에 공개로 펼쳐놓은 풀에서 원하는 카드를 1장씩 선택하는 형태다.

● **시타델**

〈시타델〉은 중세 귀족들의 난무하는 권모술수로 음모와 배신이 쉴 새 없이 펼쳐지는 세계관을 가진 게임이다. 중세 최고의 도시를 건설하기 위해 때로는 협력하고 때로는 배신하는 것이 이 게임의 재미다.

게임이 시작되면 모든 플레이어는 건물 카드 4장과 금화 2개를 가져가며, 선을 정하고 선은 왕관을 가져간다.

왕관을 가진 사람은 캐릭터 카드를 잘 섞는다. 그리고 인원수에 따라 정해진 수만큼 카드를 박스에 넣어두고 버린 캐릭터 카드는 이번 라운드에는 사용하지 않는다. 왕관을 가진 사람은 캐릭터 카드를 확인하고 비공개로 1장을 선택한 후 남은 카드는 왼쪽 사람에게

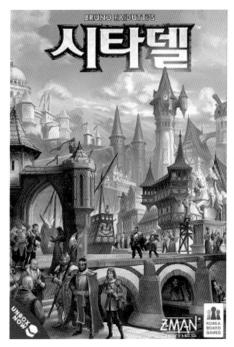

그림 5-9 시타델

넘긴다. 모두 같은 방식으로 캐릭터 카드 1장씩 선택하며, 마지막 사람은 캐릭터 카드 1장 선택하고 남은 카드 1장은 비공개로 버린다.

왕관을 가진 사람이 1번 캐릭터부터 호명하며, 호명된 사람은 캐릭터 카드를 공개하고 자기 차례를 진행한다. 자기 차례에는 필수 행동으로 금화 2개를 가져오거나 건물 카드 더미에서 카드 2장을 가져와서 1장을 선택하고 다른 1장은 덱(더미) 맨 아래에 둔다.

다음은 제한 행동이다. 손에 든 건설 카드 중 건설하고 싶은 것이 있다면 1개만 자기 앞에 공개하고 건설할 수 있다. 이때 카드에 표시된 금화를 지불해야 하고, 자기 차례가 끝나기 전에 캐릭터 카드의 능력을 추가로 사용할 수 있다. 모든 플레이어가 차례를 마치면 라운드가 끝나고, 이와 같은 방법으로 여러 라운드를 진행한다. 게임 종료는 한 사람이 8가지 종류의 건축을 완성하면 종료되고, 그 사람이 승리한다.

● 스플렌더

<스플렌더>는 르네상스 최고의 보석상이 되는 것을 목표로 하는 게임이다. 이 게임은 개발 카드를 통해서 보석을 차근차근 모으고, 협력할 귀족을 불러서 추가 명성을 얻을 수 있다.

그림 5-10 스플렌더

게임이 시작되면 카드의 뒷면을 확인하고 종류별로 분류해서 4장씩 펼친다. 보석도 종류별로 분류해서 한쪽에 정리해 놓고, 귀족 타일도 플레이어 수에 따라 모두가 잘 볼 수 있는 곳에 놓아둔다. 자기 차례가 되면 3가지 행동 중 1가지를 할 수 있다.

첫 번째는 보석을 가져오는 행동이다. 보석을 가져올 때는 종류가 다른 3개를 가져가거나 같은 종류 2개를 가져갈 수 있다. 단, 같은 보석이 4개 이하로 남아 있다면 2개를 가져갈 수 없다. 보석을 가져가서 자신이 보유한 보석이 10개 이상이라면 10개까지만 가지고, 남은 보석은 보석 창고로 돌려보낸다.

두 번째는 카드 구매다. 필드에 펼쳐진 카드 중에 원하는 것이 있다면, 카드에 표시된 비용만큼 지불하고 카드를 가져갈 수 있다. 이미 구매한 카드가 있다면, 그 카드에 표시된 보석만큼 할인받고 구매할 수 있다.

세 번째는 카드 보관이다. 미래에 구입하고 싶은 카드를 손에 들고 보관할 수 있다. 이 행동을 선택할 때는 황금 하나를 가져올 수 있다. 황금은 어떤 보석으로도 대체 사용 가능하다.

구매한 카드가 귀족 타일의 조건을 만족시킨다면 즉시 귀족 타일을 가져올 수 있다. 게임을 진행하다가 한 사람이 15점 이상을 달성하면 게임이 종료되고, 그 사람이 승리한다.

5.3 실습하기

5주차 실습

① **목표** : 놀이 유형 정하기

② **추천 분량** : PPT 1~2장

01 만들고자 하는 게임에 어떤 놀이 유형을 적용할 것인지 정해 보자. 그리고 어떤 비율로 분배할 것인지 정한다.

- 유형 1 :   %
- 유형 2 :   %
- 유형 3 :   %
- 유형 4 :   %

02 **01**번과 같이 놀이 유형을 결정한 이유를 간단하게 설명한다.

게임의 특성과 구성요소

6.1 이론과 개념

게임의 방향성을 결정하는 소재, 테마, 장르, 타겟을 확정하고, 놀이 유형이 결정되었으니 대략적인 게임의 윤곽이 그려질 것이다. 이제 게임을 구성하고 있는 요소에는 어떤 것이 있으며, 만들고자 하는 게임이 탄탄해질 수 있도록 필요한 구성요소를 정해야 한다.

게임 구성요소에 관한 연구는 그동안 많은 연구자에 의해 이뤄졌다. 그들이 각자의 관점으로 게임을 분석하고 해석한 내용이 다양한 연구 결과로 나왔으며, 일부는 게임학에서도 중요하게 다루고 있다. 게임 디자이너 제시 셸(Jesse Schell)은 게임 내부의 작동 방식만 생각하다가는 플레이어의 경험이 어떤지를 잊어버리게 되므로, 게임을 디자인할 때 게임의 구성요소와 분석법을 논하는 것은 매우 중요하며, 게임의 형상을 뚫고 뼈대를 살펴보는 방법을 배우는 것은 정말 멋진 일이라고 했다. 남기덕은 게임 테마의 특성을 비교 분석한 연구에서 게임의 구성요소는 어떤 사물을 이루고 있는 필수적인 성분으로 없어서는 안 되는 것이며, 게임 내부가 어떻게 작동하는지 접근하려면 게임의 구성요소를 들여다보아야 한다고 했다.

하나의 대상을 보고 구성요소를 어떻게 나눌지는 사람마다 기준이 다르며 수많은 성분 중에 어떤 것을 핵심요소로 볼 것인지에 대한 관점도 다르다. 하지만 이들이 주장하는 내용을 자세히 들여다보면 공통된 요소도 있지만, 연구자마다 특정해 놓은 요소도 있다. 게임 디자인에 있어서 규정된 절차와 형식을 반드시 따라야 하는 것은 아니지만, 게임답게 만들기 위해 빠질 수 없는 중요한 요소들은 분명히 존재한다.

그동안 게임 디자인 과정에 대해 학문적, 산업적으로 조금씩 상이한 견해를 가지고 있지만, 게임 디자인 과정에서 게임이 작동하는 메커니즘과 게임에서 얻어지는 플레이어 경험은 어떤 구성요소를 사용했느냐에 따라 크게 다르다. 이 장에서는 게임학에서 중요하게 다루고 있는 대표적인 연구자들의 게임 구성요소에 관한 연구를 분석하고 이해하여 만들고자 하는 게임에 구성요소를 만든다.

01 게임의 특성

● 게임의 정의

"게임이란 무엇인가?"에 대해서 학자마다 그럴듯한 주장을 제시했지만, 아직도 미지의 영역에 속해 있어 정확하게 정의하기는 어렵다. 그 이유는 게임이라는 용어가 가진 범위가 너무 넓기 때문이다. 게다가 다양한 분야와 요소가 얽혀서 융합된 하나의 형태를 만들어 내기 때문에 정의를 내리기가 까다롭다. 게임이 무엇인지 이해하고 만들고자 하는 게임을 게임답게 만들기 위해서 게임의 정의를 들여다보고 그 속에 숨어있는 의미를 분석해서 게임의 특성을 찾아낼 수 있어야 한다.

먼저 『게임 디자인 원론 1』에서는 게임의 정의를 내린 대표적인 학자들의 주장을 소개하고 있다. 필자는 학자들이 게임을 어떻게 주장하고 있는지 알아보고 그들이 정의한 게임이 무엇인지 이해하고자 다시 정리해 보았다.

❶ 데이빗 팔레트

게임 역사가 데이빗 팔레트(David Parlett)는 저서 『보드게임의 옥스포드 역사(The Oxford History of Board Games)』에서 게임을 형식적인 것과 비형식적인 것으로 구분하고, 비형식적인 게임은 목적 없이 그저 뛰어노는 놀이인 반면, 형식적인 게임이란 목적과 수단을 바탕으로 한 이중 구조를 지니고 있다고 정의했다. 여기서 목적은 목표를 달성하기 위한 경쟁이며, 수단은 규칙을 암시한다.

> ☑ 잠깐만요 **데이빗 팔레트가 주장하는 게임의 정의**
>
> • **목적** : 형식적 게임이 목표로서 가진 경쟁이다.
> • **수단** : 게임에서 따라야 하는 합의된 규칙과 도구다.

❷ 클라크 앱트

미국의 사회과학자 클라크 앱트(Clark C. Abt)는 저서 『시리어스 게임(Serious Games)』에서 게임은 둘 이상의 독립된 의사결정자들이 정해진 맥락 속에서 부분적으로 충돌하는 목표를 달성하기 위해 서로 의사결정을 주고받는 것이라고 했다. 이것으로 데이빗 팔레트가 게임에 목표가 있다고 주장한 내용에 클라크 앱트가 힘을 실어 합의를 이뤄냈다. 또한, 클라크 앱트는 규칙이 활동을 제한한다는 것을 암시함으로써, 그것을 수단으로 표현한 데이빗 팔레트의 개념을 더 정교화했다.

클라크 앱트가 게임을 플레이어들의 의사결정 활동으로 본 견해는 그의 정의에서 가장 흥미로운 부분이다. 여기에는 플레이어의 의사결정에 기반한 상호작용이 의미 있는 게임의 결과를 끌어내는 것을 내포하고 있다. 이처럼 클라크 앱트가 주장하는 정의는 매우 유용한 개념들이 분명히 있지만, 게임을 구성하는 것이 무엇인지 정확히 구분하기에는 아직 부족한 점이 많다.

> ☑️ **잠깐만요**　**클라크 앱트가 주장하는 게임의 정의**
>
> - **목표** : 게임에는 목표가 있다.
> - **정해진 맥락** : 게임에는 활동의 한계와 구조를 정하는 규칙이 있다.
> - **활동** : 게임은 활동이고 과정이며 이벤트다.
> - **의사결정** : 플레이어들이 적극적으로 의사결정을 하도록 요구한다.

❸ 버나드 슈츠

미국의 철학자 버나트 슈츠(Bernard Suits)는 저서 『베짱이 : 게임, 삶 그리고 유토피아(The Grasshopper: Games, Life and Utopia)』에서 게임의 본질에 대한 심도 있는 탐구를 통해 게임은 불필요한 장애를 극복하기 위한 자발적인 노력이라고 정의했다. 다시 말해, 게임을 하는 것은 규칙으로 허락된 수단만을 사용하여 특정한 상태에 도달하기 위한 활동에 참여하는 것이다. 여기서는 규칙이 효율적인 수단을 금지하고 덜 효율적인 것을 사용하도록 하는데, 이로 인해 해당 활동이 가능해지기 때문에 해당 규칙을 받아들이는 것이라고 덧붙여 강조되었다.

버나드 슈츠는 기존 정의에 새로운 개념인 활동, 자발성, 규칙, 목표를 추가했다. 규칙이 효율적인 수단을 제한하고 덜 효율적인 것을 사용하도록 하는 것은 그것으로 인해 해당 활동이 가능해지기 때문에 해당 규칙을 받아들이는 것이라는 측면에서, 그가 궁극적으로 제시하는 것은 게임의 정의보다는 '게임을 하는 행위'에 대한 정의에 초점을 맞추고 있다는 점을 알 수 있다.

❹ 크리스 크로포드

게임 디자이너 크리스 크로포드(Chris Crawford)는 저서『컴퓨터 게임 디자인의 예술(The Art or Game Design)』에서 게임의 정의보다는 게임이라고 부르는 표현, 상호작용, 충돌, 안전을 정의하는 4가지 주요 특징을 제시했다.

- **표현** : 게임은 현실의 일부를 주관적으로 표현하는 닫힌 시스템으로, 게임이 창조하는 내부 세계는 완전하며, 외부 동인을 필요로 하지 않는다. 서로 복잡하게 상호작용하는 부품들의 집합이며, 그것이 곧 시스템이다. 게임은 감정적 현실을 주관적이고 의도적으로 단순화하여 표현한다.

- **상호작용** : 현실에서 가장 매력적인 점은 실제로 존재한다거나 변화하는 방식으로 모든 원인과 결과를 거미줄처럼 복잡하게 서로 묶어준다. 이 복잡한 관계를 관객들이 구석구석 탐험하면서 원인을 만들어 내고 결과를 관찰하게 하는 것이 가장 좋은데, 게임은 이것을 상호작용을 통해 사람들의 흥미를 끌어낸다.

- **충돌** : 충돌은 게임의 상호작용으로 자연스럽게 일어나며, 장애가 목표를 쉽게 달성하지 못하도록 방해한다. 충돌은 게임에서 직접적일 수도 있고 간접적일 수도 있으며, 폭력적이거나 비폭력적으로 모든 게임에 존재한다.

- **안전** : 게임은 충돌과 위험을 심리적으로 경험하게 해 주면서, 실제로 발생하지 않는 상황에서 안전하게 경험하게 해 준다. 게임의 결과는 게임의 모델이 되는 실제 상황보다 언제나 덜 가혹하다.

크리스 크로포드가 4가지 특징으로 게임을 설명하고 있지만, 그것들이 게임을 정의한다고 할 만큼 엄격하지는 않다.

⑤ 그렉 코스티키얀

게임 디자이너이자 작가인 그렉 코스티키얀(Greg Costikyan)은 그가 집필한 『말이 필요 없다, 나는 단지 디자인할 뿐이다(I Have No Words and I Must Design)』라는 글에서 게임은 플레이어라고 불리는 참가자들이 목표를 달성하기 위해 게임 신호를 통해 자원 관리에 관한 의사결정을 내리는 예술의 한 형태라고 했다. 그렉 코스티키얀의 정의에서 눈에 띄는 것은 규칙을 게임 신호를 통해 게임 자원을 관리하는 방식으로 기술한 점과, 게임을 예술과 연결지었다는 점에서 게임이라는 것에 조금 더 가까이 접근했다.

> ☑ 잠깐만요 **그렉 코스티키얀이 주장하는 게임의 정의**
>
> - **목표** : 게임에는 목표가 있다.
> - **게임 신호** : 플레이어가 자신의 결정을 행동으로 옮기는 수단이다.
> - **자원 관리** : 플레이어의 결정은 다루는 자원에 따라 정해진다.
> - **의사결정을 내리는 플레이어** : 플레이어의 극적인 참여와 선택을 요구한다.
> - **예술** : 게임은 예술의 한 형태다.

⑥ 브라이언 서튼 스미스와 엘리엇 애버던

게임에 관한 가장 중요하고 많은 저술을 한 학자는 브라이언 서튼 스미스(Brian Sutton-Smith)일 것이다. 브라이언 서튼 스미스와 앨리엇 애버던(Elliot Avedon)이 함께 집필한 『게임 연구(The Study of Games)』에서 게임은 자발적인 통제 시스템의 실행이며, 불균형한 결과를 도출하기 위한 규칙에 따른 힘의 경쟁이 게임 안에서 이루어진다는 개념으로, 게임에 대해 극도로 간결하면서도 강력한 정의를 보여 준다. 이 정의는 게임과 놀이의 행위를 명확하게 구별했다.

● 게임의 특성

게임을 바라보는 관점에 따라서 게임에 대한 정의가 조금씩 다르지만, 자세히 들여다보면 몇 개의 키워드가 반복적으로 등장한다. 이 키워드들을 분석하면 게임을 게임으로 만들어 주는 독특한 특징을 찾을 수 있다. 제시 셸(Jesse Schell)은 『The Art of Game Design: A Book of Lens』에서 연구자들의 게임 정의가 가지고 있는 요소를 나누어 분석하고, 여러 관점에서 재조합하고 분류하여 게임의 특성을 10가지로 통합했다.

그가 핵심으로 분석한 정의는 브라이언 서튼 스미스(Brian Sutton-Smith) & 엘리엇 애버던(Elliot Avedon)의 정의와 그렉 코스티키얀(Greg Costikyan)의 정의, 그리고 트레이시 풀러톤(Tracy Fullerton), 크리스 스웨인(Chris Swain), 스티븐 호프만(Steven Hoffman)이 주장한 게임의 정의다.

❶ 브라이언 서튼 스미스와 엘리엇 애버던의 게임 정의와 특성

첫 번째 연구는 엘리엇 애버던과 브라이언 서튼 스미스가 정의한 게임이다. 이들은 게임을 '자발적인 통제 시스템의 실행이며, 불균형한 결과를 만들어 내기 위해서 규칙에 따른 힘의 경쟁이 그 안에서 이루어진다. 이는 제한된 규칙 안에서 권력의 비평형 상태를 만들기 위해 투쟁하는 자발적 지배 체제의 훈련'이라고 했다.

주목할 키워드를 뽑아보면, '제한된 규칙', '권력', '비평형 상태', '투쟁', '자발적', '지배 체제의 훈련'이다. 내용을 살펴보면, 게임은 내부 체제를 지배하는 규칙을 만들어서 플레이어들로부터 고의적인 행위를 유도하며, 이 과정에서 그 어떤 강제적 힘이 존재하지 않고, 플레이어가 자발적으로 참여한다.

이는 스튜어트 브라운(Stuart Brown) & 크리스토퍼 본(Christpher Vaughan)이 '놀이를 하는 인간은 스스로 놀이를 시작하겠다는 의지가 있어야 하므로 자발적인 특징을 가진다.'라고 한 말과 맥락이 같다. 또한, 참여자들은 제한된 규칙 안에서 게임을 공평하게 시작하지만, 이기거나 질 수 있는 비평형 상태에서 권력의 우위를 점하기 위해 충돌한다고 했다.

이 정의에서 찾은 게임의 핵심 특성은 5가지다.

☑ **잠깐만요**　　**게임의 핵심 특성 5가지**

특성 1. 게임은 목적이 있다.
특성 2. 게임은 규칙이 있다.
특성 3. 게임은 자발적으로 진입한다.
특성 4. 게임은 충돌이 있다.
특성 5. 게임에서는 이기거나 질 수 있다.

---

❷ 그렉 코스티키얀의 게임 정의와 특성

두 번째, 그렉 코스티키얀은 게임을 플레이어가 목적을 향해 투쟁하도록 만드는 내생적 의미의 상호작용 구조라고 정의했다. 이것을 키워드로 나눠보면, '목적을 향한 투쟁', '내생적', '상호작용 구조'로 쪼갤 수 있다. 이 말에 따르면, 플레이어는 게임이 의도한 목표든 자신이 세운 목표든 간에 결정한 목적을 이루기 위해 어려움 또는 장애와 충돌을 이겨내면서 도전을 계속한다. 충돌과 도전을 내포하고 있는 투쟁은 게임과 플레이어 사이에서 적극적인 상호작용을 한다. 이 모든 행동이나 감정은 오직 게임 내에서만 가치가 있다.

〈모노폴리〉 보드게임에서 돈은 매우 중요하며, 게임 맥락 안에서만 가치 있다. 게임 밖으로 나오면 〈모노폴리〉 게임의 돈은 가치가 없다. 이것을 '내생적 가치'라고 한다. 게임 자체로는 스스로 내생적 가치를 만들어내지 못하며, 플레이어가 게임 플레이를 거부하기 힘들수록 내생적 가치는 점점 커진다. 이러한 맥락에서 그렉 코스티키얀의 정의는 다분히 무엇이 게임을 구성하는지를 정의하는 것에서 더 나아가 무엇이 좋은 게임을 구성하는지를 정의하려 한 것이다.

이 정의를 통해 새로운 게임의 특성 3가지를 추가한다.

> ☑️ **잠깐만요** **게임의 핵심 특성 3가지**
>
> **특성 6.** 게임에는 도전이 있다.
> **특성 7.** 게임은 내부적 가치를 만들어낼 수 있다.
> **특성 8.** 게임은 상호작용적이다.

❸ 트레이시 풀러톤, 크리스 스웨인 그리고 스티븐 호프만의 게임 정의와 특성

마지막으로 트레이시 풀러톤과 크리스 스웨인, 그리고 스티븐 호프만은 게임을 불평등한 상태로 귀결되는 구조화된 충돌에 플레이어가 참여하는 닫히고 규정화된 시스템으로 정의했다. 여기에서 중요한 키워드는 '플레이어가 참여'와 '닫히고 규정화된 시스템'이다. 아무리 게임을 잘 만들었어도 플레이어가 참여하지 않으면 좋은 게임이 아니다. 게임에 플레이어의 참여는 필수며, 게임을 만드는 목적도 플레이어에게 게임 플레이 경험을 주기위해서다. 게임에서 플레이어의 참여는 중요하다.

이 정의에서 주의 깊게 들여다봐야 할 문장은 '닫히고 규정화된 시스템'이다. 정규화된 시스템은 규칙이 명확하다는 것을 의미한다. 이 문장에서 흥미로운 것은 '닫히고'라는 말로, 이 말은 현실 세계와 게임 세계의 경계를 의미한다. 게임의 규칙은 현실 세계의 문을 닫고 그것의 경계로부터 완전히 분리된 게임 세계에서만 유용하다. 인간은 게임 안에 있을 때와 게임 밖에 있을 때의 전혀 다른 생각, 행동, 느낌, 그리고 가치를 갖게 된다는 점에서 그렉 코스티키얀이 말한 내생적 가치와 맥락이 같다. 요한 하위징아는 이것을 '마법의 원'이라 불렀다.

이 정의에서는 앞에서 놓친 게임의 특성 2가지를 발견했다.

☑ 잠깐만요 **게임의 핵심 특성 2가지**

특성 9. 게임은 플레이어를 참여시킨다.
특성 10. 게임은 닫히고 정규화된 시스템이다.

---

❹ 제시 셸이 통합한 10가지 게임의 특성

제시 셸은 게임의 정의를 쪼개서 숨어있는 의미를 찾아내고, 해석하여 게임의 특성을 10가지로 통합했다. 게임이 놀이에서 파생되고 진화해 왔기 때문에 원류인 놀이의 특성을 내포하면서 게임을 게임으로 만드는 독특한 행위를 포함하고 있다.

☑ 잠깐만요 **게임의 특성**

1. 게임은 목적이 있다.
2. 게임은 규칙이 있다.
3. 게임은 자발적으로 진입한다.
4. 게임은 충돌이 있다.
5. 게임에서는 이기거나 질 수 있다.
6. 게임에는 도전이 있다.
7. 게임은 내부적 가치를 만들어 낼 수 있다.
8. 게임은 상호작용적이다.
9. 게임은 플레이어를 참여시킨다.
10. 게임은 닫히고 정규화된 시스템이다.

---

02 게임의 구성요소

● 제시셀의 4가지 구성요소

앞에서 제시 셀이 다양한 학자들의 정의를 정립하여 게임의 정의를 나열한 것을 살펴봤다. 제시셀(Jesse Schell)은 『The Art of Game Design』에서 게임의 정의에 이어서 게임의 구성요소를 4가지로 주장했다. 그는 게임 구성요소를 가시적인 것과 비가시적인 것을 축으로 게임을 바라보는 디자이너 관점에서 메커닉스(Mechanics), 스토리(Story), 미적 정서(Aesthetics), 기술(Technology)의 4가지로 주장하고 이것은 모두 게임 디자인 시 필수적인 구성요소라고 했다. 그러면서 어떤 요소도 다른 요소보다 더 중요하지 않으며, 서로에게 강한 영향을 미친다고 했다.

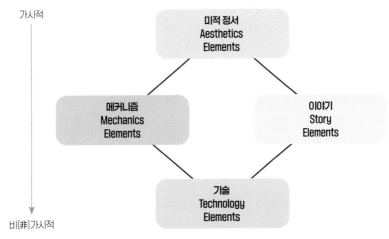

그림 6-1 게임 내부에서 바라본 4가지 구성요소

❶ 메커닉스 : 플레이어가 할 수 있는 절차와 규칙 그리고 할 수 없는 절차와 규칙을 말하며, 플레이어가 이뤄야 할 목표와 목표를 향한 행위를 포함한다. 이것은 영화나 드라마 등 다른 미디어에는 없는 것으로 구성요소 중 가장 게임답게 하는 요소며, 새롭고 흥미롭고 재미있고 밸런싱이 맞아야 하는 것으로 이것을 세분화하여 게임 공간, 객체와 속성의 상태, 규칙, 액션, 기술, 운으로 분류할 수 있다.

❷ 스토리 : 게임에서 펼쳐지는 일련의 사건들로, 전개 방식은 선형적인 구조이거나 플레이어의 선택에 따라서 여러 갈래로 분기되기도 한다. 미리 준비된 것이거나 즉흥적으로 발생할 수도 있다.

❸ **미적 정서 :** 구성요소 중 플레이어에게 가장 가시적인 요소다. 게임의 외관, 느낌, 소리, 냄새, 맛이 여기에 해당하며, 플레이어의 경험에 가장 직접적으로 관계하는 중요한 요소다.

❹ **기술 :** 플레이어에게 가장 가시적이지 않은 요소다. 기술은 게임을 가능하게 하는 상황이나 재료이며, 미적 정서, 메커닉스, 스토리가 전달되는 매체로 선택하는 기술에 따라 구현할 수 있는 것과 게임 내에서 구현할 수 없는 것이 결정된다.

● 로빈, 르블랑, 주벡의 MDA 프레임워크

로빈(Robin), 르블랑(Loblanc), 주벡(Zubek)이 『MDA: A Formal Approach to Game Design and Game Research』를 통해 공동 연구한 MDA 프레임워크는 게임 디자인 분야에 많은 영향을 미친 대표적인 연구다. 이들은 게임을 바라보는 게임 디자이너와 플레이어의 관계 사이에서 게임 구성요소를 메커닉스(Mechanics), 다이내믹스(Dynamics), 에스테틱스(Aesthetics) 3가지로 제시했다. 메커닉스는 역학, 다이나믹스는 동역학, 에스테틱스는 미학으로 나누어 형식화했다. 이들에 따르면, 디자이너 관점에서 메커닉스는 다이내믹스를 생성하고, 다이내믹스는 에스테틱스를 생성한다는 것이다. 반대로 플레이어 관점에서 에스테틱스를 통해 게임을 경험하고, 에스테틱스는 다이내믹스를 제공하며, 다이내믹스는 메커닉스로부터 창발한다고 했다. 게임을 디자인함에 있어서 메커닉스, 다이내믹스, 에스테틱스 3가지 요소들의 관계성을 기반으로 플레이어의 관점을 모두 고려하는 것이 도움이 된다는 것이다.

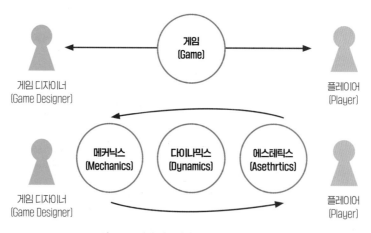

그림 6-2 게임 내부에서 바라본 4가지 구성요소

❶ **메커닉스(역학)** : 넓은 의미로 규칙이며, 이것은 플레이어들이 어떤 행동을 하게 만드는 게임 시스템의 공식적인 규칙과 구조로서 전반적인 게임 플레이에 있어 후술한 다이내믹스를 지원한다.

❷ **다이내믹스(동역학)** : 이것은 플레이어의 입력에 따라 실시간으로 출력되는 메커닉스의 런타임 동작들을 말한다. 다르게 표현하면 다이내믹스는 메커닉스가 사용될 때 게임 플레이에서 발생하는 창발적인 행동이다. 이는 플레이어와 다이내믹스의 상호작용에 의해 생성되는 것으로, 게임에 대한 플레이어의 반응을 불러오는 것을 의미한다.

❸ **에스테틱스(미학)** : 플레이어가 시스템과 상호작용할 때 발생하는 감정 반응이다. 이것은 다이내믹스에서 촉발된 감정을 의미한다. 간단하게 말해서 기쁨, 슬픔, 분노, 공포 등 일반적으로 게임을 하면서 느끼는 것들을 포괄한다. 더 넓은 의미로 표현하면 재미를 포함하여 우리가 게임을 하는 이유다.

MDA 프레임워크는 게임 디자인과 레벨 조정에 있어서 반복적이고 공식적인 접근 방식을 돕는다. 이를 통해 목표에 대해 명시적으로 추론할 수 있고, 새로 만들 게임에서 디자인 및 구현에 어떤 영향을 미칠지에 대한 예측이 가능하다. 또한, 게임 플레이에 대한 디자인이 최종 사용자 경험에 미칠 영향이 어떤 것일지 이해함으로써 그 상황에서의 경험을 더 잘 분해할 수 있다. 나아가 새로운 게임 디자인을 촉진하는 데 사용할 수 있다. 디자이너 관점에서 플레이어에게 특정한 감정을 주고 싶다면, 그들이 그 감정을 유발할 수 있는 상황을 생각해 볼 수 있고, 그다음엔 플레이어를 특정한 다이내믹스로 인도할 수 있는 메커닉스를 생각해 낼 수 있다.

● 제인 맥고니걸의 4가지 구성요소

제인 맥고니걸(Jane MacGonigal)은 『게임이 세상을 바꾸는 방법: 그동안 우리가 몰랐던 게임 역량에 대한 심층적인 탐구』에서 앞의 연구자들과 조금 다른 관점에서 게임 구성요소를 바라보았다. 그녀는 게임을 일상생활에 더 깊숙이 받아들이고 협업 플랫폼으로 삼아 전 지구적 차원에서 중대한 활동에 매진하는 것이라고 했다. 또한, 앞의 연구자들이 게임을 어떻게 만들 것인지 내부를 들여다보았다면, 제인 맥고니걸은 게임을 현실에서 활용할 수 있는 방향에 초점을 두고 게임 외부에서 구성요소를 제시했다.

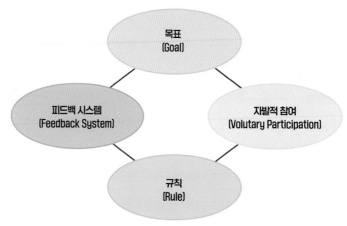

그림 6-3 게임 외부에서 바라본 4가지 구성요소

❶ **목표** : 게임이 창조하는 세계는 내부적으로 완전하여 그 어떤 외부 플레이어가 성취해야 하는 결과다. 플레이어가 주의를 집중해 게임을 헤쳐 나갈 수 있도록 방향을 제시한다.

❷ **규칙** : 플레이어가 쉽게 목표를 이루지 못하도록 제약을 만들고 행동을 제한하여 전략적 사고를 활발히 일으키는 것이다.

❸ **피드백 시스템** : 점수, 레벨, 진행률 등으로 현재의 상황을 알려주고 목표 달성에 대한 가능성으로 플레이어가 게임에 계속 도전하게 하는 것이다.

❹ **자발적 참여** : 게임의 규칙과 약속을 받아 스스로 참여하여 즐기는 것이다.

그 외, 크리스 크로우포드(Chris Crawford)는 게임을 시스템으로 표현하고 구성요소를 표현, 상호작용, 갈등, 충돌, 안전성이라고 주장했으며, 에스펜 아세스(Espen Aarseth)는 게임 세계를 지배하는 규칙을 의미하는 게임 세계, 동기와 전략과 이용자의 행위를 의미하는 게임 플레이, 허구적 내용과 지형과 레벨 디자인 등이 포함되는 게임 세계의 3가지를 제시했다. 또한, 앤드류 롤링스(Andrew Rollings)와 애덤 스미스(Adam Smith)는 디자이너의 비전을 규칙으로 옮기는 과정으로 게임이 작동하는 방식을 묘사한 메커니즘. 즉, 게임의 서사인 스토리텔링과 내러티브, 플레이어가 게임 세계 안에서 보고 듣고 행동하는 양식인 상호작용성으로 정의했다. 마지막으로 그렉 코스티키얀(Greg Costikyan)은 예술, 의사결정을 내리는 플레이어, 결정을 행동으로 옮기는 수단의 게임 신호, 플레이어의 결정을 다루는데 사용하는 자원 관리와 목표라고 했다.

표 6-1 연구자들이 주장하는 게임의 구성요소

연구자	게임 구성요소 및 세분 항목	기준
제시 셸	메커닉스(Mechanics)-규칙, 절차, 목표 스토리(Story)-일련의 사건, 서사 미적 정서(Aesthetics)-외관, 느낌, 소리, 냄새, 맛 기술(Technology)-상황, 재료	디자이너 관점, 가시적, 비가시적
로빈, 르블랑, 주벡	메커닉스(Mechanics)-시스템, 규칙, 구조 다이나믹스(Dynamics)-플레이어 행동 에스테틱스(Aesthetics)-감정, 경험, 감각, 환상, 도전, 발견	게임을 바라보는 디자이너와 플레이어의 관계
크리스 크로우포드	표현(Representation)-시스템 상호작용(Interaction)-관계 표현 충돌(Conflict)-장애, 난관 안전(Safety)-안전	게임 시스템
제인 맥고니걸	목표(Goal)-목표, 결과 규칙(Rule)-제한된 행동, 시스템 피드백 시스템(Feedback System)-점수, 레벨, 진행률 자발적 참여(Voluntary Participation)-자유, 참석	게임 외부
에스펜 아세스	게임 구조(Game Structure)-규칙, 지배 게임 플레이(Game Play)-동기, 전략, 행위 게임 세계(Game World)-허구적 내용, 레벨 디자인	게임 디자인
앤드류 롤링스, 애덤 스미스	메커니즘(Core Mechanics)-게임 작동, 규칙, 비전 스토리텔링과 내러티브(Storytelling & Narrative)-서사 상호작용(Interactivity)-시각, 청각, 촉각, 행동	내러티브
그렉 코스티키얀	예술(Art)-종합적 플레이어(Player)-게임을 하는 주체 게임 신호(Game Signal)-규칙, 룰 자원 관리(Resource Management)-도구 목표(Goal)-결과	미디어 관점

남기덕은 연구자들이 정의한 게임의 구성요소를 8가지로 통합해서 제시했다. 그는 각각의 연구에서 정의한 내용을 연결하여 통합된 8가지 구성요소를 자발적 참여, 기술, 스토리, 메커닉스, 다이내믹스, 미적 정서, 피드백 시스템, 목표로 제시하고, 이 모델은 구성요소 간의

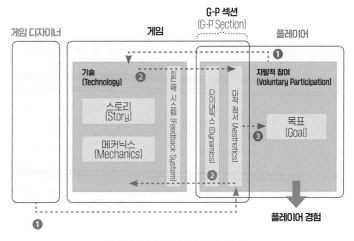

그림 6-4 통합된 8가지 구성요소

위치와 범위를 재배치하고 게임과 플레이어 사이에 존재하는 G-P 섹션이라는 새로운 개념을 하나 추가했다.

❶ 자발적 참여 : 플레이어가 스스로 게임 세계에 들어가고자 하는 의지며, 게임 내 규칙과 절차들을 인정하고 따르게 되는 것을 의미한다.

❷ 기술 : 게임 개발에 필요한 재료, 툴 등 개발의 범위를 의미한다.

❸ 스토리 : 게임 내에서 이뤄지는 모든 사건의 집합으로, 게임을 이해하는 데 도움을 주며 콘텐츠를 풍부하게 만든다.

❹ 메커닉스 : 게임의 전체적인 특징을 결정하며, 절차와 규칙, 그리고 규칙 간의 관계를 의미한다.

❺ 다이내믹스 : 게임에 대한 이해도, 난이도, 플레이어의 나이, 성별, 문화 등 게임으로 인해 매번 변하는 플레이어의 행동을 의미한다.

❻ 미적 정서 : 플레이어가 게임을 통해 느끼는 감정과 다양한 경험을 의미한다.

❼ 피드백 시스템 : UI, 그래픽, 사운드 등의 집합으로 플레이어의 행동이 게임 세계에 제대로 반영이 되고 있는지 알려주는 모든 것을 의미한다.

❽ 목표 : 플레이어가 게임을 하는 구체적인 결과가 목표다.

03 보드게임의 구성요소와 디자인 요소

● 보드게임의 구성요소

보드게임의 구성과 개발 프로세스도 디지털 게임의 구성과 비슷하다. 보드게임은 크게 게임 영역과 플레이어 영역으로 구분된다. 게임 영역은 게임 그 자체며, 게임 디자이너가 관여하는 영역이다. 게임 디자이너는 소재, 테마, 장르, 타겟, 유형을 정해서 개발 방향을 결정하고 게임에 다양한 재미를 만들면서 구체화한다. 이것의 뼈대가 되는 부분이 바로 구성요소다. 디자이너가 만들어야 하는 요소는 스토리, 메커닉스, 컴포넌트, 아트, 게임 목표가 있다. 또 다른 영역은 플레이어 영역이다. 이 영역은 게임 디자이너가 관여할 수 없는 영역으로, 의도된 게임 내에서 플레이어가 직접 게임을 하면서 만드는 특별한 경험 부분으로, 목표와 다이내믹스가 있다. 여기에서 게임의 목표는 디자이너가 만드는 요소이기도 하지만, 플레이어가 만드는 요소이기도 하다.

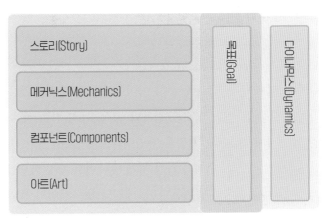

게임(Game)　　　　플레이어(Player)

스토리(Story)

메커닉스(Mechanics)

컴포넌트(Components)

아트(Art)

목표(Goal)

다이내믹스(Dynamics)

그림 6-5 보드게임의 6가지 구성요소

다시 정리하면, 보드게임은 게임 영역과 플레이어 영역으로 구분되어 나뉘며, 게임 영역을 구성하는 핵심 요소는 스토리, 메커닉스, 컴포넌트, 아트로 4가지며, 플레이어를 이루는 핵심 요소는 다이내믹스로 1가지다. 게임 영역과 플레이어 영역이자, 공통적으로 관여하는 핵심 요소는 바로 목표다. 게임 목표는 게임 디자이너가 적극적으로 관여해서 만들어야 하는 부분이면서 동시에 플레이어가 달성해야 하는 요소이기도 하다.

☑ 잠깐만요　　**보드게임의 구성요소**

1. 스토리(Story)
2. 메커닉스(Mechanics)
3. 컴포넌트(Components)
4. 아트(Art)
5. 목표(Goal)
6. 다이내믹스(Dynamics)

❶ 스토리

게임이 전개되는 이야기로, 게임을 시작하기 전부터 게임이 종료될 때까지 전체 과정에서 발생하는 일련의 사건들이다. 이 사건들은 플레이를 포함하여 플레이어의 감정과 경험에 영향을 주는 중요한 요소다. 스토리는 모든 게임의 필수 요소는 아니지만, 스토리가 있으면 플레이어들이 게임에 몰입하기 쉽고 게임의 재미를 풍부하게 디자인할 수 있어서 훨씬 매력적인 게임을 만들어 낼 수 있다. 디지털 게임은 대부분 방대한 스토리를 지니는 데 비해 보드게임은 스토리가 함축되어 있다.

❷ 메커닉스

게임을 진행해 나가는 신호 집합으로, 단순히 아이디어에 불과했던 것을 게임 플레이가 가능하게 하는 가장 중요한 요소다. 이것은 절차와 규칙, 규칙 간의 관계를 의미하며, 게임에 없어서는 안 되는 필수 요소로, 게임을 게임이라고 부를 수 있게 한다. 메커닉스는 게임 영역의 구성요소 중에서 플레이어가 가장 늦게 만나면서 가장 매력을 느끼는 요소이기도 하다. 스토리가 게임을 매력있게 만든다면, 메커닉스는 게임이 특별해 보이도록 시스템을 특정하게 만든다. 게임에 스토리 없이도 플레이가 가능하지만, 메커니즘이 없으면 게임을 플레이할 수 없다. 자신이 매력을 느끼는 메커니즘을 차용하고 변주해서 독창적인 플레이를 창작하려고 노력해야 한다.

❸ 아트

디지털 게임에서는 그래픽이라고 부르며, 보드게임에서도 그래픽이라고 부르기도 하지만 일반적으로 아트라고 한다. 플레이어가 게임에서 가장 먼저 만나는 것이 아마도 아트일 것이다. 게임 아트를 보고 어떤 게임인지 호기심을 갖게 되어 세계관을 찾아본다. 그리고 직접 플레이를 하면서 메커니즘을 이해하고 게임을 계속할지 그만둘지 결정한다. 그만큼 아트가 게임에서 차지하는 비중이 적지 않으며, 플레이어가 게임을 지속할지를 결정하는 중요한 요소 중 하나다.

❹ 컴포넌트

게임의 제작 범위와 기술을 모두 포함하는 요소다. 보드게임을 제작하는 범위는 구성물에 따라 달라진다. 종이나 플라스틱, 그 외 다양한 재료 중 어떤 것을 사용해서 만들 것인지, 크기는 어느 정도가 적당할지, 수량은 몇 개가 필요할지에 대한 정보들은 제작 범위를 결정하는데 많은 영향을 미친다. 또한, 마우스, 키보드, 화면 UI에서 나타나는 피드백 시스템의 기능을 보드게임에서는 컴포넌트가 대신한다. 컴포넌트는 디지털 게임과 보드게임의 가장 큰 차이점이자 차별점이며, 직접 만지고 컨트롤한다는 점이 보드게임의 가장 큰 특징이다. 게임을 디자인할 때 컴포넌트를 신중하게 선택하면 게임의 매력을 훨씬 풍부하게 표현할 수 있다.

❺ 목표

게임 플레이의 결과다. 플레이어가 게임 플레이를 통해 게임 또는 다른 플레이어와의 갈등 과정에서 발생하는 상호작용을 계속하게 하는 동기가 목표에서 발원한다. 게임의 목표는 게임 디자이너가 의도해서 만들어 제안함과 동시에 플레이어가 의도해서 자신만의 목표를 만들기도 한다. 결국 게임의 목표를 결정하는 것은 플레이어이므로, 디자이너는 게임의 목표를 설정할 때, 플레이어가 선택할 수 있는 범위를 열어두고 디자인해야 한다.

❻ 다이내믹스

게임할 때마다 나타나는 플레이어의 상태 변화를 의미한다. 같은 게임을 하더라도 플레이어마다 플레이 방향이 다르고, 전략을 다르게 계획하며, 선택하는 요소와 행동도 달라 모두 게임 플레이를 다르게 한다. 보드게임의 구성요소 중 다이내믹스는 유일하게 플레이어 영역에서만 나타난다. 플레이어가 게임을 플레이하는 행동에 따라 결과가 다르며, 그 결과는 플레이어 경험에 영향을 미치기 때문에 게임 디자인에서 중요하게 다루고 있다. 플레이어 영역이 게임 영역과 달라서 디자이너가 의도한 재미로 모든 플레이어를 만족시킬 수 없다. 결국 게임에서 재미와 새로움을 발견하고 이해하기 위해서 행동을 결정하는 것은 플레이어 자신이므로, 플레이어가 어떻게 행동할지 예측해서 디자인하면 게임에서 다양한 다이내믹스를 만들 수 있다.

플레이어가 게임을 떠나기 전에 게임이 플레이어의 관심을 잃어버리지 않게 하는 것이 중요하다. 이를 위해서는 게임을 디자인하는 내내 게임의 내부를 탄탄하게 만들어 주는 구성요소를 신경써야 한다. 모든 게임이 모든 구성요소를 필요로 하는 것은 아니지만, 필요한 요소가 빠지지 않고 균형을 이룰 수 있도록 고려해야 한다. 게임의 구성요소 중 자신이 만들고자 하는 게임에 꼭 필요한 요소가 무엇인지 파악하고, 그중에서도 어떤 요소에 더 집중해야 게임을 매력있게 만드는 데 도움이 될지 분석하고 디자인해야 한다.

● 보드게임의 디자인 요소

보드게임을 디자인하기 위해서는 구성요소를 들여다보고 각 구성요소는 또 어떻게 이루어져 있는지 분석해야 한다. 보드게임의 구성요소는 스토리, 메커닉스, 컴포넌트, 아트, 목표, 다이내믹스며, 각각의 요소마다 하위 요소를 갖는다.

하위 요소는 상위 요소를 상세화하고 구체화하여 게임의 재미를 탄탄하게 만드는 것으로, 보드게임을 디자인하는 데 있어서 가장 최소단위로 분류한 요소며, 이를 디자인 요소라고 한다.

스토리의 디자인 요소는 세계관, 스토리, 캐릭터며, 메커닉스의 디자인 요소는 객체, 규칙, 절차, 피드백 시스템이다. 컴포넌트의 디자인 요소는 기능, 종류, 재질, 모양, 크기며, 아트는 로고, 박스, 카드, 기타 구성물을 포함한 규칙서, 목표는 도전, 경쟁, 만족감, 다이내믹스는 불확실성, 탐험, 경험을 디자인해야 한다.

그림 6-6 보드게임의 디자인 요소

❶ 스토리

스토리를 디자인하는 요소는 특정한 세계관, 배경과 배경의 행위자인 캐릭터, 캐릭터의 행위를 통해 벌어지는 사건과 플롯으로 구성되어 있다. 게임 스토리는 허구 세계나 현실 세계를 게임 세계(Game World)화한 것으로, 이는 단순히 게임 공간을 의미하는 것보다 넓으며, 현실과 분리되어 플레이어가 게임 시작과 동시에 진입하게 되는 매직 서클에 가깝다.

스토리는 플레이어가 게임에 공감할 수 있도록 몰입을 유도한다. 같은 이야기를 어떻게 풀어가게 하느냐에 따라 플레이와 경험이 달라진다. 캐릭터 또한 꼭 게임을 플레이하는 것만 의미하는 것이 아니며, 디자이너가 풀어가고자 하는 이야기를 캐릭터가 이해하고 소화하는 것을 포함한다.

표 6-2 스토리의 디자인 요소

스토리 요소	세부 속성
세계관	스토리의 원인, 시간적, 공간적, 이념적 배경
스토리	게임이 만들어 내는 일련의 사건
캐릭터	스토리를 만들어 가는 인물

❷ 메커닉스

게임을 움직이게 하는 게임 규칙의 집합이다. 규칙으로서 게임 공간은 모든 미적 요소를 걷어내고 오로지 수학적인 개념에서 만들어진 기능적 공간을 의미한다.

메커닉스를 세분화하면 절차, 규칙, 그리고 규칙 간의 관계가 있다. 게임을 어떤 순서로 플레이하게 할 것인지 절차를 만들고, 절차에 따라 플레이어가 어떻게 행동하게 할 것인지 규정한 다음, 다양하게 규정해 둔 규칙 간의 관계를 어떻게 만들어 줄 것인지, 그 관계들은 서로 어떤 영향을 주고받게 할 것인지, 그래서 게임의 결과에 어떤 변화가 생길 수 있는지를 계산해서 만든 모든 것이다.

예를 들면, 운영적 규칙은 게임에서 플레이어의 행동을 지시하는 것이고, 암묵적 규칙은 게임 매뉴얼에 명시되어 있지 않으나 게임에서 플레이어들이 암묵적으로 지켜야 하는 에티켓이며, 구성적 규칙은 수학적인 규칙이다.

표 6-3 메커닉스의 디자인 요소

메커닉스 요소	세부 속성
객체	메커닉스가 미치는 독립된 대상
규칙	플레이어가 행동 가능한 범위, 제한 규제와 제약
절차	플레이어가 신행뇌는 과성과 순서
피드백 시스템	게임 세계에 즉각적으로 반영되는 상황

❸ 컴포넌트

보드게임에서 사용하는 모든 구성물을 의미한다. 보드판, 카드, 주사위, 게임 말, 타일, 칩 등을 주로 사용하며, 직접 만지고 옮기며 게임을 진행한다는 점에서 디지털 게임과 차별되는 가장 큰 특징이다. 모든 구성물은 각각의 규칙을 구축하고 있다. 또한, 시각적인 부분과 촉각적인 부분, 청각적인 부분 등 오감을 통해 플레이어의 감각과 경험에 직접 영향을 주는 중요한 요소다. 만들고자 하는 게임의 테마와 구성에 필요한 구성물을 정하고, 플레이에 어떤 영향을 주게 할 것인지 고려해서 소재, 재질, 크기를 결정해야 한다.

표 6-4 컴포넌트의 디자인 요소

도구 요소	세부 속성
종류	보드, 카드, 주사위, 게임 말, 칩, 타일 등 구성물
기능	게임을 진행시키는 도구, 전략적 요소 포함
모양과 크기	외부와 내부의 특정한 형태
재질	종이, 플라스틱, 나무 등

❹ 아트

컴포넌트와 또 다른 관점에서 시각적인 부분을 담당하는 요소이자, 플레이어가 게임을 처음으로 만나는 접점이다. 아트는 로고(타이틀), 박스, 컴포넌트, 규칙서 등 게임에 필요한 모든 것을 아름답게 표현하고 플레이어의 호기심과 플레이 몰입에 관여한다.

디지털 게임에서는 그래픽으로 부르는 것이 일반적이지만, 보드게임에서는 그래픽보다는 아트라는 단어를 더 많이 사용하고 있다. 디자인 프로세스 단계에서 후반에 이루어지 때문에 게임의 테마와 스토리, 메커닉스를 고려해서 전체 아트웍이 일관되게 디자인해야 한다.

표 6-5 아트의 디자인 요소

그래픽 요소	세부 속성
게임 로고	
박스	일관되고 통일성 있는 아트웍
구성물	이용자의 관심과 흥미를 끌 수 있는 아트웍
규칙서	제품 특징과 성격에 맞게 정체성이 부각된 아트웍

❺ 목표

한마디로 게임 플레이의 결과다. 목표는 게임과 플레이어의 공통된 부분에 위치하고, 주요 사건과 갈등 흐름의 해결 지점으로 게임을 하게 하는 원동력이며, 플레이어가 게임을 지속하고 도전할 수 있게 한다. 그러므로 게임의 목표를 디자인할 때, 끝까지 도전할 수 있는 수준이면서 상대와 경쟁할 가치가 있으며, 그 과정에서 스스로 잘 할 수 있을 것이라는 자신감과 자기효능감이 생길 수 있도록 디자인하는 것이 중요하다.

게임 디자이너가 게임의 목표를 의도적으로 스토리와 메커닉스 등 다른 요소에 포함시키기는 하지만, 플레이어는 주어진 목표를 그대로 따르거나, 자체적인 새로운 목표를 세울 수도 있다. 따라서 게임을 디자인할 때 목표를 명확하게 설정하면서 어떤 세부 요소에 가장 집중해야 하는지와 덜 집중해도 되는지를 구분하고, 관계의 균형을 조절하면 게임의 내부를 완전하게 만드는 데 도움이 된다.

표 6-6 목표의 디자인 요소

목표 요소	세부 속성
도전	도전할 수 있는 수준의 목표
경쟁	경쟁할 가치가 있는 목표
만족감	스스로 잘 할 수 있으며, 잘 하고 있다고 만족할 수 있는 목표

❻ 다이내믹스

플레이어 영역에 있는 구성요소다. 게임 디자이너가 직접적으로 디자인할 수 없는 부분이면서, 간접적인 디자인이 가능한 부분이다. 스토리, 메커닉스, 컴포넌트, 아트, 목표를 통해 플레이어가 어떤 행동을 하게 될지 예측할 수 있으므로, 이를 고려하여 다이내믹스 요소를 디자인하면 게임 플레이 부분을 탄탄하게 만들 수 있다.

표 6-7 다이내믹스의 디자인 요소

다이내믹스 요소	세부 속성
불확실성	게임의 결과를 예측할 수 없는 흥미진진함
탐험	새로운 모험과 새로운 경험
경험	다양한 경험

게임은 한 가지 요소만으로 디자인하기가 쉽지 않다. 상식과 정보, 그리고 모든 상상을 시스템으로 복잡하게 엮어서 게임 가능한 현상과 불확실한 게임 상태로 만들어야 하기에

게임 디자이너 관점에서 무엇을 어떻게 만들 것인가를 고민하고, 플레이어 관점에서는 어떤 경험을 하게 할 것인가를 고민하면서 플레이어 경험을 만들어 낼 수 있도록 디자인하는 것이 중요하다.

게임 디자이너 콜린 맥클린(Colleen Macklin)과 존 샤프(John Sharp)는 "게임 디자인이란 플레이어의 입력을 기준으로 매 순간 변화하는 가능성 공간을 만들어 내는 것이다."라고 했다. 이처럼 게임을 구체화하기 위해서는 게임을 구성하는 요소와 각 요소 간의 관계가 그만큼 중요하다.

이 책에서는 보드게임의 구성요소를 게임 영역과 플레이어 영역으로 구분하여, 게임 영역에는 스토리, 메커닉스, 컴포넌트, 아트, 목표를 도출하고, 플레이어 영역에는 목표, 다이내믹스를 도출했다. 여기에서 목표는 두 영역에서 공통적으로 나타나므로 공용 요소로 정리해 보면, 보드게임의 구성요소는 스토리, 메커닉스, 컴포넌트, 아트, 목표, 다이내믹스로 나뉘며, 이 6가지 구성요소는 각각 독립된 특성을 지니면서 특수한 관계로 연결되어 있다. 또한, 각각의 구성요소는 하위요소를 가진다. 게임을 디자인할 때, 구성요소의 하위 층위에서 어떤 것을 어떻게 디자인하느냐에 따라 게임 디자인 방향이 달라진다. 만들고자 하는 게임에 필요한 구성요소를 정하고, 각 구성요소에서 디자인할 요소를 정해서 하나씩 만들다 보면 게임이 탄탄하고 완전해질 것이다.

6.2 메커니즘 분석

01 타일 놓기

타일 놓기(Tile Placement)란 말 그대로 타일을 놓으며 게임을 진행하는 방식이다. 이 메커니즘은 주로 타일의 패턴이 같은 부분을 붙이거나 연결하면서 영역을 넓히거나 지정된 공간을 타일로 채우는 방식으로 진행된다.

보드게임에서 사용하는 타일은 두꺼운 종이 형태로 만드는 것이 가장 일반적이지만, 나무나 플라스틱을 사용하기도 한다. 모양은 정사각형이 일반적이지만, 육각형이나 원형, 폴리오미노 등 다양하게 등장한다. 재질이나 모양이 어떻든 간에 중요한 것은 타일이 어느 공간에 어떻게 놓여있는가 하는 정보다. 이 메커니즘은 플레이어가 타일을 놓는다는 구체적인 행위와 타일이 놓이는 모습이 게임을 진행하는 내내 확연하게 보인다는 점이 다른 메커니즘과 차별된다.

타일 놓기는 놓은 타일을 어떻게 활용하느냐에 따라 연결하거나 매칭, 테크트리 등 다양한 방법으로 변주된다. 그래서 타일을 놓은 위치에 따라 게임 진행이나 다음 액션에 영향을 미친다.

- **타일 겹치기(Tile Laying)** : 카드나 타일을 겹쳐서 놓는 방식이다. 색깔이나 패턴이 같은 부분을 겹쳐서 놓거나 투명한 플라스틱에 인쇄된 그림을 여러 겹으로 겹쳐서 놓는 방식이다.

- **멜딩(Melding)** : 앞사람이 놓은 카드 및 타일의 패턴이나 속성을 연결해서 타일을 놓는 방식이다.

- **조합하기(Splaying)** : 다른 사람이 놓은 멜딩에 자신의 카드나 타일을 새로 조합해서 놓는 방식이다.

- **매칭(Matching)** : 카드 또는 타일의 패턴이나 속성을 매칭시켜서 타일을 놓는 방식이다.

● 세공사

〈세공사〉는 멜딩과 매칭 메커니즘을 차용해서 변주한 타일 놓기 게임이다. 1905년, 남아프리카 트란스빌에서 채굴된 세계 최대의 다이아몬드가 영국 왕실에 도착했다. 곧 있을 여왕 대관식 때 사용할 봉과 왕관에 장식할 보석을 세공해야 한다.

플레이어는 세공사로 초대되어 세상에서 가장 우아하고 화려한 보석을 만들어서 여왕의 총애를 독차지하는 세공사가 되는 것이 목표다. 만들어야 하는 보석의 종류는 6가지며, 종류에 따라 보석의 가치가 다르다.

그림 6-7 세공사

게임이 시작되면 기능 타일은 테이블 중앙에 비공개로 모아두고, 모든 보석 타일을 주머니에 넣어 각자 2개씩 가져간다. 플레이어들은 가져간 보석 타일 2개 중 1개를 자신 앞에 내려놓는다. 선 플레이어는 자신의 차례가 되면 주머니에서 보석 1개를 가져와서 손에 있는 타일 1개와 함께 확인 후 원하는 타일을 이미 내려놓은 타일에 한 면이 닿도록 붙인다. 같은 보석 조각 타일 6개를 연결하면 보석 1개를 완성할 수 있다. 보석을 완성하면 기능 타일 1개를 사용할 수 있는데, 보석 타일을 주머니에서 추가로 가져와서 연결하거나, 다른 사람의 세공 중인 보석 타일 중 1개를 가져올 수 있다. 차례가 끝나면 다음 사람에게 차례를 넘긴다. 마지막 기능 타일을 사용하거나 주머니에 있는 타일을 모두 사용하면 게임이 종료되고, 완성한 보석의 점수가 가장 높은 사람이 승리한다.

● 식스틴

〈식스틴〉의 구성물은 5가지 색깔의 타일 88개와 가림막이다. 타일은 색깔별로 1부터 16까지 있으며, 16은 엔드와 리스타트가 있다. 그리고 가위 2개와 휴지통 1개가 들어있다. 모든 타일을 주머니에 넣고 플레이어 인원에 따라 타일을 나눠 갖는다. 4명일 경우 22개씩, 3명일 경우 29개씩 나눠갖고 남은 타일 1개의 색깔과 숫자를 확인한다. 남은 타일이 숫자 1이면 테이블에 놓고, 아니면 이번 라운드에 사용하지 않으므로 박스 안에 넣어둔다.

각자 나눠가진 타일은 가림막으로 가린 후, 보기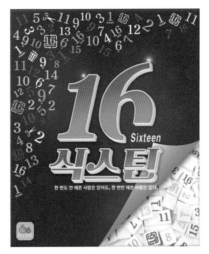
편한 방법으로 정리하고 숫자 1타일은 모두 테이
블에 놓아둔다. 빨간색 숫자 1타일을 낸 플레이어
가 게임을 시작한다. 자신의 차례가 되면, 타일 1
개 또는 같은 색깔의 연속된 숫자 타일 여러 개를
낼 수 있다. 자신의 차례에는 한 번만 타일을 낼
수 있으므로 어떤 타일을 어떻게 내는 것이 유리
할지 결정하는 것이 중요하다. 타일은 이미 놓여
진 타일의 바로 다음 수를 놓아야 하는 것은 아니
지만, 반드시 이전 타일보다 큰 수여야 하며, 오름
순이 되게 놓아야 한다. 16엔드를 놓으면 해당 색

그림 6-8 식스틴

깔은 더 이상 타일을 연결할 수 없지만, 가위나 휴지통을 사용해서 이벤트를 진행하거나
16리스타트 타일을 놓아서 1로 리셋하여 진행하는 것도 가능하다. 차례를 번갈아가면서
게임을 진행하다가 한 플레이어가 타일을 모두 사용하거나 모든 플레이어가 더 이상 타일
을 놓을 수 없을 때 게임이 종료되고, 남은 타일에 적힌 숫자를 더해서 합이 적은 사람이
승리한다.

실습하기

6주차 실습

① **목표** : 게임의 구성요소와 디자인 요소 정하기

② **추천 분량** : PPT 1~2장

01 만들고자 하는 게임에 필요한 구성요소를 정한다.

- 구성요소 1 :
- 구성요소 2 :
- 구성요소 3 :
- 구성요소 4 :
- 구성요소 5 :
- 구성요소 6 :
- 구성요소 7 :

02 구성요소 중 가장 중요하게 다뤄야 할 요소부터 우선순위를 정한다.

03 게임 디자인 요소에서 가장 중요하게 다뤄야 할 요소부터 우선순위를 정한다.

게임 재미

학 습 목 표

재미 유형과 플레이어가 게임에서 느끼는 재미가 무엇인지 학습하고,
재미요소 모델을 활용해서 게임의 재미를 정한다.

7.1 이론과 개념

앞에서 게임의 구성요소와 각 요소 간의 관계를 만들었다. 이제 어떤 재미를 만들 것인지 정하면 게임의 뼈대가 완성되면서 콘셉트 디자인이 끝난다.

〈7장〉에서 다룰 내용은 게임의 '재미'다. 재미의 범위가 매우 넓고 그 뜻이 추상적이어서 게임 디자인 전체 프로세스 중 가장 어려운 부분이라고 할 수 있다. 비-디지털 기반의 보드게임 또는 디지털 플랫폼에 상관없이 게임을 하고 있는 사람들을 보면 대부분 '재미있냐'고 묻는다. 질문하는 사람도, 질문을 받은 사람도 재미에 대한 명쾌한 정의를 내리지는 못하더라도 무엇이 재미있는지는 안다. 그만큼 재미는 추상적이면서 명확한 목표를 가지며, 게임에 꼭 필요하지만, 전부는 아니면서도 강력한 힘이 있다. 재미를 만드는 작업이 이토록 까다로운 이유는 책의 목표인 페이퍼 프로토타입에서 테스트할 모든 내용이 재미와 관련 있기 때문이다. 아이디어를 구체화하여 실제로 게임이 탄탄한지, 작동하는지, 내부적으로 완전한지, 균형이 맞는지, 쉬운지에 대한 검증을 한다. 앞에 생략된 주어를 넣어보면, 재미는 탄탄한지, 내부적인 재미가 완전한지, 재미가 잘 작동하는지, 재미의 균형이 맞는지, 쉽고 재미있는지가 된다. 이처럼 모든 과정에서 테스트하는 것은 재미 검증이다. 물론 시스템이 잘 작동하는지, 구성물들이 완전히 갖춰졌는지, 각각의 능력치에 대한 밸런스도 확인해야 한다. 이것을 수행하는 목적도 재미에 있다.

게임에서 재미가 전부는 아니라고 했다. 하지만 재미가 없는 게임도 게임이라고는 할 수 없다. 멋진 테마가 있고, 방대한 스토리와 매력적인 세계관이 존재하며, 아름다운 그래픽에 시선이 집중된다 해도 결국 게임은 '하는' 과정을 통해 플레이어의 경험이 발현된다. 〈4장〉에서 다룬 놀이 인격 중에서 수집가라면 이런 멋지기만 한 게임을 소장하고 싶어할 수도 있을 것이다. 아니면 새로운 게임에 호기심을 느껴서 플레이하는 플레이어도 있을 수는 있다. 하지만 한 번 게임을 해 보고 나서 다시 플레이하는 사람이 과연 몇 명이나 될 것 같은가? 뇌가 새롭게 이해한 패턴을 각인시키고 그 패턴을 기계적인 절차(Routine)로 만들려면, 정말로 푹 빠질 수 있는 재미를 제공해야 한다.

이 장에서는 재미의 유형과 플레이어들은 게임에서 어떤 재미를 느끼는지 알아본다. 그리고 게임에 재미를 주는 요소는 어떤 것이 있는지 알아보고 내가 만드는 게임에 재미를 줄 요소를 정한다.

01 재미 유형

● 재미란 무엇인가?

좋은 게임은 자주 플레이되는 게임이다. 게임이 자주 플레이되려면 플레이어가 재미있다고 느껴야 한다. 사람마다 게임에서 느끼는 재미가 다르고, 매우 주관적이기 때문에 보편적으로는 게임에서 이기면 재미있다고 말한다. 어떤 사람은 게임을 즐기는 분위기 자체에서 재미를 느끼는가 하면, 반대로 새로운 정보를 얻거나 게임 자체에서 재미를 느끼는 경우도 존재한다. 그렇다면 게임에서 '재미있다'라고 느끼는 단계는 어느 정도일 때 생기는 것일까? 재미있다는 현상은 어떤 상태를 나타내는 것일까?

게임 개발자인 라프 코스터(Raphael Koster)는 저서 『재미 이론』을 통해 게임의 재미는 숙련에서 온다고 정의하고, 사람은 패턴을 보는 것에 익숙해져 있기에 패턴을 인식하고 패턴을 경험하면서 뇌를 훈련하는 것에서 재미를 느낀다고 했다. 라프 코스터는 라이브러리를 구축하는 과정을 '연습'이라고 표현하며, 뇌가 무언가를 연습하면 이에 대해 꿈을 꾸고, 새로 인식한 패턴을 기존에 알고 있던 모든 것과 일치시켜 새로운 패턴을 루틴으로 만든다고 설명했다.

> **☑ 잠깐만요 라프 코스터의 재미 이론**
>
> - 게임이란 무엇인가?
> - 재미란 무엇인가?
> - 게임은 왜 재미있는가?
> - 재미없는 게임은 왜 없는가?
> - 인간은 왜 게임을 즐기는가?
> - 게임은 인간에게 어떤 영향을 주는가?
> - 재미의 가치는 얼마나 큰가?
> - 게임의 재미는 인간에게 얼마나 가치가 있는가?

라프 코스터의 이론대로라면, 패턴에 숙련된 게임은 모두 재미있어야 한다. 하지만 모든 게임이 그렇지는 않다. 플레이어는 숙련된 기술로만 재미를 느끼는 것이 아니다. 게임에서 재미는 플레이어가 좋아하는 장르면서 게임의 난이도가 도전 가능한 수준일 때 나타난다. 또한, 게임의 구성물과 주변 환경도 재미에 영향을 미치는데, 특히 보드게임에서 재미는 같이 플레이하는 다른 플레이어들에게 많은 영향을 받는다. 이처럼 게임에서 느끼는 재미는 여러 가지 요인에서 오는 감정이 복합되어 나타나는 것이다. 플레이어마다 재미를 만드는 요인과 만들어진 감정, 그리고 느끼는 재미가 다르므로 재미를 명확하게 이해하기가 어렵다. 그래서 재미를 디자인하는 것이 까다롭고 뛰어난 디자이너가 되는 것은 더욱 어려운 이유다. 그럼에도 불구하고 게임 디자이너들은 플레이어에게 줄 재미에 대해 고민해야 한다. 추상적으로 '재미있는 게임을 만들고 싶다'가 아니라, 어떤 재미가 있는지, 플레이어들이 느끼는 재미는 무엇인지 분석해야 한다.

재미의 사전적 의미는 '즐거움과 흥미를 불러일으키는 것'이다. 게임 디자이너 제시셀에 의하면 재미는 '놀라움'을 수반한 즐거움이다. 영어로 'Fun'의 어원을 찾아보면 즐거움을 뜻하는 게일어의 'Fonn'과 바보를 뜻하는 중세 영어의 'Fonne'으로 정의된다. 중세 영어 Fonne이 의미하는 단어를 단순히 즐거워 보이는 모습으로 예측한다면, 재미의 원천은 '기쁨'으로 정의되며, 원천을 직접적이거나 조작에 의해 재미가 발생할 수 있다.

앞서 라프 코스터가 "재미는 숙달에서 온다."고 한 말을 재미의 원천과 연결해서 게임 플레이로 바꿔보면, 플레이어는 기분 좋은 행동을 하는 과정에서 재미를 느낀다는 것으로 해석할 수 있다. 그렇다면 재미는 게임을 하는 내내 지속되어야 한다는 결론에 도달한다. 즉, 게임은 처음부터 끝까지 재미있어야 한다는 것이다. 처음부터 끝까지 재미가 같도록 디자인할 수도 없지만, 같을 필요도 없다. 작은 재미든 놀랄만한 재미든 중간에 잠시 멈추더라도, 끊어지지 않고 이어지면 된다.

재미는 맥락적이다. 그래서 플레이어가 게임 플레이에 참가하는 이유가 매우 중요하다. 그 이유를 밝히기 위해 많은 연구자가 재미를 연구해 왔다. 니콜 라자로(Nicole Lazzaro)는 게임을 하는 사람들을 관찰하면서 플레이어의 얼굴에 나타나는 감정을 기준으로 재미를 분류했으며, 마크 르블랑(Marc Leblanc)은 게임을 통해서 플레이어가 느끼는 쾌락을 연구해서 8가지로 정의했다. 또한, 감정 및 표정 연구가인 폴 에크만(Paul Ekman)은 수십 가지의 서로 다른 감정들이 표정으로 나타나는 언어를 연구한 결과 유일하게 한 언어에서만 존재한다는 연구 결과를 밝혔다.

● 4가지 재미 열쇠

사람들은 왜 게임을 할까? 사람마다 게임을 즐기는 이유는 다르겠지만, 대부분 이유는 재미있으니까 하는 것이다. 그렇다면 플레이어는 게임의 어떤 점이 재미있다는 것일까? 게임은 플레이어에게 어떤 재미를 제공하는 것일까? 재미는 다양하게 해석할 수 있는 상황에서 온다.

게임에서 재미를 연구한 대표적인 연구자는 니콜 라자로(Nicole Lazzaro)와 라프 코스터(Rhph Koster)다. 그 중에서도 니콜 라자로는 재미에도 성격이 있다고 보았다. 플레이어가 게임 안에서 느끼는 감정의 역할에 따라 어려운 도전을 마스터하는 재미, 호기심으로 상상력을 발휘하는 재미, 이완과 흥분으로 의미를 만들어가는 재미, 함께하는 재미로 유형을 나누고, 이것을 '4가지 재미의 열쇠'라고 했다.

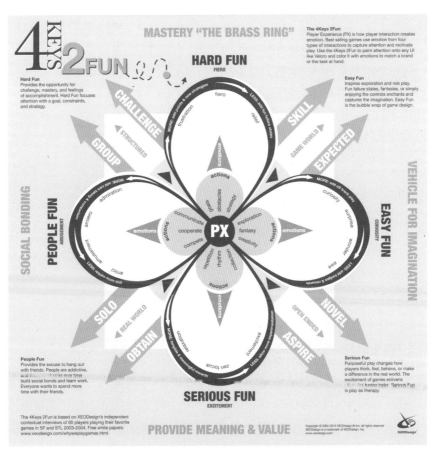

그림 7-1 4가지 게임 재미

니콜 라자로의 4가지 게임 재미

1. 어려운 재미(Hard Fun) : 피에로(Fiero)

정확한 목표 달성에 대한 성취감으로 느끼는 재미다. 도전과 숙련감, 성취감을 얻을 수 있는 기회를 제공하고, 목표와 제한 조건, 전략에 집중하는 것에 초점을 맞춘다.

- 재미의 원인이 되는 행동 : 목표, 장애물, 전략
- 느끼는 감정 : 절망, 난폭함, 안심

2. 쉬운 재미(Easy Fun) : 호기심(Curiosity)

호기심으로 인한 궁금증과 욕구 충족으로 느끼는 재미다. 모험과 역할 놀이를 자극하고 단순히 게임을 하는 것만으로도 상상력을 풍부하게 만들고 게임 디자인의 완충제 역할을 한다.

- 재미의 원인이 되는 행동 : 탐험, 판타지, 창조성
- 느끼는 감정 : 호기심, 놀라움, 궁금증, 발견

3. 진지한 재미(Serious Fun) : 의미와 가치(Meaning and Value)

의미 있는 일에 대한 가치와 만족감으로 느끼는 재미다. 플레이어들의 사고방식, 감정, 성향을 바꾸거나 현실에서 차이를 내며, 힐링과 치료제로 플레이된다.

- 재미의 원인이 되는 행동 : 반복, 리듬, 수집
- 느끼는 감정 : 휴식, 편안함, 즐거움, 정보, 지식, 인지

4. 같이하는 재미(People Fun) : 오락(Amusement)

사람들과의 교감을 통한 갈등 해소로 느끼는 재미다. 시간이 지나면서 사회적 유대감과 팀워크를 구축해 가며, 친구들과 더 많은 시간을 보내고자 한다.

- 재미의 원인이 되는 행동 : 소통, 협력, 경쟁
- 느끼는 감정 : 소속감, 즐거움, 호혜감, 존경

각각의 재미는 게임과 상호작용하는 방법에 따라 플레이어의 고유한 감정 프로필을 발현한다. 감정은 단지 엔터테인먼트를 위한 것이 아니라, 플레이어가 재미를 선택하기 전과 선택하는 동안, 그리고 선택 후에 관심을 두는 사항과 관련이 있으며, 플레이어 경험을 결정짓는다.

❶ 어려운 재미(Hard Fun) : 피에로(Fiero)

어려운 재미의 키워드는 피에로다. 피에로란 플레이어가 좌절을 극복하고 목표를 달성했을 때 느끼는 성취감이다. 이때 느끼는 성취감은 단순히 문제를 해결하고 기뻐하는 정도가 아니라, 포기하고 싶을 만큼 힘든 역경을 극복하고 성취하고 성장했을 때 느끼는 극도의 감정으로, 게임에서 얻을 수 있는 가장 중요한 감정이다. 성취감은 상당히 강렬한 감

정이므로 이를 느끼려면 포기 직전의 상황으로 몰린 좌절을 먼저 느껴야만 한다. 이러한 과정을 통해 플레이어 마음에 있는 심각한 좌절감이 큰 만족감으로 변하는 중대한 감정의 전환이 일어나는 것이다.

게임이 어려운 재미로부터 성취감을 제공하려면 플레이어의 기술 수준에 맞게 난이도를 디자인해야 한다. 게임이 플레이어의 기술 수준보다 너무 쉬우면 지루해서 흥미를 잃게 되고, 플레이어가 도전할 수 없을 만큼 너무 어려우면 좌절에 빠져 흥미를 잃게 된다. 따라서 게임 디자이너는 게임의 난이도를 디자인할 때, 단순히 장애물을 더 많이 추가하거나 진행 시간을 줄이는 것이 아니라 플레이어가 새로운 전략을 세우고 도전할 수 있도록 옵션을 제공해야 하는 것이다.

그림 7-2 메이지 나이트

〈메이지 나이트(Mage Knight)〉는 미니어처를 활용한 덱빌딩 RPG 게임으로 몬스터를 잡고, 성과 마법사의 탑을 점령하여 월드의 지도자가 되거나 몬스터에게서 도시를 탈환하는 것이 목적이다. 처음에는 16장의 카드로 진행하기 때문에 이동하거나, 몬스터와 싸우거나, 영향력을 행사하여 용병을 구입할 때 상황에 맞는 카드를 사용할 수 없는 어려움을 겪는다. 하지만 새로운 전략으로 불린 덱에서 카드를 뽑아 신덱해서 캐릭터를 성장시키고 레벨업을 하면, 최고의 월드 지도자가 되는 성취감을 얻는다.

〈시그널(Signal)〉은 컴퓨터 도시를 지키는 인공지능 로봇을 만들기 위해 플레이어가 숨겨진 부품을 찾으려고 돌아다닌다. 부품은 특별한 장소에 있으며, 이 장소는 암호로 잠겨있다.

필요한 부품이 숨겨져 있는 특별한 장소로 이동하려면 다양한 장애물을 제거해야 한다. 장애물을 제거하고 나면, 이번에는 부품이 있는 장소로 이동하기 위한 경로를 찾아야 한다. 이렇게 많은 장애물과 미션을 해결하고 모든 부품을 찾아서 인공지능 로봇을 완성했을 때, 컴퓨터 도시는 다시 안정을 찾는다.

소개한 두 게임은 위기와 좌절의 크기도 다르고, 그것에 도전하는 각오도 다르지만, 두 게임 모두 목표를 달성했을 때 얻는 성취감이 존재한다. 물론 보드게임이라는 특수성으로 인해, 디지털 게임에서 표현할 수 있는 정도의 극심한 좌절은 아니지만, 플레이어가 선택한 1장의 카드나 액션이 상황을 전환하는데 핵심적으로 영향을 미쳤다면, 여기에서 얻는 성취감 역시 특별한 경험 그 이상이다. 어려운 재미는 게임이 도전과 숙련을 통해 성취감을 얻을 수 있는 기회를 제공하는 재미로, 목표와 제한 조건, 그리고 전략에 초점이 맞춰져 있지만, 플레이어가 너무 심한 좌절감을 느끼지 않게 디자이너는 게임의 어려운 재미와 쉬운 재미 사이를 이동하면서 디자인하기도 한다.

어려운 재미는 도전과 숙련의 기회를 통해 재미를 느끼는 것으로, 플레이어가 숙련의 기쁨에 도달하기 위해서는 어려운 역경과 장애를 극복하고 성취감과 긍지를 느낄 수 있도록 게임의 난이도가 적절히 균형을 이뤄야 한다. 플레이어는 어려운 재미를 통해 정서적 발전 단계가 피에로, 지루함, 당혹감, 안도감이 숙련의 기쁨으로 변한다. 정서 경험에 대응하는 선택 행동은 장애를 인식하고 전략을 수립하여 목표를 설정하는 것에서 장애를 극복하고 테스트를 생성하며, 도전 과정으로 변한다.

❷ 쉬운 재미(Easy Fun) : 호기심(Curiosity)

쉬운 재미의 키워드는 호기심이다. 호기심은 플레이어가 새로운 경험을 할 수 있다는 기대와 그것이 어떤 경험일지에 대한 궁금증을 갖고 게임을 모험하는 것이다. 이것은 단순히 게임 안에서 도구를 선택하고 조작하는 것만으로도 풍부한 상상력을 만들어 주는 재미를 느낀다.

어려운 재미가 게임에 도전하여 장애와 위기를 극복하고 숙련으로 성취감을 얻는 재미였다면, 쉬운 재미는 게임을 진행하면서 조작에 대한 호기심을 갖고, 조작에 대한 선택이 게임에 어떻게 받아들여지는지 궁금증으로 플레이어가 게임을 진행하는 내내 발견에 대한 새로운 경험에 몰입하는 것을 재미로 느끼는 것이다.

그림 7-3 스톤 에이지

〈스톤 에이지(Stone Age)〉에서 채석장에 사람을 보내면 돌을 채취하고, 숲에 사람을 보내면 나무를 해 온다. 더 많은 사람을 보내면 더 많은 자원을 가져온다는 것을 알게 되고, 사람 2명을 오두막에 보내면 부족이 늘어난다는 것에 놀라게 된다. 또 일과가 끝나면 부족 사람들에게 밥을 먹여야 하는 흥미로운 경험을 하게 된다. 이처럼 게임 초반의 새로운 경험들은 게임을 진행하면서 조작하게 될 오브젝트가 게임 상황에 어떻게 반응할지에 대한 호기심으로 플레이어는 계속 게임에 머물러 집중하게 된다. 〈스톤 에이지〉를 통해 쉬운 재미를 이해했다면, 쉬운 재미는 게임 난이도가 아니라는 것을 알 수 있을 것이다. 쉬운 재미도 어려운 재미와 마찬가지로, 게임이 주는 비슷한 패턴으로 인해 플레이어가 지루해지지 않게 하기 위해 쉬운 재미와 어려운 재미 사이를 이동하는 재미를 만들어낸다.

쉬운 재미는 플레이어가 호기심을 갖고 자유로운 상상을 하도록 허용하는 것에서 느끼는 경험이다. 게임을 통해 무언가를 상상한다는 것은 플레이어가 선택 결과를 어느 정도 예측할 수 있다는 것이다. 그래서 플레이어에게 적극적인 전략을 구상하도록 유도하고 매우 새로운 조건과 불확실성의 세계에 플레이어를 노출시켜 이후에 전개될 스토리에 대한 호기심을 갖고 기대하게 만드는 것이다. 플레이어는 쉬운 재미를 통해 감정과 상상력이 호기심, 놀라움, 두려움, 그리고 궁금함으로 변한다. 또한, 선택 행동은 디테일 파악, 특정 상황을 이해하기 위한 행동, 창작하기 위한 행동이 고유하고 희소한 선택, 역할 놀이, 공간 탐험, 판타지 향유, 어리석고 장난스러운 선택 시도 등으로 발전한다.

❸ 진지한 재미(Serious Fun) : 의미와 가치(Meaning and Value)

진지한 재미에서 키워드는 의미와 가치다. 게임을 하기 전에는 단순히 재미를 위해서 시작했지만, 끝난 후 플레이어의 생각이나 행동에 변화를 일으켜 일상에서 가치를 표현하는 데 영향을 미치는 재미다. 게임에서 진지한 재미는 특정한 목적을 갖고 디자인하는 경우가 많으며, 플레이어가 진지한 재미를 플레이하기 전, 플레이 중, 그리고 플레이 후에 게임을 통해 창출되는 의미와 가치를 재미로 느끼는 것이다.

〈컬렉션(Collection)〉, 〈에코빌리지(Eco Village)〉와 같은 게임은 환경의 중요성에 대한 인지와 보존을 위해 지속 가능한 실천을 목적으로 한다. 게임 플레이 전에는 환경을 소재로한 게임일 뿐이었다면, 플레이 중에는 분리수거와 환경에 관심을 갖게 되고, 플레이 후에는 환경보존의 중요성을 인식하고 컬렉션을 통해서는 분리배출 실천을, 에코빌리지를 통해서는 탄소 배출 줄이기 실천으로 현실 세계에서 가치와 의미를 스스로 만들어 간다.

그림 7-4 컬렉션

진지한 재미는 게임 세계에서 놀이한 경험이 현실 세계에 영향을 미치는 만족감에서 오는 재미를 의미한다. 진지한 재미에 대한 기대가 강할수록 플레이어가 선택하는 행동과 감정이 현실 세계에 미치게 될 영향이 크며, 이러한 경험으로 인해 자아를 발견하고 자신감 향상으로 플레이어의 내외부에 변화가 일어나는 경우가 있다. 진지한 재미를 통해 플레이어 정서 발전은 본능 충족, 자존감 향상 등 즐거움과 휴식, 학습 등에서 지식 획득과 같은 가치로 변한다. 그리고 정서를 자극하는 선택 행동은 반복 실행, 패턴 인식, 자극하기 등에서 학습, 문제 인식 제거 등으로 변한다.

❹ 같이하는 재미(People Fun) : 오락(Amusement)

같이하는 재미의 키워드는 사람으로 인한 즐거움이다. 처음에는 콘텐츠를 즐기기 위해 게임을 시작하지만, 나중에는 다른 플레이어와의 관계를 계속하기 위해 게임에 머물게 된다. 실제 사람들과의 교감에서 나오는 재미와 이를 통한 갈등 해소로 인한 만족감을 통해 얻는 감정에 바탕을 두고 사람에 대한 재미를 제공하는 것이 같이하는 재미다. 보드게임은 혼자 할 때보다 여러 명이 함께 할 때 더 큰 재미를 느끼며, 사람들은 경쟁, 협력, 공유로 만들어진 감정을 같은 공간에서 게임을 통해 더 많이 나누고, 더 적극적으로 표현한다.

〈뽀글이 숨은그림 찾기(BBOGURI Find Hidden Objects)〉는 2장의 카드를 비교해서 같은 그림을 찾아 카드를 없애는 게임으로, 혼자 할 때보다 여러 명이 함께 할 때 더 재미있다. 플레이어들은 작은 카드에 그려진 이미지를 관찰하기 위해 테이블 중앙으로 점점 더 가까이 모여들게 되고, 같은 그림을 찾아서 카드를 내는 행동에도 서로 먼저 내려고 눈과 손을 바쁘게 움직인다. 플레이어들은 서로의 행동에 웃게 되고, 게임이 끝나고 나서 진행 중에 느꼈던 감정과 경험을 서로 주고받으며 웃는 재미를 느낀다.

〈정령섬(Spirit Island)〉은 정령과 원주민들이 살고 있는 오염되지 않은 섬에 침입자들이 몰려와 땅을 개척하고 건설을 하기 시작하면서 원주민들에게 피해를 준다. 정령이 된 플레이어들은 침략자를 몰아낼 방법을 찾기 위해 서로 협력, 경쟁, 공생을 통해 커뮤니티를 만들면서 재미를 느낀다. 이 게임은 어려운 재미와 같이하는 재미를 결합하여 그 사이에서 플레이어가 느끼는 감정을 이동하게 한다.

그림 7-5 정령섬

게임은 여러 사람이 어울려 경쟁. 협력으로 상호작용하는 놀이라는 것을 염두에 두면, 니콜 라자로가 정의한 4가지 재미 중에 같이하는 재미는 보드게임에 기본으로 제공되도록 디자인해야 한다. 좋은 보드게임은 〈컬렉션〉과 〈정령섬〉처럼 2가지 이상의 감정을 혼합하거나 〈메이지 나이트〉, 〈스톤 에이지〉처럼 4가지 모든 재미에서 감정을 제공한다. 그래서 플레이어가 게임에서 느끼는 감정의 기회를 확장할 수 있도록 한다.

같이하는 재미는 4가지 재미 유형 중에 가장 다양한 플레이어 정서적 경험을 발생시킨다. 보드게임의 가장 큰 특징은 2명 이상의 사람이 모여 협력으로 인한 공감과 배려, 경쟁으로 인한 견제와 갈등 속에서 사회적 관계를 형성한다는 것이다. 사람과의 상호작용으로 인한 재미를 통해 플레이어 감정은 다양한 상호작용이 만들어 내는 즐거움, 부러움, 흥분, 감사, 관용 등이 관계성으로 변한다. 관계성은 협력, 경쟁, 의사소통, 규칙 지키기, 표현하기 등 복합적인 행동들의 유기적 관계 속에서 발생한다.

플레이어가 게임의 감정을 혁신하고 강화하게 하려면, 디자이너는 게임 플레이에서 특별한 감정을 일으키는 게임 언어와 게임 도구를 개발해야 한다. 게임에서 만들어지는 가치는 플레이어의 선택에 의해 결정되지만, 감정 없이는 불가능하다. 선택이 불가능하면 플레이어는 게임을 할 동기를 잃게 되므로, 게임 디자인의 핵심은 감정을 디자인하는 것이라고 할 수 있다. 게임 디자이너는 플레이 경험을 직접 만들어 낼 수는 없지만, 대신 플레이어의 감정 반응을 일으키는 규칙을 디자인한다.

02 플레이어가 느끼는 게임 재미

세상에는 너무나 많은 재미가 있고, 각 개인이 찾는 재미 또한 다양하다. 궁극적으로 인간 활동의 모든 동기는 일종의 쾌락을 추구하는 데에서 비롯된다고 볼 수 있다. 그래서 인간이 무엇을 좋아하고, 어떤 재미요소를 추구하는가에 주의를 기울여야 하는 것은 당연하다. 그러나 게임은 다양한 사람들을 대상으로 하기 때문에 각자의 취향에 맞춰 개발하는 것은 어려운 일이다. 따라서 타겟 집단이 공통으로 선호하는 생활양식을 이해하는 것은 게임 디자이너의 주장에 대한 설득력을 높이기 어렵고, 게임 디자인을 지속하는데 매우 중요하다.

사람은 각자 심리나 감정에 반응하는 방식이 모두 다르기 때문에, 여기서 기인하는 재미의 기준 역시 개인마다 차이가 있다. 이런 것을 취향이라고 부르며, 이 중에는 대다수의 공감을 가지는 재미나 취향도 있다. '게임은 재미있다.', '게임은 재미있어야 한다.'라는 이 두 문장에서 의미하는 재미는 지금까지 내부 시스템적인 메커닉스로 통합해서 이해해 왔다. 왜냐하면 이 문장의 핵심인 '어떤'이 빠져 있기 때문이다. 플레이어가 게임을 통해서 어떤 재미를 느끼는지, 어떤 재미가 있어야 한다고 생각하는지를 분석할 필요가 있다. 사람마다 선호하는 재미가 다르기에 게임을 통해서 느끼는 감정도 다르다. 이러한 이유로 마크 르블랑(Marc Leblanc)은 게임이 플레이어에게 전달하는 8가지 게임 재미를 제시했다.

> ☑ **잠깐만요** **마크 르블랑의 플레이어가 느끼는 8가지 게임 재미**
>
> 1. **감각(Sensation)** : 시각, 청각, 촉각 등 오감으로 느끼는 재미
> 2. **상상(Fantasy)** : 공상의 세계에서 느끼는 몰입감
> 3. **도전(Challenge)** : 장애물 극복으로 얻는 희열
> 4. **발견(Discovery)** : 모험, 숨겨진 것을 밝혀냄, 다양성
> 5. **순응(Submission)** : 규칙에 협의하는 즐거움, 게임 구조에 복종
> 6. **서사(Narrative)** : 사건 전개의 포물선과 긴장감
> 7. **유대(Fellowship)** : 다른 사람과 어울리는 것에서 느끼는 즐거움
> 8. **표현(Expression)** : 스스로 표현하는 것과 창조에서 느끼는 쾌감

❶ 감각

게임이 시각, 청각, 촉각을 통해 플레이어에게 주는 감정으로, 아름다운 것을 추구하는 재미다. 게임은 그동안 메커닉스에 의존해 왔지만, 지금은 아트웍에 노력을 많이 들이고 있다. 예를 들어, 새로 출시된 게임의 정보가 부족할 때, 가장 먼저 아트웍을 통해 플레이어는 표면에 드러나 있는 게임 테마와 메커닉스를 추측한다. 반대로 게임의 정보와 상관없이 예쁜 아트웍을 보고 게임을 궁금해하기도 한다. 모든 보드게임의 아트웍이 게임을 잘 표현하고 있는 것은 아니지만, 아트웍은 플레이어에게 시각적 재미를 주는 중요한 역할을 한다.

〈에버델(Everdell)〉과 〈윙스팬(Wingspan)〉은 그래픽이 예쁜 게임이다. 〈에버델〉의 아름다운 골짜기와 우뚝 솟은 나무, 굽이굽이 흐르는 개울과 이끼 낀 굴속, 그리고 봄, 여름, 가을, 겨울, 그리고 〈윙스팬〉의 보드판, 카드, 기타 구성물들의 색감이 주는 힐링으로 플레이어는 게임에서 보는 재미를 느낀다. 보드게임에서 만지는 재미는 보는 재미만큼 중요하다. 다양한 구성물을 플레이어가 직접 선택하고 움직여서 인터렉션을 일으키기 때문에 플레이어는 구성물을 만지는 촉각에도 민감하게 반응한다. 또 보드게임에서 플레이어는 시각적 재미와 촉각적 재미를 동시에 느끼는 경우가 많으므로, 디자이너는 시각, 촉각, 청각의 재미가 조화를 이룰 수 있도록 일관되게 디자인해야 한다.

그림 7-6 에버델

❷ 상상

플레이어가 게임에서 느끼는 상상의 재미는 공상과학에 나오는 판타지가 아니라, 플레이어가 게임 속 가상세계를 해당 시대라고 믿고 스토리에 몰입할 수 있는 장소감을 의미한다.

〈브라스 버밍엄(Brass Birmingham)〉은 1770년도부터 1870년대 영국의 산업혁명을 배경으로 웨스트 미들랜즈의 사업가들이 만들어 낸 산업의 혁명을 세계관으로 담아내며, 〈테라포밍 마스(Terraforming Mars)〉는 서기 2315년의 화성을 배경으로 거대 총수들이 기업을 성장시켜 나가는 모습을 보여 주고 있다. 두 보드게임은 마치 플레이어가 해당 캐릭터가 되어 해당 시대, 해당 장소에 머물러있는 것처럼 느끼며, 게임 속 세상에 몰입하여 상상을 그리는 재미를 느끼게 된다. 보드게임을 디자인할 때, 세계관이 장소감으로 잘 반영될 수 있도록 디자이너는 고민해야 한다.

그림 7-7 테라포밍 마스

❸ 도전

게임에 장치되어 있는 장애물과 꼬여있는 문제를 해결하고 얻는 숙련으로 느끼는 재미는 플레이어의 도전에서 비롯된다. 도전은 플레이어가 보드게임에 머물게 하고, 몰입할 수 있게 하는 중요한 요인이다. 디자이너는 플레이어가 보드게임 내에서 어떤 콘텐츠에 도전하고자 하는지, 왜 도전하려고 하는지 분석하고 그에 맞는 디자인을 해야 한다. 또 한 가지 디자이너가 신경써야 하는 부분으로, 플레이어는 플레이에 참가하는 다른 플레이어에게도 도전한다는 것이다. 보드게임은 일부 협동 게임을 제외하고 대부분 경쟁 플레이가 이뤄진다. 목표를 달성하기 위해 플레이어들 사이에서 어떤 도전이 발생해야 하는지, 도전을 어떻게 해야 하는지 고려해서 디자인해야 한다. 보드게임에서 도전은 빼놓을 수 없는 강력한 재미의 무기이며, 도전이 잘 디자인된 보드게임은 도전 대상이 되는 게임과 플레이어가 지속적으로 변하므로, 플레이어는 끊임없이 새로운 도전을 하면서 재미를 느낀다.

〈촐킨(Tzolkin)〉은 2012년에 출시된 보드게임으로, 플레이어는 다양한 마야 부족을 대표하여 신의 호감을 얻기 위해 자신의 부족을 이끄는 역할을 한다. 게임 방식은 굉장히 단순하다. 각 플레이어는 자신의 차례에 일꾼을 원하는 만큼 배치하거나, 이미 배치된 일꾼을 원하는 만큼 회수할 수 있다. 일꾼을 배치할 때에는 5개의 영역 중 가장 낮은 숫자에만 배치할 수 있으며, 높은 곳에 배치하기 위해서는 이전 칸들이 채워져 있어야 하고, 옥수수도 더 내야 한다. 모든 플레이어가 한 번씩 차례를 마치고, 중앙에 있는 톱니바퀴를 한 칸 돌려 움직이면 자연스럽게 나머지 다섯 바퀴가 한 칸씩 회전을 한다. 이전에 놓은 일꾼도 한 칸 전진하기 때문에 오래 기다릴수록 더 좋은 액션을 할 수 있다. 플레이어는 자신의 차례에 1개 이상의 일꾼을 배치하거나 회수해야 하기 때문에 어떤 일꾼을 대기시킬지 고민해야 한다. 이 게임은 독특한 메커니즘을 제시하는데, 플레이어들은 계획하는 목표를 달성하기 위해 자원관리, 기어 움직임 예측, 건물과 기술의 활용, 사원과 스컬 등 다양한 요소를 활용해서 전략적인 플레이를 해야 한다.

그림 7-8 촐킨

❹ 발견

게임에서 제공하는 게임 공간을 탐험하는 것, 공간 곳곳에 숨어있는 장애물을 찾아내는 것, 그곳으로 말을 이동하는 것, 게임 말이 멈춘 곳의 문제를 파악하는 것, 해결 방법을 알아내는 것 등 모든 것에 플레이어는 호기심과 궁금해 하는 재미를 느낀다. 또한, 플레이어는 보드게임을 통해 새로운 지식에 대한 발견의 재미도 느낀다.

〈뿌글이 세계여행〉에서 각 나라의 전통의상과 지리적 위치, 대표 관광문화에 대한 정보를 제공하고 있는 것도 발견을 활용한 예다.

〈언락(Unlock)〉은 3가지 스토리가 들어있는 시리즈 게임이다. 이 게임은 스토리 공간을 탐험하면서 카드 곳곳에 숨어있는 단서를 찾아내고, 그로 인해 새롭게 펼쳐지는 카드의 정보를 모아서 문제를 해결해 나간다. 이 모든 활동은 앱을 이용하며, 앱에서 지원하는 사운드, 그래픽 등은 플레이어의 호기심을 자극한다. 특히 어려운 퀴즈나 미션을 해결하는데 결정적인 단서나 정보를 찾아냈을 때의 카타르시스는 플레이어들에게 더 큰 재미를 전달한다.

그림 7-9 언락

❺ 순응

게임에서 복종의 대상은 사람이 아니라, 보드게임의 규칙이다. 플레이어들은 보드게임의 규칙을 이해하고, 규칙이 정해 놓은 행동이 가능한 범위와 불가능한 규제를 받아들여야 플레이에 참여할 수 있다. 보드게임에 참여한 플레이어들은 최선의 결과를 내기 위해 아무리 엄격한 규칙이라도 절대적으로 복종하면서 공략 행위를 이끌어 간다. 플레이어는 보드게임을 통해 규칙에서 벗어나는 다른 플레이어의 행동에 반발하면서 보드게임이 정해놓은 시스템에 복종하는 것을 재미로 느낀다.

⑥ 서사

사람은 각자 심리나 감정에 반응하는 방식이 다르므로, 거기에서 기인하는 재미의 기준 역시 서사를 보고 재미있다고 느끼는 것은 두뇌의 논리적, 합리적 판단이 아닌 일차원적으로 느낀 것이다. 게임 시작부터 게임이 끝날 때까지 플레이어가 느끼는 감정의 흐름을 단순히 게임의 재미로 느끼는 것이다. 서사에서 어떤 재미를 줄 수 있는지에 대한 질문은 결국 플레이어에게 어떤 심리, 감정을 느끼게 할 것인가로 귀결된다.

〈바이오쇼크 인피니트(Bioshock Infinite)〉에서 주인공 부커가 구름 위 콜롬비아에 도착하여 마주하는 숨은 어둠과 히로인 엘리자베스의 구출을 통해 그녀의 정체를 밝히며, 결말에 이르기까지 강렬한 감정이입을 일으킨다. 이는 엘리자베스의 마음이 편안해졌으면 하는 과정에서 생기는 충격적인 반전에 기인한 것으로 볼 수 있다. 이 경험에서는 어떤 논리적이거나 합리적인 판단은 들어가 있지 않다. 또한, 〈프린세스 커넥트〉나 〈그랑블루 판타지〉와 같은 캐릭터 수집형 게임을 보고 재미있다고 느끼는 것은 캐릭터의 개성이라는 일차원적 매력에 이끌리는 점이 크며, 여기에서도 어떤 논리적, 합리적 판단이 개입하지 않는다.

그림 7-10 바이오쇼크 인피니트

❼ 유대

게임의 특징 중 하나는 플레이에 참여하는 플레이어들이 같은 장소, 같은 테이블에 둘러앉아 서로의 표정을 확인하고 감정을 느끼면서 플레이하는 미디어라는 것이다. 〈통(Tong)〉에서 상황 카드에 관한 이야기를 나누고, 각자의 감정을 교환하는 행동이 친교를 활용한 예로, 플레이어들은 직접 상호작용하는 교감을 통해 친밀감이 형성되고, 우정과 소속감의 재미를 느낀다.

❽ 표현

인간이 가진 욕구 중 상위계층에 해당하는 것 중 하나는 자기표현이다. 그래서 플레이어들은 자신의 매력을 다른 사람에게 표현하기 위한 다양한 방법과 형태를 만든다. 종이 타일로 된 〈카탄(Cartan)〉의 지형을 3D 프린터로 만들어서 사용하거나, 〈광기의 저택(Masion of Madness)〉에서 피규어를 화려하게 페인팅하는 것은 해당 보드게임에 대한 애착과 소장 욕구에 대한 재미를 표현한 것이다. 또 다른 표현으로 〈글룸헤이븐(Gloomhaven)〉의 오거나이저를 제작하는 재미, 〈카르카손(Carcassonne)〉 시리즈를 모아서 자랑하는 것을 재미로 표현한다. 이처럼 플레이어들은 보드게임 커스터마이징을 통해 다양한 표현의 재미를 느낀다. 이 외에도 다른 사람들이 쉽게 구할 수 없는 특정 보드게임이나 아이템을 갖고 있거나, 유니크 덱을 만들어 상대 플레이어보다 강력한 능력을 사용하는 것을 자랑하는 재미도 있다. 이처럼 플레이어가 느끼는 표현의 재미는 게임에서 이기기 위한 뛰어난 전략을 포함하여 아트웍이 예쁜 보드게임을 소유하는 형태까지 플레이어마다 다른 요인에서 발현한다.

그림 7-11 글룸헤이븐

03 게임의 재미요소

게임이 만들어 내는 재미는 결과와 상관없이 게임을 하면서 플레이어가 느끼는 감정과 경험치, 그리고 아이템을 얻는 것까지 포함한 플레이 과정 자체에서 생기는 감정이다. 게임 개발에 있어서 재미를 검증하는 과정은 전체 프로세스에서 가장 중요하다. 이를 인식하면서 그동안 많은 연구가 진행되었고, 지금도 계속해서 진행되고 있다. 하지만 여전히 재미를 어렵다고 느끼는 이유는 재미라는 용어의 모호성, 주관성, 상대성, 다양성을 반영하기 때문이다. 게다가 디자이너가 예상했던 재미와는 다르게 플레이어가 새로운 재미를 스스로 발견하기 때문이다.

● 디지털 게임의 재미요소

게임에서 재미가 전부는 아니지만, 가장 중요한 요소라는 점은 이견의 여지가 없다. 게임 제작의 최대 목적은 많은 매출을 올리기 위해서 재미있는 게임을 만드는 것이다. 재미있는 게임을 만들려면 게임의 재미요소와 플레이어가 느끼는 게임의 재미요소를 분석해야 한다. 재미요소는 다양한 관점으로 해석할 수 있는데, 남기덕은 『싱글과 멀티 플레이 게임의 재미요소에 대한 우선순위 비교 연구』에서 게임의 구성요소를 활용해서 게임의 재미요소 모형을 제안했다. 모델의 상위 계층은 통합된 8가지 게임 구성요소 중 재미와 직접적으로 연관되지 않는 2가지 요소를 제외하고 스토리, 메커닉스, 피드백 시스템, 다이내믹스, 미적 정서, 목표 6가지로 채택하고, 22가지 하위 재미요소로 구성되어 있다.

그림 7-12 게임의 22가지 재미요소

표 7-1 디지털 게임 재미요소의 세부 내용

상위 재미요소	하위 재미요소	세부 내용
스토리	캐릭터	플레이어 캐릭터에 몰입
	스토리텔링	스토리텔링을 통해 호기심과 상상력을 불러일으킴
	스토리 긴장감	스토리 전개를 통해 느끼는 긴장감
	스토리 선택 다양성	플레이어가 선택 가능한 다양한 스토리 분기
메커닉스	수준별 도전과제	플레이어 수준에 맞는 도전
	보상 및 성취	도전을 달성했을 때 주어지는 보상
	플레이 긴장감	게임 플레이를 통해 느끼는 긴장감
	플레이 방식의 선택 다양성	플레이어가 다양한 게임 플레이 방식을 선택 가능
피드백 시스템	조작 통제감	플레이어가 게임을 제어하고 있다는 느낌
	타격감	그래픽, 사운드, 진동 등을 통한 임팩트감
	사운드	음향 효과에 의한 몰입
다이내믹스	불확실성	도전을 수행하는 과정에서 결과를 예측할 수 없음
	탐험	다양한 모험을 통한 새로운 경험 제공
	경험 다양성	플레이어에게 제공되는 다양한 경험
미적 정서	실재감	플레이어가 게임의 세계에 존재하고 있다는 느낌
	그래픽	그래픽에 의한 몰입
	사운드	배경음악에 의한 몰입
	캐릭터 외형 선택 다양성	캐릭터의 외모를 다양하게 커스터마이징할 수 있게 제공
목표	성장	캐릭터의 점진적인 성장에 대한 만족감
	경쟁	타인과 경쟁하는 과정과 결과에 대한 느낌
	자기효능감	플레이어 스스로 잘할 수 있다는 믿음
	소속감	공동체에 소속된 느낌

● 보드게임의 재미요소 모델

보드게임의 구성요소와 디자인 프로세스는 디지털 게임의 구성요소나 디자인 프로세스와 비슷하다. 디지털 게임의 재미요소 모델은 그동안 게임 개발에서 가장 어려운 과제로 남아왔던 재미를 측정할 수 있는 가이드라인을 제시했다는 점에서 매우 의미가 있다. 하지만 22가지 게임의 재미요소는 디지털 게임에서 제안하는 모델로 제안되었기 때문에 페이퍼 프로토타입과 같은 비-디지털 게임, 즉 보드게임에서의 재미요소에는 부합하지 않는 부분이 있다. 그래서 보드게임에 직접적으로 연관되지 않는 요소는 제거하고, 빠진 요소는 추가하여, 용어 수정을 통해 실제로 보드게임에 적용할 수 있는 20가지 재미요소 모델을 제안한다.

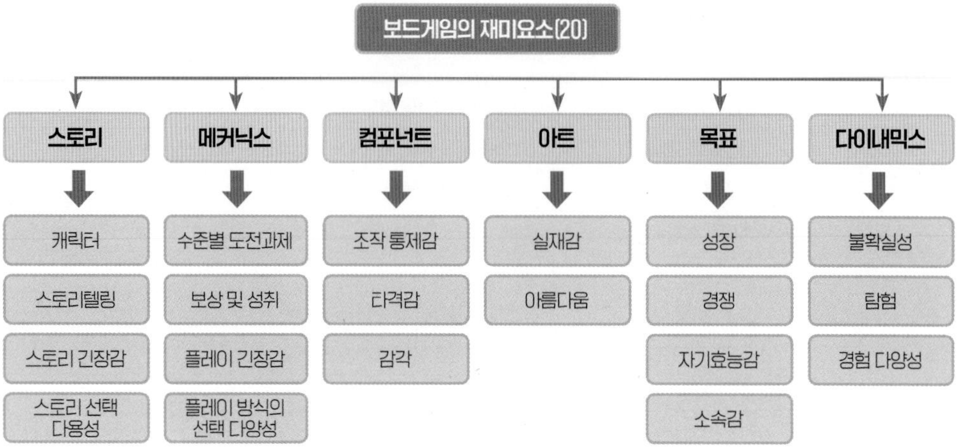

그림 7-13 보드게임의 20가지 재미요소

보드게임의 20가지 재미요소 모델 구성은 다음과 같다.

상위 계층은 보드게임의 구성요소에 해당하는 스토리, 메커닉스, 컴포넌트, 아트, 목표, 다이내믹스 6가지 구성요소로 채택한다. 스토리, 메커닉스, 목표, 다이내믹스는 디지털 게임의 재미요소와 동일하다.

보드게임에서는 피드백 시스템에 관한 재미가 구성물을 통해 만들어지기 때문에 용어를 컴포넌트로 변경한다. 또한, 보드게임은 배경음악과 캐릭터 외형에 대한 선택이 없으므로 이것을 제거하고 미적 정서를 아트로 용어를 수정하여 변경한다.

상위 층위의 하위요소를 살펴보면, 스토리는 캐릭터, 스토리텔링, 스토리 긴장감, 스토리 선택 다양성 4가지, 메커닉스는 수준별 도전과제, 보상과 성취, 플레이 긴장감, 플레이 방식의 선택 다양성 4가지, 컴포넌트는 조작 통제감, 타격감, 감각 3가지, 아트는 실재감, 아름다움 2가지, 목표는 성장, 경쟁, 자기효능감, 소속감 4가지, 다이내믹스는 불확실성, 탐험, 경험 다양성 3가지로 이렇게 모두 20가지로 구성되어 있다.

표 7-2 보드게임 재미요소의 세부 내용

상위 재미요소	하위 재미요소	세부 내용
스토리	캐릭터	플레이어 캐릭터에 몰입
	스토리텔링	스토리텔링을 통해 호기심과 상상력을 불러일으킴
	스토리 긴장감	스토리 전개를 통해 느끼는 긴장감
	스토리 선택 다양성	플레이어가 선택 가능한 다양한 스토리 분기
메커닉스	수준별 도전과제	플레이어 수준에 맞는 도전
	보상 및 성취	도전을 달성했을 때 주어지는 보상
	플레이 긴장감	게임 플레이를 통해 느끼는 긴장감
	플레이 방식의 선택 다양성	플레이어가 다양한 게임 플레이 방식을 선택 가능
컴포넌트	조작 통제감	플레이어가 게임을 제어하고 있다는 느낌
	타격감	카드, 타일, 종 등을 통한 임팩트감
	감각	컴포넌트 재질을 통한 청각, 촉각에 의한 몰입
아트	실재감	플레이어가 게임의 세계에 존재하고 있다는 느낌
	아름다움	아트에 의한 몰입
목표	성장	점진적인 성장에 대한 만족감
	경쟁	타인과 경쟁하는 과정과 결과에 대한 느낌
	자기효능감	플레이어 스스로 잘할 수 있다는 믿음
	소속감	공동체에 소속된 느낌
다이내믹스	불확실성	도전을 수행하는 과정에서 결과를 예측할 수 없음
	탐험	다양한 모험을 통한 새로운 경험 제공
	경험 다양성	플레이어에게 제공되는 다양한 경험

7

게임 재미

실습하기

7주차 실습

① **목표** : 게임의 재미 유형과 재미요소 정하기

② **추천 분량** : PPT 1~2장

01 게임에 적용할 재미 유형을 정하고 유형별 비율을 정한다.

- 재미 1 :   %
- 재미 2 :   %
- 재미 3 :   %
- 재미 4 :   %

02 게임에 어떤 재미요소를 디자인할 것인지 정한다.

03 재미요소를 **02** 와 같이 정한 이유를 간단하게 적어 보자.

중간 발표 가이드

중간 발표 가이드

① **추천 분량** : PPT 15장

② **발표 시간** : 5분

01 표지
- 게임명(로고 이미지)
- 개인 프로젝트 : 이름(학번) / 팀 프로젝트 : 팀명, 팀장, 팀원
- 학부(학과), 과목명, 지도교수

02 목차

03 기획 의도 및 차별점
- 기획 의도
- 차용 및 유사 게임과의 차별점

04 개요
- 게임 대표 이미지 첨부
- 소재, 테마, 장르, 타겟, 참여 인원수, 소요 시간

05 놀이 유형
- 놀이 유형 및 배분율

06 구성요소 및 디자인 요소
- 중요시 할 구성요소와 디자인 요소

07 재미 유형
- 재미 유형 및 배분율

세계관, 스토리

게임에서 자주 등장하는 세계관과 스토리를 학습하고 만들고자 하는
게임의 세계관을 설정하고 스토리를 만든다.

8.1 이론과 개념

〈1장〉에서 〈7장〉까지는 '어떤 게임을 만들 것인지', '누구에게 게임을 하게 할 것인지'에 해당하는 게임 콘셉트 디자인 과정이었다면, 〈8장〉과 〈9장〉에서는 콘셉트 디자인에서 만든 내용을 기반으로 각 구성요소에 극적인 요소를 추가해서 게임을 상세하게 만드는 과정이다. 바로 '게임을 어떻게 만들 것인가'를 경험해 보는 과정이다.

게임을 개발할 때, 어떤 것을 먼저 해야 한다는 정답은 없다. 시스템을 먼저 만들고 테마와 장르를 결정한 후 스토리를 작성하는 경우도 있고, 스토리를 먼저 만들고 시스템과 테마를 설정하는 경우도 있다. 게임 디자인에 대한 노하우가 있다면 어떤 과정을 먼저 시작하든 좋은 게임을 개발할 수 있기 때문에 과정이 문제가 되지 않는다. 이 책에서는 게임 디자인에 대한 경험이 없거나 필요한 학생들을 대상으로 하기 때문에 여기에서는 스토리를 만드는 과정부터 시작한다.

게임의 스토리는 세계관, 시나리오, 캐릭터로 구성되어 있다. 게임에서 세계관은 말 그대로 이전에 없었던 새로운 세계를 창작해 내는 것이다. 게임의 세계관, 스토리라고 했을 때 가장 먼저 〈리그 오브 레전드〉, 〈아케인〉, 〈메이플 스토리〉를 떠올리는 이유도 놀라운 세계관과 멋진 스토리가 있기 때문이다. 여기에 매력적인 캐릭터는 게임 그 자체로서의 의미를 지니기도 한다. 이처럼 방대한 세계관과 스토리를 가진 게임을 만들려면 많은 신화와 역사를 알아야 하고, 멋진 캐릭터를 만들어 내기 위해서 캐릭터 모형을 분석하고 그리는 연습을 부지런히 해야 한다. 디지털 게임은 대부분 이 모든 구성을 갖추고 있다고 볼 수 있지만, 비-디지털 게임인 보드게임은 공간, 조작 도구를 한정해서 만들어야 하기 때문에 생각하는 모든 것을 담을 수가 없다. 특히 스토리는 소개하는 정도의 짧은 문장으로 요약하는 경우가 일반적이다. 물론, TRPG처럼 스토리 형태의 게임은 두꺼운 스토리북이 있지만, 대부분 룰북 시작 부분에 짧게 소개하는 정도다.

이번 장에서는 앞에서 계획한 콘셉트 내용을 기반으로 간단한 세계관을 설정하고 짧은 스토리를 만들어 본다. 페이퍼 프로토타입에 캐릭터가 차지하는 비중은 크지 않으므로, 이 책에서는 페이퍼 프로토타입에서 캐릭터로 사용할 수 있는 종류 정도만 소개한다. 그리고 게임의 목표를 정하고, 전체적인 게임의 스토리가 게임에서 재미를 줄 수 있도록 요소들을 디자인한다.

01 세계관 설정

● 세계관의 배경

세계관이란 그 세계에서만 통용되는 언어나 규칙 같은 것으로, 스토리의 시간적, 공간적, 사상적 배경을 말한다. 세계관과 스토리를 같은 맥락으로 이해하고 있는 사람이 많다. 그러나 세계관과 스토리는 완전히 다르다. 세계관은 플레이어가 경험할 수 없는 시간과 공간, 그 속에서 일어난 또는 일어날 사건이며, 스토리는 세계관에서 일어난 사건을 해결하고 목표를 달성하기 위해 이제부터 플레이어가 펼쳐갈 실제 플레이 부분이다. 이러한 정의로 사람들은 영화나 소설이라고 하면 스토리를 가장 먼저 떠올리고, 게임이라고 하면 세계관을 가장 먼저 떠올린다. 〈반지의 제왕(The Lord of the Rings)〉은 세계관을 가진 게임의 가장 대표적인 작품이다. J.R.R. 톨킨(J.R.R. Tolkien)의 원작 소설은 영화뿐만 아니라 게임으로도 제작되어 큰 인기를 끌었다. 중세를 배경으로 다양한 종족, 마법, 예언, 저주, 특별한 무기, 판타지라는 장르적 특성 때문에 그 어떤 것을 만들더라도 허용된다. 〈반지의 제왕〉 보드게임의 경우만 해도 2000년 첫 출시 이후, 매년 확장 팩을 내면서 오늘날 17개 언어로 번역되어 백만 개 이상의 판매를 기록하고 있다.

그림 8-1 반지의 제왕

모든 게임 스토리에는 세계관이 있다. 그러나 모든 스토리텔링 게임의 세계관을 사람들이 매력적이라고 여기는 것은 아니다. 〈반지의 제왕〉을 최고의 세계관으로 꼽는 이유는 무수히 많은 설정과 판타지라는 장르까지, 그 세계관만의 특별함이 보이기 때문이다. 그래서 누구나 이와 같은 특별한 세계의 주인공이 되어 보고 싶게 만든다. 이처럼 세계관은 게임에서 실제로 존재해야 하고, 존재하는 세계관은 게임 세계에 영향을 주어야 하므로 스토리를 절대로 벗어날 수 없는 요소이다.

❶ 시간적 배경

시간적 배경은 언제라는 질문에 대한 답이다. 고대 시대일 수 있고, 중세 시대일 수 있고, 현대일 수도 있으며, 미래나 알려지지 않은 시대일 수도 있다. 그 외에도 역사, 주요한 사건, 기술의 발전 수준 등은 모두 시간적 배경에 포함된다. 이것은 세계의 상황을 이해하는 데 중요한 역할을 하며, 세계관의 분위기와 개성을 형성하는데 크게 기여한다. 게임 스토리가 왜 그 시점에서 시작해야 하는지에 대한 이유가 바로 게임 스토리가 본격적으로 시작되는 시점이다. 플레이어가 스토리를 진행하기 전에 일어난 사건, 즉 현재 사건에 원인을 제공한 사건이 되는 과거의 스토리가 세계관이다. 세계관의 시간적 배경은 플레이어가 경험할 수 없는 과거 이야기이기 때문에, 세계관의 시작을 오억만 년 전이어도, 인류가 등장하기 수백만 년 전이라 해도 문제없다. 단, 그다음 이야기가 게임 세계에 반드시 영향을 미치도록 해야 세계관에 거론할 이유가 되는 것이다.

그림 8-2 세공사

⟨세공사(Segongsa)⟩

화려한 보석을 만드는 세공사들의 이야기

1905년,

남아프리카 트란스빌에서 채굴된 세계 최대의 다이아몬드가 영국 왕실에 도착했습니다.

그리고, 여왕의 대관식 때 사용할 봉과 왕관을 만들기 위해

세계적인 세공사들이 왕실에 초대되었습니다.

여러분은 그중 한 명으로,

봉과 왕관에 장식될 보석을

세상에서 가장 우아하고 화려하게 만들어야 합니다.

상자를 열고, 보석 조각들을 세공하여 여왕에게 선택받을 수 있는 아름다운 보석을

만들어 보세요.

위의 글은 ⟨세공사(Segongsa)⟩ 보드게임 규칙서에 소개된 게임 시나리오다. 사건이 일어난 순서를 살펴보면, ① 1905년 남아프리카 트란스빌에서 세계 최대 다이아몬드가 채굴된다. ② 그 다이아몬드를 영국 왕실로 옮겼다. ③ 대관식 때 사용할 봉과 왕관을 만들어야 한다. ④ 그래서 세계적인 세공사를 왕실로 초대한다. ⑤ 세공사로 초대된 여러분이 왕비의 대관식 때 사용될 봉과 왕관을 장식을 보석을 우아하고 화려하게 만들어야 한다. 여기까지는 플레이어가 게임에 등장하기 전으로, 스토리가 아직 시작되지 않았다. 즉, 시나리오 글 전체가 ⟨세공사⟩ 보드게임의 시간적 배경에 해당하는 세계관이 되는 것이다.

❷ 공간적 배경

공간적 배경은 어디서 일어나는지에 대한 질문에 대한 답이다. 스토리를 구성하는 모든 공간으로, 게임 내에서 볼 수 있는 시대, 배경, 오브젝트, 장소 등 대부분을 포함하기 때문에 범위가 매우 넓다. 공간이 갖는 시대, 지형, 구성에 따라 캐릭터들의 행동에 제한이나 가능성을 제시하며, 시각적으로 세계를 묘사하는 데 중요한 역할을 하기 때문에 플레이어 경험이 달라진다. 공간적 배경에서 말하는 시대는 각각의 게임 스토리에만 존재하는 특별한 시대를 의미한다.

❸ 사상적 배경

사상적 배경은 게임 세계의 사람들이 가지고 있는 생각, 철학, 가치관이다. 게임 세계에서 통용되는 사고방식으로, 종교, 철학, 윤리, 도덕 등의 형태로 나타날 수 있다. 사상적 배경은 캐릭터들의 행동과 선택에 동기를 제공하며, 그들의 세계관을 형성하는 데 중요한 역할을 한다. 〈코르세어(Corsaire)〉에서 총을 든 해적과 칼을 든 해적이 싸운다. 현실 세계에서는 당연히 총과 칼은 대적 무기가 아니므로 이해할 수 없지만, 게임 세계에서는 허용되는 사고방식 범위 안에 들어간다.

● 세계관 작업 시 주의사항

세계관은 시간, 공간, 사상적 요소들이 서로 얽혀있으며, 각각이 세계관의 특징과 분위기를 만들어낸다. 세계관의 모든 요소가 잘 조화되면, 플레이어는 그 게임 속 세계에 더 쉽게 몰입할 수 있다. 〈월드 오브 워크래프트(World of Warcraft)〉의 세계관 핵심은 두 세력 간의 대립이다. 여기에 등장하는 얼라이언스와 호드 두 세력은 서로 다른 언어를 사용하기 때문에 서로 말이 통하지 않게 세계관을 작업해 놓았다. 실제로 게임 내에서도 두 세력 간에 소통이 불가능하도록 채팅을 막고, PvP 시스템을 만들었다. 플레이어들은 상대 세력과 대화를 할 수 없기 때문에 적대감을 가지고 게임에 몰입할 수 있게 되었다. 이처럼 세계관은 플레이어가 등장하기 전에 일어난 사건으로 플레이어가 경험할 수 없는 부분이지만, 스토리에 등장해야 하고, 게임에서 그 역할을 하면서 영향을 미쳐야 한다.

그림 8-3 월드 오브 워크래프트

반면에, 빈약한 세계관으로 지적받는 게임들을 살펴보면 문서에 설정해 놓은 거창한 세계관들을 실제로 게임에서 찾아보기 어렵다는 공통점이 있다. 많은 사람이 세계관은 세계를 창조한 신이 거창하게 등장해야 하는 것으로 착각하고 있다. 만약 신을 거창하게 등장하는 것으로 설정했다면 역할이 있어야 하고, 그것이 게임 세상에 영향을 미쳐야 한다. 세계관에서 거창하게 등장한 신이 스토리 내내 역할이 없고 거론도 되지 않는다면 세계관을 잘못 작업한 것이다.

게임 시나리오 작가나 게임 디자이너를 희망하는 사람이라면 〈월드 오브 워크래프트(World of Warcraft)〉나 〈반지의 제왕(The Lord of the Rings)〉 같은 특별한 게임 세계를 창조하고 싶은 로망이 있을 것이다. 게임 세계를 창조한다는 것은 그 자체로 매력이 있으며, 시나리오 작업 중에서도 가장 힘들면서도 가장 재미있는 작업일 수 있다. 게임 세계관이 의미가 있으려면 게임 시스템으로 존재할 수 있도록 설계해야 한다. 중세 판타지를 세계관으로 하는 〈반지의 제왕(The Lord of the Rings)〉, 〈해리포터(Harry Potter)〉와 같은 게임들은 세계관이 그만큼 매력적이기 때문에 비슷한 게임이 계속해서 만들어지고 있다. 새로운 게임의 세계관을 작업할 때, 이미 검증된 세계관을 차용해도 되지만, 게임이 차별성을 가지려면 그 게임 세계관만의 특별한 부분이 반드시 있어야 한다. 예를 들어, 마법이 공존하는 중세 판타지 세계관을 가져와서 현대식 무기가 존재하는 중세 판타지 세계관으로 바꾼다면 스토리 전개와 게임 시스템 등 모든 것이 달라질 수 있다.

그림 8-4 클루: 해리포터

게임을 디자인할 때, 시나리오 작업을 먼저 하든, 시스템 작업을 먼저 하든 관계없다. 중요한 것은 일관성으로, 세계관과 스토리 뿐만 아니라 시간적, 공간적, 사상적 배경 간의 이질감 없이 자연스럽게 맞물릴 수 있도록 일관성 있게 작업해야 한다. 그래야 게임의 가장 중요한 키워드인 플레이어 경험과 세계관이 연결된다.

● 세계관의 항목과 설정 가이드

하나의 게임 세계는 구성 항목들의 집합으로 이루어져 있다. 항목들은 각각의 객체로서 의미를 지니기에 세계관을 설정할 때, 만들고자 하는 세계관에 필요한 항목들을 각각 설정해야 한다.

❶ 시대

- 시대는 세계관 설정의 시작점으로 시간적 배경과 공간적 배경을 포함한다.
- 시대를 명확히 설정하면 그것만으로 세계관의 상당 부분을 설명할 수 있다.
- 같은 시간이라도 공간이 다르면 세계관이 완전히 달라진다.
- '중세 유럽' 보다 '공룡과 인간이 공존하는 중세 유럽' 등 명확하게 설정하는 것이 좋다.

❷ 지역

- 세계관의 공간적 배경에 해당한다.
- 배경은 모두 지역 설정을 바탕으로 제작된다.
- 지역에 따라 의상과 건축 양식, 배경과 몬스터를 다르게 설정해야 한다.
- 몬스터 등 등장 요소가 많을 경우, 무한대 생산이 불가능하므로 색상을 변경해서 다른 종족으로 설정하는 방법도 있다.

❸ 종족

- 게임 내 사회를 구성하는 '인간다움'을 가지는 종족을 가리킨다.
- 해당 국가, 세력 내의 종족 구성 등을 설정한다.
- 인간, 엘프, 오크, 드워프, 호빗, 트롤 등 종족별로 구분해서 설정한다.
- 종족 설정은 캐릭터 설정의 기초 작업이다.

❹ 건축 및 의상 양식

- 건축과 의상 양식은 아트 방향성에 영향을 미친다.

- 지역의 기후와 지형에 잘 맞는 건축 양식으로 설정하는 것이 중요하다.

- 아트 작업이 변하지 않도록 절대적인 방향성을 먼저 제시하는 것이 중요하다.

❺ 역사

- 게임 세계관에서 역사는 과거가 아니라, 중요하고 의미 있는 사건이다.

- 일상적인 밤은 의미가 없지만, 밤에 행성이 떨어졌다면 그 밤은 의미가 있는 사건이다.

- 역사는 플레이어 등장 이전의 사건이며, 게임 스토리는 역사가 끝나는 시점에 시작된다.

❻ 과학, 무기 등

- 시대에 맞는 과학, 무기 등의 존재 여부와 발달 수준을 고려해서 설정해야 한다.

- 존재 여부와 수준이 시대와 맞지 않아도 게임이기에 허용되는 부분도 있겠지만 타당한 설정이 있는 편이 좋다.

❼ 정치

- 유한한 자원을 둘러싸고 벌이는 권력 싸움이다.

- 왕의 권력이 세면 중앙집권 체제, 왕의 권력이 약하면 지방분권 체제이다.

- 중앙집권 체제에 왕을 암살했다면, 국가 전체의 혼란을 일으킬 수 있는 중요한 사건이 된다. 반대로 지방분권 체제에 왕을 암살해도 별 의미가 없다.

❽ 경제

- 개인의 재산 인정 여부를 고려해야 한다. 예를 들면 자본주의는 인정하고, 사회주의는 인정하지 않는다.

- 어떤 일을 해서 돈을 버는지 고려해야 한다.

- 돈을 버는 체계인 산업은 지역과 연관이 깊다. 평야 지대라면 농업, 지리적 요충지라면 상업으로 설정한다.

❾ 문화

- 게임 내 구성원의 문화와 사고방식, 가치관이다.

- 그들만의 행사나 축제가 있다면, 문화를 연결해서 이유를 분명하게 설정한다.

- 주변 세력과의 관계는 스토리에 중요한 영향을 끼칠 수 있다.

❿ 계급

- 스토리 작법에서 갈등은 중요하며, 그 자체로 갈등을 유발하는 요소이다.

- 스토리 전개를 위한 최고의 도구 중 하나다.

- 계급이 있어도 갈등이 없는 경우도 있다.

02 스토리 작성

게임 시나리오의 범위 기준은 사람마다 다를 수 있다. 엔씨소프트문화재단에서 편찬한 『게임 사전』에 시나리오(Game Scenario)는 '게임을 이끌어가는 주제와 세계관을 구성하는 모든 이야기 요소를 포함한 게임 서사로, 게임 시나리오 구조에 해당하는 배경 이야기, 캐릭터 모델 이야기, 퀘스트로 이뤄진다.'고 설명되어 있다. 즉 이야기, 주제, 세계관을 비롯해 등장인물의 관계 등을 모두 포함하는 게임 서사라는 것이다.

● 스토리와 스토리텔링

게임이 다른 매체와 구분되는 가장 큰 특징은 상호작용(Interaction)이다. 영화와 드라마는 '영화(드라마)를 본다'라고 하며, 게임은 '게임을 한다'라고 말한다. 여기에서 주목할 글자는 '게임'보다 '한다'라는 동사로, 영어로는 'Do'라고 표현할 수 있다. 같은 의미와 행위를 게임에서는 플레이(Play)로 부른다. 게임 플레이란 플레이어가 게임에서 상호작용이 이뤄지는 과정을 경험하는 것으로, 그 과정을 통해 게임의 본질이라고 하는 '재미'를 추구하게 된다. 게임에서 무엇보다 중요한 것은 읽고 보는 것이 아니라, 스토리를 따라 상호작용을 경험하는 것이다.

스토리(Story)란 말 그대로 이야기다. 모든 콘텐츠는 스토리가 있다. 영화나 드라마는 스토리 비중이 크고, 게임은 플레이 방식인 메커닉스의 비중이 절대적이지만, 그럼에도 스토리를 함유하고 있다. 그렇다면 스토리의 비중이 큰 영화나 드라마에 비해서 게임에서의 스토리는 부수적인 것인가?라고 질문한다면, 그렇지는 않다. 스토리 부분에서 최고의 명작으로 높은 평가를 받는 〈젤다의 전설(The Legend of Zelda)〉은 개발 초기에 시나리오가 없었다. 〈젤다의 전설〉에서 스토리가 없다고 생각해 보자. 아마 플레이어의 경험이 달라져 지금의 시리즈물로 존재하지 않았을 것이다. 게임에서 스토리의 비중이 절대적인 것은 아니지만, 그럼에도 스토리는 게임에서 빼놓을 수 없는 요소이다.

그렇다고 게임에 스토리만 있으면 모두 성공하냐고 물으면, 그건 아니다. 중요한 것은 게임의 스토리가 있는지에 대한 여부보다 스토리를 어떻게 전달할 수 있는지다. 이렇게 스토리를 전달하는 방법을 스토리텔링(Storytelling)이라고 하는데, 스토리와 스토리텔링을 같은 개념으로 이해하고 있는 사람들이 많다. 하지만, 스토리와 스토리텔링은 완전히 다르다. 스토리는 이야기 그 자체이지만, 스토리텔링은 이야기를 전달하는 방법으로 일종의 문법이며, 해당 매체만의 고유한 언어이자 대화 방법론이다.

☑️ **잠깐만요** **스토리와 스토리텔링의 차이점**

- 스토리(Story) = 이야기
- 이야기 + telling = 전달 방법
  스토리텔링(Storytelling) = 이야기 전달 방법

스토리 기반 콘텐츠에는 소설, 영화, 드라마, 연극, 게임 등이 있다. 연극은 작가가 대본이라는 글을 쓰고, 그 글을 배우들이 표정, 몸짓, 목소리로 전달한다. 대본은 스토리이며, 배우들이 연기로 관객과 스토리텔링한다. 게임은 시나리오 작가가 게임 시나리오를 작성하면 프로그래머와 아트 디렉터, 사운드 팀 등이 다양한 기술을 동원하여 하나의 게임으로 만들어 낸다. 보드게임에서는 스토리로 덮어놓은 보드판, 카드, 게임 말, 주사위 등을 사용하면서 플레이어들의 텔링이 이뤄진다. 즉, 시나리오라는 스토리로 플레이어가 게임 속 다양한 메커니즘 또는 구성물, 기술과 상호작용하면서 스토리텔링을 한다.

이런 관점에서 본다면 스토리 자체로는 큰 의미를 지니지는 않는다. 정말 중요한 것은 스토리를 텔링하는 것이다. 1975년에 개봉해 전세계적인 붐을 일으킨 전설적인 걸작 영화 〈죠스(Jaws)〉와 1987년에 출시한 게임 〈죠스(Jaws)〉는 영화의 스토리를 게임으로 만들었지만 성공하지 못한 대표적인 사례이다. 영화에서의 공포감과 끔찍함이 게임에서는 전혀

경험할 수 없었기 때문이다. 즉, 텔링을 잘 하지 못한 것이다. 〈젤다의 전설〉이 지금과 같은 방식으로 스토리텔링이 이뤄지는 것이 아니었다면, 과연 성공했을까? 아마 상상도 안 해봤을 뿐만 아니라, 이런 상상을 할 필요성이 전혀 없다. 이는 그만큼 스토리텔링이 훌륭하게 이루어져 있다는 증거이다. 물론, 〈젤다의 전설〉이라는 게임이기에 성공했을지도 모른다고 생각하는 사람도 있을 것이다. 그러나 실제로 그렇게 생각할 수 있는 것조차 〈젤다의 전설〉이 플레이어와의 상호작용을 통해 만들어 낸 스토리텔링이 강력한 경험으로 남아있기 때문에 할 수 있는 말이다. 이것이 스토리텔링이며, 가장 이상적인 형태는 각 매체 고유의 특성에 맞는 스토리텔링을 하는 것이다.

> ☑️ **잠깐만요** **스토리 기반 콘텐츠의 텔링 형태**
>
> - **소설** : 텍스트
> - **연극** : 대사와 배우
> - **드라마** : 대사와 영상
> - **영화** : 영상
> - **게임** : 플레이(경험)

〈젤다의 전설〉은 닌텐도 스위치에서 스토리가 가장 잘 텔링될 수 있도록 최적의 환경을 구축하고 플레이어들에게 소름돋는 감동과 경험을 제공한다. 만약 이 게임을 보드게임으로 제작한다면, 보드판, 카드, 캐릭터 말, 아이템 칩 등을 사용해서 스토리텔링할 수 있는 형태로 완전히 재구성해야 한다. 같은 스토리라 해도 플레이하는 플랫폼과 사용하는 기술, 개발 범위, 용어 등 모든 환경이 다르고, 스토리의 크기와 전개 방식, 사용하는 기술과 종류, 상호작용하는 방식 등 플레이어 경험의 결과에 간섭하는 모든 것이 다르기 때문에 플랫폼에 맞는 형태를 갖춰야 스토리텔링이 제대로 만들어진다.

이 과정에서 디지털 기반의 원작 〈젤다의 전설〉이 가지고 있는 막강한 힘과 핵심 메커닉스를 아날로그 기반의 보드게임에서 어떻게 구현해야 할지에 대한 깊은 고민도 필요한 것이고, 아날로그의 한계로 인해 표현할 수 없는 요소들을 제거하는 결정도 쉽지 않을 것이다.

소설 『해리 포터』를 보드게임 〈해리 포터(Harry Potter)〉로 디자인한 라이너 크니지아도 원작 스토리를 한 시간 동안 플레이할 수 있는 보드게임으로 표현하기 위해 가장 많이 고민한 부분이 보드게임으로 스토리를 풀어 나가는 최적의 방법을 찾는 과정이었다고 한다. 게임다운 스토리텔링은 플레이하면서 자연스럽게 스토리를 알게 되는 것, 그것이 가장 이상적인 형태다.

스토리는 일종의 수단이자 도구다. 게임에서 스토리를 활용하는 이유는 플레이어가 게임에 몰입할 수 있도록 하기 위한 아주 당연한 선택이라고 봐야 한다. 이처럼 게임 디자이너는 게임을 디자인할 때 스토리라는 아주 강력한 도구를 사용하지 않을 이유가 없다.

그림 8-5 젤다의 전설: 야생의 숨결

그림 8-6 해리포터: 호그와트 전투

● 게임에 자주 나타나는 플롯

많은 사람이 스토리를 만드는 데 집착하지만 실제로 흥행에 성공하는 스토리는 많지 않다. 게임다운 스토리를 만들고 게임답게 스토리텔링하려면 스토리의 구조를 살펴봐야 한다. 스토리 구조 중 가장 흔하게 쓰이는 단어가 '플롯(Plot)'이다. 플롯의 사전적 의미를 찾아보면 대부분 '스토리 구조'라고 한다. 플롯의 개념적인 이해가 어려운 것은 이 '구조'에 대한 해석이 다르기 때문이다. E.M.포스터(E.M.Forster)는 플롯은 사건 간의 필연적 연관 관계가 있기 때문에 스토리와 구분된다고 했다. 미녀와 야수 이야기는 하나이지만 다루는 방식과 사건을 결합하는 방법에 따라 구조가 달라지는 것과 같은 의미다.

> ☑ 잠깐만요 **플롯(Plot)**
>
> · **사전적 의미** : 스토리 구조
> · **개념적 의미** : 사건의 연결

플롯의 유형에는 하나의 사건과 이야기로 구성된 단순 플롯, 여러 이야기와 여러 사건이 동시에 진행되는 복합 플롯, 하나의 중심적인 사건을 두고 인물과 사건 그리고 배경이 꽉 짜여 있는 유기적 플롯, 중심 사건 없이 산발적인 진행을 보이는 산만한 플롯이 있다. 게임에서 가장 많이 사용하는 플롯은 사랑, 모험, 탐색, 생존, 성장, 권력, 복수, 추적, 저항, 외톨이 플롯이다. 예를 들어, 사랑 플롯의 주요 목표는 주인공이 사랑하는 사람과 함께하기 위해 수많은 시련과 장애를 극복해 가는 과정을 그린 스토리다. 결말은 행복하거나 비극으로 끝날 수도 있다. 사랑 플롯의 구조는 두 사람이 사랑에 빠져서 어떤 일로 헤어진다. 그러다가 어떤 계기로 인해 다시 만나서 사랑을 이루거나, 비극으로 끝난다. 모험 플롯의 목표는 공동체 삶에 도움이 될 무엇인가를 찾도록 자극하고 영감을 불어넣는 것이다. 구조는 주인공이 여행을 떠나고 도중에 흥미로운 인물을 만나서 재미있는 상황에 처한다. 그리고 여행을 마친 후, 통찰을 얻는다. 이렇게 아주 흔하고 일반화된 패턴 자체를 스토리 구조라고 할 수 있으며, 이것이 플롯이다.

게임을 비롯한 모든 콘텐츠에서 플롯은 단일 플롯도 있지만, 성공한 게임들은 대부분 복수 플롯이다. 예를 들면, 주인공이 복수하는 대상이면서, 복수를 당하는 대상이 될 수 있다. 플롯은 패턴을 어떻게 정의하느냐에 따라 연구자마다 조금씩 차이가 있지만 정답은 없다. 『이론과 실전으로 배우는 게임 시나리오』에서 조르주 폴티(George Pllti)는 36가지, 로랄드 B. 토비아스는 20가지 플롯을 소개하고 있다.

표 8-1 조르주 폴티와 로랄드 B. 토비아스의 플롯

No.	조루주 폴티의 36가지 플롯	로날드 B. 토비아스의 20가지 플롯
1	간청	추구
2	구출/탈출	모험
3	복수를 부르는 범죄	추적
4	혈연을 위한, 다른 혈연에 대한 복수	구출
5	도망/추적	탈출
6	재앙	복수
7	희생자	수수께끼
8	반란	라이벌
9	대담한 시도	희생자
10	납치	유혹
11	수수께끼	변신
12	획득	변모
13	혈연 간의 증오	성숙
14	혈연 간의 경쟁	사랑
15	살인을 부르는 간통	금지된 사랑
16	광기	희생
17	치명적인 경솔함	발견
18	본의 아닌 사랑의 죄악	지독한 행위
19	알지 못하는 가족이나 친구의 살해	상승
20	이상을 위한 자기희생	몰락
21	혈연을 위한 자기희생	
22	사랑을 위한 모든 것의 희생	
23	가족이나 친구의 희생	
24	우월자와 열등자의 경쟁	
25	간통	
26	사랑이 죄악	
27	사랑하는 사람의 수치 발견	
28	사랑의 장애	
29	적에 대한 사랑	
30	야망	
31	신과의 싸움	
32	빗나간 전투	
33	오판	
34	후회	
35	잃어버린 것을 찾아서	
36	가족이나 친구의 죽음	

게임에서 사용하는 플롯이 따로 정해져 있는 것은 아니지만, 플랫폼별로 환경적 특성에 따라 스토리텔링이 잘 되는 일부 플롯이 있다. 모바일 게임은 쉽게 접근할 수 있고, 짧은 세션으로 플레이할 수 있도록 설계되기 때문에 복잡한 플롯보다는 간편한 목표나 맥락을 제공하는 경향이 있다. 성장과 발전, 수집, 경쟁, 퍼즐, 전략과 전투, 탈출 등이 모바일 게임에서 자주 사용되는 플롯이다.

PC 게임은 다양한 장르와 스타일이 있기 때문에 플롯이 게임의 이야기와 진행을 안내하는 중요한 역할을 한다. 대표적으로 구출, 세계 구하기, 복수, 생존, 탐색과 발견, 성장과 발전 등이 있다. 콘솔/비디오 게임의 경우, 구출, 모험, 탐색, 전개와 결말, 경쟁, 생존, 창조가 있다. 보드게임에서는 거래, 건설, 전략 및 정복, 탐험 및 모험, 추리 및 해결 등이 대표적으로 사용되는 플롯이다. 이 외에도 플랫폼별로 수많은 플롯이 존재하며, 플롯은 종종 플레이어의 행동과 결정에 따라 분기하거나 변화하기도 한다.

표 8-2 게임에서 자주 나타나는 플롯

콘솔/비디오 게임	PC 게임	모바일 게임	보드게임
구출 (Rescue)	구출 (Rescue)	성장과 발전 (Growth and Development)	거래 및 건설 (Trading and Building)
모험 혹은 탐색 (Adventure/Exploration)	세계 구하기 (Saving the World)	수집 (Collection)	전략 및 정복 (Strategy and Conquest)
전개와 결말 (The Quest)	복수 (Revenge)	경쟁 (Competition)	탐험 및 모험 (Exploration and Adventure)
승리와 패배 (Victory/Defeat)	생존 (Survival)	퍼즐 해결 (Puzzle Solving)	추리 및 해결 (Deduction and Solution)
생존 (Survival)	탐색과 발견 (Exploration and Discovery)	전략 및 전투 (Strategy and Combat)	탐색과 발견 (Exploration and Discovery)
창조 (Creation)	성장과 발전 (Growth and Development)	탈출 (Escape)	탈출 (Escape)

● 게임 스토리 구조

인류의 탄생부터 지금까지 모든 스토리의 원초적인 시작은 신화와 영웅 이야기다. 우리 역사상 최초의 국가를 세운 내용에도 단군신화가 나오고, 어릴 때 읽었던 고대 그리스와 로마 탄생 스토리도 신화 이야기다. 단군신화와 그리스 로마 신화를 통해 우리는 영웅에 대한 로망을 그려왔고, 그들을 통해 상상을 키워왔다. 게임 스토리를 만들 때, 스토리의 구조를 이해하고 만들고자 하는 게임에 맞는 스토리 구조를 따라가면 탄탄한 이야기를 구성할 수 있다.

스토리에서 가장 대표적인 구조는 시드 필드(Syd Field)의 3막 구조로, 할리우드에서 볼 수 있는 시나리오 공식구조다. 물론 모든 스토리가 이 구조를 따르는 것은 아니지만, 명 작으로 뽑히는 수많은 작품의 스토리가 기본적으로 3막 구조이기 때문에 공식구조라고 불리는 것이다. 할리우드 시나리오 작법의 교과서로 불리는 『시나리오란 무엇인가』의 저 자 시드 필드는 수천 년 전 아리스토텔레스가 『시학』에서 정의한 3막 구조의 밋밋함을 없 애기 위해 '구성점'이라는 개념을 넣어 스토리가 획기적으로 전환되는 시점을 만들었다.

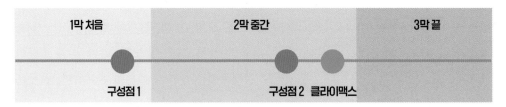

그림 8-7 시드필드의 3막 구조

구성점 1은 1막에서 스토리가 본격적으로 전개되는 지점을 나타낸다. 구성점 이전은 세 계관과 주요 등장인물, 주요 갈등을 소개하고, 이 구간을 지나면서 본격적인 갈등이 시작 되고, 스토리가 재미있어진다. 구성점 2는 2막 사건이나 문제 해결을 위한 결정적인 정보 나 주인공의 행동을 크게 변화시킬 수 있는 사건에 해당한다. 구성점 3은 가장 극적인 부 분인 클라이맥스로 2구간이 끝나가는 지점에서 배치하는 것이 좋다. 이렇게 구성하면 1 막-2막-3막이 '균형-불균형-균형' 형태로 기본적인 스토리가 만들어지고, 스토리 확장 이 필요하면 구성점 2에 해당하는 사건을 더 늘리면 된다. 여기에서 중요한 것을 짚고 넘 어가야 한다.

스토리를 만들다 보면 전체 스토리에서 클라이맥스가 가장 중요하다고 착각하는 사람이 많다. 클라이맥스보다 중요한 것은 1막과 1막의 구성점이다. 스토리의 모든 것은 1막에 서 결정되며, 플레이어의 관심을 지속하는 요인도 1막에서 결정된다. 1막은 게임 스토리 에 대한 관심과 플레이의 동기부여에 중요한 역할을 한다. 게임 스토리가 탄탄하게 구성 되기 위해서는 플레이어가 스토리텔링을 재미있게 느낄 수 있도록 1막의 기본적인 기능 에 충실하고 구성점 1의 사건을 극적으로 잘 구성해야 한다. 이 구조는 MMORPG의 퀘스 트 구조와 거의 일치하며, 보드게임의 스토리 만들 때에도 3막 구조를 따르면 도움이 된다. 디지털 게임의 방대한 세계관과 비교해서 스토리가 간단하지만, 기본적으로 스토리 비중이 큰 TRPG, 방탈출, 건설, 모험 장르뿐만 아니라 최근에는 모든 게임에서 스토리를 중요하게 다루고 있다. 물론, 디지털 게임처럼 방대한 스토리를 몇 일, 몇 개월에 걸쳐 장시간 플레이할 만큼은 아니지만, 그만큼의 스토리를 1시간 이내 풀어내기 위해 압축하려면 디지털 게임 스토리를 만들 때만큼 고민을 해결해야 한다.

크리스토퍼 보글러(Christopher Vogler)의 영웅의 모험 코스, 즉 영웅의 여정 12단계는 시드 필드가 정리한 할리우드 3막 구조를 더 세분화한 형태이지만, 3막 구조를 벗어나지 않는다. 잘 알려진 디즈니 애니메이션인 〈라이온 킹〉의 스토리 구조 또한 3막 구조 형태의 영웅의 여정 12단계를 바탕으로 만들어졌다.

영웅의 여정 12단계는 1막에 해당하는 일상세계, 모험의 소명, 소명의 거부, 정신적 스승과의 만남, 2단계에 해당하는 시험/협력자/적대자, 동굴 가장 깊은 곳으로의 진입, 시련, 보상, 3막에 해당하는 귀환의 길, 부활, 영약을 가지고 귀환으로 구성되어 있다.

☑️ **잠깐만요** **크리스토퍼 보글러의 영웅의 여정 12단계**

1막(처음)

1. **일상세계** : 영웅은 일상세계에서 소개된다.
2. **모험의 소명** : 일상세계에서 모험의 소명을 받는다.
3. **소명의 거부** : 영웅은 처음에는 결단을 내리지 못한 채 주저하거나 소명을 거부한다.
4. **정신적 스승과 만남** : 정신적 소명의 격려와 도움을 받는다.
5. **첫 관문의 통과** : 첫 관문을 통과하고 특별한 세계로 진입한다.

2막(중간)

6. **시험, 협력자, 적대자** : 특별한 세계에서 영웅은 시험에 들고, 협력자와 적대자를 만난다.
7. **동굴 가장 깊은 곳으로의 진입** : 영웅은 동굴 가장 깊은 곳으로 진입하여 두 번째 관문을 통과한다.
8. **시련** : 집입한 장소에서 영웅은 시련을 이겨낸다.
9. **보상** : 영웅은 대가로 보상을 받는다.

3막(끝)

10. **귀환의 길** : 자신이 떠나왔던 일상세계로 귀환의 길에 오른다.
11. **부활** : 영웅은 세 번째 관문을 통과해 부활을 경험하고, 그 체험한 바에 의해 인격체로 변모한다.
12. **영약을 가지고 귀환** : 영웅은 일상세계에 널리 이로움을 줄 은혜로운 혜택과 보물인 영약을 가지고 귀환한다.

❶ 일상세계

영웅의 일정은 일상세계에서 시작된다. 〈반지의 제왕〉 도입부의 프로도는 마을에서 일상을 즐기는 호빗에 지나지 않는다. 〈모리배, 세곡선의 비리〉에서 노제영은 한양에서 평화로운 일상생활로 한가한 시간을 보내고 있었다. 원래 노제영은 머리는 좋았지만, 벼슬에는 뜻이 없어 암행어사가 되고도 암행을 멀리하고 있었다. 이때의 평화로운 일상은 곧 진입할 미지(모험)의 세계와 완벽하게 대비된다. 즉, 일상은 위기가 없는 평화로운 세계라고 생각하면 된다. 전부라고 할 수는 없지만 대부분의 스토리는 일상-비일상-일상의 흐름에서 크게 벗어나지 않는다. 그리고 일상이 파괴되는 순간 본격적인 스토리가 시작된다.

❷ 모험의 소명

일상에 위기가 생기면서 변화의 조짐이 보이기 시작한다. 영웅은 자신이 속한 세계에 어떤 문제가 있다는 사실을 인지하게 된다. 예를 들어, 〈반지의 제왕〉에서 프로도가 간달프와 빌보 삼촌에게 반지의 존재에 대해 듣는다. 〈모리배, 세곡선의 비리〉에서 왕은 노제영에게 최근 세곡선 사고가 날로 심해지고 있으니 어떤 이유에서 이런 사고가 계속 발생하는지 암행을 다녀오라고 한다.

❸ 소명의 거부

영웅은 소명을 바로 받아들이지 못하고 거부하는 우유부단한 모습을 보인다. 자신의 힘으로는 세계를 구할 수 없을 것이라 생각한다. 소명이 거부되면서 극적 긴장감이 고조된다. 이때 영웅이 소명을 받아들일 수 있는 자극이 필요하다. 즉, 소명을 거부할 수 없게 하는 무언가가 필요한 것이다. 〈모리배, 세곡선의 비리〉에서 노제영은 돌아가신 아버지가 겪었던 일들을 떠올리며, 자신이 굳게 믿고 있는 세상에 대한 불신과 자신의 의지에 대한 의심과 앞으로 닥치게 될 여러 가지 두려움에 왕을 찾아가 자신이 할 수 있는 일이 아닌 것 같다면서 거절한다.

❹ 정신적 스승과 만남

영웅의 정신적 스승이 등장해 영웅을 성장시킨다. 스승은 영웅이 모험을 시작하기에 앞서 필요한 것들을 제공한다. 〈모리배, 세곡선의 비리〉에서 망설이고 있는 노제영 앞에 황보빈이 나타나고, 툭 내뱉는 황보빈의 말 한마디에 노제영은 잠시 생각에 잠긴다. 이 단계에서 영웅은 스승과 함께 모험을 위한 준비를 한다고 보면 된다. 정신적인 스승은 조력자이지만, 영웅과 동행하지는 않는다. 그러나 영웅이 모험을 중단하려 할 때마다 등장해서 영웅이 모험을 계속해 나가도록 격려한다. 〈반지의 제왕〉에서 간달프가 위기에 빠진 프로도를 구해주는 것 또한 이 단계에 해당된다.

❺ 첫 관문의 통과

영웅은 첫 관문을 통과함으로써 미지의 세계에 완전히 진입한다. 이때 영웅은 관문 수호자를 만난다. 관문 수호자는 영웅 스스로 해결해야 하는 과제라 할 수 있다. 그러나 관문 수호자를 적대자라 생각해서는 안 된다. 영웅을 시험하는 것이 관문 수호자의 가장 중요한 역할이기 때문에 조력자가 관문 수호자가 될 수 있다. 〈모리배, 세곡선의 비리〉에서 노제영의 세상에 대한 불신은 아직 변함이 없지만, 바깥 세상은 한양보다 재미있는 일이 많아 유랑 차원에서도 좋겠다는 마음으로 결국 조운 암행길에 오른다.

❻ 시험, 협력자, 적대자

모험이 시작되면서 영웅에게 새로운 도전과 시험이 끊이질 않는다. 그 과정에서 협력자와 적대자를 만난다. 이 단계는 영웅이 성장해 나가는 과정이라고 생각하면 된다. 〈모리배, 세곡선의 비리〉에서 노제영은 황보빈과 함께 마산창, 안흥량, 손들목을 돌아다니면서 모진 대우를 당하면서도 조서원의 도움과 차서원의 배신으로 이제야 세곡선에 대해 자세히 알아봐야겠다는 다짐을 하게 된다.

❼ 동굴 깊은 가장 곳으로의 진입

영웅은 가장 위험한 장소이자 여정의 핵심인 동굴 가장 깊은 곳으로 진입하고, 이때 두 번째 관문을 통과해야 한다. 〈모리배, 세곡선의 비리〉에서 노제영은 손들목 근처에서 난파된 세곡선을 발견하고 사고에 의문을 품기 시작한다. 사선의 신상을 알아내기 위해 사건의 원인이 무엇인지, 발상지를 찾아 나선다.

❽ 시련

영웅은 죽을 위험에 처하기도 하고 적대 세력과의 전투에서 절체절명의 위기에 빠지기도 한다. 시련의 단계에서 영웅은 죽거나 죽을 것처럼 보여야만 살아남을 수 있다. 즉, 죽음과 재생의 단계다. 이는 영웅에게 신비로움을 부여하는 원천이 된다. 영웅은 당연히 특별한 존재인데, 이를 시련의 단계에서 보여 주는 것이다. 영웅의 모험에서는 이처럼 목숨을 건 위험이 따라야 한다. 〈모리배, 세곡선의 비리〉에서 옥에 갇힌 노제영은 빠져나가기 위해 모든 방법을 동원해 보지만, 수령은 해가 뜨면 노제영을 죽이겠다고 한다. 해가 뜨지 않기만을 바라며 뜬눈으로 밤을 세웠지만, 결국 해는 뜨고 살기를 포기한 노제영 앞에 뜻하지 않게 조서원이 나타난다. 조서원의 도움으로 가까스로 풀려난 노제영은 감옥에서 만난 조의중으로 인해 새로운 다짐을 하게 된다.

❾ 보상

시련을 이겨낸 영웅은 보상을 얻는다. 보상은 스토리에 따라 다양한 형태로 제공된다. 〈모리배, 세곡선의 비리〉에서 노제영과 황보빈은 마지막 암행 장소인 광흥창에 도착한다. 이곳에서 노제영은 옛 벗인 도균을 만나고, 도균으로부터 세곡선 비리에 대한 확신을 얻는다.

❿ 귀환의 길

영웅은 아직 시련을 완전히 극복하지 못한 상태다. 이 단계에서 영웅의 적대자는 영웅의 귀환을 방해한다. 〈모리배, 세곡선의 비리〉에서 노제영은 한양으로 돌아와 그동안의 사건을 정리하면서 자신의 변한 모습에 잠시 생각에 잠긴다.

⓫ 부활

영웅을 일상세계로 귀환하기 전에 시련을 맞이한다. 목숨을 담보한 대결에서 죽음을 맞이하는 것이나, 영웅은 다시 부활한다. 시련 단계에서의 죽음과 재생의 반복이다. 이 단계를 통해 영웅은 새로운 통찰력을 지닌 존재로 거듭나야만 일상세계로 돌아갈 수 있다. 〈모리배, 세곡선의 비리〉에서 노제영은 입궁길에 지난날 안홍량에서 보았던 차서원과 손돌목에서 보았던 수령을 만났다. 그들은 노제영이 갖고 있는 복명서를 훔쳐 달아나지만, 노제영은 황보빈과 함께 사력을 다해 복명서를 되찾고 그들을 따돌리며 궁을 향해 뛴다.

⓬ 영약을 가지고 귀환

영웅은 일상세계로 귀환한다. 이때 미지의 세계에서 영약, 보물, 교훈을 습득한 상태로 돌아온다. 〈모리배, 세곡선의 비리〉에서 드디어 궁에 도착한 노제영, 왕에게 복명서를 전달하고 달라지는 세상을 기대하며 뿌듯한 마음으로 집으로 돌아간다.

사실 보드게임에서는 스토리가 길지 않아 시놉시스 형태로 정리하는 것이 보편적이다. 보드게임 디자인 시, 스토리와 캐릭터를 설정할 때, 12가지 모험 중에 본인이 계획한 보드게임을 더욱 극적인 환경으로 만들거나 재미를 높이는데 필요한 것은 적극적으로 반영할 필요가 있다. 또한, 영웅의 모험 스토리를 꼭 순서대로 적용할 필요는 없다. 스토리가 짧은 보드게임에서 보여 줄 수 있는 캐릭터의 모험 중 어떤 것을 적용할 수 없는지, 어떤 것을 적용하면 좋은지, 가능한 것은 어떤 순서로 적용해야 할지 결정하고 골라낼 수 있는 디자이너가 되도록 노력해야 한다.

● **에피소드**

게임의 테마를 중심으로 시나리오에서 알아야 할 마지막 요소는 에피소드다. 스토리의 3요소인 인물, 배경, 사건에서 인물은 캐릭터, 배경은 세계관, 그리고 사건은 에피소드다. 에피소드는 스토리 중간에 사건과 사건 간의 분절된 토막 이야기다.

에피소드를 보면 게임의 스토리가 어떻게 진행될지 흐름이 보인다. 각각의 에피소드는 분절되어 있음을 알 수 있고, 분절된 틈 사이로 쉬어가는 공간이 존재한다는 것을 느낀다. 이처럼 이전 스토리가 뒤에 펼쳐지는 스토리에 어떤 영향을 줄지, 그 영향으로 인한 변화가 무엇일지 짐작하게 된다. 극적인 흐름을 유지하면서 새로운 에피소드가 왜 들어가야 하는지 의미를 명확하게 하고, 늘어난 에피소드를 어디에 배치할 것인지 고민하면 된다.

에피소드에도 유형이 있다. 사사키 토모히로(Tomohiro Sasaki)는 게임의 목적을 달성하기 위해 필요한 에피소드, 시나리오 진행을 위해 필요한 에피소드, 시나리오의 테마를 보다 심화시키기 위한 에피소드, 게임의 본래 목적으로부터 벗어난 이벤트 성격의 에피소드로 4가지 유형을 제안했다.

> ☑ **잠깐만요** **사사키 토모히로가 제안한 게임 에피소드의 4가지 유형**
>
> 1. 게임의 목적을 달성하기 위해 필요한 에피소드
> 2. 시나리오 진행을 위해 필요한 에피소드
> 3. 시나리오의 테마를 보다 심화시키기 위한 에피소드
> 4. 게임이 본래 목적에서 벗어난 이벤트 성격의 에피소드

❶ 게임의 목적을 달성하기 위해 필요한 에피소드

스토리 상에서 벌어지는 중요한 사건으로, 플레이어가 게임의 목표를 달성하기 위해 필수적인 사건이다. 〈세공사〉에서 영국 왕실에서 여왕의 대관식이 곧 열린다는 사실과 세공사들은 화려한 보석을 사용해서 세계에서 가장 귀품있고 아름다운 여왕봉과 왕관을 만들어야 하는 명령을 받은 사건 등은 게임의 목표를 달성하기 위해 반드시 필요한 사건이며, 스토리의 핵심 사건을 에피소드로 분절한 것이다.

❷ 시나리오 진행을 위해 필요한 에피소드

플레이어가 게임의 목표를 달성하려면 시나리오가 진행되어야 한다. 장소를 이동하거나, 동반자 및 협력자에게 도움을 받아서 장애를 극복하거나, 반대로 적대자를 만나서 방해를 받는 사건 등이다. 〈세공사〉에서 흩어져 있는 보석 조각을 모아야 하는 행동, 보석의 종류가 6가지며 가치가 다르다는 것, 가치가 높을 수록 조각 수가 적다는 것, 보석 점수를 받으려면 같은 보석 조각 6개를 연결해야 한다는 사실 등이 해당한다.

❸ 시나리오의 테마를 보다 심화시키기 위한 에피소드

게임의 목표를 달성하기 위해 반드시 필요한 에피소드는 아니지만, 게임의 스토리를 풍성하게 하고, 깊이를 더하는데 추가되는 에피소드이다. 〈세공사〉에서 광부가 남아프리카 광산에서 다이아몬드를 캤지만 영국 왕실로 보낸 것, 원석을 100개의 조각으로 나누고, 가장 큰 조각으로 여왕봉을 만든 사건이 포함된다.

❹ 게임이 본래 목적에서 벗어난 이벤트 성격의 에피소드

게임의 시나리오는 진행하기 위해 반드시 필요한 에피소드는 아니지만, 게임의 재미를 더하고 볼륨을 키우기 위해 추가하는 에피소드이다. 〈세공사〉에서 기능 타일인 삽, 곡괭이, 집게를 추가하여 볼륨을 키우고, 재미를 강화하는 효과를 얻었다.

에피소드가 잘 구성된 보드게임은 4가지 유형이 적절한 비율로 절묘하게 디자인이 되어 있다. 플레이어에게 감동을 주고 다양한 경험을 제공하기 위해 스토리는 매우 중요하며, 에피소드 배분을 잘 배치하는 것은 더더욱 중요하다.

03 캐릭터 구상

게임 디자이너 제시 셸(Jesse Schell)은 멋진 스토리를 만들고 싶다면, 그 스토리 안에서 기억에 남을 만한 캐릭터가 있어야 한다고 했다. 캐릭터는 테마를 기반으로 스토리를 만들어가는 인물이다. 보드게임에서 캐릭터는 대부분 플레이어 자신인 경우가 많다. 거대한 세계관은 아니지만, 작은 이야기에도 캐릭터는 존재하고, 플레이어는 캐릭터를 대신해서 테마를 찾아간다. 일부 롤플레잉에서는 캐릭터 카드를 제시하기도 하지만, 일반적으로 플레이에 참여한 모든 플레이어는 각자가 게임 스토리 속 캐릭터가 되어, 모든 행동을 대신해 줄 게임 말을 직접 이동하면서 플레이를 생성한다.

보드게임 속 가상의 캐릭터를 이해하는 방식에는 몇 가지가 있다. 그중에서도 가장 흔한 방식은 공감이다. 게임 말을 대신하거나, 캐릭터 카드를 대신해서 플레이어들은 장애를 극복하고 문제를 해결하기 위해 마치 캐릭터를 자신의 거울이라 여긴다. 다음은 캐릭터를 동경의 대상으로 만드는 것이다. 문명이나 역사를 소재로 하는 보드게임의 경우, 캐릭터는 왕, 영웅, 가문의 보스 등을 신격화하여 플레이어 자신을 바로 그 인물로 묘사한다. 또 내가 갖지 못한 능력을 가진 존재에 대한 동경은 캐릭터에 몰입하게 하는 좋은 요소다. 스토리 속의 캐릭터가 어떻게 사용될지는 스토리 유형에 달려있다. 그리고 또 하나의 요소로 의외성이 있다. 의외성은 예상에서 벗어나는 것으로, 그 자체로 흥미를 느끼고 궁금해 한다.

그림 8-8 메이지 나이트

보드게임에서는 캐릭터를 게임 말이라 부른다. 대부분 게임 말은 스토리 속 주인공이자 자기 자신이며, 자신의 차례에 수행할 액션을 선택하고, 지역을 이동하며, 현재 플레이 상황이 어떠한지에 대한 피드백까지 많은 역할과 기능을 지닌다. 주로 플라스틱이나 나무로 만든 것을 사용하며, 색깔을 다양하게 해서 플레이어를 구분한다. 캐릭터에 역할을 부여하거나 게임상 필요할 경우, 캐릭터를 그려서 카드 형태로 만드는 방법도 있다. 일부 추상 전략이나 퍼즐 장르는 게임 말이 없는 게임도 많다. 보드게임에서는 이처럼 추상적인 것들도 캐릭터로 받아들이고 게임 내 스토리가 이끄는 주인공 이상의 존재감으로 공감대를 만들어 플레이를 전개한다.

그림 8-9 플라스틱, 나무 재질의 보드게임 말

그림 8-10 신라: 천년의 미소 캐릭터 타일

하지만 단순 플라스틱이나 나무, 카드 형태로는 캐릭터 자체의 스토리를 펼치기에는 한계가 있다. 그래서 피규어로 만들어서 게임물로 구성하는 경향이 늘고 있다. 특히, 스토리 기반의 소설이나 웹툰, 디지털 게임의 유명 IP를 사용하는 경우 게임 캐릭터 즉, 게임

말에 특히 정성을 많이 들인다. 실제 구성물들을 만지면서 플레이하는 보드게임만의 특징으로 인해 입체로 만든 피규어는 게임의 볼륨과 완성도를 더욱 크게 하는 중요한 요소다. 캐릭터를 디자인할 때 주의해야 할 점은 플레이어의 제어에 대한 것이다. 보드게임 캐릭터는 디지털 게임 캐릭터와 달라서 스스로 행동하지 못하고 플레이어에 의해 제어된다. 이런 점을 고려해서 게임 스토리와 배경에 어울리는 캐릭터로 디자인해야 하며, 플레이어가 캐릭터를 옮기면서 스토리 창조가 가능하도록 동일성 있는 세심한 주의를 기울여야 한다.

모든 보드게임에 캐릭터가 있는 것은 아니며, 캐릭터가 필요 없는 보드게임도 있다. 예를 들어, 〈식스틴(Sixteen)〉은 게임 내 캐릭터가 없다. 이 게임은 플레이어들이 타일을 나눠 갖고, 자신의 차례가 되면 전략적으로 선택한 타일을 내면서 자신의 타일을 빨리 없애거나, 더 이상 게임 진행이 어려운 상황이 되면 남은 타일의 수가 적은 사람이 승리하는 게임이다. 이 게임에서 필요한 것은 오직 타일이며, 타일을 선택하는 순간이다. 자신이 가지고 있는 타일이 어떤 수인지, 다른 사람들이 낸 타일이 어떤 것인지, 다시 차례가 돌아왔을 때 어떤 타일을 내는 것이 좋은지에 대한 전략과 선택에 따라 승패가 결정된다.

보드게임에서의 플레이어는 대부분 캐릭터를 대신한다. 플레이어 자신이 주인공이자 적대자이며, 동료이자 몬스터다. 수많은 캐릭터가 등장하는 디지털 게임과 달리 보드게임에서는 한정된 캐릭터만 사용한다. 가끔 추가로 사용하는 NPC가 존재하는 게임이 있지만, 이런 경우는 아주 드물다.

캐릭터는 스토리 안에서 말, 행동, 외모 등 성격 묘사의 복잡성에 따라 다양하게 나타낼 수 있다. 『Game Design Workshop』에서는 캐릭터의 성격 묘사 복잡성에 따라 입체적 캐릭터와 평면적 캐릭터로 구분했다. 입체적 캐릭터는 캐릭터의 특징이 잘 묘사되어 게임 스토리가 전개되는 동안 성격 면에서 중대한 변화를 겪는 경우이며, 평면적 캐릭터는 특징이 별로 없고 피상적인 성격을 가진 캐릭터라고 했다. 게임 디자이너가 입체적 캐릭터를 만들어 내기 위해서는 대리 행위와 공감 사이의 균형을 고려해서 캐릭터를 디자인해야 한다. 대리 행위는 게임에서 캐릭터가 플레이어를 대신해 주는 실용적인 기능이고, 공감은 플레이어가 자신의 목표와 캐릭터의 목표를 동일시하고 그 결과 캐릭터에 감정적인 애착을 형성하는 것이다. 게임 디자이너는 게임 캐릭터를 디자인할 때 대리 행위와 공감을 고려해야 한다.

8.2 메커니즘 분석

01 트릭 테이킹

트릭 테이킹(Trick Taking)은 18세기와 19세기 유럽에서 〈휘스트(Whist)〉를 시작으로 크게 유행했다가 1925년에 출시한 〈브리지(Bridge)〉의 강타로 인해 카드 게임의 대표 메커니즘이자 장르가 되었다. 약 1,000년의 역사를 가지고 있는 만큼 세부 규칙이 다양하게 변주되었고, 지금도 다양한 게임이 출시되고 있다.

트릭 테이킹 게임은 다양한 수트와 여러 계급으로 구성된 카드를 사용한다. 이 게임의 목표는 트릭을 획득하는 것이고, 획득한 트릭 수가 많은 사람이 승리한다. 트릭을 획득하기 위해서는 트릭, 수트, 리드, 그리고 계급을 이해해야 한다. 트릭은 라운드 개념과 비슷하다. 시작 플레이어부터 게임을 진행하고 모든 플레이어가 자신의 차례를 한 번씩 완료하면 한 트릭이 끝난다. 게임이 종료될 때까지 여러 번 트릭을 진행한다. 수트는 플레잉 카드에서 다이아몬드(◆), 스페이드(♠), 하트(♥), 클럽(♣) 같은 카드의 무늬 또는 패턴이며, 계급은 카드에 적힌 번호를 의미한다. 리드는 안내, 기준, 방향을 말하므로, 리드 수트(Lead Suit)는 기준이 되는 카드 무늬라고 생각하면 된다.

트릭 테이킹 게임은 카드를 나눠주는 것으로 시작해 모든 카드를 플레이어들에게 균등하게 배분한다. 게임 시작을 누가 먼저 할 것인지 정하고, 트릭 플레이어는 자신이 가지고 있는 카드 중 1장을 골라서 낸다. 트릭 플레이어가 낸 카드의 수트는 리드 수트가 된다. 다른 플레이어들은 리드 수트에 해당하는 카드를 가지고 있다면 반드시 내야만 하고, 리드 수트가 없는 경우에 한해서만 자신이 가지고 있는 카드 중 아무 카드나 낼 수 있다. 모든 플레이어가 돌아가면서 카드를 1장씩 내면, 리드 수트에 해당하면서 가장 높은 계급 카드를 낸 플레이어가 이번 트릭에 나온 카드를 모두 가져가서 본인 앞에 테이블에 따로 둔다.

이것을 '트릭을 획득했다.'고 하며, 카드를 가져간 플레이어는 새로운 트릭 플레이어가 되어 새로운 트릭을 시작한다. 이와 같이 트릭 테이킹 게임은 매우 정형화된 순서를 지니며, 아주 단순한 구조를 가지고 있다.

트릭 테이킹 게임이 오랜 세월에 걸쳐 다양하게 변주될 수 있었던 이유는, 이 게임이 가진 운과 전략의 수준이 많은 사람에게 사랑을 받을 만큼 충분했기 때문이다. 트릭 테이킹 게임은 카드 운이 크게 작용하지만, 카드 운을 전략적으로 승화시키는 재미가 있다. 지금까지 사용한 카드와 상대방이 손에 들고 있을 카드를 예측하는 카드 카운딩, 카드의 서열을 통해 다른 플레이어를 누르는 힘의 대결, 시작 플레이어를 잡는 타이밍, 예측을 현실로 만들어가는 재미 등 카드로 구현할 수 있는 다양한 전략과 재미가 이 게임 구조에 담겨있다.

● 위자드

〈위자드〉는 시작 플레이어가 원하는 카드를 내면서 게임이 시작된다. 다른 플레이어들은 시작 플레이어가 낸 수트를 따라야 하며, 리드 수트가 없는 경우에만 원하는 카드를 낼 수 있다. 리드 수트 중 가장 높은 랭크의 카드를 낸 플레이어가 트릭을 따며, 트럼프가 나왔다면 트럼프 중 가장 랭크가 높은 트럼프를 낸 플레이어가 트릭을 따면서 한 트릭이 끝난다. 다음 트릭은 이전 트릭에서 트릭을 딴 플레이어가 리드가 되어 트릭을 시작한다.

이 게임의 카드는 4가지 수트로 구성되어 있으며, 일반적인 트릭 테이킹 메커니즘 게임들과

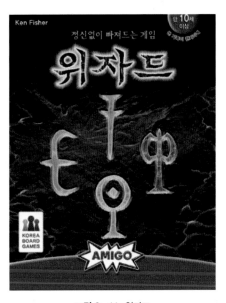

그림 8-11 위자드

다른 특수한 카드가 있다. 항상 트럼프면서 다른 카드보다 무조건 더 높은 랭크로 간주되는 '위자드'와 항상 트럼프가 아니면서 다른 카드보다 무조건 더 낮은 랭크로 간주되는 '광대'가 있다. 또한, 라운드마다 나눠주는 카드의 장수가 달라지는 것도 이 게임의 재미 요소다.

● 스페이스 크루

〈스페이스 크루〉역시 트릭 데이킹의 문법을 따르지만, 플레이어들이 경쟁이 아니라 협력해야 한다는 점에서 이전의 트릭 테이킹에서 혁신적인 변주로 볼 수 있다.

이 게임의 매력은 제약과 제한이다. 플레이어들은 말이나 몸짓으로 의사소통을 할 수 없으며, 정보 전달을 위해 통신 토큰을 이용하거나 조난 신호 토큰을 사용하고, 임무를 완수하기 위해 다양한 방법을 활용하고 협력하여 특정 순서에 따라 트릭을 따내야 한다. 트릭이 진행될수록 점점 고도의 방법을 활용해야 하며, 더군다나 협력하지 않으면 진행되지 않게 설계되어 있지만, 이 점이 또 새롭게 느껴진다.

그림 8-12 스페이스 크루

8.3 실습하기

9주차 실습

① **목표** : 세계관 설정과 스토리 작성하기

② **추천 분량** : PPT 2~3장

01 세계관을 설정한다.

- 시대적 배경 :
- 공간적 배경 :
- 사상적 배경 :

02 스토리를 만든다.

03 게임에 필요한 캐릭터를 설정한다.

9 장

메커닉스

목표, 객체·속성·상태·행동·관계, 규칙에 대해 학습하고 만들고자
하는 게임에 목표와 규칙을 만든다.

9.1

이론과 개념

세계관 설정과 스토리 작성이 끝나고 캐릭터까지 설정됐다. 다음은 게임에서 가장 중요한 시스템을 만들 차례다. 스토리가 아무리 멋져도 그 자체로는 게임이 될 수 없다. 스토리가 멋지게 펼쳐지려면 게임이 플레이되어야 하는데, 이때 게임 플레이가 일어나도록 하는 것이 바로 시스템이다. 이 장에서는 게임의 구성요소 중 메커닉스에 대해 알아본다.

01 코어 메커닉스 다이어그램

● 코어 메커닉스 다이어그램의 구조

어떠한 대상이나 현상에 관한 연구를 시작할 때, 근본적으로 가장 먼저 해야 할 작업은 그에 대해 객관적으로 분류해 보는 것이다. 쉽게 말하면 1000피스 퍼즐을 맞출 때, 색깔 혹은 조각 모양별로 분류하는 것과 같은 맥락이다. 게임의 설정 자체가 분류적인 사고를 따르며, 게임에 속한 시스템들 사이의 같고 다름에 대한 분별이 이뤄져야 분석이 가능해진다. 게임의 분류는 크게 플랫폼, 상호작용 대상, 장르, 게임의 목적, 행위 등을 기준으로 분류할 수 있다. 그중에서 게임의 목적과 행위는 게임 메커닉스에 영향을 받는 것으로, 디자이너가 메커닉스 요소를 어떻게 이용하느냐에 따라 게임의 동적 성질에 대한 균형이 달라진다.

게임 메커닉스란 사전적 의미로 게임에 필요한 기능을 실현하기 위해 관련 요소를 어떤 법칙에 따라 조합한 집합체를 의미한다. 게임은 자연이나 인간이 만든 세계와 구별되는 요소들이 공동의 목표나 목적을 가지고 다양한 모습으로 시스템 내에서 상호작용하면서 통합된 전체를 이루는 집합으로 정의된다. 게임 메커닉스의 목적은 게임의 목표를 이루기 위해 필요한 기능과 기술을 제공하고 이를 사용하는 데 있어서 체계화하는 것이다. 이것은 단순할 수도 있고 복잡할 수도 있다. 메커닉스 요소들의 상호작용에 따라 정확하고,

예측 가능한 결과를 도출할 수 있고, 매우 다양하고 예측 불가능한 결과를 도출할 수도 있다. 이렇게 메커닉스가 이토록 다른 방식으로 작동하는 것은 메커닉스 요소 간의 요인에 의해 결정된다.

게임 디자인 세계에서 모든 디자이너는 자신만의 디자인 방법론을 갖고 있을 가능성이 높지만, 그것이 일종의 방법론이 되기는 어렵다. 더군다나 게임의 많은 요소를 게임 디자인에 연결하는 것은 쉽지 않으며, 이러한 요소들이 게임에 적합한지 분명하지 않기 때문에 보다 간단한 방식을 이용하여 이를 결정하는 도구가 있다. 게임 디자이너인 김샤미(Charmic KIM)는 이것을 '코어 메카닉스 다이어그램(Core Mechanics Diagram)'이라고 정의했으며, 이 다이어그램은 매우 간단한 프레임 워크다.

이 모델에서는 핵심 메커니즘이 가장 중심에 있으며 게임의 핵심을 형성한다. 다른 메커니즘은 핵심 주위에 레이어를 형성하고, 내러티브는 가장 바깥쪽에 레이어를 형성한다. 역학이란 상호작용을 촉진하는 시스템을 의미하고, 상호작용이란 플레이어와 게임 간의 일종의 대화를 의미한다. 이런 단어 중 어느 것도 실제로 게임이 무엇인지에 해당하지 않는다. 왜냐하면 게임은 플레이어의 두뇌와 상황이 디스코드에 들어갈 때 이러한 단어에 의해 생성되는 경험이기 때문이다. 그러나 경험을 한 뇌에서 다른 뇌로 직접 전달할 수 있는 신경 기술을 발명할 때까지 게임 디자이너가 이 게임 내에서 제어할 수 있는 것은 메커니즘이다.

코어 메카닉스 다이어그램(Core Mechanics Diagram)은 게임 디자인 과정에서 유용한 도구다. 특히, 게임 메커닉스를 설계할 때 이 모델을 활용하면 게임 디자인의 방향을 명확하게 할 수 있고, 디자인 과정 중에 방향을 잃을 수 있는 위험을 줄여 준다.

코어 메카닉스 다이어그램(Core Mechanics Diagram)은 4개의 레이어로 구성되어 있으며, 각각의 역할은 다음과 같다.

그림 9-1 코어 메카닉스 다이어그램

❶ 코어 메카닉(Core Mechanic)

게임에서 가장 자주 발생하는 의도적인 상호작용 즉, 행동을 뜻한다.

예를 들어, 〈슈퍼 마리오(Super Mario)〉와 같은 플랫폼 게임에서 코어 메카닉은 일반적으로 점프이며, 〈배틀 그라운드(Battle Ground)〉와 같은 슈팅 게임에서는 사격이 가장 자주 발생하는 행동이다. 또한, 〈카트 라이더(Kart Rider)〉처럼 레이싱 게임에서는 운전이 될 수 있다. 코어 메카닉을 결정하는 역할은 이렇게 행동이 없으면 게임을 전혀 플레이할 수 없다.

❷ 세컨더리 메카닉(Secondary Mechanic)

코어 메카닉보다 덜 자주 발생하는 상호작용이다. 이 레이어 내에서 가장 많이 발생하는 행동부터 가장 적게 발생하는 행동까지 계층화할 수도 있다.

❸ 프로그레션(Progression)

진행 메커니즘으로, 게임의 규칙을 형성하며 전체적인 수준에서 게임 시스템 내 변화의 원천이 된다.

❹ 내러티브(Narrative)

그 안의 모든 내부 레이어를 맥락에 포함시키는 가장 바깥쪽에 위치한다. 이 레이어에는 게임 스토리와 세계관을 나타낼 수 있다.

● 코어 메커닉스 다이어그램의 특징

좋은 게임을 디자인하기 위해서는 코어 메커닉스 다이어그램의 레이어를 구성하고 관계를 이해하는 것만으로는 부족하다. 그것들이 게임 재미에 어떻게 관여하는지 염두에 두고 레이어 간의 관계가 이뤄지도록 디자인해야 한다. 〈식스틴(Sixteen)〉, 〈코드톡(CODETALK)〉, 〈세공사(Segongsa)〉, 〈신라: 천년의 미소(Silla: The Smile of a Thousand Years)〉 게임을 통해 코어 메커닉스 다이어그램에서 레이어 간의 관계에 대한 특징을 알아보자.

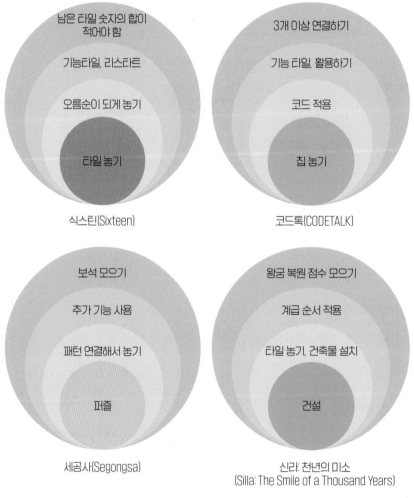

그림 9-2 코어 메커닉스 다이어그램에 적용한 각 게임의 특징

첫째, 좋은 게임은 일반적으로 이해하기 쉽고, 확장할 여지가 있는 매우 강력한 핵심 메커니즘이 있다. 그 메커니즘이 그 자체로 강력한 의미를 갖는다면 플레이가 된다. 또한, 각 레이어가 서로를 보완하는 게임이다. 즉, 각 레이어가 다른 레이어에 어떤 영향을 미치는지 확인하여 레이어 간의 관계를 테스트할 수 있다. 〈식스틴(Sixteen)〉에서 '16엔드 타일을 놓으면 해당 색깔의 타일 연결이 잠기고, 타일 연결 잠김을 해제하려면 16리스타트 타일이나 기능 타일을 사용해야 한다.'와 같이 레이어에 바깥쪽으로 향하는 이러한 종류의 게이팅 관계가 없고 안쪽으로 향하는 맥락 관계가 없다면 디자인을 다시 고려해 보아야 한다.

둘째, 정말 신선한 경험은 종종 게임 핵심의 혁신에서 비롯된다. 〈코드톡(CODETALK)〉은 독특한 플레이어 경험을 전달하는 게임 중 하나로, 칩을 놓으려면 이전 플레이어가 지정한 코드 내에서만 가능하다. 이 게임은 독특한 핵심 메커니즘이 있고 이 메커니즘을 매우 잘 수행했다.

셋째, 때때로 혁신은 레이어의 특이한 조합에서 비롯된다. 예를 들어, 퍼즐 핵심 메커니즘은 일반적으로 이벤트와 짝을 이루지 않는다. 하지만 〈세공사(Segongsa)〉는 같은 종류의 퍼즐 6조각으로 보석을 완성하면 기능 타일의 이벤트가 발생한다.

넷째, 매우 일반적인 핵심 메커니즘은 다른 레이어를 강하게 만들어 내기도 한다. 〈신라: 천년의 미소(Silla: The Smile of a Thousand Years)〉에서 왕궁터를 조성하거나 건축을 하기 위해서는 계급을 선택해야 하고, 이것은 규칙으로 강력하게 규정되어 있다.

훌륭한 게임 디자이너는 보조 메커니즘이나 진행 없이도 핵심 활동이 기분 좋게 느껴지도록 단일 점프의 물리학에 많은 관심을 기울일 것이다. 그러나 모든 핵심 메커니즘이 그렇게 빡빡하고 단일 루프를 가져야 한다고 생각하는 것은 실수다. 예를 들어, 전략 게임을 보면 핵심 메커니즘은 '유닛 배치'인 경우가 많다. 물리적으로 말하면, 전략 게임에 유닛을 배치하는 것이 본질적으로 즐거운 것은 아니지만, 이를 두뇌 활동으로 보면 이 핵심 메커니즘이 얼마나 깊고 의미가 있을 수 있는지, 전략 게임이 그토록 재미있는 이유를 알 수 있다. 또한, 전략 게임의 핵심 메커니즘은 훨씬 더 복잡하고 그 안에 다양한 피드백 루프가 포함되어 있다. 많은 성공적인 게임은 하나의 핵심 다이어그램에서 다른 핵심 다이어그램으로 이동하는 모달 전환을 수행한다. 모든 게임이 코어 메커닉스 다이어그램 틀에 잘 맞는 것은 아니지만, 게임 디자인 프로세스에서 아주 유용하다.

02 목표 설정

모든 게임에는 규칙이 있다. 어떻게 이동하며, 무엇을 할 수 있고, 무엇을 할 수 없는지 등 많은 것을 규정하고 규제한다. 이러한 규칙은 쉬울 수도 있고, 어려울 수도 있다. 규칙이 어떻든 플레이어는 게임 세계에 들어오면 규칙에 복종한다. 플레이어가 규칙에 복종하는데 근간이 되는 것이 바로 게임의 목표다. 게임 목표는 플레이어가 성취해야 하는 구체적인 결과다.

좋은 목표란 반드시 달성 가능한 목표로, 간혹 이에 도달하기 위한 과정이 모호하거나 숨어 있더라도 어떻게든 플레이어가 달성 가능한 것이어야 한다. 결과적으로 만족과 좌절, 즉 경험을 만드는 것이 무엇이든 플레이어를 목적지로 이끄는 선택지와 목적지에서 밀어내는 선택지 사이에서의 도전은 계속된다. 또한, 목표는 승패를 결정하는 기준이 되기도 한다. 플레이어가 보드게임에 집중하고 계속 머물 수 있게 하는 원동력이기도 하다. 게임에서 목표가 없다면 플레이어는 게임을 계속할 이유가 없으며, 게임 자체의 가치와 의미도 사라진다. 목표는 플레이어가 게임을 플레이해 나갈 수 있도록 방향을 잡아주고, 나아가 도전을 제공하고 게임의 분위기를 결정한다. 그러므로 게임에서 목표는 명확하게 명시해야 한다. 게임에서 목표가 둘 이상이라면 각각의 목표와 함께 이들이 어떻게 관계되는지를 명시해야 한다. 목표가 명확하지 않으면 플레이어는 게임 플레이를 진행하면서 혼란에 빠지게 되고, 이 상황을 빠르게 해결하지 못하면 결국 게임을 떠나게 된다.

어떤 게임은 플레이어마다 다른 목표를 정의하고, 어떤 게임은 플레이어가 여러 목표 중 하나를 선택하고, 또 어떤 게임은 플레이어가 게임을 하면서 자신의 목표를 스스로 정할 수 있어야 한다. 플레이어가 최종 목표를 달성하도록 돕는 미니 목표를 두기도 한다. 어떤 경우든 목표는 게임의 형식 체계뿐만 아니라, 극적인 측면에도 영향을 주므로 신중하게 디자인해야 한다. 목표가 전제나 스토리에 잘 통합되면 게임의 극적인 측면이 단단해진다.

● 목표의 특성

플레이어가 게임의 목표를 더 쉽게 이해할 수 있고, 그것을 어떻게 달성하는지, 그럴수록 게임을 플레이하고 싶게 하려면 게임 디자이너는 '목표의 특성'을 고려해서 디자인해야 한다.

> ☑️ **잠깐만요** **좋은 게임 목표의 특성**
>
> 1. 명확하고 구체적이어야 한다.
> 2. 달성 가능해야 한다.
> 3. 가치가 있어야 한다.
> 4. 보람이 있어야 한다.
> 5. 배분 가능해야 한다.
> 6. 스스로 정할 기회가 있어야 한다.

❶ **명확하고 구체적** : 게임 목표는 명확해야 한다. 어떤 것을 이루려고 하는지를 이해하고 명확하게 명시한다.

❷ **달성 가능** : 게임 목표는 달성 가능해야 한다. 플레이어가 게임의 목적을 이룰 수 있을 것 같다고 생각하게 해야 한다. 만약 플레이어가 게임의 목표 달성이 불가능하다고 생각한다면 게임 플레이를 포기한다.

❸ **가치** : 게임 목표는 가치가 있어야 한다. 목표를 달성했을 때, 성취감이나 보람이 있어야 한다. 플레이어가 게임의 목표를 달성했을 때 어떤 가치를 준다면 목표를 달성해 가는 과정에도 가치가 만들어지게 될 것이다.

❹ **보람** : 게임 목표는 달성했을 때 보상이 있어야 한다. 목적을 달성했을 때 플레이어에게 보상을 주는 것은 중요하다. 물질적인 것만큼 중요한 보상은 플레이어가 목적 자체를 달성함으로써 보상이 됐다고 느끼는 만족감이다. 보상을 너무 부풀리면 플레이어가 목적을 달성한 후에 주어지는 보상에 실망할 수 있으므로 이 점을 고려해서 적정한 수준으로 맞추는 것이 좋다.

❺ **배분** : 게임 목표는 배분 가능해야 한다. 목표를 단기적, 장기적으로 잘 배분한다면, 당장 무엇을 해야 하는지, 최종적으로 어떤 것을 이룰 수 있을지 알 수 있다.

❻ **스스로 정할 기회** : 게임 목표는 스스로 정할 기회가 있어야 한다. 게임 디자이너가 최초에 게임 목표를 의도적으로 설계하지만, 이것은 게임의 목표다. 플레이어는 게임에서 자신만의 또 다른 목표를 만들기도 한다.

이처럼 게임의 목표는 특성을 갖추는 것도 중요하지만, 플레이어가 액션에만 집중해서 게임 목적의 중요성을 잊어버리지 않도록 게임 디자이너가 꼼꼼하게 신경써야 한다.

● 게임에서 자주 나타나는 목표

디지털 게임에서 가장 흔한 목표는 세계를 구하는 것이다. 〈디아블로(Diablo)〉는 시리즈에 따라 차이는 있지만, 마을을 구하기 위해서, 나아가서는 세계를 구하기 위해 악과 싸우는 서사를 그린 게임이다. 이런 게임에서는 주인공을 방해하는 세력 혹은 절대악이 필연적으로 출현한다.

심지어 처음부터 세계를 구할 생각이 아니었어도, 작은 목표로 게임을 시작하다가 점점 모험의 규모가 커지면서 목표가 바뀌고, 결과적으로 세계를 구하는 목표로 연결되는 경우도 많다. 대표적인 게임이 〈테일즈 오브 테스티니 2(Tales of Destiny 2)〉다. 개인적인 성장을 위해 모험을 떠난 주인공이 우연한 사건을 계기로 어떤 소년을 만나게 되고, 그후 수많은 사건을 통해서 세계를 구하는 스토리로 이어진다.

또 다른 목표로는 종족의 이권과 생존을 놓고 벌어지는 전쟁이 있다. 어떻게 보면 세계를 구하는 목표와 비슷하지만, 세상을 뜻하는 세계가 아니라 자신들의 세계로 범위가 줄어든 목표라고 볼 수 있다. 이런 목표는 전략 시뮬레이션 장르에서 많이 볼 수 있는데, 대표적인 게임이 〈스타 크래프트(Star Creaft)〉다. 이 외에도 다른 나라를 정복하거나, 마왕 퇴치, 도시 건설, 공주 구하기, 도시나 농장 또는 자식을 육성하는 것, 생존 등이 있다. 심지어 연애가 목표인 게임도 있다.

보드게임에서 가장 흔한 목표는 획득이다. 점수를 모으거나, 자원 또는 아이템을 많이 모으는 것이다. 〈세공사(Segongsa)〉는 보석을 완성해서 점수를 받고, 〈신라: 천년의 미소(Silla: The Smile of a Thousand Years)〉는 왕궁터를 다지고 건축물을 세우면 점수를 받을 수 있다. 〈신들의 정원(Garden of Gods)〉과 〈셋(Set)〉은 자원이나 패턴을 규칙에 따라 세트로 모으는 것을 목표로 한다. 영역을 차지하는 것을 목표로 하는 게임도 있다. 제한된 게임 공간 내에서 일꾼, 타일, 칩 등을 사용하여 영역을 넓히거나 지형을 차지하는 방식을 취한다. 영역을 완전히 점령하거나 더 큰 규모의 영향력으로 지역을 차지한다든지, 조각난 지역 수를 더 많이 차지하는 목표도 있다. 영역 차지에서 차용한 목표 중 일정 구역을 울타리로 둘러싸는 목표가 있다. 속도와 관련 있는 목표는 모든 플레이어가 동시에 진행하는 플레이에서 많이 볼 수 있다. 이 목표는 미션을 빨리 끝내거나, 목적지에 빨리 도착하거나, 목적지를 빨리 연결하거나, 반대로 빨리 없애는 등 다른 플레이어들과 당연히 경쟁하지만, 그것보다 시간과의 경쟁에 더 압박을 받는다. 〈우봉고(Ubongo)〉, 〈큐빗츠

(Qbitz)〉, 〈코드톡(CODETALK)〉, 〈티켓투 라이드〉 등이 있다. 마지막으로 생존이다. 모든 플레이어가 경쟁하면서 혼자만 생존하기 위해 다른 플레이어를 제거하거나 게임에 불리한 요소를 없애는 것이 목표다.

- **식스틴** : 타일을 먼저 없애거나, 타일에 적힌 숫자의 합을 적게 남긴다.

- **코드톡** : 자신의 칩 3개를 나란히 연결한다.

- **세공사** : 여섯 조각으로 보석을 세공하고 점수를 획득한다.

- **신라, 천년의 미소** : 지형을 다듬고 건축물을 세워서 신라 천년 왕궁을 복원한다.

- **배틀십** : 상대방의 군함 다섯 대를 모두 격침한다.

- **체스** : 상대방 킹을 체크메이트 시킨다.

- **클루** : 누가 어디서 어떻게 살인을 저질렀는지 추론하여 범인을 잡는다.

- **석기시대** : 부족을 늘리고 문명을 개척한다.

- **문명** : 다른 문명을 모두 정복한다. 알파 센타우리 별을 식민지로 만든다.

표 9-1 게임에서 자주 나타나는 목표

No.	디지털 게임	보드게임
1	세상 구원	획득(모으기)
2	종족, 세력 확장	추격
3	악당 퇴치	영역 차지/점령/정복
4	도시 건설	건설/개척
5	공주 구출	연결
6	육성	탈출/생존
7	생존	범인 잡기
8	건설	만들기
9	탐험	도착

❶ 획득

획득 또는 모으기는 보드게임 목표에서 가장 많이 활용하고 있다. 점수 획득, 자원 획득, 세트 모으기가 대표적이며, 〈모노폴리〉, 〈할리갈리〉 등 점수를 많이 모으는 게임이 있고, 반대로 〈루미큐브〉, 〈식스틴〉처럼 점수를 없애거나, 최대한 적게 남기는 목표가 있다. 카드 패턴 세트를 모으는 게임도 이 카테고리에 포함된다. 사실 이런 유형의 목표를 가진 게임은 너무 많기 때문에 단일 목표로 사용되는 경우보다는 특징 목표와 함께 승리 조건을 결정하는 복합 목표로 사용한다.

❷ 추격

추격은 상대를 붙잡거나 상대를 피해 달아나는 것이다. 추격을 목표로 하는 게임은 주로 경찰과 도둑을 소재로 삼아서 일인 플레이어 대 게임 시스템 대결 구도나 플레이어 대 플레이어 구도, 일대다 대결 구도 등 다양한 구성으로 만든다. 예를 들어, 〈술래잡기〉와 〈여우와 거위〉는 일대다 대결 구도다. 〈암살자 놀이〉는 각 플레이어가 동시에 쫓고 쫓기는 플레이어 대 플레이어 게임이다. 추격 게임의 승패는 〈술래잡기〉, 〈니드 포 스피드〉처럼 속도와 민첩성으로 결정될 수 있고 〈암살자 놀이〉처럼 은밀함과 전략에 의해 결정될 수도 있다.

❸ 영역 차지/점령/정복

이 목표는 물리적으로 다른 플레이어보다 영토 또는 지형을 더 많이 차지하거나 모든 지역을 완전히 점령하는 것을 목표로 한다. 일부 지역의 과반수 이상을 차지하여 영향력을 행사하는 것, 일정 영역을 울타리로 둘러싸는 것도 포함된다. 〈블로커스〉, 〈킹도미노〉, 〈블록버스터〉 같은 추상 전략 보드게임과 〈세계의 역사〉, 〈문명〉과 같은 전략 게임이 있다. 이 목표의 승패는 전략으로 결정되는 것이 일반적이며 주사위를 사용하여 운으로 결정될 수도 있다. 또는, 〈백개먼〉처럼 전략과 운 모두에 의해 결정될 수도 있다.

❹ 건설/개척

이 목표는 어떤 것을 구축하고, 유지하고, 관리하는 것이다. 〈카탄의 개척자〉, 〈서버비아〉는 도시를 개척하고 건설하는 시뮬레이션 게임, 〈도미니언〉, 〈메이지 나이트〉 등과 같이 카드를 불리면서 덱을 건설하는 것, 〈석기시대〉, 〈문명〉은 부족을 늘리고 문명을 개척하는 것이 목표다. 이런 게임은 종종 리소스 관리와 거래를 핵심적인 게임 플레이 요소로 이용한다. 일반적으로 승패는 운이나 신체적 민첩성보다 전략적 선택에 따라 결정된다. 또한, 게임의 궁극적인 성공의 정의가 플레이어의 해석에 따라 달라질 수 있다. 예를 들어, 〈심시티〉에서 어떤 종류의 도시를 지을지 선택하고 〈더 심즈〉에서 어떤 종류의 가정을 꾸릴지 결정할 수 있다.

❺ 연결

이 목표는 숫자, 문양, 기호 등 패턴을 활용해서 공간적으로 구성하거나 분류에 따라 개념적으로 연결하는 것이다. 예로는 〈루미큐브〉, 〈식스틴〉, 〈타임라인〉 등 규칙에 따라 오름차순으로 정렬하는 형태, 〈택-택-토〉, 〈코드톡〉, 〈솔리테어〉, 〈케넥트 포〉처럼 정해진 수만큼 연결하는 형태가 있다. 목표를 달성하기 위해 공간적 또는 구조적 문제를 풀어야 하므로 퍼즐과 다소 비슷하기도 하다. 이 목표의 승패는 논리와 계산으로 결정되거나 운과 계산을 함께 써서 결정될 수 있다. 확장한 형태로는 이전 카드 또는 타일의 숫자나 패턴을 연결하는 〈우노〉, 〈로보 77〉, 같은 패턴을 연결하는 〈랩 마이스〉, 목표 지점을 연결하는 〈티켓 투 라이드〉가 있다.

❻ 탈출/생존

탈출 또는 생존은 정해진 유닛을 안전하게 만드는 것이다. 탈출을 목표로 하는 게임은 주로 방탈출 장르에서 많이 나타나는 목표로, 단서 해석과 암호 해독이 중요한 요소다. 이런 게임에서는 최종 목표와 중간 목표가 함께 제시되기도 한다. 예를 들어 〈언락〉에서 최종 목표는 암호를 풀고 정해진 시간 내 방에서 탈출하는 것이지만, 스토리를 풀어가는 중간에 기계장치를 결합하거나 힌트를 받을 수 있다. 반면, 생존을 목표로 하는 게임은 전쟁이나 혹한기, 전염병 등 극한 상황에서 살아남아야 하는 시뮬레이션 장르에서 볼 수 있다. 탈출과 생존은 비슷한 메커니즘을 가지지만 플레이 구조는 완전히 다르다. 주로 탈출은 플레이어들이 정보와 단서를 교류하는 협력 구조가 많으며, 생존은 최후의 1인으로 살아남기 위해서 치열한 경쟁 구조로 되어 있다.

❼ 범인 잡기

이 목표는 추격하기 목표와 연관성이 있지만, 최종 목표가 다르다. 추격은 경찰과 도둑이 서로를 잡기 위해 쫓고 쫓기는 스토리를 따라간다면, 범인 잡기는 경찰이 용의자의 행동과 알리바이를 분석하고 도둑 또는 살인자를 정확하게 밝히는 것이 목표다. 이 목표에서는 정보와 단서가 승패를 결정하는 중요한 요소다. 〈클루〉, 〈사건의 재구성〉이 대표적인 게임이다. 〈클루〉에서 모든 플레이어는 각자 대저택의 주인인 백만장자 블랙이자 용의자가 되어 살인이 일어난 장소와 도구, 그리고 범인을 추리해서 맞춰야 한다.

❽ 만들기

만들기를 목표로 하는 게임의 대표 장르는 스토리텔링과 퍼즐이다. 〈통〉, 〈옛날 옛적에〉는 정해진 카드로 이야기를 만들거나, 카드를 1장씩 펼쳐가면서 이전 사람이 만든 이야기를 이어서 만드는 방식이며, 〈커피러시〉, 〈꼬치의 달인〉은 레시피 카드를 보고 필요한 재료를 사용해서 음식을 만드는 방식이다. 또 다른 형태의 만들기 목표는 〈한글날〉이다. 〈한글날〉은 그림 단어 카드를 보고 자음과 모음 타일을 사용해서 연상 단어를 만드는 방식이다. 이 목표는 스피드와 결합된 시스템으로 확장되어 사용하기도 한다.

❾ 도착

이 목표는 물리적이든 개념적이든 다른 플레이어보다 먼저 목표에 도달하는 것이다. 예를 들어, 〈마해〉, 〈쿼리도〉와 같은 보드게임 또는 〈사다리 게임〉과 같은 전통적인 보드게임이 있다. 〈쿼리도〉는 전략, 〈마해〉와 〈사다리 게임〉은 운이 목표의 승패 결과에 영향을 미친다.

03 객체·속성·상태·행동·관계

● 객체

게임에서의 객체는 분리할 수 없는 독립된 하나의 조각이다. 객체는 단순한 데이터가 아니고 그 데이터의 조작 방법에 대한 정보도 포함하는 것으로 게임 진행과 결과의 행위에 영향을 미치는 대상이다. 게임 내에서의 객체는 게임을 이루는 모든 것으로, 시스템의 성격에 따라 물리적이거나 추상적일 수 있다. 이것은 하나 이상의 속성을 가지며, 혹은 2가지 성격을 모두 띨 수도 있다. 객체는 게임 내에서 다른 객체와 상호작용하기 때문에 게임을 디자인할 때 신중하게 다뤄야 한다.

〈축구〉를 하기 위해서는 공, 골대, 선수, 운동장이 필요하다. 즉, 게임을 하는데 필요한 모든 물리적 요소로 이해하면 된다. 〈체스〉에서 객체는 격자로 된 보드판과 32개의 체스말, 〈포커〉는 객체가 카드 1가지로 구성되어 있다. 게임에서 객체는 대상에 따라 1개일 수도 있고, 여러 개일 수도 있다.

> ☑ **잠깐만요** **객체 요소와 요인**
>
> 1. **객체** : 독립된 하나의 조각, 구성물
> 2. **속성** : 객체가 가지고 있는 고유 성질이나 특성
> 3. **상태** : 객체의 현재 상황
> 4. **행동** : 객체를 작동하는 원리
> 5. **관계** : 객체 간의 행동으로 인한 상호작용

객체를 특정 짓는 요인에는 속성, 상태, 행동, 관계가 개입한다. 일반적으로 객체에는 하나 이상의 속성이 있으며, 속성은 현재의 상태를 가진다. 상태는 객체의 행동에 따라 변하고, 행동으로 인한 상호작용에 의해 객체들은 어떤 관계가 만들어진다.

● 속성

속성은 객체가 가지고 있는 고유의 성질이나 특성 등 정보를 나타내는 범주다. 속성은 현재의 상태를 갖는 것으로, 그 자체만으로는 의미가 없지만, 게임 시스템에서 여러 속성이 모여 하나의 객체를 구성하면 중요한 의미를 표현할 수 있다. 속성은 서로 간에 상성이라는 것이 존재하여 어느 속성에는 강하지만, 다른 속성에는 약해지기도 한다. 또한, 객체가 상호작용을 결정하는데 유용한 정보를 제공하고 필요한 데이터를 생성한다.

게임 시스템에서 속성은 객체들의 상호작용을 결정할 때 필수적인 데이터를 형성하게된다. 객체가 단순한 게임은 대부분 속성이 고정되어 있거나 일부만 바뀌는 경우가 있다.

예를 들어, 〈체스(Chess)〉에서 킹, 퀸, 비숍 등 체커 말의 속성은 색깔과 위치다. 체커 말이 상대방 구역의 가장자리에 도착하면 다른 말로 바뀔 수 있다. 〈모노폴리(Monopoly)〉에서도 처음에 구매한 나라에 건물을 짓고, 호텔을 건설하면 더 많은 돈을 벌어들일 수 있다. 디지털 게임에서 캐릭터 속성은 체형, 의상, 표정, 체력, 기술, 힘, 경험, 레벨, 위치 등 보드게임보다 훨씬 더 복잡하다. 이럴 경우, 속성에 대한 변화도 복잡해질 수 있기에 객체와의 관계에 대한 상호작용과 이로 인한 결과 예측도 어려워진다.

● 상태

상태는 속성으로 인해 변화된 객체의 현황을 나타낸다. 현재 자신의 게임 말이 몇 개의 보드 판에 놓여있는지, 각 보드 판에서 몇 점을 획득하고 있는지 현재 상태를 알려준다. 그렇다면, 게임을 진행하면서 플레이어에게 모든 상태변화를 알려줘야 할까? 그렇지는 않다. 상태변화를 꼭 알려줘야 하는 게임이 있고, 알려주면 좋은 게임이 있고, 상태변화를 숨겨놓는 것이 좋은 게임이 있다. 객체에는 너무나 많은 속성과 상태변화가 있기에, 플레이어들의 객체 행동 양식이 같다면 상태변화를 보여 주는 것은 상관없다. 그런데 플레이어들의 객체 행동 양식이 다르다면 상태변화를 숨겨서 다르게 보이게 할 필요는 있다.

〈한글날(Hangulnal)〉은 그림 단어카드를 보고 연상 단어를 빨리 만들어서 점수를 획득하는 게임이다. 점수를 획득하기 위해서는 단어를 만들어야 하고, 단어는 자음과 모음 타일을 조합해서 완성된다. 이를 수행하기 위한 구성물은 보드 판, 타일, 그림 단어카드, 게임 말, 주머니다. 각각의 객체는 게임이 진행되는 동안 게임 내에서 상호작용하며 다양한 결과를 만들어 낸다. 보드 판은 점수, 획득 가능한 타일 개수, 위치에 대한 속성을 지닌다. 이들 중 어느 한 속성이 특별히 강한 것은 아니며, 서로 수평적 상호관계에 얽혀있다. 플레이어는 자음과 모음 타일을 객체로 사용하지만, 사용하는 컴포넌트는 기본적으로 무속성이다. 플레이어는 그림 단어카드를 선택하여 자음과 모음 타일의 조합으로 단어를 만들어서 추가 타일 속성을 부여받는다. 이 타일 속성을 이용하면 단어를 다양하게 만들 수 있어서 게임 진행이 훨씬 편안해진다. 〈한글날〉에서 플레이어가 자음과 모음 타일로 단어를 만들면 해당 보드판에서 게임 말을 한 칸 이동한다. 그러면 점수 상태가 변한 것을 확인할 수 있고, 또 다른 플레이어의 현재 진행 상황도 확인이 가능하다. 그렇지만, 누가 타일을 몇 개 가지고 있는지, 자음과 모음은 각각 몇 개씩 있는지, 어느 보드 판의 단어를 만들고 있는지에 대한 상태변화는 가림막으로 숨겨놓아 확인할 수 없다.

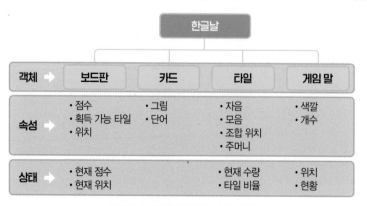

그림 9-3 한글날의 객체 · 속성 · 상태

● 행동

행동은 게임 내 객체가 주어진 상태에서 취할 수 있는 행동들이다. 〈체스(Chess)〉에서 킹은 직선과 대각선 방향으로 1칸 이동한 거리에 있는 상대의 말을 잡을 수 있다. 〈우노(Uno)〉는 직전 사람이 낸 카드와 색깔이나 숫자가 같은 카드를 낼 수 있다. 〈슈퍼 마리오(Super Mario)〉에서는 캐릭터가 걷기, 뛰기, 말하기, 싸우기, 동전 획득하기 등 행동이 많아진다. 〈메이지 나이트(Mage Knight)〉나 〈뤄양(Luoyang)〉과 같은 보드게임에서도 행동 시스템이 많이 설정되어 있으며, 행동이 많을수록 게임 안에서 행동을 예측하기가 어려워진다.

〈체스(Chess)〉에서 비숍은 대각선 방향으로 상대의 말을 잡거나 자신의 말을 이동한다. 이동할 때 다른 말이 있으면 건너뛰지 못한다는 제약을 받는다. 〈한글날(Hangulnal)〉은 그림 단어카드를 선택하고 해당 단어의 연관 단어를 만들기 위해 자신의 자음과 모음 타일을 조합한다. 단어 조합이 끝나면, 자신이 선택한 로드 위에 있는 게임 말을 한 칸 이동한다. 이때 바로 앞에 빈칸이 있다면 그곳으로 이동하고, 다른 말이 있다면 다음 칸으로 건너뛰어서 가장 가까운 빈칸으로 전진한다. 도착지점에 가까울수록 점수를 더 많이 획득할 수 있다. 두 게임을 비교했을 때, 〈한글날〉이 〈체스〉보다 행동이 다양해서 게임이 진행되는 동안 객체가 어떻게 변화할지 예측하기가 더 어렵다는 것을 알 수 있다.

● 관계

게임 시스템에서 가장 중요한 것은 객체의 행동에 의한 상호작용으로 만들어진 객체 간의 관계다. 〈체스(Chess)〉에서 비숍, 룩, 폰 등 각각의 체스 말 자체는 객체로서 그저 컬렉션일 뿐이다. 그런데 비숍의 움직임을 대각선 방향으로 설정하고, 룩은 직선 방향, 폰은 앞으로 1칸 움직이는 것으로 설정하여, 어떤 말을 움직이면 다른 말의 이동 방향에 영향을 미칠 수 있도록 의미 있는 관계가 만들어진다. 〈식스틴(Sixteen)〉 타일에 숫자만 적혀있다면 이것도 컬렉션에 지나지 않는다. 그런데 타일의 색깔을 5가지로 만들고 숫자를 1에서 16까지 만드는데, 여기에 16리스타트와 가위, 휴지통이라는 기능 타일을 추가함으로써 게임 시스템이라는 관계가 만들어지는 것이다. 만약, 16리스타트 타일을 없애거나 1개를 더 추가한다면 플레이 전개를 완전히 바꿀 수 있을 만큼 큰 영향을 미친다.

게임 행동 간의 관계는 객체들의 위치, 공간 이동, 계층 구조 등으로 다양하게 표현될 수 있다. 또한, 게임 디자이너가 아무리 다양하게 표현했다 하더라도 플레이하는 전개 방식에 따라 관계가 바뀔 수도 있다. 객체 간의 관계를 바꿀 수 있는 요인에는 이 외에도 주사위, 뽑는 카드, 이벤트 등 많은 게임이 운 요소를 사용해서 게임 관계를 바꾼다.

〈한글날(Hangulnal)〉은 그림 단어카드를 활용해서 단어를 만들고, 새로운 타일을 추가하고 점수를 얻는 게임이다. 이를 위해서 자음 타일과 모음 타일로 그림 단어카드의 연관 단어를 만들어야 한다. 하지만 추가 타일을 얻기 위해서는 단어를 빨리 만들어야 하며, 로드 위치에 따라 획득할 수 있는 타일의 개수가 정해진다. 추가 타일을 얻기 위한 선택은 규칙에 따라 진행되지만, 점수를 정하는 최종 결정은 선택한 그림 단어카드에 의해 결정한다. 게임의 관계를 결정하는데 규칙이나 전략이 더 많이 작용하는 게임도 있고, 운이 더 많이 작용하는 게임도 있다. 객체 간의 관계는 만들고자 하는 게임 방향에 맞게 두 요소의 조화를 고려해서 디자인해야 한다.

● 정보의 공개와 비공개

객체의 속성과 상태를 결정할 때, 중요하게 작용하는 부분은 게임에서 누가 어떤 것을 알고 있을 것이냐이다. CCG 장르의 카드 게임들은 정보가 숨어있거나, 비공개적인 상태가 게임에서 큰 부분을 차지한다. 〈다빈치 코드(Davinci Code)〉나 〈식스틴(Sixteen)〉의 경우, 상대에게 어떤 카드가 있는지 추측해 내는 것과 동시에 자신이 갖고 있는 카드의 정보를 숨기는 것이 게임의 주를 이루는데, 어떤 정보가 공개적인지 비공개적인지에 따라 게임은 극적으로 달라진다. 〈드로우 포커(Draw Poker)〉에서는 모든 정보가 비공개적이어서 타인의 손 안의 정보를 바탕으로 그가 얼마나 배팅했는지 정도만 추측할 수 있다. 반면, 〈스터드 포커(Stud Poker)〉에서는 어떤 카드는 비공개적이지만, 어떤 카드는 공개적이다. 이것은 서로의 상황에 대해 무척 많은 정보를 제공하게 되므로, 게임의 느낌이 확 달라진다. 〈2장〉에서 보드게임을 정의할 때, '숨겨진 정보를 극적으로 공개하기 위해 의미 있는 선택을 하는 것'이라고 했다. 플레이하기 위해 많은 정보를 알아야 하는 게임은 플레이어를 혼란스럽게 하고 질리게 만든다. 반대로 알고 있는 정보가 너무 없으면 플레이어가 게임에 어려움을 느끼고 포기하게 만든다. 공개 정보와 비공개 정보를 어떤 비율로 할 것인지 정답이 없고, 디자인하기도 어렵다. 하지만 게임 디자이너의 역할 중 하나가 이것을 해결하는 것이다.

● 시스템 상호작용 특성

시스템 역학은 우리 주변의 현상이나 사물을 파악하는 것으로 핵심 개념은 시스템의 구성 요소들이 어떻게 작용하는가를 이해하는 것이다. 한 변수가 다른 변수에 영향을 미치고, 영향을 받은 변수가 또 다른 변수나 처음 변수에 영향을 미치는 순환 관계를 통해 상호작용한다. 게임 시스템은 객체의 수에 따라 단순할 수도 있고, 복잡할 수도 있다. 그래서 게임 내에 객체가 많을수록 객체의 속성과 행동, 관계의 영향이 어떻게 바뀔지 일반화하기 어렵다. 시스템이 비슷한 게임을 예시로 시스템의 상호작용이 어떻게 다른지 알아보자.

첫째, 연결 시스템이다. 〈틱-택-토(Tic Tac Toe)〉는 2인용 보드게임으로, 객체의 수가 보드판 1개다. 보드판의 속성도 9개의 칸에 'O', 'X' 중 하나를 적는 것이다. 9개의 칸은 3×3의 형태로 만들어져 있다. 이때 플레이어가 선택할 수 있는 위치는 3가지로, 가장 중앙에 있는 칸, 각 모서리에 있는 칸, 가장자리의 가운데 칸이다. 이것이 이 게임의 보드판 관계다.

그런데 시작 플레이어가 첫 번째 선택을 어느 칸으로 하느냐에 따라 다음 플레이어가 선택할 수 있는 칸의 범위가 정해진다. 선택할 수 있는 범위도 굉장히 좁고 제한적이라서 게임이 단순하고 객체가 1개뿐이기 때문에 결과를 예측하기도 쉽다. 이는 이 게임의 객체가 1개, 속성은 3가지, 행동은 1가지뿐이기 때문이다. 그래서 이 시스템으로 가능한 결과는 다음과 같은 몇 가지로 제한된다.

- 객체가 1개다.
- 3×3 공간에서 게임을 진행한다.
- 한 사람은 'O', 한 사람은 'X'를 표시한다.
- 본인이 원하는 곳에 표시한다.
- 선택할 수 있는 경우의 수는 3가지뿐이다.
- 게임이 단순하고 결과 예측이 쉽다.
- 비기는 경우도 많다.

〈코드톡(CODETALK)〉은 2~4명이 할 수 있으며, 보드판에 자신의 칩 3개를 나란히 연결하는 것이 목표다. 게임에 필요한 객체는 보드와 칩이다. 보드판의 속성은 9칸으로 된 9개의 미니판이 연결되어 있고, 미니판은 1에서 9까지 숫자가 적혀있다. 미니판끼리의 관계는 위치로 정의된다. 미니판에 적혀있는 숫자의 위치가 각 판의 위치고, 칩은 4가지 색으로 되어 있다. 게임이 시작되었을 때, 시작 플레이어는 칩을 원하는 위치에 놓으면서 해당 숫자를 부른다. 이때 부른 숫자가 다음 플레이어가 칩을 놓아야 하는 미니판의 위치다. 다음 플레이어는 이전 플레이어가 부른 숫자에 해당하는 미니판에만 칩을 놓을 수 있다. 동시에 다음 플레이어가 놓을 미니판의 위치까지 고려해서 칩을 놓을 자리를 결정해야 한다. 이것이 판 사이의 관계다. 첫 번째 플레이어가 칩을 어디에 두느냐에 따라 두 번째 플레이어가 칩을 놓을 위치가 정해지지만, 그 속에서 선택할 수 있는 것은 9개다. 만약 〈코드톡〉의 전략 도표를 그리면 많은 경우의 수가 나올 것이다. 게임은 매우 간단하지만 보드판의 속성이 복잡하기 때문에 결과를 예측하기가 쉽지 않다. 그래서 반복 경험의 기억으로 최적의 접근법을 찾아낸다.

- 객체가 2개다.

- 9×9 공간에서 게임을 진행한다.

- 미니판에는 1~9까지 숫자가 적혀 있다.

- 미니판에 적힌 숫자의 위치가 보드판의 위치와 동일하다.

- 본인이 놓고 싶은 위치가 아니라, 이전 플레이어가 지정해 준 위치에 놓아야 한다.

- 지정해 준 위치에 놓으면서 다음 차례의 플레이어가 놓을 위치를 지정해 준다.

- 선택할 수 있는 경우의 수가 많다.

- 게임이 단순하면서도 결과를 예측하기가 어렵다.

〈틱-택-토〉와 〈코드톡〉의 작동 방법이 비슷해 보이지만 객체의 수가 다르기 때문에 결과가 다르게 나온다. 〈틱-택-토〉는 객체의 수가 1개뿐이라서 객체의 속성과 행동이 단순하다. 그래서 객체 사이의 관계도 단순한 구조로 되어 있기에 변화 가능한 결과 수가 적고 예측하기가 쉽다. 반면에 〈코드톡〉은 객체가 2개며, 객체의 속성과 행동이 조금 더 복잡하고, 객체 간의 관계도 〈틱-택-토〉보다 다양한 형태로 표현할 수 있어서 결과를 예측하기가 어렵고 만들어 낼 수 있는 결과의 유형도 여러 개다.

둘째, 교환 시스템이다. 〈핏(Pit)〉은 3~8명이 할 수 있는 게임이다. 객체는 카드와 종이 들어있다. 카드에는 8종류의 농산물이 있고, 농산물의 종류에 따라 가격이 다르다. 참가 인원수에 따라 농산물의 가지 수를 다르게 한다. 플레이 인원수에 맞게 카드를 준비하고 잘 섞어서 모두가 똑같은 숫자로 카드를 분배하여 나눠 갖는다. 게임이 시작되면, 시작 플레이어가 교환을 원하는 카드를 앞면이 보이지 않게 테이블에 내면서 몇 장인지 말하고 교환을 제안한다. 교환을 원하는 사람 중에 같은 수를 외친 사람과 카드를 교환하고 다음 사람에게 차례를 넘긴다. 게임은 한 사람이 같은 종류의 농산물 카드 9장을 모으고 앞에 있는 종을 치면 게임이 끝난다.

〈컬렉션(Collection)〉은 2~5명이 할 수 있으며 객체는 카드와 동전 칩이다. 카드에는 9종류의 재활용품이 있으며, 종류별로 11장씩 있다. 그리고 이벤트를 만들어 내는 분리수거 차 카드, STOP 카드, 1회용 분리수거통 카드가 있다. 게임이 시작되면, 시작 플레이어는 여러 가지 행동을 차례대로 진행한다. 모든 행동을 다 하지 않아도 되며, 필요한 행동만 선택해서 하면 된다. 먼저 카드를 교환하거나 분리수거 차를 운행한다. 이때 카드 교환은 1~2장까지 가능하며, 종류는 다른 것이어도 상관없고, 앞면이 보이지 않게 제안한다. 교환을 원하는 사람이 있다면 같은 장수를 내고, 현재 플레이어는 한 사람과 카드를 교환한다. 만약 카드 교환 대신 분리수거 차를 운영해서 현재 본인이 수집한 종류 중 한 가지를 분리수거 차에 싣고 다른 사람들도 분리수거 차에 실어 버리는 카드 더미에 놓는다. 이 단계가 끝나면, 수집한 재활용품들을 토큰으로 바꿀 수 있다. 같은 종류의 카드가 3장이면 2토큰, 5장 이상이면 5토큰을 받는다. 통이 비워지면 새로운 종류의 재활용품을 모을 수 있다. 마지막으로 사용한 카드만큼 더미에서 가져와서 손에 5장이 되게 보충하고 차례를 끝낸다.

그림 9-4 핏

그림 9-5 컬렉션

〈핏〉과 〈컬렉션〉의 핵심 시스템은 교환이지만 차이점은 정보 구조다. 〈핏(Pit)〉은 자신의 패를 숨기고 진행하는 닫힌 정보 구조를 가진다. 반면에 〈컬렉션(Collection)〉은 자신의 패는 숨기지만, 수집 상황의 정보는 공개되므로 열린 정보 구조를 가진다. 그래서 어떤 재활용품을 얻기를 원하는지 예측할 수 있다.

셋째, 경제 시스템이다. 〈매직: 더 게더링(Magic: the Gathering)〉의 기본 시스템은 자신이 구성한 카드 덱을 이용하여 대결하는 게임이다. 최초의 TCG 장르로, 대지, 마법, 종족, 전투 등의 카드 타입과 흑, 백, 적, 청, 녹의 색깔로 구분된 마나를 사용한다. 경기 방식은 60장 이상의 카드 덱을 구성해서 경기를 진행하고, 진행 중 사용하는 카드의 수에 따라 포맷이 달라지며, 포맷에 따라 덱과 전략의 다양성이 많아진다. 원만한 플레이를 위해 플레이어는 새로운 부스터 카드를 사서 덱을 업그레이드한다. 플레이어들은 서로 카드를 교환하거나 거래할 수 있고 이런 거래가 매우 활발하다는 점이 중요하다. 카드 중에는 매우 희소한 것도 있지만 너무 흔해서 가치가 없는 카드도 있고, 어떤 카드는 매우 흔한 것은 아니지만 쉽게 구할 수 없는 카드도 있기 때문에 거래 가격이 통제되어 있지는 않다. 이 게임에서 볼 수 있는 메타 경제는 수집 특징과 카드 거래로 형성된다.

앞서 살펴본 것과 같이 게임 내 핵심 시스템을 같은 것으로 적용해도 객체의 속성이 지니는 행동 특성과 그 행동들의 상호작용 방식에 따라 단순한 게임을 복잡한 시스템으로 바꾸기도 하고, 복잡한 시스템을 단순하게 바꿀 수도 있다. 게임 디자이너가 할 일은 게임 구조와 핵심 시스템을 결합하는 방식을 고민하고 다양한 형태로 표현해 낼 수 있어야 한다.

04 규칙

규칙은 게임의 모든 것을 규정하여 게임에서 가장 중요한 메커닉스를 단단하게 한다. 플레이어가 수행할 수 있는 액션을 규정하고, 수행할 수 없는 액션을 규제한다. 또 공간, 객체, 속성, 상태까지 모든 메커니즘에 관여하여 게임이 게임다워질 수 있도록 한다. 게임 내 규칙은 플레이어에게 적당한 수준과 방법으로 제공되는 것이 좋으므로, 플레이어와의 관계를 고려해서 디자인해야 한다. 앞서 살펴본 정보의 공개와 마찬가지로, 규칙이 너무 없으면 게임이 심심하고 빨리 지루해져서 흥미를 잃을 수 있으며, 규칙이 너무 많으면 플레이어가 어려워하거나 혼란에 빠져 게임을 포기할 수 있다. 그래서 게임을 디자인하는 일은 까다롭고 엄격하다.

그림 9-6 던전 앤 드래곤 / D&D 규칙서

게임 디자이너는 게임 규칙을 디자인할 때 고려해야 할 특징이 있다.

첫째, 게임의 규칙은 명확해야 한다. 룰북으로 된 규칙서를 플레이어가 읽고 이해를 할 수 있어야 한다. 규칙이 두루뭉술하면 플레이어들은 행동을 어디까지 할 수 있고, 어떤 것을 하지 말아야 하는지 혼란에 빠진다.

둘째, 게임의 규칙은 직관적이어야 한다. 보드게임은 여러 콘텐츠와 시스템이 얽혀있어서 사실 복잡한 구조를 이룬다. 이렇게 복잡한 구조를 단순화해서 플레이어가 규칙을 이해하기 위해 나름대로 추리하거나 판단하는데 시간을 소요하지 않고 규칙을 바로 파악할 수 있도록 디자인해야 한다.

셋째, 게임의 규칙은 즉각적인 피드백이 이뤄져야 한다. 플레이어가 어떤 행동을 했을 때, 보드판에 있는 특정 구성물의 위치가 바뀌었다든지, 다른 플레이어가 위험에 처하거나 피해를 입는다든지, 아니면 점수가 바뀌었다는 등 게임에 변화가 일어나야 한다. 그래야 다른 플레이어가 바뀐 상황에 따라 액션을 결정하고, 본인 역시 다음 차례가 돌아올 때까지 실시간으로 변하는 상황에 집중하게 된다. 하나의 규칙이 수행될 때마다 피드백이 바로 전달되어야 플레이어가 규칙을 신뢰한다.

넷째, 게임의 규칙은 공정해야 한다. 어떤 특정 상황에서 누가 하더라도 규칙은 공정하게 적용되어야 하기에 옳은 규칙이 디자인되어야 한다. 게임 규칙은 플레이어에게 모두 공개하는 것을 원칙으로 하되, 적당한 수준과 방법으로 제공되는 것이 바람직하다. 보드게임은 디지털 게임처럼 튜토리얼로 미리 체험하기가 안 되므로 규칙서를 통해 규칙 전부를 제공해야 한다. 물론 원칙과 다르게 예외가 있을 수는 있다. 일부는 플레이어에게 암묵적으로 제공하거나, 간접적으로 제공하여 플레이어가 직접 플레이를 하면서 알아가도록 하는 방법이다. 하지만 그러한 경우 플레이어가 마음대로 추리하거나 해석하게 되면 플레이어들 간에 문제가 발생할 수 있으며, 디자이너의 의도가 왜곡될 수 있다.

규칙을 디자인할 때에는 진행 방법을 디자인할 때처럼 플레이어를 염두에 두고 규칙을 생각해야 한다. 게임 규칙이 너무 많으면 플레이어가 게임을 이해하기 힘들다. 규칙을 설명하지 않거나, 제대로 설명하지 않으면 플레이어는 혼란스러워하고 게임에서 멀어진다. 심지어 게임 시스템이 규칙을 적절하게 적용하더라도 플레이어가 이 점을 분명하게 알지 못하면 어떤 규칙의 결과에 대해 속았다고 생각할 수도 있다. 디자인에 따라 규칙은 게임 시스템의 허점을 보완할 수 있다. 전형적인 예로 〈모노폴리(Monopoly)〉의 유명한 규칙이 있다. "고(Go) 지점을 지나지 못한다. 200달러를 받지 못한다." 이 규칙은 플레이어가 보드 위의 어떤 지점에서 감옥에 갈 때 적용된다. 만약 이 규칙이 없다면 감옥으로 갈 때 고(Go) 지점을 지나니까 200달러를 받겠다고 주장할 수 있고, 이 주장이 받아들여진다면 벌이 상이 되어 버리므로 이 규칙은 중요하다.

❶ 객체와 개념을 정의하는 규칙

게임의 객체는 현실 세계의 객체와 완전히 다른 게임 고유의 상태와 그에 따른 의미가 있다. 게임 규칙의 일부로 정의되는 게임 객체는 현실 세계에 있는 객체에 바탕을 둘 수도 있고, 없는 것을 만들어 낼 수도 있다. 현실 세계의 객체를 기반으로 했어도 실제 객체를 추상화한 것이므로 그 객체가 게임 안에서 어떤 성격을 가질지는 규칙으로 정의해야 한다.

〈포커〉의 스트레이트와 스트레이트 플러시 개념에 대한 규칙을 살펴보자. 이 규칙은 〈포커〉 게임에만 존재하며, 〈포커〉 게임 밖의 세상에는 스트레이트라는 개념이 없다. 〈포커〉의 규칙을 배울 때는 어떤 패의 구성과 가치가 핵심 개념으로, 스트레이트는 이런 포커 패중 하나다. 예를 들어, 〈체스〉의 객체인 킹, 퀸, 비숍 등은 모두 현실 세계에 있는 개념이다. 그러나 〈체스〉 게임의 킹은 체스 속의 추상적인 객체로 특징을 정의하는 규칙이 명시되어 있어 오해하면 안 된다. 게임 밖 현실 세계의 킹은 〈체스〉 속의 추상적인 게임 객체와 하나도 닮지 않았다. 〈체스〉 규칙은 단순히 이 게임의 객체로서 행동과 가치에 맥락을 부여하기 위해 킹이라는 개념을 사용한 것이다.

보드게임의 객체는 명시적으로 규칙의 일부로 정의한다. 플레이어는 규칙을 숙지하고 게임 상황과 결과를 스스로 판단할 수 있어야 한다. 이러한 이유로 보드게임은 대부분 단순한 객체를 사용한다. 객체는 각각 1가지 또는 2가지 변수나 상태만 가능하며 보통 카드, 보드, 또는 다른 인터페이스 요소의 물리적인 면을 이용해 상태를 표시한다. 〈체스〉에서 각 말의 유일한 변수인 색과 위치는 플레이어가 시각적으로 쉽게 인지할 수 있다.

그림 9-7 매직; 더 게더링 카드 유닛

〈매직: 더 게더링(Magic: the Gathering)〉에는 꽤 복잡한 변수로 만들어진 대지나 카드 유닛과 같은 객체가 있고, 객체의 전체적인 상태는 변수에 의해 결정된다. 타 장르와 달리 진행 전략이 눈에 띄지 않게 백그라운드에서 변수를 추적하기 때문에 플레이어가 전체 상태를 모를 수도 있다. 이 게임에는 9가지 카드 다입과 5가지 색이 존재한다. 이런 변수는 게임이 어떻게 진행되는지에 중요한 영향을 주고 플레이어가 인터페이스를 통해 이용할 수 있고, 플레이어가 직접 관리하거나 업데이트해야 한다. 실력이 뛰어난 플레이어들은 이런 수학적인 변수를 사용해 전략을 계속 계산하면서 플레이한다. 대지와 다른 대지의 자원, 체력, 주문 등의 변수를 게임 경험을 통해 직관적으로 파악한다.

게임 객체와 개념을 정의할 때 플레이어가 객체의 특징을 어떻게 알게 되는지를 염두에 두어야 한다. 만약 객체가 복잡하다면 이런 복잡성을 직접 다루어야 하는지, 객체가 간단하다면 게임 플레이에 영향을 줄 만큼 각 객체가 충분히 차별화되었다고 느끼는지, 객체는 진화하는지, 객체는 특정 상황에서만 사용할 수 있는지에 대해 플레이어는 게임에서 각 객체에 대해 설명할 때 복잡한 특성을 꽤 압축할 수 있다.

❷ 행동을 제한하는 규칙

〈체스〉에서 '플레이어는 체크를 당할 곳으로는 킹을 움직이지 못한다'는 규칙은 플레이어가 실수로 게임에서 지는 것을 막아준다. 〈바둑〉에서 '플레이어는 바둑한 상태를 이전과 똑같이 만드는 수를 둘 수 없다.'는 규칙은 같은 패턴이 계속 반복되면서 바둑이 끝나지 않는 교착 상태가 발생하지 않게 해 준다. 두 규칙은 모두 게임 시스템의 잠재적 허점을 보완해 준다.

행동을 제한하는 규칙은 기초적인 한계 설정의 형태를 띤다. 예를 들어, 〈에그애드(Egg Add)〉는 5×5 보드판에서 게임을 진행한다. 알은 20개씩 4색으로 구성되며, 보드판은 게임 공간이자 알을 숨기는 둥지라는 두 규칙을 보면 규칙이 아닌 다른 형식적 요소, 즉 플레이어 수, 게임의 경계와 규칙이 겹치는 것을 볼 수 있다. 사실 모든 형식적 요소는 이렇게 진행 방법이나 규칙에 어떤 식으로든 나타난다.

행동을 제한하는 규칙의 또 다른 예는 게임 플레이가 플레이어 한두 명에게 유리해지는 것을 막는 것이다. 〈에그애드〉에서 알을 넣을 때, 플레이어는 손에 있는 카드를 사용해야 하고, 직전 플레이어가 알을 넣은 곳에는 본인의 알을 넣지 못한다는 규칙을 생각해 보자. 이 규칙은 직전 플레이어의 기술이 다음 플레이어에게 유리할 수 있는 점을 방지한다는 것을 의미한다. 모든 플레이어가 더 강력한 유닛을 얻으려면 꽤 비슷한 관리 경로를 거쳐야 한다.

❸ 결과를 결정하는 규칙

규칙은 어떤 상황을 바탕으로 결과를 불러온다. 예를 들어, 만약 어떤 일이 발생하면 xyz라는 결과가 발생한다는 규칙이 있다. 2010년에 공개된 TV 영화 '유 돈 노우 잭(You Don't Know Jack)'의 조건이 이런 유형의 규칙에 해당하며, 만약 플레이어가 대답에 틀리면 다른 플레이어에게 대답할 기회가 넘어간다. 〈잭 & 댁스터(Jak and Daxter)〉의 규칙도 같은 유형이다. 만약 어떤 플레이어가 초록색 마나를 소진하면 그 레벨의 직전 체크포인트로 돌아간다.

결과를 발생시키는 규칙은 몇 가지 유용한 점이 있다. 첫째, 게임 플레이가 다양해진다. 이런 규칙은 항상 적용되는 것이 아니라 특정 상황에서만 적용되므로, 그 상황이 발생되면 게임 플레이가 달라지고 흥미진진해진다. '유 돈 노우 잭'의 사례는 이런 특성을 보여 준다. 두 번째 플레이어는 첫 번째 플레이어가 대답한 결과를 이미 알고 문제에 대답하므로 정확한 답을 말할 확률이 더 높아서 유리해진다.

둘째, 게임 플레이를 옳은 방향으로 이끌 때 사용할 수 있다. 〈잭 & 댁스터〉의 규칙이 이러한 특성을 잘 보여 준다. 〈잭 & 댁 스터〉는 1인용 어드벤처로, 대결 게임이 아니기 때문에 플레이어가 마나를 다 잃었을 때 죽을 이유가 없다. 그러나 이 게임의 디자이너는 플레이어가 게임 플레이에 신경쓰고 마나를 잃지 않으려 노력하기 위해 마나를 잃으면 어떤 식으로든 대가를 치르도록 만들었다. 이를 위한 해결책으로 위에서 언급한 '플레이어가 마나를 모두 소진하면 치명적이지는 않지만, 그에 대한 대가를 치르게 된다.'라는 규칙을 도입했는데, 이 규칙은 게임을 올바른 방향으로 유도하여 플레이어가 마나를 잃지 않도록 노력하게 만든다.

이처럼 규칙은 플레이 환경에 영향을 받고, 플레이 결과에 영향을 미친다. 규칙은 플레이어가 분명히 이해할 수 있도록 명시하거나, 플레이어를 대신해 프로그램이 판단하는 디지털 게임의 경우 게임이 공정하다고 생각하도록 직관적으로 규칙을 파악할 수 있어야 한다. 보통 규칙이 복잡할수록 규칙을 이해하기 위해 플레이어에게 요구하는 것이 더 많아진다. 플레이어가 이성적으로든 직관적으로든 규칙에 대한 이해도가 떨어질수록 의미 있는 선택을 할 가능성이 낮아지고, 자신이 게임 플레이를 통제한다는 느낌도 덜해질 것이다.

9.2 메커니즘 분석

01 덱 만들기

덱 만들기(Deck Building)는 2008년에 처음 등장한 비교적 새로운 메커니즘으로, 자기 카드들을 이용해서 덱을 만드는 시스템이다. 이 메커니즘은 트레이딩 카드 게임에서 파생된 것으로, 게임에서 사용하는 카드와 만들어지는 덱이 가변적이며 게임에서 승리하기 위해서는 자신이 원하는 덱을 만들어야 한다는 재미가 있다.

덱 빌딩은 플레이어가 어떻게 덱을 만드느냐에 따라 게임에서 승리할 확률에 미치는 영향이 크므로 플레이어가 덱을 만드는 실력이 바로 그 게임에 대한 실력을 가늠하는 잣대가 되기도 한다. 덱을 만드는 규칙은 다양하지만, 일반적으로 2가지 규칙을 많이 활용한다. 첫째, 이미 보유하고 있는 카드를 이용해서 덱을 만드는 것으로 '덱 구축(Deck Constructed)'이라고 부르며, 둘째, 부스터 카드를 이용해서 덱을 만드는 데 제한을 두므로 '제한 덱' 또는 '리미티드 덱(Limited Deck)'이라 부른다. 이때까지만 해도 게임 카드 덱을 만드는 행위는 게임을 하기 위한 과정이었지 게임 자체는 아니었다.

2007년, 도널드 X. 비카리노 작가가 카드 덱을 만드는 과정 자체를 게임으로 만들어 보자는 발상을 떠올렸다. 그는 평소에 트레이딩 카드 게임 〈매직: 더 게더링〉을 좋아하고 즐겼다. 7~8명의 플레이어가 테이블에 둘러앉아 자신의 부스터 팩을 뜯어서 카드 1장을 선택하고 남은 카드는 옆 사람에게 건넨다. 이렇게 옆 사람에게 받은 덱에서 카드 1장씩 모아 카드 덱을 완성하면서, 게임을 진행하는 부스터 드래프트 과정 자체에 대한 재미를 게임 시스템으로 녹여내고 싶어했다. 즉, 게임을 하기 위해 덱을 미리 만드는 것이 아니라, 덱을 만들면서 게임을 진행하는 새로운 방식을 선보인 것이다. 이 방식은 이전의 트레이딩 카드 게임에서 덱을 만드는 방식이었던 '덱 구축(Deck Constructed)'과 구분되는 메커니즘으로, '덱 만들기(Deck Building)'라고 부르며, 도미니언에서 처음 등장한 메커니즘이다.

그 이후로 덱 빌딩 메커니즘을 차용한 다양한 게임이 쏟아져 나왔다. 자기 덱을 만들고 말을 움직여서 던전을 탐험하는 〈클랭크〉, 선도 악도 아닌 중립적인 존재로 마을을 약탈하거나 영향력을 행사하여 동료를 모으고 도시를 침공하여 정복하는 〈메이지 나이트〉, 각종 약재를 되는대로 넣어서 약을 만드는 〈크베들린부르크의 돌팔이 약장수〉 등 모두 도미니언의 덱 빌딩 메커니즘에서 영향을 받은 게임들이다.

● 도미니언

〈도미니언〉은 플레이어가 왕국을 다스리는 군주가 되어 많은 땅을 차지하는 것이 목표다.

게임이 시작되면 플레이어는 각자 사유지 카드 3장과 동 카드 7장으로 구성된 10장의 카드를 받고 이것을 잘 섞어서 덱을 만든 다음 5장을 뽑아 손에 든다. 자신의 차례가 되면 다음 단계를 차례대로 진행한다. 가장 먼저 손에 있는 카드 중 액션 카드 1장을 사용한다. 이 카드는 덱에서 뽑거나 구입 단계에서 다양한 효과를 생성시킨다. 기본적으로 1장을 사용할 수 있지만, 추가

그림 9-8 도미니언

액션을 사용할 수 있는 카드를 사용하면 액션을 여러 번 할 수 있다.

다음은 손에 든 재물 카드로 공급처에서 원하는 카드를 구입할 수 있다. 구입 역시 한 번만 가능하지만, 추가 액션 카드를 사용해서 여러 번 기회를 가질 수 있다. 이번 차례에서 사용한 카드와 손에 남은 카드, 그리고 구입한 카드는 모두 버리는 카드 더미에 두고, 덱에서 5장을 새로 뽑아 손으로 가져오면 차례가 끝난다.

이런 방식으로 게임을 진행하다가 속주 카드가 모두 없어지거나, 공급처의 카드 3종류가 없어지면 게임이 종료되고 점수가 많은 사람이 승리한다. 규칙이 쉽고 게임을 하는 동안 카드 1장의 차이로 인해 승패가 변경되므로 섬세한 재미를 느낄 수 있다.

● 스타워즈

〈스타워즈〉는 제국군, 반란군, 중립군 3개의 세력이 있고, 2명의 플레이어가 각 세력이 되어 은하계의 미래를 결정지을 장대한 전투를 펼치는 게임이다.

게임이 시작되면 플레이어는 각자 시작 카드 10장과 지지 카드 5장을 잘 섞어서 덱을 만들고, 5장을 뽑아서 손에 가져온다. 자신의 차례가 되면 손에 든 카드 1장을 플레이 구역에 낸다. 그리고 은하 구역에서 세력 카드 또는 중립 카드 1장을 구매한 다음 플레이 영역에 있는 카드 능력을 1회 사용 후 상대를 공격한다.

이 게임은 덱을 만드는 기본 메커니즘은 도미니언과 비슷하지만, 하고 싶은 차례에 액션을 원하는 만큼 할 수 있다는 점이 다르다. 차례를 마치고 턴을 넘길 때에는 남은 자원과 카드를 모두 버리는 것은 기존 덱 빌딩 시스템과 비슷하다. 이러한 방식으로 차례를 번갈아 가면서 진행하며, 상대방 기지 3개를 먼저 파괴하면 승리자가 되어 게임이 종료된다.

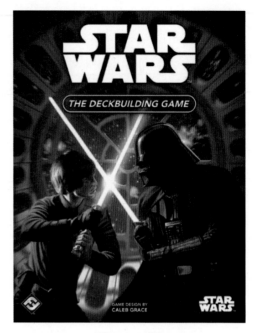

그림 9-9 스타워즈

실습하기

10주차 실습

① **목표** : 게임 규칙 만들기

② **추천 분량** : PPT 3~4장

01 코어 메커닉스 다이어그램을 활용하여 게임에 적용할 메커니즘을 정한다.

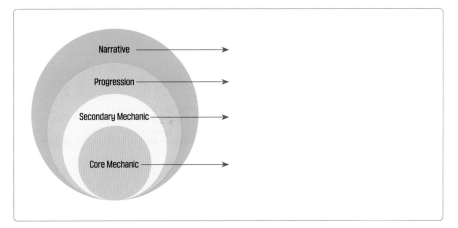

02 게임의 목표를 정한다.

03 게임에 필요한 규칙을 정한다.

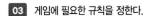

9

메커닉스

10 장

페이퍼 프로토타입 제작

학 습 목 표

페이퍼 프로토타입 제작 과정에서 고려해야 할 사항을 학습하고 개발
한 게임의 페이퍼 프로토타입을 제작한다.

10.1

이론과 개념

게임의 방향성을 정하고 뼈대를 세워서 살을 붙이는 과정이 끝났다. 다음은 문서로만 정리한 게임을 실제로 구현한다. 게임을 구현하는 방법은 여러 가지가 있는데, 그중에서도 페이퍼 프로토타입은 보드게임을 만들 때 사용하는 툴이다. 이 책의 목표는 게임을 디자인하고 실제로 구현해 보고, 테스트를 통해 재미 검증을 확인하는 등 처음부터 끝까지 실무를 경험하는 것으로, 보드게임뿐만 아니라 디지털 게임을 개발할 때도 페이퍼 프로토타입을 통한 게임 개발 경험과 재미 검증은 중요하게 다루고 있다.

게임을 만들 때, 초보자들이 가장 많이 하는 실수는 아이디어 테스트 과정을 거치지 않고 바로 개발하는 경우다. 디지털 게임에서 개발은 프로그래밍이며, 보드게임에서 개발은 제작이다. 프로토타입 형태로 만들지만, 아이디어를 완벽하게 신뢰하여 완성된 프로토타입을 만든다. 그래서 테스트라는 것을 하지만 검증을 통한 반복 개선 차원이 아니라 게임 소개에 가깝다. 페이퍼 프로토타입의 목표는 테스트를 하기 위한 제작이어야 한다. 프로토타입은 테스트와 수정 과정을 거치면서 여러 번 만들어야 하는 특징이 있다. 색연필이나 사인펜 등으로 종이에 그리거나 글로 적어서 사용하는 것이 시간과 비용을 가장 절약하는 방법이지만, 너무 대충 만들면 테스트할 때 테스트 참가자들로부터 집중과 재미를 잃게 할 수도 있다. 이런 점을 고려하면 프로토타입은 실제 게임과 유사하게 만드는 것이 가장 좋다. 하지만 여러 번 수정하고 제작하는 점을 고려한다면 아트웍에 너무 많은 시간과 노력을 들일 필요는 없다. 테스트에 참가하는 사람이 게임에 몰입하고 디자이너가 의도한 경험을 이해할 수 있을 정도로만 제작하면 된다.

01 페이퍼 프로토타입의 특성

페이퍼 프로토타이핑은 사용자 경험(UX) 및 게임 디자인 분야에서 사용되는 기술이다. 디지털 프로토타입 개발에 상당한 자원을 투자하기 전에 디자인 아이디어를 검증하고 반복하기 위해 대략적이며 유형적인, 일반적으로 손으로 그린 제품 인터페이스 표현을 만드는 작업이 포함된다. 비용적 측면에서 효율적이고 설계 프로세스의 초기 단계에서 유용성, 기능, 레이아웃 및 탐색과 관련된 문제를 식별하는 데 특히 유용하다.

페이퍼 프로토타이핑의 주요 장점 중 하나는 신속한 사용자 테스트를 용이하게 한다는 것이다. 이를 통해 게임 디자이너는 복잡하거나 많은 시간과 비용을 들이지 않아도 여러 개념을 효율적으로 탐색하고 사용자로부터 피드백을 수집할 수 있다. 최소한의 투자로 디자이너는 다양한 게임 디자인 옵션을 신속하게 생성, 수정 및 테스트하여 궁극적으로 유망한 잠재력을 보여 주고 충실도가 높은 프로토타입 제작 단계에서 추가 작업을 보장하는 설계를 정확히 찾아낼 수 있다. 또한, 페이퍼 프로토타이핑은 다양한 이해관계자 간의 협업을 장려하고 공유 소유권과 집단적 창의성을 키워 디자인 프로세스를 민주화한다. 이러한 저충실도 프로토타입에는 고급 기술이나 정교한 소프트웨어가 필요하지 않으므로 모든 팀원이 적극적으로 아이디어를 제공하여 혁신보다 포용적이고 참여적인 환경을 조성할 수 있다.

요약하자면, 페이퍼 프로토타이핑은 UX 및 디자인 전문가가 비용이 효율적이고 협업적이며 기반이 있는 방식으로 디자인 개념을 검증하고 반복할 수 있는 귀중한 기술이라고 할 수 있다. 이 접근 방식을 다른 평가 방법과 병행하여 사용함으로써 설계자는 개발 후반 단계에서 예상치 못한 사용성 문제가 발생할 위험을 최소화하고 최종 사용자에게 진정으로 공감할 수 있는 제품을 구축할 수 있다. 이런 측면에서 페이퍼 프로토타이핑 작업은 좋은 게임을 만들기 위한 경험 디자인의 핵심이다.

그림 10-1 페이퍼 프로토타입 예시

페이퍼 프로토타이핑과 테스트를 하기 위해서는 먼저 프로토타입을 제작해야 한다. 페이퍼 프로토타입은 게임 아이디어와 작동 모델에 대한 구현 가능성을 테스트하고 재미를 평가하며 아이디어를 향상할 수 있도록 실제적인 형태로 바꾼 것이다. 플레이어가 게임을 통해서 무엇을 느끼고 생각하게 될지에 대해 디자이너가 의도했던 아이디어를 구체적으로 형상화하는 것이다. 프로토타입은 스케치와 매우 비슷하며, 주요 역할은 메커니즘이 어떻게 작동하는지 확인하는 것이다. 게임 디자이너가 의도한 플레이가 제대로 진행되는지, 의도치 않은 결과나 예상치 못한 문제가 발생하지는 않는지 확인이 필요하다. 결국, 반복 적용이라는 접근법을 활용해서 프로세스 실패와 오류를 초기에 감지하고, 디자인 가치와 게임의 목표를 잘 담아서 의도한 플레이 경험을 전달하는지 테스트를 통해 확인하는 것이다.

프로토타입은 디자인 초반에 가능한 빨리 제작하는 것이 좋다. 아이디어를 프로토타입으로 옮겨 실행해야만 메커니즘이 실제 액션으로 어떻게 표출되는지 볼 수 있고, 빠진 부분과 과한 부분을 찾아내어 수정하기가 쉽다. 처음 게임을 디자인하는 디자이너는 아이디어를 바로 실제 게임으로 만드는 경우가 종종 있다. 이런 경우 디자인 수정에 상당한 시간과 비용을 들여야 하는 문제가 발생하거나, 더 심한 경우, 만든 게임을 포기하거나 버려야 할지도 모른다. 조금 귀찮은 작업이라고 생각되더라도 시간을 투자해 프로토타입을 만들어 보면 프로토타입 과정을 제대로 거치는 것이 게임 플레이를 개선하는 데에 가장 도움이 된다는 것을 깨닫게 될 것이다. 프로토타입을 만들 때는 기술이 최적화되었는지, 게임이 어떻게 보이는지 등을 염려할 필요는 없다. 중요한 것은 근본적인 메커니즘이고, 메커니즘이 플레이 테스터의 관심을 붙들 수 있다면 디자인이 탄탄한 것이다.

그림 10-2 프로토타입 개발 방향 모색 및 아이디어 회의

프로토타입은 철저하게 플레이어 경험에 중점을 두어, 플레이어가 게임을 어떻게 느낄지, 게임이 플레이어에게 어떤 경험을 전달할 것인지를 의도해서 만들어야 한다. 프로토타입이 게임 플레이 분위기, 재미, 도전 등을 강조하기 때문에 만드는 것은 까다로울 수 있지만, 이러한 과정을 통해 게임 플레이가 만들어지기 때문에 절대 소홀히 다루면 안 된다.

모든 게임 플레이가 재미있을 필요는 없다. 교육을 목적으로 하는 기능성 게임이나, 시뮬레이션 게임은 재미보다 목적이 우선이다. 그렇지만 플레이어에게 흥미로운 선택을 하게 하고, 적극적으로 플레이 경험에 끌어들이기 위해서는 실제 게임 메커니즘을 그대로 담아서 프로토타입을 만드는 것이 중요하다.

게임 디자이너 대부분은 본인의 아이디어가 플레이어에게 어떻게 전달될지 확인하기 위해 프로토타입을 만들어서 플레이테스트를 한다. 그래서 끊임없이 게임에 대한 질문을 만들고 개선해 가는데, 이것이 바로 프로토타입이 중요한 이유다.

그림 10-3 프로토타입 제작

프로토타입을 처음 만들 때 일반적으로 다음과 같은 실수를 하는 경우가 많다. 가장 많이 하는 실수가 보드게임 디자인에 대한 구체적인 계획이나 디자인 과정을 무시하고 바로 프로토타입을 만드는 과정 자체를 게임 디자인으로 오해한다. 이런 경우 플레이테스트에서 예상하지 못했던 수많은 오류로 인해 계속 수정하거나, 심지어 처음부터 새로 만들어야 하는 경우가 생긴다. 더 심각한 경우에는 이런 과정을 반복만 하다가 프로토타입 제작을 끝내지 못하고 포기하게 되며, 외부 피드백과 계속되는 수정으로 인해 자신감을 잃고 보드게임 디자인에 대한 두려움에 사로잡힐 수 있다.

게임의 최종 목표는 플레이어가 경험하게 될 감정을 디자인하는 것으로, 프로토타입은 이 감정이 제대로 디자인되었는지 확인하는 과정이다. 디자이너는 절대 이 점을 잊으면 안 되지만, 여기에서도 예외는 있다. 바로 플레이어 경험과 상관없이 본인의 만족을 위한 게임을 만든다면 어떻게 만들어도 상관없다. 하지만 게임을 만들고 싶다는 것은 누군가에게 보여 주고 싶은 욕망이 있다는 것이다. 그렇다면 시간을 두고 제대로 프로토타입을 설계하여 디자인하는 것에 대한 고민이 있어야 한다.

다음은 멋진 아트웍을 넣어서 프로토타입을 만드는 경우로, 이것은 지양해야 할 사항이다. 나중에 일부만 수정할 경우는 크게 상관없지만, 많은 부분을 바꿔야 하는 경우가 생겼을 때, 감정적으로 생긴 애착 때문에 객관적으로 받아들이기 어려워진다. 그러면 다시 아트웍 작업을 해야 하고, 이 과정이 힘들어서 그동안 디자인한 게임을 포기하는 경우가 생각보다 많기 때문에 아트웍과 구성물에 정성을 쏟지 말고 게임 구조와 플레이어 행동, 메커니즘에 초점을 맞추는 것이 좋다. 프로토타입은 결코 소홀하거나 건너뛸 수 있는 과정이 아니다. 아름다운 아트웍이 필요하거나, 멋진 컴포넌트를 요구하거나, 완전한 게임 플레이를 기대하는 것도 아니다. 프로토타입을 활용하여 내용을 확인하고 체크하면서 만들고자 하는 보드게임이 나올 때까지의 발전을 위한 테스트용으로 사용할 수 있을 수준이면 된다.

● 프로토타입의 장점

프로토타입 유형에는 페이퍼 프로토타입, 파워포인트 프로토타입, 동영상 프로토타입, 코딩 프로토타입 등이 있다. 이 책에서 다루는 유형은 종이, 펜, 카드, 주사위 등을 이용하여 핵심 게임 메커니즘을 테스트할 수 있는 보드게임 형태의 페이퍼 프로토타입이다. 페이퍼 프로토타입은 다음과 같은 장점들이 있다.

❶ 기술이 아니라 게임 플레이에 집중할 수 있다.

코딩 프로토타입의 경우, 디자이너들이 작성한 코드에 매우 집착하게 된다. 그래서 아이디어와 메커니즘 등 게임 플레이를 수정하기가 쉽지 않다. 반면, 페이퍼 프로토타입은 종이에 아이디어와 메커니즘을 디자인하기 때문에 적은 시간과 적은 노력, 그리고 적은 비용으로 반복 개선 사이클을 더 많이 거칠 수 있고, 언제든지 수정할 수 있다.

❷ 특정 기술과 관련 없이 팀원 누구라도 디자인 프로세스에 참여할 수 있다.

페이퍼 프로토타입은 코딩이 필요 없기 때문에 프로그래밍 언어를 몰라도 된다. 새로운 아이디어 내는 것이 흥미롭고, 게임 디자인이 재미있다면 누구나 의견을 내고 더 다양한 관점을 반영할 수 있다. 또한, 페이퍼 프로토타입에서는 뛰어난 그래픽을 요구하지 않기에 실력이 뛰어난 그래픽 디자이너가 없어도 연필이나 펜으로 도해를 그릴 수 있을 정도면 된다. 그것도 부담스럽다면, 종이 위에 글로 적어서 만들면 된다. 물론, 플레이테스터들의 몰입감은 떨어지겠지만, 프로토타입의 핵심 목표인 아이디어와 작동 여부를 확인하는 데에는 아무런 문제가 되지 않는다.

❸ 플레이 피드백이 실시간으로 가능하다.

아이디어나 기술과 상관없이 누구라도 참여할 수 있기 때문에 디자이너의 아이디어에 의견을 내고, 그것을 디자인 프로세스에 반영하여 더 다양한 관점으로 발전시킬 수 있다. 다른 프로토타입은 피드백을 받으면 수정 반영하는데 몇 시간에서 길게는 며칠이 걸린다. 그러나 페이퍼 프로토타입은 종이, 펜, 가위, 풀 등만 있으면 하루에도 몇 번씩이나 반복 개선 테스트를 진행할 수 있다.

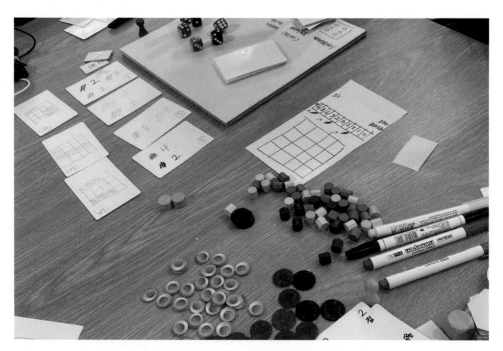

그림 10-4 카드 프로토타입 제작 구상

페이퍼 프로토타입을 만들 때는 아트웍 품질에 너무 신경쓰지 않아도 된다. 가령 사람의 얼굴은 동그라미, 몸과 팔다리는 선으로만 그려내도 된다. 게임의 목표를 대략적으로 의도한 게임이 메커니즘 레벨에서 어떻게 작동하는지 보는 것이다. 외양에 너무 많은 시간을 들이면 자기가 만든 것에 집착하게 되어 수정이 꺼려지는데, 이러한 상태는 반복 개선과 수정이 주요 기능인 프로토타입 제작 프로세스에 역효과를 미친다. 프로토타입에서 중요한 것은 처음부터 끝까지 게임 디자인에 대한 질문을 계속 만들어 내고, 더 효율적인 방식을 생성하는데 집중하는 것이다. 그래서 프로토타입에 심어놓은 질문에 대한 통쾌한 해답이 나올 때까지 반복 작업을 해야 한다는 사실을 염두에 두고 디자인 가치를 참고하는 것도 잊지 말아야 한다.

● 프로토타입의 질문

프로토타입을 만들 때 고려해야 할 중요한 점은 어떤 아이디어와 목표를 평가할 것인가다. 플레이어에게 게임 디자인의 의도가 전달되려면, 게임의 테마를 이해하는지, 주된 액션은 즐길만한지, 규칙은 명확한지, 구성요소는 기능적으로 잘 어우러지는지 등의 질문을 기반으로 만들어야 한다. 콘셉트 아이디어에 대한 질문을 날카롭게 던지고, 실제 액션이 어떻게 표출되는지 확인하기 위해서는 기획 초반에 프로토타입을 빠르게 만들어서 게임 디자인에 대한 질문을 더 효율적인 방식으로 형성하는 데 계속 집중해야 한다.

프로토타입은 반복 적용 디자인 과정이 진행됨에 따라 여러 형태로 만들 수 있다. 초기에는 종이에 그리거나 인덱스 카드, 주사위, 비주얼 에셋으로 프로토타입을 만들어도 된다. 중요한 것은 게임의 핵심 플레이 액션과 전체적인 구조를 테스트하여 플레이어들을 흡입할 잠재력이 있는지를 확인하는 것이다. 그래서 프로토타입은 완벽을 추구하는 것이 아니라는 것을 명심해야 한다. 프로토타입을 만드는 데 걸리는 시간을 오래 들일수록, 프로토타입에 심어둔 질문에 대한 해답을 얻는 데에도 시간이 오래 걸린다. 프로토타입을 만드는데 시간을 들일수록 초기 아이디어에 감정적 애착을 갖게 되고, 그렇게 되면 질문을 객관적으로 묻기가 어려워진다. 프로토타입을 작업할 때, 게임 디자인에 가해지는 변경 횟수를 최소한으로 유지하는 것도 역시 중요하다. 규칙이나 심지어는 변수 하나만 변경해도 게임에서는 온갖 이상 현상이 일어날 수 있으므로, 게임에 큰 변화를 너무 많이 적용하기 전에 먼저 테스트하는 것이 중요하다. 게임을 만드는 데 동기가 다양한 것처럼, 프로토타입과 거기에 담긴 목표 질문도 다양하다.

02 페이퍼 프로토타입 제작

페이퍼 프로토타입은 가장 추상적인 프로토타입 형태로, 대부분 게임 디자이너가 혼자 쉽게 만들 수 있는 프로토타입 유형이다. 페이퍼 프로토타입의 목표는 실제 게임 시스템과 같은 플레이를 구현하고, 이를 통해 게임 디자이너가 의도한 대로 작동하는지 확인을 시작하는 것이다. 프로토타입을 제작할 때는 최종 디자인을 만드는 것이 아니라, 최종 디자인을 구현하기 전에 단순히 아이디어를 형식화하거나 게임 이슈를 분리해서 메커니즘이 제대로 작동하는지 알아내기 위한 목적이라는 것을 반드시 기억해야 한다. 이런 이유에서 페이퍼 프로토타입은 인터렉션을 표현해 내는데 가장 이상적이며, 융통성이 좋은 툴이다.

페이퍼 프로토타입은 대부분 종이에 직접 그리거나, 프린트물을 가위로 자르고 풀로 붙여서 만든다. 또 플라스틱, 나무토막, 생활용품, 다른 보드게임에서 사용하는 구성물 등 원하는 것이 뭐든, 자유롭게 사용하면 된다. 페이퍼 프로토타입은 게임에서 부족한 부분과 과한 부분을 바로 확인할 수 있도록 아트를 제외한 모든 아이디어와 메커니즘을 하나도 빠짐없이 모두 적용하는 것이 매우 중요하다. 게임은 액션과 액션 간의 관계에서 발생하는 갈등과 도전으로 플레이 동기가 발현되고, 이로 인해 플레이어가 경험을 느끼기 때문에 실제 게임과 차이가 작을수록 좋다. 페이퍼 프로토타입을 제작할 수 있는 툴킷 중에서도 〈나보작〉 게임 디자인 키트는 구성 재료가 다양하고 디자인 문서가 포함되어 있어서 활용하기 좋다.

그림 10-5 카드 프로토타입 제작 구상

❶ 보드판

보드판은 게임을 할 수 있는 공간이다. 이곳은 게임 세계관의 배경과 플레이가 펼쳐질 스토리가 공존해야 한다. 뿐만 아니라, 보드판은 개인 저장고로 사용하거나, 중요 리소스의 현재 상황에 대한 피드백을 실시간으로 보여 주는 리더보드 역할이 가능하도록 디자인해야 한다. 플레이가 일어날 때마다 즉각적인 피드백이 반영되어야 하는데, 가장 대표적인 것이 현재 점수, 랭킹, 체력, 진행 라운드로, 이와 같은 리소스를 보드판에 나타내어 시각화할 수 있다.

〈스톤 에이지(Storn Age)〉는 석기시대라는 한 시대를, 〈맨하탄(Manhataan)〉은 도시를, 〈에볼루션(Evolution)〉은 기후변화와 현상을, 〈테라포밍 마스(Terraforming Mars)〉는 화성이라는 우주를 보드판에 담았다. 〈나보작〉에 있는 보드판의 재질은 두꺼운 하드보드지로 되어 있으며, 사이즈는 500mm×500mm로 일반적인 보드 판 크기다. 만약 이보다 작은 사이즈가 필요하다면, 필요한 크기에 맞게 재단해서 사용하면 된다.

그림 10-6 프로토타입: 보드판 제작

❷ 카드

카드는 게임을 진행하기 위해 사용하는 규칙 유닛이다. 카드를 제작할 때에는 게임에서 사용할 카드를 하나의 더미로 사용할지, 기능별로 구분해서 사용하는지에 따라서 디자인을 다르게 할 수 있다. 모든 카드를 섞어서 한 더미로 사용할 경우에는 한 가지로 디자인하면 되지만, 여러 더미로 나눠서 사용할 경우에는 캐릭터 카드, 진행 카드, 보조 카드, 이벤트 카드 등 종류별로 구분해서 디자인하는 것이 좋다. 카드에는 카드 속성, 계급, 번호, 아이템, 자원, 특수 기능 등 다양한 내용이 들어있다. 만들고자 하는 게임에서 카드에 넣을 내용이 어느 정도 되는지 먼저 파악하고 크기, 위치, 색깔 등을 결정한다. 단, 카드의 크기에서 벗어나지 않아야 하고, 각각의 리소스가 독립적이어야 하며, 보기 편해서 한 눈에 봤을 때 이해할 수 있어야 한다는 점을 고려해서 디자인해야 한다. 즉, 가독성 있는 UI 디자인을 해야 한다.

카드에 내용이 너무 많으면 복잡하고 어수선할 수 있으며, 내용이 너무 없으면 밋밋해 질 수 있다. 이런 맥락에서 게임 테마에 따라 카드의 내용과 규칙을 올바르게 디자인하면 사용 범위와 효용 가치를 훨씬 높일 수 있다.

많은 게임에서 공식처럼 사용하는 카드 사이즈는 58mm×58mm이다. 〈나보작〉에서도 같은 사이즈를 사용하며, 카드의 앞·뒷면이 구분된 타입으로 구성되어 있다. 보통 55장 내외이며, CCG, TCG처럼 카드 수집형 게임이나, 만들고자 하는 게임에 카드가 특별히 많이 필요한 경우 카드만 추가하면 된다. 게임의 카드 사이즈는 규격화할 수 없으므로 원하는 크기로 제작하면 된다. 내용은 많은데 카드가 너무 작다든지, 내용은 없는데 카드가 너무 크다든지 하는 상황들만 피하면 된다.

그림 10-7 프로토타입: 카드 제작

❸ 타일

타일은 다양한 용도로 사용된다. 장소 표식, 자원, 점수 등 활용 범위가 넓고 모양도 원형, 사각형, 육각형 등으로 다양하다. 보드판이나 카드와 함께 사용하기도 하지만, 타일만으로 구성하여 보드게임을 만들기도 한다. 타일을 제작할 때 고려할 사항은 연결성이다. 타일에 들어가는 속성이 단순하고 객체로써 독립적이라면 상관없지만, 2개 이상의 타일을 연결했을 때 모양이나 길 등 속성에 변화가 생기고 이것이 플레이나 점수 등에 영향을 주는 요인이라면 신경써서 만들어야 한다. 원은 큰 어려움 없이 작업이 가능하지만, 사각, 육각, 팔각 등의 다면체는 속성들의 색깔, 위치, 모양의 끝 부분이 잘 연결될 수 있도록 디자인해야 한다. 〈카르카손(Carcassonne)〉은 대표적인 타일 게임으로, 타일을 연결하여 지형을 확장하는 방식이다. 〈신라: 천년의 미소〉에서는 타일을 보드판에 놓아서 왕궁을 복원하는 테마를 잘 연출했다. 타일 역시 게임에서 용도가 다양하여 잘 활용하면 만들고자 하는 게임을 특성 있게 디자인할 수 있다. 〈나보작〉에 들어있는 타일은 두꺼운 하드보드지로 되어 있고, 사각, 육각, 원 모양이 들어있어서 디자이너가 의도하는 것을 프로토타입으로 제작하는 데 선택의 폭이 넓다.

그림 10-8 프로토타입: 타일 제작

❹ 칩

칩 역시 타일과 마찬가지로 사용 범위가 넓고 용도가 다양하다. 대개 자원, 점수, 승점 등
으로 사용하며, 플라스틱, 나무, 종이, 금속 등 재질이 다양하다. 프로토타입이므로 비싼
재료보다는 테스트에서 얻은 피드백을 바로 적용하거나 수정하기 쉽고, 쉽게 만들 수 있
는 종이를 사용하는 것이 효율적이다. 〈나보작〉에는 플라스틱으로 된 칩이 들어있다.

그림 10-9 프로토타입: 자원 제작

❺ 게임 말

게임 말은 보드게임에서 캐릭터와 점수 마크 등의 역할을 한다. 주로 플라스틱이나 나무
로 된 표식 말을 가장 많이 사용하고, 그리거나 인쇄한 캐릭터를 스탠드에 꽂아서 사용하
기도 한다. 둘 중 어떤 방식을 사용해도 좋기에 만들고자 하는 게임 콘셉트에 가장 적합
한 것으로 사용하면 된다. 단, 플라스틱이나 나무로 된 표식 말에 비해 커스텀으로 만든
스탠드형은 그래픽 작업과 제반 작업에 영향을 미친다는 것을 고려해야 한다. 이 외에도
게임 말은 스토리와 캐릭터를 상징하는 피규어나 문양으로 만들어서 사용하기도 한다.

그림 10-10 프로토타입: 게임 말 제작

❻ 주사위

주사위는 게임에서 가장 많이 사용하는 구성물이다. 게임에 따라 다르겠지만, 대체로 게임 내에서 주사위가 차지하는 비중과 의미는 그렇게 크지는 않다. 게임 말을 이동하거나, 필요한 자원을 획득하기 위한 수단으로 사용하는 등 주로 핵심 게임 플레이 루프의 세컨더리 메커니즘으로 사용하고 있는 게임이 많다. 주사위를 사용하는 모든 보드게임이 그렇다는 것은 아니다. 〈스트라이크(Strike)〉와 〈라스베가스(Las Vegas)〉처럼 주사위가 핵심 메커니즘으로 디자인된 보드게임도 있다.

주사위는 보편적으로 점이 찍힌 정육면체를 가장 많이 사용한다. 주사위를 굴려서 나온 숫자만큼 플레이어가 어떤 규칙을 수행하는 방식의 게임에서 흔히 볼 수 있으며, 주사위에 색깔을 추가해서 해당 색깔과 관련된 규칙을 수행하도록 디자인된 게임도 있다. 또한, 주사위는 커스텀이 가능하다. 게임 테마를 잘 살린 게임들을 보면 주사위를 따로 제작해서 사용하는데, 그런 게임들은 주사위만 봐도 게임 플레이가 궁금해지는 흥미가 돋보인다.

실제로 출시된 게임처럼 대량으로 생산하는 경우 주사위를 멋지게 만들어서 사용하면 좋겠지만, 프로토타입에서는 무지 주사위에 필요한 내용을 적거나 그려서 사용할 수 있다. 더 간편하게는 스티커를 제작해서 주사위에 붙이면 되지만, 이런 방법은 약간의 스티커 제작 비용이 발생할 수 있다. 더 좋은 방법은 원하는 주사위를 구입하면 된다. 이 방법은 주사위를 구입하는 비용 발생뿐만 아니라, 원하는 주사위를 찾는데 시간이 걸린다. 제대로 된 프로토타입을 제작하기 위해서 이정도의 투자는 할 수 있다고 생각된다면 원하는 방식으로 진행해도 좋다.

그림 10-11 프로토타입: 주사위 제작

03 제작 사례

프로토타입은 게임의 구조를 구축할 수 있고, 게임을 이루는 다양한 요소가 어떻게 상호 작용하는지 느낄 수 있으며, 나아가 게임이 어떻게 작동할지 구체적으로 접근할 수 있다. 그래서 프로토타입 개발을 시작할 때는 만들고자 하는 게임의 핵심을 먼저 파악하고 다음에 각 요소를 만드는 것이 좋다.

● 쉐이크 쉐이크

〈쉐이크 쉐이크(Shake Shake)〉는 2009년에 디자인을 시작해서 2010년 3월에 출시한 게임이다. 블록을 쌓아 올려서 균형을 잡아야 하는 덱스터리 장르의 스테킹&밸런싱 게임이며, 놀이 유형은 기분 좋은 패닉과 스릴을 경험할 수 있는 일링크스다. 이 게임은 흔들거리는 판 위에 자신의 블록 1개를 중심 잡아서 놓는다. 바닥에서 가장 가까운 단을 채워야 하며, 채울 수 있는 블록이 없을 때만 위에 있는 단에 놓을 수 있다. 블록을 올리다가 어떤 블록이라도 떨어지면 개별적으로 기록해 두고, 최종 점수 계산에서 각 블록 당 1점씩 차감한다. 모든 플레이어가 블록을 다 쌓으면 게임이 종료되고, 위에서 확인했을 때 가장 많은 칸을 차지한 플레이어가 승리한다. 만약 블록이 동시에 3개 이상 떨어지면 게임이 종료되고 그 사람은 패자가 된다.

이 게임의 블록을 입체로 만들기 위해서 먼저 설계도를 만들어야 했다. 블록의 모양을 모눈종이에 그리고 가위로 잘라서 만든 종이 블록이 1차 프로토타입이었다. 종이의 두께가 얇아서 위로 쌓아 올리는 데 한계가 있었기에 실제 게임 블록과 똑같이 만들기 위해 석고 가루를 반죽해서 블록을 만들었다. 블록을 동그란 원통 모양으로 만들기 위해서 아크릴 틀을 제작했는데, 이 틀은 워낙 두꺼워서 단단하게 마르기까지 일주일이 걸렸다. 이것이 2차 프로토타입이다. 블록 모양으로 잘라서 플레이테스트를 진행했고, 블록을 고정할 수 있는 판이 있으면 좋을 것이라는 피드백을 수용하고, 3차 프로토타입을 제작했다. 그래도 뭔가 조금 심심하다는 의견이 공통적이었다. 여러 가지 피드백이 나왔고, 최종적으로 흔들거리는 판이 추가되며 4차 프로토타입이 만들어졌다. 두툼한 블록의 무게감과 흔들거리는 판의 아슬함, 그리고 흔들거리는 판과 떨리는 손끝 사이에서 블록을 쌓아 올리는 스릴감, 블록이 와르르 무너질 때의 쾌감 등 모든 것이 1차 프로토타입과 비교하면 훨씬 좋아졌다. 〈쉐이크 쉐이크〉는 페이퍼로 만든 프로토타입은 아니지만, 이것도 하나의 페이퍼 프로토타입이라고 볼 수 있다.

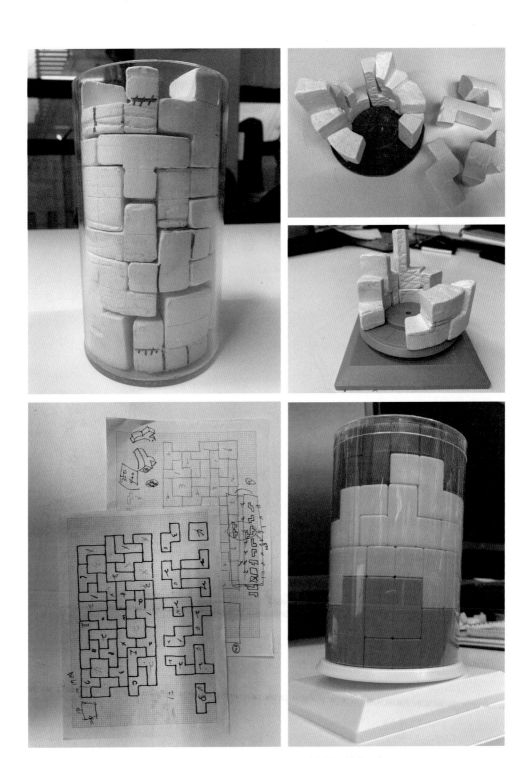

그림 10-12 쉐이크 쉐이크 프로토타입과 블록 설계 도면

● 에그애드

〈에그애드(EggAdd)〉는 25개의 둥지가 있고, 엄마 닭들은 병아리가 무사히 태어날 수 있도록 알을 안전한 둥지에 보관해야 한다. 한 둥지에는 최대 4개의 알을 넣을 수 있으며, 가장 최근에 넣은 알만 살아남는다. 엄마 닭이 알을 둥지에 넣는 방법은 손에 들고 있는 4장의 카드 중 원하는 만큼 사용해서 카드의 합과 숫자가 같은 둥지에 알을 넣을 수 있다. 적용한 메커니즘은 매칭, 레이어링, 메모리다.

2015년, 이 게임의 처음 기획 콘셉트는 알과 둥지가 아니라, 5×5 격자로 된 25칸에 자신의 색깔 도형 칩을 숨기는 것이었다. 1차 프로토타입은 두꺼운 종이를 잘라서 사각 통을 만들어서 사용했다. 한 통에 도형 칩을 최대 4개까지 넣어야 하므로, 그 정도의 높이와 넓이를 계산해서 25개의 통과 뚜껑을 만들고, 뚜껑에 숫자를 적어서 플레이할 때마다 번호의 위치가 바뀔 수 있도록 했다. 플레이테스트를 할 때마다 통을 설정하는 과정이 굉장히 번거로웠고, 도형이라는 소재가 전혀 흥미롭지 않았다. 그래서 소재를 알과 둥지로 변경했다. 알은 3D 프린터로 출력하고, 둥지는 스펀지를 잘라 기존 보드게임 박스를 활용해서 2차 프로토타입을 제작했는데, 스펀지가 가벼워서 프로토타입을 들고 다니면 둥지가 망가져 플레이테스트를 제대로 진행하지 못한 적도 있었다. 그래서 모든 모서리를 테이프로 고정했더니 제법 튼튼한 둥지 형태가 만들어졌다. 카드는 A4 용지를 잘라서 숫자를 적고, 여러 번 플레이테스트를 진행했을 때 찢어지는 것을 방지하기 위해 두꺼운 종이를 붙이고 프로텍터에 넣어서 사용했다. 이처럼 게임 아이디어는 프로토타입을 통해 처음의 계획을 발전시키기도 하지만, 소재와 구조 등을 변경해서 더 좋은 게임으로 변경될 수도 있다. 중요한 것은 이 모든 과정이 프로토타입을 통해서 만들어진 결과라는 것이다.

그림 10-13 에그애드 프로토타입 버전

● 식스틴

〈식스틴(Sixteen)〉은 2016년에 출시된 게임이다. 구성물은 타일과 타일 보관용 주머니, 그리고 가림막이 있다. 타일의 속성은 색깔과 숫자로, 색깔은 5가지이며, 숫자는 1에서 16까지 있다. 16은 엔드 타일과 리스타트 타일의 두 종류이며, 특수 기능이 있는 가위 타일 2개와 휴지통 타일 1개로 되어 있다. 게임의 핵심 메커니즘은 핸드 관리와 타일 놓기이며, 멜드(Meld)와 오더(Order) 방식을 따르고, 놀이 유형은 아곤과 알레아를 콜라보했다. 게임 진행은 모든 플레이어가 타일을 같은 개수로 나눠 갖고, 가림막을 1개씩 가져간다. 누구라도 숫자 1타일이 있다면 테이블에 낸다. 다섯 색깔의 1타일이 모두 테이블에 놓였다면 게임을 시작하고, 가진 타일을 모두 없애거나 남은 타일 숫자의 합이 적은 사람이 승리하는 게임이다.

1차 프로토타입은 파워포인트에 숫자를 적어서 인쇄한 후, 가위로 잘라서 사용했다. 한두 번만 게임을 해도 종이가 얇아서 찢어지거나 구겨져서 매번 출력해야 하는 번거로움이 있었다. 그래서 인쇄한 종이를 코팅한 버전이 2차 프로토타입이다. 이 버전은 이전 버전의 문제점은 해결되었으나, 타일을 집을 때 불편함은 여전했다. 그래서 〈포테스타 (Potasrar)〉 게임에 사용하는 타일을 활용해서 그 위에 인쇄한 숫자를 풀로 붙였다.

이 게임을 만들겠다고 계획한 시점부터 종이가 아닌, 플라스틱 타일로 제작하고자 했기 때문에 비슷한 재질에서 플레이할 때의 느낌과 기분을 테스트하고 싶었다. 이것이 3차 프로토타입이다. 플레이테스트를 하면서 게임 밸런스 부분에서 타일의 개수를 줄이거나 늘려야 했고, 또 재미를 늘리기 위해 처음에는 없었던 특수 기능을 가진 이벤트 타일이 추가되었다. 새로 준비한 타일에 라벨지로 뽑은 스티커를 붙였더니 실제 게임과 아주 비슷한 형태의 4차 프로토타입이 제작되었다.

그림 10-14 식스틴 프로토타입 버전

● 코드톡

〈코드톡(CODETALK)〉은 9×9로 구성된 보드판에 자신의 칩 3개를 연결하는 것을 목표로, 놀이 유형은 아곤, 메커니즘은 매칭이다. 게임 진행은 시작 플레이어가 원하는 곳에 자신의 칩을 놓으면서 해당 위치에 적힌 번호를 말한다. 그러면 다음 플레이어는 이전 사람이 말한 번호에 해당하는 코드에 칩을 놓아야 하며, 코드에 있는 9칸 중 본인이 유리한 위치에 놓으면 된다. 단, 그 위치에 적힌 번호는 또 다음 플레이어가 놓을 칩의 코드를 암시하기 때문에 견제를 고려해서 선택해야 한다.

2018년 초부터 개발을 시작하여, 시스템과 규칙 디자인이 어느 정도 완료되고, 문구점에서 구매한 모눈종이에 펜으로 칩의 위치를 표시하면서 사용했다. 이 방법은 테스트할 때마다 새로운 종이를 사용해야 하므로 많은 종이가 필요했지만, 테스트 횟수가 많아지면서 게임 플레이에 대한 경우의 수를 확인하는데 필요한 데이터 수집이 자연스럽게 이뤄졌다.

〈코드톡〉처럼 구성물이 간단하고 메커니즘이 단순해서 복잡성이 낮은 게임의 프로토타입은 문구점에서 쉽게 해결할 수 있다. 처음에는 바둑판을 사용하면 되겠다라는 생각도 했었다. 만약 이 아이디어를 차용하여 바둑판을 사용했었더라면, 지금처럼 프로토타입의 흔적과 데이터 수집은 기억으로만 남겨둬야 했을지 모른다.

그림 10-15 코드톡 프로토타입 버전

● 세공사

〈세공사(Segongsa)〉는 타일 여섯 조각으로 보석을 만드는 게임이다. 2012년에 기획을 완료하고, 10년 동안 프로토타입으로 보관하고 있다가 2023년 5월에 정식으로 출시했다. 이 게임의 핵심 메커니즘은 셋 컬렉션이며, 매칭과 베스트 카드 메커니즘이 추가되어 있다. 게임 내 보석은 여섯 종류이며, 가치에 따라 점수가 다르다. 보석을 완성하면 보상을 받을 수 있으며, 보상에 따라 추가 액션을 할 수 있다.

이 게임을 처음 기획한 것은 2012년이다. 그때는 게임 디자인 경험이 많지 않아서 프로토타입 만드는 프로세스를 전혀 몰랐다. 하드보드지를 잘라서 타일 100개를 만드는 것도 힘들었지만, 타일마다 보석 조각을 3개씩 만드는 것은 더 귀찮은 일이었다. 무엇보다 보석 조각의 종류에 따라 색깔을 다르게 칠해야 하는데, 방향이나 구성도 제각각이어서 디자인 파일을 참고하여 보면서 칠해도 실수가 많았고 제작 시간도 오래 걸렸다. 1차 프로토타입에서는 노트에 삼각형을 그리고 색칠한 후 가위로 잘라서 사용했다. 이런 방법은 프로토타입을 제작하는 데 비용이 전혀 들어가지 않기 때문에 게임을 처음 만드는 사람들이 가장 많이 사용하는 방법이었다. 종이라는 특성상 구김과 찢어짐은 당연했지만, 가장 불편했던 점은 얇아서 1장씩 가져오기가 쉽지 않았고, 그 자리에 고정되어 있지 않고 자꾸 흐트러져서 재정리하는데 많은 시간이 소비되었다. 이러한 단점을 보완하기 위해 두꺼운 재질로 2차 프로토타입을 다시 만들었다. 타일에 색칠하는 작업을 다시 진행하기에는 많은 수고와 번거로움이 발생하여, 간판 제작하는 업체에 일러스트로 작업한 파일을 가져가 시트지에 인쇄하고, 두꺼운 종이에 붙인 다음 가위로 오려서 테스트에 사용했다.

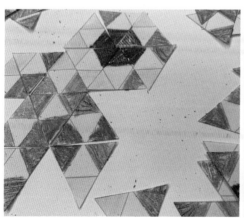

그림 10-16 세공사 프로토타입 버전

● 신라: 천년의 미소

〈신라: 천년의 미소(Silla: The Smile of a Thousand Years)〉는 2024년 1월에 출시한 액션 포인트 제한 전략 장르 게임이다. 핵심 메커니즘은 액션 포인트와 타일 매칭이며, 스탯 턴 오더 방식으로 진행한다. 천년의 역사를 지녔던 '신라' 시대의 전성기를 세계관으로, 핵심 캐릭터 5명이 왕궁터를 재건하는 스토리를 따라 건축 점수를 많이 획득하는 것이 이 게임의 목표다.

1차 프로토타입은 대형 포스트잇을 사용했다. 왕궁터를 재건하기 위해 땅을 여러 구역으로 나눠야 했으므로 보드판은 격자 모양으로 설계하고, A4 용지를 잘라서 캐릭터 카드와 건축 카드를 만들었다. 지형 타일은 숲, 대지, 연못, 궁터로 구분하여 각각 다른 색깔로 색칠 후, 구겨지는 것을 방지하기 위해 코팅했다. 건축에 들어가는 나무와 자원칩은 플레이테스트 후 종류, 수량, 모양이 바뀔 수 있으므로, 우선 다른 게임에 들어있는 구성물을 대체재로 활용하여 프로토타입을 진행했다.

프로토타입을 제작할 때 필요한 기회비용은 시간과 돈이다. 시간이 충분하면 모든 것을 직접 만들면 되지만, 과연 효율적인지 생각해 보아야 한다. 프로토타입은 게임의 핵심 원리가 잘 작동되는지 확인하고, 테스트에 참가한 플레이어들이 어떤 표정을 짓는지, 어느 부분에서 이상한 반응을 보이는지, 어느 부분에서 좋아하는지 등을 살펴보는 것이다. 그리고 그들이 주는 피드백의 수용 범위를 결정하고 게임을 발전시켜 가는 것이 프로토타입의 목표로, 되도록 시간과 비용과 노력을 최소화하는 것이 좋다.

그림 10-17 신라: 천년의 미소 프로토타입 버전

04 레벨 디자인

게임 제작의 시작은 아이디어를 다양한 형식의 문서로 작성하면서 게임의 방향성에 따라 기본적인 뼈대와 살이 만들어지는데, 대부분 보고서 형식으로 작성되기 때문에 다소 추상적이다. 정말 재미있고 참신한 아이디어 일지라도 추상적일 때는 게임의 형태를 갖추었다고 할 수 없다. 따라서 아이디어가 실제로 실행할 때 구체적인 게임의 공간을 연출하고 조율해야 하는데, 이것을 '레벨(Level) 디자인'이라고 한다.

레벨 디자인은 플레이어가 디자인 의도에 맞는 게임 경험을 할 수 있도록 게임 전체의 난이도와 동선을 결정하는 작업으로, TRPG 등에서 던전의 레벨을 난이도와 테마로 구분한 것에서 유래했다. 현재는 보편적으로 레벨 디자인이라 하면 게임의 월드나 스테이지 등의 지형과 지물 등을 구상하고 배치하는 것으로 이해하는 경우가 많은데, 이는 좁은 의미로 해석한 것이라고 할 수 있다. 게임의 배경과 환경의 콘셉트를 설정하고 실제로 콘셉트에 맞게 구현하는 것, 그리고 그 맵을 채우는 실제 지형과 지물, 적과 아군 캐릭터 및 함정과 보물 등의 배치 등 환경을 꾸미는 행위를 비롯하여 게임 세계의 모든 것을 디자인하는 것이다. 이를 통해 외적인 형태와 분위기 전달뿐 아니라 플레이어의 동선, 전투가 일어나는 빈도와 난이도 등 게임의 난이도에 영향을 미치는 부분들을 고려하고 설계하는 것이라고 할 수 있다. 게임 세계의 전체 외관뿐만이 아니라 게임의 난이도에 영향을 미치는 모든 환경적 요소들이 서로 유기적으로 연결되어 적절한 수준의 영향을 주고받도록 하고, 그로 인해 목표의 난이도가 구현될 수 있도록 하는 모든 기획과 설계를 레벨 디자인이라 할 수 있다.

레벨 디자인에서 주로 다루는 요소는 액션, 탐험, 퍼즐, 스토리 전달, 미적 요소다. 액션은 각 레벨에서 캐릭터가 행동할 수 있게 만드는 요소로, 캐릭터의 단독 행동 및 레벨에서의 특정 구조물을 이용할 수 있는 행동 요소를 다루며, 탐험은 레벨에 만들어져 있는 길들을 돌아다니며 플레이 요소들을 실행하거나, 숨겨진 통로 및 아이템을 찾는 등 캐릭터가 탐험할 수 있는 요소를 다룬다. 퍼즐은 레벨을 좀 더 쉬운 방법으로 해결할 수 있게 하거나, 특정 관문을 통과하기 위해 던전을 배치하는 등 플레이어의 몰입도를 높일 수 있는 요소를 다룬다. 스토리 전달 요소는 게임의 스토리가 플레이어에게 전달될 때는 레벨 디자인의 완성도가 큰 영향을 주기도 한다. 캐릭터들 간의 대화 및 행동, 내레이션, 주변 환경을 적절히 배치하고 분위기를 묘사하는 등의 방법을 사용하여 대략적인 스토리를 전달한다. 미적 요소는 게임에 있어서 뛰어나 게임성에 아주 중요한 필수 요소다. 이외에도 시각과 청각 등 플레이어의 감각을 자극할 수 있는 멋진 그래픽, 적절한 음향적인 요소가 게임의 완성도에 큰 영향을 미치게 된다. 이러한 요소들을 통해 게임 제작자들은 자신들이 표현하고자 했던 부분을 플레이어에게 효과적으로 전달할 수 있다.

● 좋은 레벨 디자인을 위한 유의점

첫째, 좋은 레벨 디자인은 마지막 최후의 순간까지 플레이어가 선택할 수 있는 기회를 빼앗아서는 안 되며, 디자인 작업에 있어 가장 중요하게 고려해야 한다. 게임 플레이 중 캐릭터가 위험한 순간에 직면했을 때, 손쓸 기회도 없이 게임이 끝난다면 그 게임은 좋지 못한 레벨 디자인으로 작업되었다고 평가될 수 있다. 플레이어가 위험 요소에 직면하기 전에는 어떠한 암시나 위험을 피해 게임을 진행할 수 있는 기회를 반드시 제공해야 한다는 점을 기억해 두어야 한다.

둘째, 레벨 디자인 작업에 앞서 게임 플레이에 필요한 요소를 명확하게 정리해야 한다. 이 작업에서는 각각 서로 다른 별개의 레벨들이 제작된다. 비록 같은 게임 내에서 사용될 레벨이라고 해도, 각 레벨에 따라 다른 요소들이 추가될 수도 있다. 이 작업을 할 때 주의할 점은 다양한 재미를 제공하더라도 게임의 본질적인 플레이가 변질되면 안 된다는 것이다. 따라서 작업 전에는 반드시 필요한 요소들을 명확하고 확실하게 정리해 두어야 한다.

셋째, 플레이어에게 전체 게임 또는 레벨의 목표에 대해 정확하게 가르쳐주고 목표 달성에 따라 알맞은 보상을 제공해야 한다. 일부 롤플레잉 게임에서 초반에는 빠르고 급격한 전개가 이어지다가 중반에서부터는 아무런 진전이 보이지 않는 아주 느슨한 전개가 진행되는 문제가 종종 발생한다. 이는 플레이어가 초반에 느꼈던 재미와 긴장감을 저하시켜 결국 게임이 따분하고 지루하게 느껴지도록 만들게 된다. 따라서 플레이어가 목표를 달성했을 때 충분한 보상을 제공하여 다음 단계의 보상을 기대하게 만들고 플레이에 대한 욕구를 충족시키도록 해야 한다.

넷째, 게임 플레이를 밸런스가 붕괴되지 않는 선에서 플레이어에게 다양한 선택권을 제공해야 한다. 게임 플레이의 본질이나 밸런스를 붕괴하지 않는 범위 내에서라면 플레이어에게 다양한 선택권을 제공하는 것은 또 다른 재미를 가져다줄 수 있다.

다섯째, 테스터의 플레이를 통해 객관성을 확보해야 한다. 게임 디자이너는 게임을 만드는 과정에서 암기된 작동법으로 수없이 해당 게임을 플레이해 보기 때문에 게임의 난이도 조절을 객관적으로 하기가 어렵다. 따라서 테스트 플레이를 통해 게임의 객관성을 확보하는 것이 필요하다.

레벨 디자인은 기획이나 그래픽 중 하나를 선택하는 것이 아니라, 이를 아울러 게임 플레이를 만들어 내는 것이다.

● 신라: 천년의 미소 레벨 콘셉트

〈신라: 천년의 미소〉는 신라 시대를 배경으로 하고 있으며 불모지의 땅에 숲과 연못, 집터 등의 지형을 만들고 탑과 정자, 사찰 등의 건축물을 세워 아름다운 천년왕국을 건설한다는 이야기다. 지형과 건축물들 역시 이러한 세계관에 맞게 신라에 어울리는 콘셉트로 구성되어 있다. 신라 시대에 만들어진 동궁과 월지를 모티브로한 연못과 집터 등의 지형을 비롯하여 불교를 상징하는 석굴암의 불상(사찰)과 다보탑, 석가탑 등의 신라 건축물 등 게임의 모든 구성물들이 신라에 초점을 두고 만들었다. 이러한 설정을 통해 플레이어가 게임을 즐기는 내내 일관되게 신라라는 세계관을 느낄 수 있도록 한 것이다. 이렇듯 게임이 가진 세계관에 적합한 콘셉트를 구상하고 디자인하는 것이 레벨 디자인의 시작이라고 할 수 있다.

❶ 신라: 천년의 미소 레벨 조정 – 지형 타일 수 조정

〈신라: 천년의 미소〉의 보드판에는 지형 타일을 배치할 수 있는 칸이 가로/세로 각 7칸씩 총 49개가 존재한다. 초기 기획에서는 가로/세로 각 9칸씩 81칸이었지만, 테스트 플레이를 통해 플레이 타임이 지나치게 길어지는 문제를 발견하고 수정 및 개선의 과정을 수차례 거쳐 적정한 수준으로 조정한 것이다.

조정은 게임의 진행과 난이도 등에 미치는 영향이 가장 적은 종류의 타일을 우선 제거하는 식으로 진행되었다. 각 타일은 지형 연결이 가능한 면이 1면, 2면, 3면, 독립 타일 등 총 4종으로 이루어져 있으며 조정 과정에서 1면 연결 타일이 가장 많이 제거되었다. 1면 타일이 가장 많이 제거된 이유는 1면 타일끼리 연결되어 배치되면 완성 지형의 면적이 작아져 게임이 진행될수록 줄어든 보드판의 전체 면적에 산만한 느낌을 줄 수 있기 때문이다.

같은 이유로 다른 타일과의 연결 없이 독립적으로 사용되는 독립 타일은 전부 제거했으며, 다른 타일과 연결 접점이 없는 독립 타일의 특성상 전부 제거해도 게임 진행에 큰 영향이 없다는 추가적인 이유도 있다. 이렇게 조정된 보드판의 지형칸과 지형 타일은 게임의 플레이 타임을 적절한 수준으로 줄여주는 효과가 있다. 이 과정을 통해 지형 타일의 개수는 조정된 지형칸의 수에 맞춰 81개에서 49개로 조정되었으며, 조정된 지형 타일의 수에 따라 지형에 할당된 건축물의 종류와 수량도 변경되었다.

❷ 신라: 천년의 미소 레벨 조정 – 타일 더미 수 조정

앞서 조정한 지형 타일의 전체 수량은 플레이 타임에 대한 영향뿐 아니라 게임 진행으로 보드판에 채워진 타일과 빈 공간의 비율로 인한 시각적 효과에도 영향을 미친다. 하지만 플레이 타임에 가장 큰 영향을 미치는 것은 게임 종료 조건과 관련된 부분으로, 이 게임이 가진 다양한 게임 종료 조건 중에 4개의 지형 타일 더미 중 1개의 타일 더미 소진 시 게임 종료라는 부분에 있다. 즉, 타일의 수량이 조정보다도 더 크게 직접적으로 플레이 타임에 영향을 주는 요소는 지형 타일의 더미 수라고 할 수 있다.

초기 기획에서는 지형 타일 더미가 총 3개로 더미마다 각 16장의 지형 타일이 무작위로 들어 있었다. 하지만 테스트 플레이를 통해 플레이 타임의 단축이라는 레벨 조정의 필요성이 인지되었고, 이를 해결하기 위해 지형 타일 더미를 각 12장씩 4개의 더미로 늘린 것이다. 이렇게 각 더미의 타일 수를 줄임으로써 게임 종료 조건에 더 빠르게 도달할 수 있도록 유도한 것이다. 각 더미의 지형 타일의 수가 12장으로 줄었으나 4개의 더미에서 1장의 타일 선택이라는 규칙과 타일 배치 대신 건설을 진행할 수도 있기에 극단적인 플레이 타임 단축이라는 상황은 발생하지 않는다.

❸ 신라: 천년의 미소 레벨 조정 – 이외의 조정

전체 타일 수의 조정에 따라 각 지형 타일마다 지정됐던 건축물의 종류 및 수량도 조정이 된다. 전체 타일 수에 비해 건축물의 수량이 지나치게 많으면 사용되지 않는 불필요한 컴포넌트가 발생하게 되므로 이를 방지하기 위한 적절한 조정이 필요하다. 또한, 3종의 건축물 소진이라는 게임 종료 조건에 따라 건축물 종류 수를 조정함으로써 건설 가능 건축물을 제한하고 이를 통해 더 빠르게 게임 종료에 도달할 수 있다. 이러한 조정은 플레이 타임의 조절이라는 효과뿐 아니라 건축물 건설을 통해 얻게 되는 점수의 유리한 정도를 적절한 수준으로 조절해 주는 효과도 있다. 건축물의 종류와 수가 지나치게 많으면 건설이 쉬워지고, 쉬워진 건설은 점수 인플레이션을 발생시킬 수 있기 때문이다. 이와 같이 게임 종료 및 점수 분배와 관련된 조건들의 변수 조정이라는 레벨 조정을 통해 지나치게 길어지는 게임 진행으로 생길 수 있는 부담감을 최소화하고 건설이 가지는 유리함을 더 강화할 수 있다.

메커니즘 분석

01 추론/추리

추리 게임(Detective Game) 또는 추론 게임(Deduction Game)은 인간의 지적 능력과 판단력에 기초한 추리를 핵심적인 요소로 삼는 메커니즘이다. 추리 요소의 포함 정도는 제작이 상이하여 명확하지 않지만, 기본적으로는 추리물의 스토리, 정보, 단서, 힌트를 통해 탈출하거나 범인을 찾는 공식을 취한다. 이 메커니즘은 장르로도 불리는데, 영화나 애니에서 흔하게 나타나는 장르로 게임에서도 많이 다루고 있다. 하지만 플레이어의 취향을 많이 타고 처음 입문에서 재미를 얻기 어렵다는 까다로운 점 때문에 호불호가 심한 메커니즘 또는 장르 중 하나이다.

이 메커니즘의 대표적인 게임은 〈클루〉로, 대저택에서 벌어진 의문의 살인 사건에 대한 범인, 장소, 도구를 추리해서 알아내는 게임이다. 플레이어는 주사위를 굴려서 이동 후 멈춘 장소에서 범인, 장소, 도구에 대한 정보를 모으고 단서를 찾아서 정답을 밝혀낸다. 현재의 추리 또는 추론 게임 메커니즘은 이와 비슷한 소재와 메커니즘을 차용하면서 다양하게 변주된 형태로 발전하고 있다.

● 언락

〈언락〉은 기존의 방탈출 보드게임에 앱을 접목하여 앱이 정답을 확인해 주고, 배경음악이 흘러나오며, 앱을 통해 장치를 조작하는 등 실감 나는 경험을 제공하는 새로운 추론 게임이다. 현재 1편에서 6편까지 시리즈로 출시되었으며, 앞으로도 시리즈가 계속 나올 예정이다. 시리즈마다 각각 3가지 시나리오가 수록되어 있으며, 시나리오마다 일러스트와 분위기, 게임의 목표가 완전히 다르며 게임을 풀어가는 방식과 재미도 완전히 다르다. 이 게임이 기존 메커니즘과 다른 점은 디지털 기기를 활용해서 앱을 사용한다는 점이다. 카드의 색깔이나 번호를 활용해서 문제를 해결해 가는 점도 재미를 더한다.

〈언락〉의 가장 큰 재미는 사운드와 그래픽으로 인한 새로운 경험이다. 보드게임의 불편한 매력으로 불리는 수동 조작들을 대부분 자동화했다는 것만으로도 이 게임의 매력에 빠질 수밖에 없는 충분한 이유가 된다.

〈언락〉의 목표는 주어진 시간 내 잠긴 문을 열고 탈출하는 것이다. 게임이 시작되면, 단서 카드를 오픈한다. 빨간색 물체와 파란색 물체를 결합해서 새로운 단서를 찾아내거나 초록색 카드를 활용해서 기계 장치를 조작할 수도 있다. 단, 기계 장치를 잘못 조작하면 제한 시간이

그림 10-18 언락

감소하므로 기계 장치를 사용해야 할지 신중하게 생각하고 결정해야 한다. 게임을 진행하면서 모은 단서와 정보, 물건을 통해 정답 암호를 찾아냈다면, 노란색 자물쇠 카드를 사용하여 앱에서 네 자리 암호를 입력하고 잠금 장치를 풀면 된다.

● 사건의 재구성

〈사건의 재구성〉은 끔찍한 살인 사건의 진실을 밝히고 범인을 잡아내는 협력형 수사 추리 게임이다. 런던 광역경찰청의 신입 수사관인 플레이어에게 수사반장님이 사건 조사를 명한 스토리로 시작된다. 사건을 담당하게 된 플레이어는 범죄 현장을 분석하고 증거를 모아서 유력한 용의자를 체포하여 수사반장에게 보고서를 제출해야 한다. 수사를 빨리 끝낼수록, 그리고 제출한 보고서가 정확할수록 최종 점수가 높아진다. 이 게임 역시 〈언락〉과 마찬

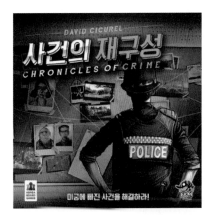

그림 10-19 사건의 재구성

가지로 앱을 연동해서 진행한다. 360° 가상현실로 구현된 사건 현장 속에서 제한 시간 동안 많은 정보와 단서를 찾아야 한다.

〈사건의 재구성〉은 정해진 스토리라인을 무작정 따라가는 게임이 아니다. 플레이어 행동 하나하나가 사건에 직접적으로 영향을 주기 때문에 잘못된 행동으로 돌이킬 수 없는 결과를 만들지 않도록 주의해야 한다.

10.3 실습하기

11주차 실습

① **목표** : 페이퍼 프로토타입 제작과 레벨 디자인하기

② **추천 분량** : PPT 1~2장

---

01 페이퍼 프로토타입 제작을 위한 레벨 디자인을 한다.

아트, UI

UI의 색을 정하고 레이아웃을 구성한다. 게임의 조작과 진행을 원활
하게 할 수 있는 형태의 UI를 디자인한다.

11.1 이론과 개념

프로토타입은 종이에 연필로 그려서 사용하거나, 간단한 이미지를 그려서 사용하는 것이 일반적이므로 아트나 UI/UX를 고려하지 않고 만든다. 하지만 실제로 이렇게 만든 프로토타입은 테스트를 방해한다. 보드판, 레벨, 카드 이미지와 텍스트 등의 가독성이 떨어져서 테스터가 쉽게 이해할 수 없다면 테스트에 집중할 수 없고, 재미를 느낄 수 없는 상태가 된다. 이 상태에서는 올바른 피드백을 받기 어려우며, 테스터의 반응을 관찰하는 것도 불가능하다. 이 장에서는 UI/UX의 차이점을 이해하고, 프로토타입 제작에 적용해 본다.

01 UI와 UX

● UI의 개념

플레이어는 게임을 즐길 때 끊임없이 판단하고 결정을 내리며 그것을 게임에 반영하는 행동을 한다. 게임 역시 플레이어의 행동에 대한 결과를 시각, 청각, 촉각적 요소를 활용하여 끊임없이 보여 주고 들려주어야 하며, 플레이어는 다시 이를 토대로 새로운 판단과 결정을 내리고 행동에 옮긴다. 이처럼 플레이어와 게임은 끊임없이 상호작용을 하며, 이를 지속하는 적절한 도구가 필요하다. 이 도구의 역할 수행자가 바로 UI다.

UI는 유저 인터페이스(User Interface)를 줄여 부르는 말이다. '인터페이스(Interface)'란 서로 다른 2개의 '계(界)'가 만나는 접점을 의미하며 '계면' 등의 단어로 번역되기도 한다. 즉, UI란 서로 다른 두 지점이 만나는 접점이라는 뜻에서 비롯하여, 사용자(User)와 제품이 만나 상호작용이 일어나는 접점(Interface)이며, 동시에 그 제품을 사용할 수 있도록 해 주는 도구라고 할 수 있다. 예를 들어, PC는 마우스와 키보드, 모니터 등의 직접적이고 물리적인 UI를 가지고 있으며, 사용자는 이를 사용하여 화면상의 버튼이나 스크롤바 등을 간접적으로 조작한다. PC, 모바일 기기, 자동차 등 물리적인 제품뿐만 아니라 디지털 게임, 앱, 웹사이트 등 디지털 서비스까지 사용자와 만나는 모든 제품에 UI가 존재한다고 볼 수 있다.

사람들은 흔히 UI를 웹사이트나 앱, 콘솔/비디오 게임 등 주로 디지털 서비스에 적용된 화면의 외관을 의미하는 것으로 이해하고 있으나 정확히는 사람이 이용하는 모든 사물과 제품, 서비스에 UI가 존재한다고 할 수 있다. 예를 들어, 커피라는 제품도 컵과 빨대라는 UI를 가지고 있듯이 거의 모든 제품과 서비스에 UI가 존재하는 것이다.

● UX의 개념

플레이어는 본인의 의도로, 혹은 본의 아니게 어떤 게임을 인지하게 된다. 그 게임에 관심과 흥미가 생기면 구매나 다운로드 등을 통해 게임을 얻고, 설치와 실행을 통해 실제로 플레이를 하게 된다. 플레이어는 UI를 조작하여 게임을 플레이하며 여기서 재미의 유무뿐 아니라 원활한 구동, 조작의 용이함과 정보의 명확성 등 광범위한 부분에서 플레이어의 의사가 반영된다. 또한, 플레이 중 어떤 형태로든 문제가 발생하면 플레이어는 GM을 요청하고 그를 통해 발생한 문제를 해결하려 한다. 이 과정에서 GM의 대응은 얼마나 신속하게 이루어졌는지, 조치는 얼마나 만족스러운지 등을 느끼게 된다. 마지막은 게임 자체의 문제로, 혹은 플레이어가 더 이상 그 게임에 재미와 흥미를 느끼지 않게 되는 등의 이유로 그 게임의 플레이는 중지되고 기억에서 점차 사라져 간다.

이렇게 게임을 처음 인지하고 기억 속에서 사라지기까지의 모든 과정에서 플레이어는 다양하고 광범위한 경험을 하게 되며, 이런 모든 경험을 통틀어 사용자 경험, UX(User eXperience)라고 한다. UX 역시 UI와 마찬가지로 게임이나 앱, 웹 등의 디지털 서비스에만 국한되는 것이 아니라 실재하는 모든 제품과 서비스에서 발생한다.

UX의 개념을 처음 언급한 도널드 노먼(Donald Norman)은 UX를 산업디자인, 그래픽 인터페이스, 물리적 상호작용, 매뉴얼 등을 전부 포함해서 사용자가 시스템을 통해 겪는 경험의 모든 측면이라고 하고, 사용자가 제품과 서비스, 그것을 제공하는 회사와 상호작용하면서 느끼는 모든 경험의 총합이라고 정의했다. 즉, 어떤 제품이나 서비스의 매력 포인트, 만족도, 사용성, 원하는 목적이나 결과를 얻을 수 있는가의 유용성, 빠른 대응, 신속한 처리, 그리고 사용자가 제품 및 서비스와 상호작용하며 겪는 물리적, 감정적 경험이 UX다.

UX 디자인은 다학제적 분야다. 사람의 물리적, 감정적 경험을 이해하고 디자인하는 분야이기 때문에 인체공학, 인지심리학, 인류학, 시각디자인, 컴퓨터 등 다양한 학문 분야가 연관되어 있다. 한 명의 디자이너가 이 모든 분야를 학습하고 숙지한다는 것은 쉬운 일이 아니다. 각각의 파트가 맡은 업무 분야와 관련된 UX를 연구하고 반영하는 것이 중요하다.

● 게임에서의 UI

일반적으로 게임 UI라고 부르는 것은 게임 자체에 포함되어 있는 UI를 말하며, 대부분 시각적인 그래픽 요소로 이루어져 있어 GUI(Graphic User Interface)라고 부르기도 한다. PC의 키보드와 마우스, 스마트폰의 터치스크린이나 콘솔 게임기의 컨트롤 패드 등 게임의 물리적이고 직접적인 UI는 확정되어 있으며 기기에 따라 다른 특성을 나타낸다. 이런 직접적인 UI를 통해 그래픽으로 이루어져 있는 간접적인 UI를 조작하여 게임을 플레이하게 되는데, UI를 단순히 그래픽 요소에 국한하여 생각하는 것은 바람직하지 않다. UI는 플레이어의 매끄러운 게임 진행을 위한 상호작용의 도구로, 이를 그래픽 요소로만 간주하여 외적인 심미성에만 치중한다면 원활한 게임 플레이라는 궁극적인 목적에서 벗어날 수 없다.

모든 디자인의 목적은 심미성이 뛰어난 결과물을 만들어 내는 것이 아니라 그 결과물을 통해 의미나 정보를 전달하고 기능을 통해 목적하는 바를 이루며, 인간의 생활과 환경을 개선하여 유익한 가치를 창조하는 데 있다. 앞서 말한 것처럼 게임 UI의 목적은 멋진 그래픽을 만들어 내는 것이 아니라 플레이어에게 자연스럽고 쾌적한 게임 플레이 경험, 즉 긍정적인 UX를 만드는 것이 목적이다. 따라서 화려한 디자인을 위해 UX를 포기하거나 소홀히 여기는 것은 UI 디자인에서 절대적으로 지양하는 사항이다.

그림 11-1 배틀그라운드 모바일: PUBG

다시 정리하면, UI가 사용자와 제품 간의 접점이자 도구로, 겉으로 드러나 눈으로 확인 가능한 객관적인 부분을 다룬다. 반면에 UX는 사용자가 겪는 물리적, 감정적 경험에 관한 것으로, 사용자의 경험과 그에 대한 주관적인 부분을 다룬다. 즉, UX가 UI를 포함하며, 긍정적인 UX를 발생시키기 위한 노력 중의 하나로, 좋은 UI를 디자인한다는 것으로 이해하면 알기 쉽다. 물론 UI를 통해 제품을 사용하고 거기서 발생하는 경험이 전체 UX에 가장 큰 영향을 미친다고 볼 수 있기 때문에 둘의 관계가 매우 밀접한 것은 사실이지만, UX는 단순히 제품 사용에서 발생하는 경험만을 이야기하는 것이 아니라 사용 외적인 부분까지 포함한 전체 경험을 다루는 것이기 때문에 큰 연관성을 가지면서도 근본적으로는 다른 개념이라고 보아야 한다.

02 플랫폼별 UI 특징

게임의 UI는 크게 물리적 UI와 그래픽 또는 시각적 UI로 구분한다. 물리적 UI는 PC, 모바일, 콘솔, 보드게임 등 플랫폼을 말하며, 그래픽 또는 시각적 UI는 게임 자체에 포함되어 있다. 디지털 게임이라 하더라도 플랫폼의 특성과 사용 환경에 따라 UI 디자인이 다르고, 비-디지털 게임인 보드게임과 디지털 게임 역시 UI 디자인 측면에서 그 차이가 크다. 우선 플랫폼별로 UI의 물리적 요소가 어떻게 다른지 알아보자.

● PC 게임의 UI

PC 게임은 책상에 앉아 키보드와 마우스, 터치패드 등의 포인팅 디바이스를 사용해 화면상의 작은 포인터를 조작하기 때문에 정밀한 조작이 가능하다. 화면의 위치는 대략 팔을 뻗어서 닿을 정도의 거리에 있으며, 크기는 30인치 내외여서 글이나 이미지가 세밀하게 묘사되어도 무리 없이 인지 가능하다. 특히 마우스 휠은 세로 스크롤에 매우 용이하기 때문에 화면을 세로로 길게 활용할 수 있다는 장점이 있다. 또한, 키보드를 사용해서 문자 입력을 매우 빠르고 편리하게 할 수 있다.

마우스나 터치패드 등 포인팅 기기의 가장 큰 특징은 '호버' 사용이 가능하다는 것이다. '호버'란 흔히 '마우스 오버'라고도 부르는데 클릭을 하지 않고 포인터를 버튼이나 기타 요소에 올려두는 행동만으로 그 대상의 속성이나 확장 메뉴 등을 확인할 수 있게 하는 기능이다. 이는 UI에 가용한 공간이 한정적일 때 매우 효율적이며, UI의 성질과 속성을 시각적으로 반드시 표현하지 않아도 된다는 디자인적 자유도를 제공한다.

그림 11-2 디아블로 2

● 모바일 게임의 UI

모바일 기기는 이동 중, 그리고 실외에서 사용하는 경우가 많으며 작은 화면을 손가락으로 직접 터치하여 사용하기 때문에 직관적인 조작이 가능하다. 하지만 작고 한정적인 화면 안에 조작을 위한 UI 요소를 함께 포함하고 있어 정밀한 조작이 어렵고, 세밀한 묘사의 디자인을 사용하면 시각적 노이즈를 일으켜 정작 전달되어야 할 내용에 대한 집중도를 떨어뜨릴 수 있다는 단점이 있다. 손가락 끝을 사용해 작은 화면을 조작한다는 특성을 고려해서 UI 요소들의 크기와 간격을 정해서 디자인이 지나치게 세밀하지 않고 군더더기가 없어야 한다. 또한, 여러 개의 작은 버튼들이 화면의 반을 차지하는 키보드를 사용하기 때문

에 문자 입력이 어렵다는 점 역시 특징이라 할 수 있다. 무엇보다도 모바일 게임은 PC 게임과 달리 포인터가 존재하지 않아 '호버' 기능을 사용할 수 없으므로 각 UI 요소들이 가진 특성이 시각적으로 충분히 드러나도록 디자인해야 한다.

그림 11-3 메이플스토리

● 콘솔/비디오 게임의 UI

콘솔/비디오 게임은 사용자의 환경에 따라 약간씩의 차이는 있으나 일반적으로 TV나 모니터 등의 큰 화면에 연결하고 적당한 거리에 편안한 자세로 앉아 컨트롤 패드를 조작하여 사용한다. 컨트롤 패드는 기기마다 형태가 다르나 양손에 쥐고 사용한다는 점은 동일하다. 콘솔 게임기는 PC의 포인팅 디바이스나 모바일의 직접 터치 방식과 달리 화면의 UI 요소를 직접 선택할 수 없고 컨트롤 스틱을 이용하여 선택하고자 하는 대상까지 포커스를 한 칸씩 이동시켜야 하기에 현재 포커스가 어디에 위치해 있는지 시각적으로 명확하게 표시되도록 디자인해야 한다. 선택 가능한 요소들이 서로 멀리 떨어져 있으면 포인터의 순간 이동거리 역시 늘어나게 되고 이는 사용자가 현재 포인터의 위치를 파악하는데 어려움을 줄 수 있으므로 포인터 이동거리가 지나치게 멀어지지 않도록 주의해야 한다. 선택 가능 요소의 수도 지나치게 많으면 하나씩 움직여 조작해야 하는 번거로움이 있기 때문에 피로감과 답답함이 금방 누적되어 쌓일 수 있다. 그러므로 요소들의 배치, 요소들의 그룹핑 등을 적절히 활용하여 선택을 위한 이동거리를 최소화할 수 있도록 디자인하는 것이 바람직하다.

● 테이블 보드게임의 UI

보드게임은 2인 이상의 플레이어가 한자리에 모여 앉아 게임의 구성물들을 펼쳐놓고 즐기는 것이 일반적이다. 이로 인해 적절한 넓이를 가진 안정감 있는 장소가 필요하고, 게임의 포장박스를 비롯해 보드판, 카드, 게임 말, 주사위 등의 구성물들이 게임 그 자체이자 동시에 UI의 역할을 수행한다는 것이 특징이다. 사람의 손으로 직접 만지고 느끼는 물리적 실체로 이루어져 있기 때문에 시각적인 부분뿐만이 아니라 촉각적 부분을 함께 고려해야 하는데, 이는 플레이어가 지속적으로 게임과 직접 접촉하는 만큼 UX에 큰 영향을 미친다. 적절한 크기와 무게, 시각적 재질감과 실제 촉감, 적절한 내구도 외에도 인쇄 품질, 조형물의 마감과 완성도 등 여러 가지 면에서 신중한 디자인이 필요하다.

아트웍 작업에 있어서도 디지털 화면과 실제 인쇄물 간의 색상 차이에 대한 고려, 화면과 인쇄물 간의 크기 차이에서 오는 가독성과 가시성, 재단 작업을 감안한 충분한 마진(Margin) 확보 등 게임이 물리적 실체로 구현된다는 특성을 늘 염두에 두어야 한다. 또한, 중요하게 고려해야 할 사항은 안전성이다. 플레이어의 신체가 직접 접촉되는 만큼 인체에 무해한 원료 사용과 예리한 부분 등으로 인한 상처, 특히 영유아들이 입에 넣어 생길 수 있는 질식 사고 등 질병과 안전사고에 대한 충분한 예방을 고려해야 하는 것이다. 보드게임은 디지털 게임과 달리 한 번 생산된 제품은 오직 재생산을 통한 수정만 가능하기 때문에 수정 시에 엄청난 비용 손실이 발생한다. 플레이어의 UX뿐 아니라 불필요한 비용 지출 등 여러 손실을 방지하려면 신중한 디자인이 필요하다.

그림 11-4 한글날

게임 UI는 장르와 플레이 방법, 디자인 콘셉트 등에 따라 달라지기 때문에 정해진 방법이나 공식을 일반화하기 어렵다. 따라서 만들고자 하는 게임의 특성을 이해하고 효율적인 방법을 연구하고 길을 찾아야 한다. 어떤 플랫폼에서 서비스되느냐에 따라 플레이어와 게임 간의 상호작용 방식이 결정되며, 이를 고려해서 각각의 환경에 적합한 UI 및 UX 디자인이 이루어져야 한다. 모든 디자인이 마찬가지겠지만 게임 UI 디자인 역시 처음 디자인을 시작할 때 그 게임이 서비스될 플랫폼의 특성에 대한 고민이 필요하다.

03 UI의 구성요소

사용자가 경험하는 UI는 크게 시각, 청각, 촉각 등의 감각적 단계와 UI와의 상호작용을 통해 겪게 되는 감정적 단계로 나눌 수 있다. 일반적으로 UI 디자인이라고 하면 시각적 감각에 대한 GUI 디자인을 가장 크게 다루고 있는데, 이는 중요도의 차이보다는 비중의 차이라고 볼 수 있다. 게임 UI의 청각적 부분은 UI와의 상호작용에 대한 피드백이나 효과음이 주를 이루며, 촉각적 부분은 짧은 진동을 이용한 피드백과 상황 전달 등이 전부다. 이러한 부분들의 중요도가 낮은 것은 아니나 항상 화면에 표시되고 있어 지속적으로 인지되는 시각적 부분과 달리 청각적, 촉각적 부분은 특정 경우에 일시적으로 발생한다는 특성 때문에 상대적으로 비중이 낮다. 또한, 게임이 구동되는 하드웨어 기기의 촉감, 게임의 배경음악이나 효과음, 캐릭터의 음성 등 기기와 게임 자체의 청각, 촉각적 부분이 지속적으로 더 큰 자극을 주고 있기 때문에 게임 UI에서 전해지는 청각, 촉각적 부분은 상대적으로 적은 비중을 차지할 수 밖에 없다.

보드게임의 경우에는 디지털 게임과 달리 다양한 재질로 만들어진 게임 컴포넌트들을 플레이어가 직접 손으로 다루기 때문에 촉각적 부분이 매우 큰 영향을 미친다. 하지만 보드게임 역시 시각적 부분이 촉각적인 부분에 비해 상대적으로 더 빠르게, 직관적으로 먼저 자극을 전달하는 것이 사실이다. 특히 디지털 화면으로 본 작업물과 실제 인쇄된 실물과의 차이를 고려해야 한다는 점에서 디지털 게임 개발보다 더 다루기 까다로운 부분도 있다. 이러한 여러 이유들로 인해 게임 UI에서는 시각, 청각, 촉각 등의 감각적 단계 중 시각적 부분이 가장 큰 비중을 차지하고 있으며 시각적 감각에 대한 UI, 즉 GUI를 구성하는 요소는 다시 기본적 요소와 복합적 요소로 나눌 수 있다. 기본적 요소는 색, 레이아웃, 형태 등이 있으며, 복합적 요소는 그래픽, 타이포그래피, 애니메이션 등이 있다.

● 기본적 요소

❶ 색

인간은 무엇을 학습하거나 인지할 때 '색-형태-문자' 순으로 인지한다. 인지 시야각이 색을 인지할 때 가장 넓게 작용하고 문자를 인지할 때는 가장 좁아진다. 인간의 감각기억이 단기기억으로 넘어가기 위해서는 반복과 집중이라는 과정이 필요한데, 유일하게 색에 대한 감각기억은 이러한 과정 없이 바로 단기기억으로 넘어갈 수 있다. 인간이 색을 인지하는 것은 순식간에 일어나며 색을 구분하는 능력 또한 매우 뛰어나기 때문에, 인간의 색 인지 능력을 활용하면 전달하고자 하는 정보와 의미를 쉽고 빠르게 인지시킬 수 있다. 주변 환경의 색과 색상의 수에 따라 영향을 받기도 하지만 즉각적인 인지에는 색을 활용하는 것이 가장 효과적이다. 특히 채도가 높은 색은 가시성이 좋기 때문에 UI에 사용하는 경우, 하나의 화면 내에서 가장 중요한 요소에 사용하면 효과적으로 플레이어의 주의를 끌 수 있다.

색은 의미를 전달하기도 한다. 문화권이나 학습 경험에 따라 색의 의미 해석에 차이가 존재할 수 있지만 빨강, 초록, 노랑 등 공통적인 의미를 가진 경우가 더 일반적이다. 색이 전달하는 느낌과 의미를 효과적으로 활용하면 즉각적이고 명확한 상호작용을 끌어낼 수 있다.

그림 11-5 신호등 색

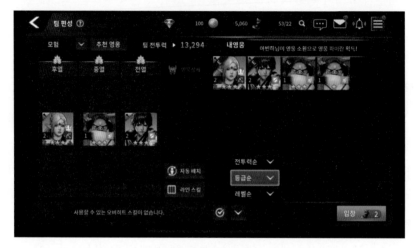

그림 11-6 오버히트

❷ 레이아웃

레이아웃(Layout)이란 '배치'를 의미한다. 디자인만이 아니라 다양한 분야에서 광범위하게 사용되는 단어로, 일반적으로 적절하게 배치하는 행위 자체와 그 결과물을 의미한다. 게임의 화면 안에는 매우 다양한 정보들이 존재한다. 게임을 구성하는 그래픽 요소들뿐만 아니라 플레이어 캐릭터의 HP나 MP, 현재 위치를 보여 주는 미니맵과 직접 상호작용을 통해 사용이 가능한 스킬 아이콘이나 아이템 아이콘, 다양한 기능을 하는 수많은 버튼과 각종 문자 정보까지 플레이어는 게임 진행을 위해 알고 싶어하고, 또 알아야 하는 수많은 정보가 한 화면에 동시에 표시된다. 스마트폰 게임의 경우에는 캐릭터 조작을 위한 컨트롤러까지 한 화면에 표시된다. 이런 모든 정보와 조작 요소들을 적절히 배치하고, 또 배치된 상태를 통틀어 레이아웃이라고 한다.

잘 배치되고 그룹화된 레이아웃의 UI는 플레이어의 시선을 자연스럽게 유도하고, 각 정보 간의 관계를 보여 주며 나아가 빠르고 쉽게 정보를 이해할 수 있도록 도와준다. 레이아웃에 정해진 정답이나 공식이 있는 것은 아니지만, 장르별로 기존 게임들의 시행착오와 그에 따른 개선을 통해 형성된 일반적 레이아웃 형태는 존재한다. 이러한 장르별 관례로 자리잡은 레이아웃 형태는 플레이어들에게도 익숙하기 때문에 쉽게 UI에 적응하고 학습하는 데 도움을 준다. 창의와 혁신은 디자인의 큰 미덕이라고 할 수 있지만, 대중들에게 익숙한 관례를 무시하고 무조건 새로운 시도를 하는 것이 늘 옳은 것은 아니다.

그림 11-7 다크어벤져 3(좌상)/제2의 나라(우상)/검은사막 모바일(좌하)/원신(우하)

파격적이고 새로운 레이아웃보다 게임의 분위기와 느낌을 얼마나 잘 전달하느냐가 중요하다고 할 수 있다. 게임의 전반적인 분위기가 정적이고 엄숙하고 무거운지, 혹은 발랄하고 명랑하며 활동적인지 등 게임이 가진 콘셉트에 따라 레이아웃을 적절히 구성하는 것이 효과적이고 바람직하나.

그림 11-8 명일방주(좌)/오버히트(우)

게임의 특성에 따라 레이아웃을 구성하는 것이 중요하지만 인간의 인지 심리에 관한 공통적인 부분 역시 존재한다. 그리드 시스템이나 형태심리학에서 말하는 그룹핑 법칙 등이 바로 여기에 해당된다. 그리드란 격자, 격자무늬, 격자판 등의 의미로, UI 디자인에서의 그리드 시스템이란 화면이나 지면을 일정한 격자로 분할하고 그에 맞춰 UI의 요소들을 배치함으로써 화면에 일관성과 논리적 규칙을 부여하고 시각적으로 더 보기 좋은 구성을 만들어 낼 수 있도록 하는 것이다. 그리드 시스템은 출판, 편집 디자인에서 크게 발전한 것으로, 잡지나 책, 웹디자인과 앱, 게임 UI 등 지면이나 화면을 디자인하는 분야에서 매우 널리 보편적으로 활용되고 있다.

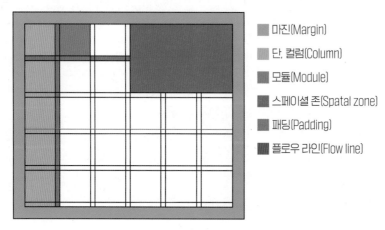

그림 11-9 면이나 지면을 분할하는 그리드 시스템

그룹핑은 배치되어 있는 요소들의 전체적인 해석에 영향을 미친다. 그룹핑 법칙은 유사성의 법칙, 근접성의 법칙 등 다양한 내용으로 정의되어 있는데 특히 레이아웃에서 많이 응용되는 것은 근접성의 법칙이다.

근접성의 법칙이란 인간이 무언가를 인지할 때 가까이에 있는 형태나 요소들을 하나의 덩어리, 즉 관련 있는 정보들로 인지하려는 경향이 있다는 것이다. UI의 레이아웃을 구성할 때 서로 관련 있는 정보나 요소들끼리는 가까이에 배치하여 그 레이아웃만으로도 정보 간의 관련성을 추측할 수 있게 해 주는 것이다. 만약 근접성의 법칙을 적용하지 않고 레이아웃 작업을 진행한다면, 관련 있는 정보나 서로 유기적으로 파악해야 하는 정보들이 너무 멀리 떨어져 있어 플레이어들은 큰 혼란을 겪게 될 것이다.

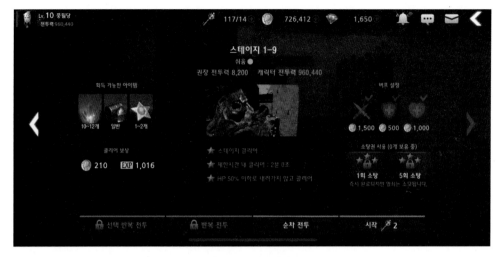

그림 11-10 다크어벤져 3

❸ 형태

형태란 말 그대로 사물이 가지고 있는 모양과 상태를 의미한다. 그리고 그 형태는 의미를 가질 수 있으며 이미 우리 주변에서 흔하게 사용되고 있다. 동그라미와 엑스, 화살표 등 형태를 통한 의미 전달은 세계 어디서나 쉽게 찾아볼 수 있다.

인간이 무언가를 인지할 때 형태보다 색을 더 쉽게 인지하지만, 의미 전달에 있어서는 형태가 색보다 오해의 여지가 적다. 물론 의미를 전달하는 데에는 문자가 가장 직관적일 수 있으나 문자는 형태보다 인지가 더 어렵고 인지 시야각도 좁다. 무엇보다도 문자를 보는 사람이 어떤 언어를 사용하는 사람이냐에 따라 의미 전달이 전혀 이루어지지 않을 수도 있다.

그림 11-11 형태

형태는 쉽게 지각되는 형태가 있고 지각하기 더 어려운 형태가 있다. 인간이 더 쉽게 지각하는 형태를 더 우월하다고 보는데 이를 형 우수성이라고 한다. 일반적으로 형 우수성이 높은 형태는 단순함, 규칙적, 대칭적, 균형이라는 특성을 가지고 있다. 형태는 그래픽 요소들처럼 직접적으로 드러나기도 하지만 직접적으로 드러나지는 않아도 전체 레이아웃 등에서 무의식적으로 지각되는 형태도 존재한다. 이러한 형태의 특성을 고려하여 디자인을 할 때 눈에 보이는 형태 뿐 아니라 눈에 보이지 않는 형태까지 모두 고려해야 한다.

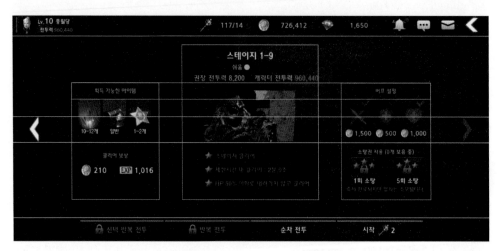

그림 11-12 다크어벤져 3 보이지 않는 형태 UI

● 복합적 요소

UI가 가진 의미와 종류는 매우 광범위하지만 일반적으로 디지털 화면에 그래픽으로 이루어진 상호작용 요소들을 UI로 인식하는 것이 사실이다. 인터넷과 스마트폰의 등장 이후로 디지털 서비스가 폭증했고 이런 디지털 서비스들을 이용하기 위한 상호작용의 도구로 GUI 디자인 수요가 함께 증가하며 UI, UX라는 용어가 일반화되었기 때문이다.

UI의 복합적 요소의 범위와 종류는 넓고 다양한데 사진과 일러스트 등의 이미지를 비롯하여 타이포그래피, 애니메이션, 그리고 실제 상호작용의 역할을 수행하는 버튼이나 아이콘, 체크 박스 등의 UI 컴포넌트까지 그래픽으로 이루어진 거의 모든 것들을 복합적 요소라고 볼 수 있다.

❶ 창(윈도우)

창(윈도우)은 서로 중첩될 수 있고, 또 선택을 통해 활성화된다는 특성으로 여러 개의 프로그램이나 작업을 한 화면에서 동시에 구동하며 자유롭게 넘나들 수 있도록 해 준다는 강력한 장점을 가지고 있다.

게임 UI에서의 창은 실제로 화면을 분할하는 레이아웃의 역할 만이 아니라 다양한 종류의 정보나 기능들을 서로 관련 있는 것끼리 묶어 분류해 주는 패널로서의 기능도 수행한다. 보통은 프레임에 네모의 형태를 가진 창으로 디자인하는 것이 일반적이지만 게임의 그래픽 콘셉트나 전달하려는 느낌에 따라 창의 형태가 아닌 다양한 형태의 이미지를 활용하기도 한다. 또한, 창이 담고 있는 내용의 종류나 중요도, 내용이 가진 목적 등에 따라 디자인을 달리하여 정보의 시각적 구분이나 플레이어의 행동 유도 등의 기능을 수행하기도 한다.

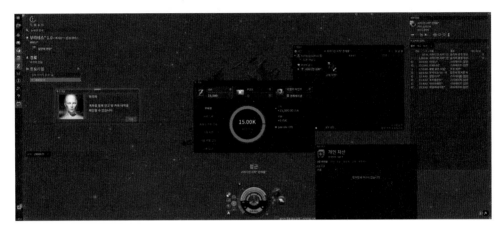

그림 11-13 이브 온라인

❷ 버튼

플레이어가 게임을 플레이할 때 가장 많은 상호작용이 일어나는 요소라고 할 수 있다. 플레이어가 어떤 결정을 내리고 그 결정을 게임에 반영하기 위한 주요 수단이 버튼이기 때문이다.

일반적으로 버튼이라고 하면 네모난 형태의 그래픽에 문자로 라벨이 적혀있는 것을 떠올린다. 하지만 플레이어가 클릭이나 탭할 수 있는 모든 요소를 버튼의 개념으로 이해해야 한다. 버튼만이 아니라 플레이어가 '누른다'라는 행위를 할 수 있는 모든 요소가 공통적으로 '노멀(Normal)-호버(Hover)-클릭(Click)-디져블(Disable)-선택(Selection)'의 5가지 상태를 가지기 때문이다. 해당 요소의 기능이나 플랫폼 기기의 특성에 따라 한두 가지 상태가 제외되기도 하지만 일반적으로 이 5가지 상태를 가지는 모든 요소가 버튼과 같은 개념이라고 볼 수 있다.

이렇게 버튼이 여러 가지 상태를 가지는 이유는 플레이어의 행위에 대한 피드백을 시각적으로 제공해 주기 위해서다. 버튼을 디자인할 때는 이 5가지 상태에 대한 디자인을 모두 제작해야 한다.

그림 11-14 버튼의 5가지 상태

버튼의 종류는 시각적 형태에 따른 분류와 수행 기능 및 목적에 따른 분류가 가능하다. 가장 보편적으로 시각적 형태에 따른 분류는 레이즈드(Raised) 버튼, 플랫(Flat) 버튼, 고스트(Ghost) 버튼, 아이콘(Icon) 버튼 등이 있으며 기능과 목적에 따른 분류로는 행동 유도(CTA, Call To Action) 버튼, 긍정적/부정적/중립적 버튼 등으로 나눌 수 있다. 이러한 분류에 명확히 정해진 기준이나 표준이 있는 것은 아니나 일반적으로 수행 기능 및 목적, 중요도 등에 따라 디자인을 결정한다.

예를 들어, 고스트 버튼은 얇은 선으로만 그려진 영역과 라벨로 이루어져 있어 깔끔하고 세련된 느낌을 주지만 화면의 배경이 그대로 비쳐 보이기 때문에 인지성이 떨어진다는 특성을 가지고 있다. 고스트 버튼의 이런 특성은 사용자의 집중을 요하는 요소나 주요 버튼과의 충돌과 경쟁이 적어 보조 버튼으로 활용하기에 적합하다. 반대로 플레이어의 집중이나 관심을 유도하기 위한 주요 버튼, 혹은 행동유도(CTA, Call To Action) 버튼 등에는 채도와 명도가 높은 색을 사용하여 가시성을 높이는 것이 적합하다.

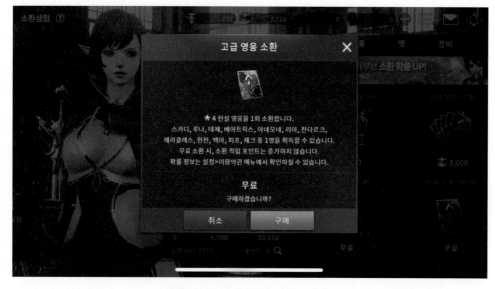

그림 11-15 오버히트 고급 영웅 소환 창

앞의 예와 같이 버튼을 디자인할 때는 그 버튼이 주요 버튼인지 보조 버튼인지, 어떤 역할과 기능을 수행하는지, 그리고 어느 정도의 중요도를 가지고 있는지 등 여러 가지를 고려하여 형태와 색, 위치 등을 결정해야 한다. 또 한 가지 중요한 것은 '이것은 누를 수 있는 상호작용 요소다.'라고 명확하게 인지할 수 있어야 한다. 모호한 디자인이나 다른 UI 요소와 비슷한 디자인으로 사용자를 혼란스럽게 해서는 안 되며, 버튼은 '버튼'다워야 한다.

❸ 게이지

게이지는 최고치가 정해져 있는 특정 수치의 현재 값을 시각화해서 보여 주는 요소다. 캐릭터의 HP나 로딩 작업 진행도 등을 보여 줄 때 많이 사용된다. 흔히 게이지라고 하면 기다란 막대 형태를 떠올리는데 특정 수치의 현재 값을 시각화로 명확하게 표현할 수만 있다면 어떠한 형태로 디자인해도 무방하다.

여기서 하나 주의해야 할 점은 화면 로딩 시 로딩 상황을 게이지로 표시하는 경우가 많은데, 이때도 역시 로딩할 데이터의 양이 정확하게 정해져 있을 때에만 게이지를 사용해야한다. 만약 로딩할 데이터의 양이 정확하지 않고 가변적인 경우에는 액티비티 인디케이터를 사용하는 것이 적합하다.

그림 11-16 제2의 나라(상)/블레스 모바일(중)/디아블로 4(하)

❹ 탭/내비게이션 바

같은 층위의 여러 가지 메뉴 중 하나를 선택할 수 있게 해 주는 요소로, 버튼과 비슷한 형태이지만 큰 차이를 가지고 있다. 버튼이 기능 수행을 위한 도구로서의 성격이 강하다면, 탭은 위치 선택을 위한 도구로서의 성격이 강하다. 따라서 버튼은 선택과 동시에 화면에서 사라지며 수행되는 기능이 화면에 표시되는 경우가 일반적인 반면에 탭은 화면에서 사라지지 않고 선택 상태(Selection)로 변경되며 그 선택된 부분에 대한 내용을 화면에 표시해 준다. 따라서 탭은 플레이어에게 현재 어디에 머무르고 있고, 또 어디로 이동할 수 있는지를 명확하게 보여 주어야 한다. 시각적 디자인에 있어서도 현재 선택된 것, 선택이 가능한 것, 선택 불가능한 것의 구분이 명확하게 드러나도록 해야 한다.

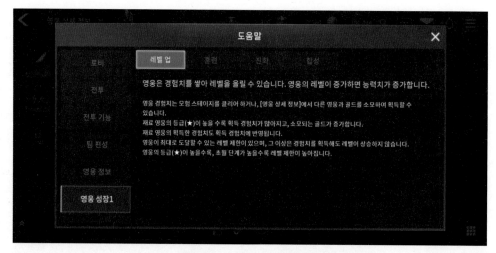

그림 11-17 오버히트 도움말 화면

❺ 체크 박스, 라디오 버튼, 토글 버튼

체크 박스와 라디오 버튼, 토글 버튼은 여러 옵션들 중 원하는 옵션을 선택할 때 사용하는 선택용 UI 요소다. 특히 체크 박스와 라디오 버튼은 외적으로 비슷한 형태를 취하고 있어 혼동되는 경우가 종종 있는데, 이 두 버튼에는 큰 차이가 있다. 먼저 체크 박스는 여러 옵션 중 0개, 혹은 1개, 혹은 여러 개 등 아무것도 선택하지 않거나, 여러 개 중복 선택이 가능한 경우에 사용한다. 하지만 라디오 버튼은 여러 옵션 중 단 1개의 옵션만 선택이 가능할 때, 그리고 반드시 하나의 옵션을 선택해야 할 경우에 사용한다. 그리고 선택 후에는 버튼 클릭 등의 확인 과정을 거쳐야 옵션 내용이 반영된다.

토글 버튼 역시 옵션 선택을 위한 요소인데, 선택지가 단 2개이고 반드시 1개의 옵션을 선택해야 하는 경우에 사용된다. 하나의 옵션을 반드시 선택해야 하는 점은 라디오 버튼과 같지만 토글이 가진 차이점은 확인 과정 없이 선택과 동시에 즉각적으로 옵션 내용이 반영된다는 것이다. 그래서 일반적으로 토글 버튼은 특정 기능의 ON/OFF 설정에 많이 사용된다. 이와 같이 옵션 선택을 위한 UI 요소를 디자인할 때에는 제공되는 옵션의 내용과 성질을 잘 파악하고 그에 적합한 요소를 선택하여 적용하는 것이 바람직하다.

그림 11-18 체크박스(좌) / 라디오 버튼(중) / 토글 버튼 (우)

❻ 스크롤바

정해진 공간 안에 모든 정보를 표시할 수 없을 때 화면 스크롤 기능을 사용하게 되는데 이때 일반적으로 스크롤바를 함께 제공한다. 스크롤바를 이용하면 화면을 스크롤하며 화면 밖까지 이어진 전체 정보를 확인할 수 있다. 하지만 스크롤바는 단순히 화면을 스크롤하는 도구로 사용되는 것이 전부가 아니다. 스크롤바의 중요한 역할은 전체 정보의 양에서 현재 보이는 정보의 양이 얼만큼인지, 그리고 어디쯤인지를 알려주는 것이다. 즉, 전체 내용에 대한 정보를 제공해 주고 그를 토대로 원하는 위치로 이동할 수 있도록 하는 것이라고 할 수 있다.

❼ 문자(폰트), 타이포그래피

UI에는 그래픽 요소뿐 아니라 각종 정보의 표시와 입력, 채팅 등의 소통 수단, 연출을 위한 이미지 등 다양한 형태로 문자가 사용된다. 흔히 폰트라 불리는 서체가 가진 형태 그대로 사용하지만, 타이포그래피(Typography: 문자나 활자를 활용한 디자인) 등의 이미지 형태로도 사용되고 있다. 문자는 색이나 형태에 비해 인지력은 떨어지지만 해석 과정이 필요 없고 직관적으로 이해된다는 장점이 있다. 문자를 사용할 때는 적절한 크기, 명확한 어휘, 정렬, 색, 자간과 행간 등을 통해 가독성을 확보해야 한다.

가독성은 얼마나 잘 보이는가의 문제가 아니라 얼마나 잘 읽히고 그 내용이 얼마나 잘 이해되는가에 대한 문제이다. 게임의 전체 분위기와 어울리는 서체의 선택과 색 지정, 서체 종류의 최소화, 제목용과 본문용 서체의 용도에 따른 적절한 구분, 과하거나 부족하지 않은 자간과 행간 등 가독성에 영향을 미치는 특성들을 충분히 이해하고 그를 토대로 적합한 디자인을 찾아야 한다.

보드게임은 인쇄를 전제로 작업이 이루어지기 때문에 컴퓨터 화면으로 볼 때와 실제 인쇄 후의 결과물이 최대한 일치할 수 있도록 인쇄 작업에 대한 이해를 충분히 가지고 디자인을 해야 한다. 컴퓨터 상에서 문자를 사용한 작업을 할 때 폰트라 불리는 서체 파일들이 사용되는데 이러한 폰트 파일 사용을 위해서는 반드시 사용 권한(라이선스)을 확보해야 한다. 각 폰트마다 사용 권한에 관한 정책이 다르므로 무료 사용이 가능하다고 알려진 폰트라 하더라도 반드시 구체적인 권한 내용과 조건을 확인하고 법적인 문제가 생기지 않도록 주의해야 한다.

그림 11-19 검은사막

❽ 여백

여백은 단순히 빈 공간이 아니다. 오히려 전달하려는 내용을 강조하고 시각적인 편안함을 주며 고급스러운 분위기를 연출하기도 한다. 활용이 어렵고 까다로운 요소지만 적절한 사용은 내용을 매우 효과적으로 전달하는데 도움을 준다.

디자인 경험이 적은 학생들이 여백을 비어있는 허전한 부분이라 생각하고 무언가 자꾸 채우려는 경향을 보이는데 이는 좋은 디자인이라고 할 수 없다. 불필요하고 과한 장식 등의 요소들은 오히려 주내용에 대한 집중도를 떨어트리고 시각적 노이즈로 작용하기도 한다. 적절한 여백은 적용 부분에 따라 문장의 가독성을 높여주고, 요소 간의 관계를 명확히 보여 주며 시선을 끌어 대상을 더욱 돋보이게 하고 중요하다는 느낌을 준다.

그림 11-20 구찌 홈페이지

UI에 사용되는 요소들은 이외에도 여러 가지가 있다. 중요한 것은 기능과 목적에 따라 적합한 요소를 선택하여 사용해야 한다는 것이다. 기존의 요소뿐 아니라 새로운 요소를 만들어 사용하는 것도 가능하다. 기능과 목적에 부합하며 처음 사용하는 사람도 쉽게 이해하고 활용할 수 있다면 그 어떤 요소라도 무방하다.

게임 UI 디자인의 목적은 이쁘고 멋있는 그래픽을 만드는 것이 아니다. 게임 진행을 얼마나 쉽고 편리하게, 어떤 불편도 느끼지 않고 원활하게 해 주는지, 게임의 콘셉트와 분위기를 효과적으로 전달하려면 어떻게 디자인해야 하는지 고민하며 나름의 길을 찾아내는 것이다. UI의 색을 정하고 레이아웃을 구성하며 사용되는 형태를 설정하는 등 모든 디자인 행위가 현재 개발 중인 게임의 콘셉트와 분위기를 얼마나 잘 전달하는지, 게임의 조작과 진행은 얼마나 원활하게 해 주는지, 그래서 플레이어의 UX를 얼마나 긍정적으로 만들어 주는지에 초점을 두고 이루어져야 한다.

04 보드게임의 UI

게임의 UI에는 수많은 그래픽 이미지들이 사용되며 UI 요소에 따라 상태 표현을 위한 추가 이미지를 제작해야 하는 경우도 많다. 이러한 UI 요소의 제작에는 많은 시간이 소요되기 때문에 실제 제작에 앞서 와이어 프레임, 즉 간단한 선으로만 이루어진 프로토타입을 제작하여 검증을 진행한다. 특히 보드게임은 실물로 생산된다는 특징 때문에 생산 완료 후 문제가 발견되면 수정이 어려워 전량 폐기라는 극단적인 상황까지 발생하므로 프로토타입을 통해 완벽한 검증을 거쳐야 한다. 디지털 게임의 경우 와이어 프레임을 생략하고 시안 제작으로 와이어 프레임을 대신하거나 프로토타입 제작 툴 등을 활용하기도 하지만, 보드게임은 최종 결과물 자체가 카드나 게임 보드 등의 실물로 제작되기 때문에 프로토타입 제작 키트 등을 활용하여 직접 손으로 제작한 페이퍼 프로토타입이 더 효과적이고 수정이나 개선 등의 대응에도 더 용이하다.

● 신라: 천년의 미소 보드판 UI

앞서 게임의 UI 부분에서 설명했듯이 보드게임의 UI 역시 게임의 구성물 그 자체로 이루어진 물리적 UI와 각 구성물들이 담고 있는 시각적 그래픽 UI로 나눌 수 있다. 물리적 UI가 재질과 크기, 무게, 촉감, 안전성 등 직접 플레이어의 신체로 접하는 물리적인 부분에 대한 것이라면 그래픽 UI는 게임 보드나 카드, 코인 등의 구성물들에 대한 시각적 디자인에 대한 것이라고 볼 수 있다.

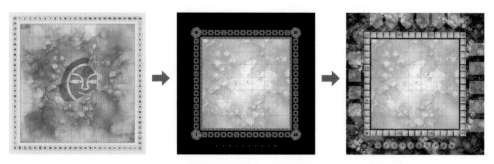

그림 11-21 신라: 천년의 미소 보드판 UI 단계

그림 11-21은 〈신라: 천년의 미소〉 보드게임의 보드판 UI 프로토타입의 변화 과정이다. 이 게임은 숲과 연못, 집터 등의 종류별 지형 타일을 게임 보드 위에 배치하고 각 지형에 맞는 조형물을 건설하여 점수를 획득하는 방식의 게임이다.

라운드별 순서를 정하는 카드, 지형 타일, 조형물 카드, 게임 말과 점수판 등 많은 종류의 구성물들로 이루어져 있어 게임을 즐기는 테이블 위가 어수선해지기 쉽고 플레이를 할 때마다 구성물들의 위치가 달라져 게임에 대한 집중도가 낮아질 수 있다. 게임의 집중도 저하라는 UX를 개선하기 위한 해결 방안으로 게임 보드에 카드를 정리해 둘 수 있도록 시각적으로 빈칸 UI를 추가했다. 이 시각적 UI 요소는 각 종류별 카드와 같은 모양 및 크기를 가지고 있어 특별한 설명 없이도 각각의 카드를 알맞은 칸에 정리할 수 있도록 유도하고 있다. 이렇게 정리된 카드들은 테이블이 구성물들로 인해 혼잡해지는 것을 방지함과 동시에 각각의 카드를 늘 일정한 위치에서 발견할 수 있도록 해 주기 때문에 게임에 대한 집중도를 크게 향상시킬 수 있게 된다.

● 신라: 천년의 미소 지형 타일 UI

지형 타일은 기본 흙바닥을 비롯하여 숲, 연못, 집터라는 3종류의 지형으로 이루어져 있는데 이 지형 타일을 배치할 때 타일끼리 맞닿는 부분이 서로 같은 종류의 지형으로 연결되어야 한다는 조건이 있다. 이러한 조건을 가진 지형 타일을 디자인할 때는 사각형의 지형 타일에 그려진 지형 그림이 어느 부분으로 연결되어도 어색하지 않고 자연스러워야 몰입감을 저하시키는 일이 발생하지 않는다. 시각적인 문제와 더불어 고려해야 하는 것은 안전성에 관한 문제이다. 타일의 각 모서리가 지나치게 얇고 날카로우면 손을 베이는 등의 상처가 발생할 수 있다. 물리적 UI에 대한 문제는 적절한 두께와 재질로 제작하면 모서리가 뾰족해지거나 날카로워지는 것을 방지할 수 있어 쉽게 해결할 수 있다. 시각적 부분에 관한 문제인 지형 그림의 자연스러운 연결은 타일의 각 사분면을 동일한 규격과 간격으로 분할하고 그 규격에 맞춰 지형 그림을 그려 넣는 것으로 해결할 수 있다. 지형별 동일한 규격과 간격의 그림은 자연스러운 연결이 가능하기 때문에 어색한 연결의 그림이 가져오는 몰입도 저하의 문제를 방지할 수 있게 된다.

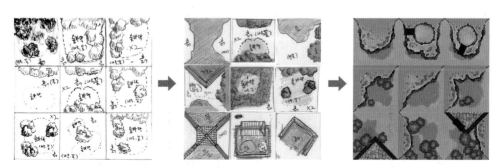

그림 11-22 신라: 천년의 미소 지형 타일 UI 단계

● 신라: 천년의 미소 캐릭터 카드 UI

〈신라: 천년의 미소〉에는 5개의 캐릭터가 있으며, 각각 캐릭터 성격에 맞는 특정 기능을 지니고 있다. 이 카드에는 게임의 배경이 되는 신라의 역사적 인물들이 그려져 있고 하단에는 각 카드가 가진 기능들이 명시되어 있다. 게임을 시작할 때 플레이어가 1장씩 무작위로 선택하여 게임이 종료될 때까지 활용하며, 게임 진행에 변수를 제공해 새로운 재미를 추가하는 것이 이 카드의 역할이지만, 필수 사용 요소가 아니기에 게임 진행에서 사용 빈도가 줄어들거나 아예 잊어버리고 전혀 사용되지 않는 경우가 발생할 수도 있다.

이런 우려를 최소화하기 위해서 비중있는 캐릭터를 설정하고 인물 주변에도 화려한 장식을 넣어 플레이가 일어나는 동안 플레이어의 시선에서 벗어나지 않도록 했다. 단지 인물과 카드의 화려한 장식이 서로 충돌하여 인물에 대한 인지력이 낮아진다는 문제가 있지만, 이 카드의 목적은 인물의 이미지를 전달하는 것이 아니라 플레이어의 눈에 잘 띄어 카드에 적힌 특수한 기능의 사용 빈도를 높이는 것이기 때문에 인물 그림의 인지력이 다소 낮아지더라도 카드 자체의 시인성을 높이는 것이 목적에 더 부합한다고 할 수 있다. 카드의 기능을 명시한 부분도 카드 배경색보다 강조하여 가시성을 높였다.

그림 11-23 신라: 천년의 미소 지형 타일 UI 단계

위의 예시 외에도 게임의 UI를 제작할 때에는 다양한 문제를 고려해야 한다. 단순히 시각적인 심미성만을 생각하고 디자인을 진행하면 사용성에 관한 문제를 간과하기 쉽고, 그로 인해 플레이어에게 부정적 UX를 발생시킬 수 있다. 심미성이나 제작의 용이성도 중요하지만, 항상 최우선으로 고려해야 하는 것은 플레이어의 긍정적이고 만족스러운 UX를 끌어내기 위한 것이다. UI 프로토타입의 반복 검증으로 사용성이 뛰어난 UI를 제작하고 이를 통해 플레이어 UX 개선을 위한 꾸준한 노력이 필요하다.

11.2 메커니즘 분석

01 패턴 만들기

패턴이란 특정한 규칙에 따라 정기적으로 나타나는 일정한 형태를 의미한다. 패턴을 활용한 가장 대표적인 시스템은 패턴 인식과 패턴 만들기(Pattern Building)가 있다. 패턴 인식은 게임 구성물들의 특성과 능력, 그리고 움직임을 인식하고 규칙에 따라 움직임과 위치를 찾아내는 방식으로 〈체스〉, 〈체커〉, 〈쇼기〉, 〈장기〉 등이 대표적인 게임이다. 반면, 패턴 만들기는 플레이어가 특정하게 지정된 패턴을 완성하거나 그것을 만드는 그 자체가 목표로, 〈코드톡〉, 〈틱택토〉, 〈오목두기〉, 〈커넥트 포〉, 〈콰르도〉 등이 대표적인 게임이다. 패턴 인식과 패턴 만들기 같은 게임은 주로 추상 전략 장르에서 많이 사용하는 메커니즘이지만, 최근에는 퍼즐 장르에서도 많이 볼 수 있다. 다양한 패턴 조각으로 제한된 시간 내 특정한 모양을 만들거나 제한된 공간을 채우는 방식으로 변주된 게임들을 많이 볼 수 있다.

● 코드톡

〈코드톡〉은 9×9로 구성된 보드판에서 전략과 운으로 승리를 겨루면서 특정한 패턴을 만드는 게임이다. 목표는 삼목이며, 시스템은 끝 숫자 잇기로 일명 끝말잇기 시스템을 차용했다. 게임이 시작되면 보드판을 테이블 중앙에 놓고 플레이어들은 원하는 색깔의 칩(20개)을 가져간다. 보드판은 9개의 영역이 있으며, 각 영역에는 9개의 코드가 있다. 코드 번호와 영역의 위치가 같다고 생각하면 되고, 먼저 선 플레이어를 정한다. 선 플레이어는 원하는 곳에 칩을

그림 11-24 코드톡

놓고 그 위치에 적힌 코드 번호를 말한다. 예를 들어, 3번 영역의 코드 8에 칩을 놓았다면, 3-8이라고 말한다. 그러면 다음 플레이어는 칩을 반드시 8번 영역에 놓아야 한다. 8-4에 놓았다면, 그다음 플레이어는 4번 영역으로 칩을 놓을 위치를 이어간다. 이렇게 게임을 진행하다가 누군가 자신의 칩을 3개 이상 나란히 연결하면 게임이 종료되고 그 플레이어가 승리한다. 칩을 연결하는 방향은 가로, 세로, 대각선 상관없다.

삼목 두기와 끝말잇기는 모든 사람에게 익숙한 게임이다. 단독으로 익숙한 시스템을 조합해서 새로운 경험을 제공한다는 점에서 이 게임이 기존 게임과 차별된다.

● 한글날

〈한글날〉은 자음과 모음 타일을 사용해서 그림 단어 카드를 보고 연상 단어를 만드는 게임이다. 연상 단어를 만들면 점수와 타일을 추가로 받을 수 있으며, 글자를 만들어 많은 점수를 획득하는 것이 게임의 목표다. 보드판을 테이블 중앙에 놓고, 플레이어들은 원하는 색깔의 게임 말을 가져간 후 보드판 각 로드 시작 지점에 게임 말을 1개씩 놓는다. 그리고 그림 단어 카드를 플레이어 수만큼 분배하고 보드판 각 로드 옆에 덱(더미)으로 둔다. 플레이어들은 자음

그림 11-25 한글날

과 모음 타일을 각각 주머니에 넣고, 자음과 모음 타일 8개와 ★타일을 1개씩 가져간다.

게임이 시작되면, 모든 플레이어가 동시에 자신 앞에 있는 그림 단어 카드 맨 위 장을 앞면이 보이게 공개하고 그림 단어 카드 1개를 선택하여 자음과 모음 타일을 조합해서 그 카드에 연상되는 단어를 만든다. 단어는 반드시 두 글자 이상이어야 하고, ★타일은 원하는 자음으로 대체할 수 있으며, 단어를 만들었다면 '한글날'이라고 외친다. 가장 먼저 '한글날'을 외친 사람부터 단어를 확인하여 정답으로 인정받으면 해당 로드에 있는 게임 말을 시작 위치에서 가장 가까운 빈칸으로 이동한다. 이동한 곳에 표시된 타일 개수만큼 원하는 타일을 추가로 받을 수 있다. 가장 늦게 단어를 만든 사람이나, 단어를 만들지 못한 사람을 제외한 모든 사람의 단어를 확인하면 턴이 끝난다. 보드판 중앙에 있는 10점 칸에 게임 말 3개가 도착하면 게임이 종료되고, 각자 게임 말이 있는 곳의 점수를 합해서 가장 많은 점수를 획득한 사람이 승리한다.

11.3

실습하기

12주차 실습

① **목표** : 아트 작업과 UI 디자인하기

② **추천 분량** : PPT 1~2장

01 보드판(맵)의 UI 구도를 그려보자.

02 카드의 UI 구도를 그려보자.

03 그 외 구성물의 UI 구도를 그려보자.

12 장

플레이테스트

크로스테스트를 통해 재미와 밸런스를 검증하고 피드백 내용을 바탕
으로 게임을 수정하고 보완한다.

12.1 이론과 개념

레벨 디자인과 UI 디자인으로 프로토타입을 제작했으니, 다음은 테스트를 할 차례다. 앞에서 정한 게임 소재, 테마, 장르, 놀이를 설정해서 방향성을 정하고 게임 내부에 스토리와 메커니즘, 그리고 재미를 만들어서 게임을 구체화했다. 이어서 실제로 아이디어를 프로토타입으로 구현했다. 이 다음 단계는 게임 디자인의 마지막 프로세스로, 게임의 내부가 탄탄한지, 완전하게 작동하는지, 재미는 있는지 테스트하고 밸런스를 맞추기 위해서 프로토타입을 테스트한다. 이 과정은 게임이 완벽하다는 확신이 들 때까지 반복되어야 하며, 플레이만 반복하는 것뿐만 아니라 수정도 반복해야 한다.

01 플레이테스트의 단계

플레이테스트(PlayTest)는 게임 디자이너가 관여하는 디자인 프로세스에서 가장 중요한 활동이며, 프로토타입에서 수없이 던졌던 질문에 대한 대답을 듣는 과정이다. 흔히 플레이테스트를 간단하게 여겨서 그저 게임을 플레이해 보고 피드백을 받는 것, 가능하다면 일부 수정하는 것으로 생각한다. 일부는 자신이 만든 게임을 소개하고 잘 만들었다는 말로 인정받는 기회 정도로 생각했다가 예상치 못한 지적을 받고 기분 상해서 예민하게 반응하기도 한다. 플레이테스트는 말 그대로 테스트를 받는 것으로, 디자이너가 의도한 부분에 의도한 요소가 의도한 대로 적용되었는지 테스트를 하는 것이다. 그래서 테스터의 객관적인 평가와 디자이너의 객관적인 수용은 필수다.

플레이테스트가 중요함에도 게임 디자이너가 플레이테스트를 제대로 진행하지 못하는 몇 가지 이유가 있다. 이중에서도 가장 큰 이유는 게임 디자인 프로세스 안에서 플레이테스트를 완전히 분리하기 때문이다. 게임 디자인은 플레이테스트 프로세스를 포함하므로, 게임 디자이너는 디자인 과정에서 플레이테스트 프로세스의 한 과정이라도 뛰어넘어서는 안 된다.

예를 들어, 게임 디자이너 또는 디자인 팀에서 게임 프로토타입을 플레이하고 기능과 구성에 관한 얘기를 나누는 것은 '내부 디자인 검토'라고 하고, 게임의 모든 요소를 엄격하게 테스트하면서 오류를 찾는 것은 '품질보증 테스트'라고 한다. 또 가족, 지인, 친구들에게 게임 플레이를 부탁하고 게임에 관해 얘기하는 것을 지켜보며, 얼마 정도면 구매할 것 같은지 수요를 질문하는 것은 '포커스 그룹 테스트'라고 한다. 마지막으로 테스터가 게임을 조작하는 움직임, 안구 움직임, 행동 패턴을 관찰하고 게임과 어떻게 상호작용하는지 체계적으로 분석하는 것은 '사용성 테스트'라고 한다. 이 모든 것을 반복적으로 테스트하고 수정하는 모든 행동이 플레이테스트다.

그렇다면 플레이테스트란 무엇인가? 플레이테스트는 플레이어가 게임을 어떻게 경험하는지 알아내고자 게임 디자이너가 디자인 프로세스 전반에 걸쳐 실시하는 질문이다. 플레이테스트를 하는 방법은 무수히 많은데, 형식을 갖추지 않고 내부에서 정성적으로 실시하는 방법도 있고, 객관적인 사람들을 대상으로 하는 체계적이고 정량적인 방법도 있다. 게임 디자이너 마크 서니(Mark Cerny)는 게임의 필요 특징이 모두 들어간 2개의 출고 가능한 레벨을 만들 때까지는 프리-프로덕션(pre-production) 단계에 있다고 주장했다. 다시 말해서 2개의 완벽한 레벨, 즉 스토리와 메커닉스가 완벽하기 전에는 여전히 게임의 근본적 디자인을 찾아내는 중이라는 뜻이다. 대부분의 성공한 게임은 회사 회의실에서 실시하든 외부 테스트 그룹을 모집하든 일정 수준의 플레이테스트를 거친다. 아무리 간단한 게임이라도 2개의 완벽한 레벨이 만들어진 후에 출시 여부를 결정한다.

플레이테스트의 최종 목표는 게임의 전반적인 경험을 향상시키기 위해 플레이 테스터로부터 유용한 피드백을 받는 것이다. 플레이테스트 초반에는 의도한 메커니즘이 제대로 구동되는지, 구성물 간에

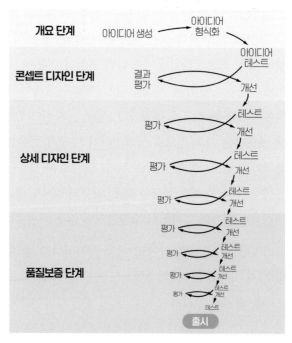

그림 12-1 반복 개선 디자인 모델

상호작용을 하는데 이상은 없는지, 디자이너가 의도한 디자인 가치가 플레이 경험에 구현되어 있는지, 이 모든 것들 사이의 균형은 잘 잡혀 있는지를 확인한다. 플레이테스트 후반에는 플레이어들이 플레이를 재미있게 하는지, 플레이에 집중하는지, 플레이 방법은 쉽게 받아들이는지, 아니면 어렵게 생각하는지를 확인해야 한다. 플레이테스트에서 디자이너의 의도와는 다르게 의외의 답이 나올 때가 많다. 디자이너가 디자인에서 놓쳤던 아주 작은 약점, 분명하지 않은 메커니즘 간의 상호작용, 오해하기 쉬운 규칙, 너무 쉽거나 지나치게 어려운 부분 등 디자이너가 기대했던 경험과 비슷하게 나타날 수도 있지만, 전혀 다른 피드백이 나타나기도 한다. 그래서 시간을 가지고 플레이테스트, 평가, 개선으로 이루어진 반복 개선 프로세스를 지속하는 것이 핵심이다.

● 플레이테스트 단계

게임 디자인 프로토타입에 여러 방식이 있듯이 게임 프로토타입을 확인하는 플레이테스트에도 다양한 종류가 있다. 플레이테스트를 하는 최고의 방법은 객관적인 사람들을 대상으로 테스트를 하고, 게임 디자이너는 그들이 게임을 어떻게 경험하는지 분석하고 피드백을 받는 것이다. 그러나 여러 번 반복해야 하는 모든 과정을 모두 외부에서 해결할 수는 없다. 그래서 처음에는 플레이테스트를 하는 데 목적을 두고 주변 사람들부터 플레이 테스터로 초대하는 것이 좋다.

❶ 내부 플레이테스트

플레이테스트의 첫 번째 단계는 게임 디자인팀 내부에서 테스트하는 것이다. 디자이너는 보드게임을 디자인하면서 의문이 생길 때면 언제든지 빠르게 프로토타입을 만들어서 적합한 답을 찾아야 한다. 그리고 본격적인 외부 플레이테스트를 진행하기 전에 디자인이 제대로 반영되었는지, 테스트할 준비가 되었는지 내부 팀원들과 테스트하면서 미리 확인해야 한다. 내부 테스트를 해야 하는 또 다른 이유는 자체 테스트에서 해결하지 못하는 부분이 있다. 게임 디자이너와 내부 팀원들은 해당 게임에 대해 너무 잘 알고 있기에 지난번 보다 개선된 사항은 알지만, 정작 핵심 부분의 어색함을 해결하지 못하거나, 게임 진행에 방해되는 작은 요소를 어떻게 처리해야 옳은지 적절한 아이디어를 내지 못하는 경우가 많다. 이 과정에서 기본적인 문제점을 많이 발견할 수 있으므로, 게임 디자인을 다시 살펴볼 기회로 삼는 것도 중요하다.

그림 12-2 1차 내부 테스트(좌) / 2차 내부 테스트(우)

〈식스틴(Sixteen)〉은 외부의 객관적인 플레이테스트를 진행하기 전에, 게임 디자인팀에서 여러 번 플레이테스트를 진행했다. 종이에 출력한 시트를 오려서 타일에 붙이고 프로토타입을 제작해서 내부 플레이테스트를 시작했다. 타일의 색깔은 몇 가지로 할지, 각각의 색깔마다 타일의 수는 몇 개로 할지, 금방 끝나버리는 시스템을 되살릴 수 있을지, 불확실성을 위해 무엇을 추가해야 할지 스스로 질문을 만들면서 게임이 딱 재미있는 지점에 도달할 때까지 타일의 수를 늘리거나 줄이기를 반복했다. 처음에는 5가지 색깔의 타일을 각각 20개씩 구성했다. 그랬더니 플레이 타임도 길고, 결과도 예측 가능해서 흥미가 금방 떨어졌다. 내부 테스트 결과 첫째는 결과를 예측할 수 없는 요소가 필요했고, 둘째는 이미 기회가 사라져서 남아있는 타일을 처리할 요소가 필요했다. 이 2가지를 모두 해결할 수 있는 답을 찾기 위해 타일의 개수를 줄이고 조커 타일을 넣어보기도 하며, 조커 타일을 사용하는데 조건을 넣어보기도 했다. 그러나 핵심적인 부분을 해결하지 못해 하루에도 여러 번 플레이테스트를 하면서 답을 찾기 위해 노력했다. 그 결과 드디어 답을 찾았다. 바로 'Restart' 타일로, 버려진 타일을 다시 살릴 수 없을까?라는 질문에서 답을 찾은 것이다. 그리고 게임에서 졌다고 생각했을 때, 다시 기회를 얻었다는 재미를 주기 위해서 가위와 휴지통을 추가했다. 그동안 해결하지 못한 문제가 해결되어 이제 외부 플레이테스트할 준비가 된 것이다.

〈한글날(Hangulnal)〉은 2014년에 기획을 시작으로 출시하기까지 10년이 걸렸다. 그동안 프로토타입을 수십 번 수정하고 변경한 만큼 플레이테스트 역시 수십 번을 반복했다. 내부 검증이 어느 정도 끝나고, 외부 플레이테스트에서도 좋은 반응을 받았다. 그러나 항상 아쉬움이 남는 부분이 있었다. 단어를 만들면 보상으로 타일을 추가로 받을 수 있으며,

타일의 개수를 1개부터 3개까지 다양화해서 '운'이라는 재미를 디자인하고 싶었다. 이미 한글날의 구성물 종류가 많아서 이 부분을 추가 구성물 없이 해결하고 싶었지만, 이에 대한 해결 방법이 문제였다. 내부에서 아무리 아이디어를 내도 적절한 답을 찾지 못하고 그렇게 오랜 세월 계속 게임 내부에 방치되어 있었다. 이후 본격적인 출시를 준비하면서 내부에서 해결하지 못했던 이 부분을 다시 해결해 보기로 했다. 그래서 외부 플레이테스트를 하기 위해 프로토타입을 챙기고 준비를 서둘렀다.

이렇게 두 보드게임을 비교했을 때, 〈식스틴〉은 게임 디자인을 어느 정도 완성단계까지 발전시켜 외부 플레이테스트 준비를 하기 위해 내부 테스트를 진행한 경우이고, 〈한글날〉은 게임 디자인의 문제점을 찾아내고 내부에서 해결할 수 있는 것과 내부에서 해결할 수 없는 것을 정리하여 보드게임 디자인을 다시 살펴보는 기회로 내부 테스트를 진행한 사례다. 이처럼 내부 플레이테스트는 외부 플레이테스트 전에 여러 번 반복하는 것이 중요하며, 반복 테스트에서 계속 새로운 질문을 하는 것은 더 중요하다.

그림 12-3 한글날 테스트 버전

❷ 전문 게임 디자이너 플레이테스트

두 번째 단계는 게임 디자이너 전문가들에게 플레이테스트를 하고 피드백을 받는 방법이다. 전문가 플레이테스트는 가능하다면 디자인 초반과 후반에 모두 진행하는 것이 좋다. 초반에는 게임 시스템과 발전 방향을 위해서 플레이테스트를 진행하고, 후반에는 피드백 받은 다양한 내용을 수정하고 보완한 버전의 최종 점검을 위해서 플레이테스트를 하면 도움이 된다. 물론 전문가들은 게임 디자인 경험이 많고, 이에 대한 지식이 방대하여 게임에 대한 각자의 의견이 뚜렷할 수 있다. 플레이테스트 후 경험에 의한 날카롭고 핵심적인 피드백을 받을 수 있는 반면에 디자이너가 듣고자 하는 답보다 각자의 취향과 방향성을 중심으로 피드백을 주기도 한다. 따라서 디자이너는 최초 계획한 디자인 가치에 중심을 두고 게임 디자인에 대한 건설적인 피드백을 선별할 수 있어야 목표에 대한 합의에서 벗어나는 일이 발생하지 않는다.

〈식스틴〉은 전문가 플레이테스트에서 가위와 휴지통 타일이 게임에 몇 개씩 있느냐에 따라 이 타일들의 기능이 플레이에 영향을 많이 미칠 수 있을 것이라는 피드백을 받았다. 그래서 이벤트 타일의 기능과 개수의 영향력을 중심으로 반복 플레이테스트를 통해, 각각의 기능은 그대로 두고, 가위 타일의 수는 2개, 휴지통 타일 수는 1개로 결정했다. 〈한글날〉은 전문가 플레이테스트에서 별도의 보상 타일을 만드는 대신, 보드판의 점수 트랙에 보상 아이콘을 표시하면 구성물도 줄일 수 있고, 이전보다 진행에서의 번거로움도 없앨 수 있을 것 같다는 피드백을 받았다. 내부에서도 해결하지 못하고 있었던 부분이었었는데, 보상으로 가져오는 추가 타일의 개수를 정하는 조건에 대한 명쾌한 답을 찾은 것 같아 풀리지 않는 문제를 시원하게 해결한 느낌이었다. 게임 디자이너는 전문가 플레이테스트에서 받은 피드백을 모두 수용할 필요는 없다. 하지만 만들고자 하는 게임에 반영했을 때, 확실히 이전보다 좋은 방향이라고 생각한다면 적정하게 피드백을 반영하면 된다.

❸ 가족과 친구 플레이테스트

세 번째 단계는 가족 및 친구들과 플레이테스트를 하는 것이다. 내부 테스트가 어느 정도 끝나고 외부 플레이테스트를 진행해야 할 때, 가장 쉽게 테스터 인원을 모집할 수 있는 집단은 가족과 친구다.

여기서 명심해야 할 것이 하나 있다. 가족과 친구는 대부분 게임 디자이너가 성공하기를 바라는 마음에서 잘 만들었다는 칭찬과 재미있다는 말로 기분 좋게 해 주는 것이 도움이라고 생각한다. 게임 디자이너는 이 점을 명심하고 가족이나 친구가 하는 말보다 행동과 표정을 주의 깊게 살펴봐야 한다. 게임을 재미있게 하는지, 게임은 쉽게 이해하는지, 어려워하는 부분은 어디인지, 게임에서 이해할 수 없어 곤란한 표정을 짓는 부분은 어디인지 잘 살펴야 한다. 가족이나 친구가 플레이테스트를 할 때 게임 디자이너는 플레이에 참여하지 말고, 멀리서 그들의 표정을 살펴봐야 한다는 것을 명심하자.

그림 12-4 가족을 대상으로 진행한 플레이테스트

가족 중에 한글 교육을 받는 6세와 8세 조카, 그리고 할머니에게 〈한글날〉 플레이테스트를 진행했다. 플레이는 여러 번 진행되었고, 그동안 필자는 이들의 표정을 살폈다. 계속 타일을 만지작거렸고, 새로운 그림 단어 카드가 펼쳐질 때마다 글자를 만들기 위해 집중했다. 그러면서도 오빠나 동생, 또는 할머니보다 단어를 먼저 만들기 위해서 살짝 주변을 신경쓰는 모습도 보이며, 연관 단어를 만들었을 때에는 큰 소리로 웃기도 했다. 중요한 것은 게임을 하는 동안 모두가 즐거워 보였고, 더 중요한 것은 "다시 해보자."라는 말을 했다는 것이다. 게임 디자이너가 좋아하는 말은 "만든 게임이 재미있어요."지만, 테스터로부터 가장 많이 들어야 하는 말은 "이 게임 한 번 더 하자."라는 말이어야 한다.

❹ 타겟층 플레이테스트

게임 플레이테스트에서 정말 필요한 테스트는 실제로 돈을 지불하고 게임을 구입하는 사람, 바로 핵심 타겟이다. 게임이 제공하는 경험의 종류를 실제 타겟층이 즐겼을 때 디자이너가 의도한 플레이 경험이 그들에게서 만들어지는지 확인하는 것은 중요하다. 또한, 이들은 자신들이 무엇을 좋아하고 무엇을 싫어하는지 분명하게 알고 있기 때문에 플레이테스트 후 게임에 대해 매우 자세한 피드백을 받을 수 있고, 누구도 제공할 수 없는 정보와 통찰을 얻을 수 있다. 그래서 이 집단을 대상으로 하는 플레이테스트는 디자인 프로세스 후반부에 진행하는 것이 좋다.

❺ 신규 플레이어 플레이테스트

마지막 플레이테스트 방법은 신규 플레이어들을 대상으로 하는 테스트다. 이들은 게임에 대한 경험이 적기 때문에 새로운 게임을 제공했을 때 반응이 직관적이다. 신규 플레이어 들이 플레이하면서 게임을 어떻게 배우고 즐기는지 확인할 수 있다. 신규 플레이어 그룹은 다양한 연령을 대상으로 진행하는 것이 좋다. 연령대별로 게임을 배우고 즐기는 방법을 분석하면 다음에 비슷한 게임을 디자인할 때 도움이 된다.

게임 프로토타입을 플레이테스트하는 방법은 이 외에도 다양하다. 게임 디자이너는 단순 히 게임을 만드는 사람을 넘어서 완성된 프로토타입이 나올 때까지 게임 디자인 프로세 스를 이어나가는 디자인 경험 수집가가 되어야 한다. 플레이어가 의미 있는 게임 플레이 경험을 할 수 있도록 아이디어를 다듬고 본인만의 플레이테스트 방법을 찾거나 만들어서 게임을 완전히 이해해야 한다. 게임 플레이테스트는 결코 한 번에 만족하는 답을 얻을 수 없으며, 절대 이런 생각과 기대는 하지 말아야 한다. 게임 디자이너는 다양한 방법과 대 상으로부터 본인이 의도하는 답을 얻을 때까지 프로토타입의 플레이테스트를 반복하는 것이 중요하다. 단, 게임 디자인이 길어지면 플레이어 경험의 범위에서 벗어나 자신이 만 들고 싶은 것으로 관점이 바뀔 수 있어 디자이너는 디자인 과정 내내 플레이어 관점과 니 즈에 대한 관계를 염두에 두고 플레이테스트를 반복해야 한다.

플레이테스트 과정에서 확인해야 할 내용을 테스트하고, 이것을 평가하고, 개선으로 이 뤄질 수 있도록 지속적인 반복 개선 프로세스를 이어가야 한다. 몇 번의 플레이테스트를 진행하고 피드백을 받아 수정하다 보면, 디자인 가치에 대한 초점을 잃는 경우가 있다. 또한, 해결할 이슈와 수정사항에 대해 점점 소극적으로 대하게 된다. 처음에는 반복 프로 세스를 반복하는 자체가 힘들고 지칠 수 있지만, 끝으로 갈수록 수정해야 할 부분이 줄어 들고, 극적인 수정사항은 사라진다. 그리고 그만큼 게임 디자인이 탄탄해져 목표가 뚜렷 해지며, 매력을 살리지 못하고 출시하여 방안에 재고로 쌓아두는 일은 피할 수 있다.

게임 디자인 과정이 진행되고 게임 내용이 발전하게 되면 게임 디자이너는 만들고 있는 게임을 객관적으로 보기 어려워진다. 수많은 요소를 몇 달 동안 테스트하고 수정하고 나면 명쾌했던 관점이 흐려질 수 있기 때문에 이 지점에서 플레이 테스터가 매우 중요하다. 플레이 테스터가 어떤 경험을 하는지 관찰하고, 어떤 목표에 집중하는지, 게임이 막히거나 잘 풀리지 않는 부분에서의 플레이 테스터 표정과 말하는 모든 것을 기록해 두면 이 피드백을 바탕으로 게임의 방향성과 재미를 새로운 관점에서 찾을 수 있다.

02 플레이테스트에 대한 질문

플레이테스트의 핵심은 프로토타입에 대한 테스트가 아니라, 게임 경험에 관한 플레이테스트를 해야 한다는 것이다. 완전히 만족스럽다고 생각했던 무엇이 완전히 틀렸다는 것이 밝혀진다. 아직 뭔가 할 수 있을 때, 가능한 한 빨리 문제점들을 발견해야 한다. 플레이테스트에도 목적이 있어야 하며, 플레이테스트의 핵심 목적은 질문이다. 이 과정은 복잡하지만, 질문이 명확할수록 해결할 수 있는 것이 많아지므로, 게임 디자인의 핵심적인 부분을 단번에 해치우거나 가볍게 취급해서는 안 된다. 디자이너는 플레이테스트를 항상 게임 디자인과 디자인 프로세스의 중심에 두고 작업 해야 한다. 이것이 주변으로 밀려나는 순간, 플레이어가 게임을 처음 접할 때의 눈으로 게임을 보는 기회는 스스로 포기하는 것이다. 트레이시 풀러턴(Tracy Fullerton)이 『Game Design Workshop』에서 4단계로 나눈 플레이테스트 과정을 조금 더 구체화하기 위해서 이 책에서는 6개의 질문으로 구분하고 명료화했다.

단계	기초가 탄탄한가?	작동하는가?	내부적으로 완전한가?	균형이 잡혔는가?	재미있는가?	쉽게 할 수 있는가?	
1단계	●						방향성
2단계	●	●					작동성
3단계		●	●				완전성
4단계		●	●	●			균형성
5단계				●	●		재미성
6단계					●	●	용이성

그림 12-5 단계별 플레이테스트에 대한 질문

● 1단계: 기초가 탄탄한가?

기초 단계에서는 게임의 기본 아이디어에 대한 재미 여부를 테스트한다. 주로 팀 내부에서 진행하므로, 현재 프로토타입에는 플레이할 수 있는 핵심 메커니즘과 이것을 부각하는 추가 메커니즘, 그리고 상호작용하는 요소들이 있다. 또한, 여기에는 허점과 교착 상태도 있을 수 있다. 이 시점에서는 핵심 메커니즘이 게임의 매력적인 기초가 될 수 있을지 판단하고, 이 단계에서의 아이디어가 게임의 좋은 기초가 될 것 같다는 확신을 가질 수 있도록 기초를 탄탄하게 한다.

- 게임에서 핵심 메커니즘은 무엇인가?

- 핵심 메커니즘이 게임의 매력적인 기초가 될 것인가?

- 핵심 메커니즘이 게임의 좋은 아이디어가 될 것 같다는 확신이 드는가?

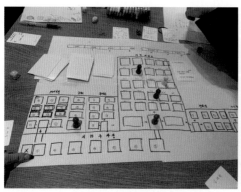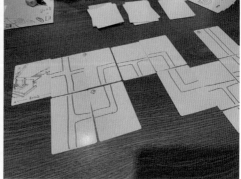

그림 12-6 게임의 기초가 되는 핵심 메커니즘 테스트

● 2단계: 게임이 작동하는가?

작동한다는 말은 그 게임을 전혀 모르는 사람이 게임을 할 수 있을 정도로 시스템이 구축되었다는 의미다. 테스터가 게임을 하면서 어려움을 겪지 않는다거나 최종적으로 구현될 게임 경험이 완전히 만족스러워야 한다는 뜻이 아니라, 게임과 상호작용할 수 있다는 의미다. 페이퍼 프로토타입으로 플레이어가 규칙과 진행 방법에 따라 게임을 플레이할 수 있고, 교착 상태에 빠지지 않는다는 것을 의미한다. 이 단계는 여러분 자신이 아닌 다른 플레이 테스터가 플레이해 볼 수 있도록 게임에 충분한 구조를 갖추는 과정이다. 이 단계에서 파악해야 할 것은 다음과 같다.

- 여러분의 직관이 옳은가?

- 작동성과 재미 둘 다의 측면에서 기초가 탄탄한가?

- 형식적 요소들이 기본적인 상태에서도 잘 작동하는가?

- 플레이어 경험에 시작, 진행, 끝이 있는가?

- 플레이어가 목표에 도달할 수 있는가?

- 플레이어가 갈등에 대응하는가?

- 플레이어가 이런 참여를 즐기는가?

- 게임에 번뜩임이 있는가?

- 이 아이디어를 계속 추진해도 좋은가?

- 아니면 처음부터 시작해야 하는가?

그림 12-7 게임의 작동성 테스트

● 3단계: 게임이 내부적으로 완전한가?

이 단계에서는 구상한 게임 시스템이 완전히 작동하고, 내부적으로도 완전하게 만들어야 한다. 플레이테스트 하면서 틀림없이 작동은 하지만 불완전한 부분을 발견할 것이다. 예를 들어, 탈출 게임 프로토타입 프로세스에서 시스템이 작동하도록 이동과 퍼즐 규칙을 만들었지만, 성공 비율과 탈출하는 조건에 대한 규칙을 만들지 않았다면, 여전히 불완전하다. 플레이테스트에서 어떤 요소가 빠졌는지 쉽게 보이기도 하지만 알아차리기 힘든 것도 있다. 다양한 조건에서 모든 가능한 조합을 테스트해 보아야 게임에 미완성 부분이 없다고 확신할 수 있다. 이는 간단해 보이지만 쉽지 않다. 대부분 게임은 시스템이 꽤 복잡해서 다양한 조건에서 예상과 다르게 작동할 수 있고, 테스트할수록 게임이 얼마나 변화무쌍한지 알게 될 것이다. 종이 규칙서를 만들면 문제없이 작동할 것처럼 보여도 막상 실제 게임으로 구현하면 애매한 상황이 발생하거나 해결되지 않는 경우가 발생할 수 있다. 그래서 보드게임에서는 플레이어가 자기 방식으로 규칙을 해석하고 논쟁을 벌이기도 한다.

게임에서 불완전한 부분을 찾으면 가장 먼저 규칙을 살펴봐야 한다. 게임이 어떻게 플레이되는지 디자인 문서나 규칙 문서를 명확하게 만들어야 한다. 이렇게 만든 규칙도 그 안에 있는 빈틈을 발견하게 될 것이다. 그 빈틈을 막고 규칙을 완전하게 만들어야 한다. 이 과정에서 게임의 다른 부분이 영향을 받지 않도록 섬세하게 작업하면서 테스트와 수정을 여러 번 거쳐야 한다. 문제는 규칙이 포괄적으로 잘 만들어졌고 플레이어가 규칙의 테두리 안에서 플레이한다 해도 어떤 플레이어는 디자이너가 예상하지 못한 방식으로 자신에게 유리하게 플레이하는 방법을 알아낸다는 것이다. 디자이너가 할 일은 이런 문제를 밝혀내고 해결하는 것이다.

❶ 허점

플레이어가 원래 의도하지 않은 이득이나 불공정한 이득을 얻기 위해 이용할 수 있는 시스템 오류를 말한다. 시스템에는 항상 어떤 플레이어가 유리하게 플레이할 수 있는 방법이 있다. 그렇지 않으면 아무도 이길 수 없을 것이다. 그러나 의도하지 않은 허점이란 모든 플레이어의 경험을 망치는 플레이를 허용하는 오류이므로 문제가 있다. 의도하지 않은 허점이 있는 한 게임은 완전하다고 볼 수 없다.

❷ 교착 상태

교착 상태는 플레이어가 게임에서 오도 가도 못하게 되어 어떻게 해도 게임 목표를 향해 진행할 수 없을 때를 말한다. 탈출 게임에서 플레이어가 게임 세계의 힌트를 모으고, 이 힌트를 이용해 퍼즐을 풀 수 없다면 교착 상태에 빠진다. 전략 게임에서 플레이어의 리소스가 떨어져 갈등을 해소하지 못하는 상황, 어드벤처에서 플레이어가 어떤 게임 공간에 들어갔는데 빠져나오지 못하는 상황도 교착 상태에 해당된다. 대부분 게임은 출시하기 전에 교착 상태를 해결하지만, 플레이테스트에서 발견하지 못하고 넘어가기도 한다.

내부적으로 완전한 게임은 게임 플레이나 작동성이 위태로운 상황 없이 플레이할 수 있는 게임을 말한다. 이것은 객관적이고도 주관적인 판단이다. 게임이 완전하다는 말은 누군가의 허점을 발견하기 전까지만 유효하다. 실제로는 어떤 게임도 완전하다고 말할 수 없다. 항상 개선의 여지가 있고, 대부분의 게임 시스템에서 알려지지 않은 문제점 또는 해결할 수 없는 문제점이 숨어있다. 디자이너는 디자인의 형식적 세부 사항 단계에서 충분히 좋은 기준을 적용하고 엄격한 테스트를 설계하여 게임에 치명적인 결함이 없다는 확신이 들도록 만들어야 한다. 그래야 게임이 내부적으로 완전하다고 간주할 수 있다. 이 단계에서 평가할 내용은 다음과 같다.

- 재미가 어떤가?
- 게임의 작동은 내부적으로 완전한가?

그림 12-8 내부 완전성 테스트: 한글날

● 4단계: 게임의 균형이 잡혔는가?

구상한 게임 시스템이 완전히 작동하고, 내부적으로도 완전해졌다면, 이제 균형을 이루도록 만들어야 한다. 게임이 작동하면서 완전하고, 균형있게 만드는 것은 보통 일이 아니다.

여기에는 게임 디자인 경험을 해야 익힐 수 있는 기술이 필요하다. 모든 게임이 다르기에, 이 게임의 플레이테스트 프로세스에서 찾은 해법이 다른 게임에는 적합하지 않을 수 있다. 게임 밸런싱은 디자이너가 의도한 플레이어 경험의 목표를 충족시키도록 게임을 만드는 과정이다. 게임에서는 시작 포지션과 플레이가 공평하고, 어떤 전략이 다른 전략보다 압도적으로 우세하지 않다는 의미다. 그리고 레벨의 난이도가 타겟에 맞도록 적절히 조절되었다는 의미다. 게임 밸런싱은 게임 디자인에서 가장 어려우면서도 가장 중요한 부분으로, 여기에는 어려운 수학과 복잡한 통계 숫자도 중요하지만 그만큼 직감도 중요하다. 디자이너의 어떤 결정과 선택이 게임 시스템을 더 깔끔하고 균형 잡히게 만들지 판단하려면 경험이 필요하며, 게임이 폐기되거나 개선되느냐는 이 단계에서 결정된다.

❶ 변수의 밸런싱

시스템의 변수는 게임 객체의 속성을 정의하는 숫자의 집합이다. 변수는 플레이어 수, 플레이 공간의 크기, 객체의 수, 객체의 속성 같은 것을 정의한다.

〈코드톡(CODETALK)〉 게임에서 속성은 플레이어 2명에서 4명, 9×9 그리드, 빨강, 파랑, 노랑, 초록 칩이 각각 20개다. 이러한 변수는 게임이 작동하는 방법에 대한 중요한 측면을 간접적으로 결정한다. 예를 들어, 이 게임에서 그리드 크기를 9×9에서 12×12로 바꾸면 각 색깔의 칩 수도 20개에서 36개로 늘려야 한다. 그렇지 않으면 게임이 끝나기 전에 칩이 모자라게 될 수 있기 때문이다. 이렇게 게임 변수 하나를 바꾸면 다른 변수도 바꿔야 한다. 그리드 크기를 수정하면 다른 측면도 바뀌는데, 플레이테스트를 하면서 플레이 시간이 길어지고, 게임이 덜 흥미진진해진다는 것을 발견할 것이다. 첫 번째 변화의 이유는 명백하다. 채워야 할 영역이 더 넓으면 플레이어가 선택할 수 있는 경우의 수가 더 많아 공간을 두고 덜 다툰다. 그래서 두 번째 변화가 흥미롭지 못한 것이다. 그러므로 게임 변수를 바꿔가면서 테스트를 반복해야 시스템을 가장 안정적으로 밸런싱할 수 있다.

〈식스틴(Sixteen)〉 게임에서도 같은 원칙에 따라 작동한다. 〈식스틴〉은 4인 플레이 기준으로 타일 22개를 가지고 시작한다. 타일이 12개라면 게임 플레이가 너무 빨리 끝나고, 40개라면 게임이 너무 오래 걸릴 것이다. 칩의 수를 바꾸면 게임 플레이 방법도 바뀐다. 플레이 테스터는 칩이 12개일 때와 40개일 때 다르게 행동하므로 게임의 경험과 밸런스가 바뀐다. 변수를 조정하는 목적은 게임 목표, 즉 플레이어 경험으로 귀결된다. 게임 경험에 대한 전문가 테스트가 있어야 시스템 변수가 적절히 조정되었는지 잘 판단할 수 있다.

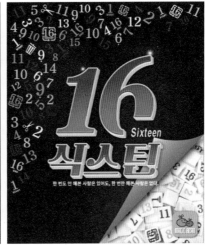

그림 12-9 게임의 균형: 코드톡 & 식스틴

❷ 힘의 밸런싱

게임이 작동할 때 예상하지 못한 결과가 생기기도 한다. 규칙의 특정 조합이나 객체의 조합, 그리고 슈퍼 객체로 인해 플레이의 균형이 무너진다. 또는, 행동을 특정 방식으로 조합하면 최적 전략이 되어 이런 트릭을 아는 플레이어가 이용하기도 한다. 원인이 무엇이든 이런 불균형은 게임 플레이를 망치기 때문에 불균형을 찾아내 문제를 일으키는 규칙을 바로잡거나, 객체의 값을 수정하거나, 최적 전략을 완화시키는 새로운 규칙을 만들어야 한다.

❸ 강화 관계 밸런싱

강화 관계는 시스템의 한 변화가 다른 부분에도 변화를 일으키는 경우다. 예를 들어, 점수를 얻은 플레이어에게 턴을 한 번 더 주면 그 플레이어는 더욱 유리해진다. 이렇게 강한 플레이어가 계속해서 보상을 받는 사이클에서는 결국 강한 플레이어가 승리한 채 게임이 싱겁게 끝날 수 있다. 기본적으로 강한 플레이어가 한 번 성공했다고 너무 많은 힘은 추적하지 못하게 해야 한다. 대신 게임의 균형을 깨지 않는 작고 일시적인 보너스를 주는 것이 좋다. 다른 기법으로 무작위 요소를 추가해서 힘의 균형을 바꿀 수 있다. 무작위 요소는 동맹 관계 변화, 운이 없는 상황 등 외부 사건의 형태를 띤다. 또한, 약한 플레이어가 함께 뭉쳐 우세한 플레이어를 상대로 싸우게 만들 수도 있다. 목표는 게임이 균형을 이루면서 정체되지 않는 것이다. 어쨌든 게임은 경쟁이고 결국 승자가 나와야 한다. 게임의 최종 단계에서 가능성은 어느 한쪽으로 기울겠지만, 그때 극적으로 승리할 수 있겠다는 기대감을 주어야 한다. 게임에서 극적인 승리를 거두는 것만큼 짜릿한 것은 없다.

❹ 압도적인 객체 밸런싱

비슷한 게임 객체는 힘이 비슷하게 만들면 좋다. 전통적인 가위바위보 게임은 힘의 강약이 분명하게 정의되어 있다. 두 플레이어는 가위, 바위, 보 중 하나를 동시에 선택한다. 각 플레이어는 상대방의 선택에 따라 이기거나 지거나 비긴다. 가위는 보를 이기고, 바위는 가위를 이기고, 보는 바위를 이긴다. 가위바위보 결과 매트릭스에서 0은 무승부, +1은 승리, −1은 패배다. 이처럼 3가지 선택이 균형을 이루는 이 개념을 회전 대칭이라고 한다.

표 12-1 가위바위보 결과 매트릭스

	가위	바위	보
가위	0	−1	+1
바위	+1	0	−1
보	−1	+1	0

〈게임 아트 오브 워(Game Art of War)〉에서 기사는 야만인보다 우월하고, 야만인은 궁수보다 우월하며, 궁수는 기사보다 우월하게 디자인되었다. 많은 게임이 이런 기법을 여러 가지 형태로 이용한다. 격투 게임에서 모든 유닛과 캐릭터는 각각 필살기와 아킬레스건이 있다. 레이싱 게임에서 어떤 자동차는 언덕을 잘 올라가는 반면, 코너에서 핸들 조작이 형편없다. 경제 시뮬레이션 게임에서 어떤 제품은 내구성은 높고 값은 싸며, 어떤 제품은 수명이 짧은 대신 가치가 높다. 강점과 약점을 분배하는 것은 게임 디자인의 핵심적인 부분이고, 게임 플레이의 균형을 맞출 때 항상 염두에 둬야 한다.

❺ 대칭적 밸런싱

각 플레이어에게 정확히 같은 시작 조건, 같은 리소스, 같은 정보를 준다면 이 시스템은 대칭적이다. 〈체스(Chess)〉에서 흑과 백의 기물은 똑같이 16개로 대칭되게 배치되고, 같은 크기의 공간을 이용한다. 마찬가지로 〈코드톡〉, 〈체커〉, 〈바둑〉 게임은 대칭적인 시스템이다. 이런 턴 기반 게임에서 중요하게 다루어야 할 비대칭적인 요소가 하나 있는데, 바로 누가 먼저 플레이할 것인가이다. 이 요소의 균형을 명확히 잡지 않으면 게임의 공정성이 깨지기 때문에 플레이를 먼저 시작하더라도 이점이 없도록 디자인해야 한다. 〈체스〉에서 먼저 두는 사람은 힘이 가장 약한 졸이나 기사만 움직이게 하여 위협감을 줄인다. 〈바둑〉은 덤 제도가 있어서 먼저 두는 사람에게 핸디캡을 부여한다. 〈모노폴리〉에서는 주사위를 굴려 이동하게 하면서 운의 요소를 부여한다. 주사위를 굴리면 첫 번째 플레이어는 나쁜 숫자가, 두 번째 플레이어는 좋은 수가 나올 수 있으므로 선착의 효과를 줄일 수 있다.

❻ 비대칭적 밸런싱

모든 플레이어에게 목표, 규칙, 능력, 리소스가 다르게 주어지면 그 게임은 비대칭적이다. 비대칭성은 현실 세계의 갈등과 경쟁을 게임에 모델링할 수 있으므로 매우 효과적이다. 카드 수집형인 〈넷러너(Netrunner)〉 게임에서 한 플레이어는 카드 덱을 이용해서 기업을 플레이하고 다른 플레이어는 다른 카드 덱을 이용해 러너를 플레이한다. 두 덱의 카드는 완전히 다르다. 기업은 아젠다를 완수하기 위해 카드를 사용해서 데이터 요새를 짓고, 요새를 보호한다. 러너는 기업이 아젠다를 완수하기 전에 카드를 사용해서 기업의 보안을 뚫고 아젠다를 훔친다. 이 게임에서 두 플레이어는 완전히 다른 리소스와 능력을 이용하지만 아젠다 점수를 7점 획득한다는 최종 목표는 같다.

비대칭적 게임의 또 다른 유형으로, 각 플레이어에게 다른 목표를 제시하여 게임에 다양성과 흥미진진함을 더할 수 있다. 예를 들어, 다른 것은 모두 같고 승리 조건만 비대칭적으로 만들거나, 시작 포지션과 목표를 비대칭적으로 조합할 수도 있다. 후자는 매우 까다롭지만, 재미의 다양성을 높이거나 현실 세계와 유사한 상황을 게임에 제공하고 싶은 경우 사용하는 방법이다.

보드게임 〈뱅(Bang)〉은 서부 시대를 소재로 한 게임으로, 플레이어는 무법자 무리와 그들의 표적인 보안관 사이의 총격전이다. 신분을 숨기고 열심히 보안관을 돕는 부관도 있지만, 나름의 목표를 달성하기 위해 수단과 방법을 가리지 않는 배신자도 있다. 플레이어는 다른 플레이어가 공동의 목표와 개별적인 목표를 달성하지 못하도록 견제해야 한다. 목표가 서로 다르기에 동맹은 불안정하고 서로 신뢰할 수 없다. 이기기 위해서 어떤 때는 서로 협력하고 어떤 때는 서로 배신해야 하므로 게임이 균형을 이룬다.

게임 변수는 게임이 진행되는 동안 양쪽이 이길 확률이 같도록 균형을 이뤄야 한다. 대칭적, 비대칭적 모델에서 중요한 것은 플레이어 사이의 균형이다. 멀티플레이어 상호작용의 모델 대부분은 다른 플레이어를 게임 갈등의 기초로 이용하기 때문에 게임이 시작될 때 각 플레이어에게 리소스와 힘을 어떻게 분배할지의 문제로 균형 문제가 귀착되기도 한다.

대부분 게임은 단일 시스템이 아니라 상호 연관된 하위 시스템으로 구성된다. 따라서 모듈의 관점에서 생각하면 게임을 단순화하기 쉽다. 게임을 기능별 유닛으로 분리하면 유닛의 메커니즘이 어떻게 상호 연관되는지 알 수 있다. 예를 들어, 〈워크래프트〉는 전투 하위 시스템, 마법 하위 시스템, 자원관리 하위 시스템으로 나눌 수 있다. 다양한 조각이 서로 많이 연결되어 있을수록 수정하기가 어려운데, 이는 무언가를 수정했을 때 관련 없어 보이는 부분의 균형이 깨질 수 있기 때문이다. 이런 유형의 기능적 독립성은 하위 시스템을 분리해서 서로에 대해 추상화하므로, 대규모 게임 디자인에서 매우 중요한 부분이다. 같은 맥락에서 목적이 단일성을 가지도록 게임을 디자인해야 한다. 즉, 게임의 모든 요소가 각각 명확히 정의된 미션을 딱 하나만 가진다는 의미다. 그 어떤 것도 애매하지 않고 이유 없이 존재하지 않으며, 모든 것은 1가지 기능만 가진다. 게임이 모습을 갖춰 가면 규칙과 하위 시스템은 점점 복잡해지는데, 이 원칙을 고수하면 어떤 부분을 수정해도 게임 플레이의 한 측면만 바뀌며, 추측에 의존하지 않고 게임 밸런싱을 체계적으로 진행할 수 있다. 수정은 한 번에 하나씩만 하는 것이 좋다. 만약 변수를 2개 이상 한꺼번에 수정하면 각 수정이 전체 시스템에 어떤 영향을 주는지 판단하기 어렵다. 이어서 밸런싱 디자인을 할 때마다 모든 데이터를 스프레드시트에 기록하면 훨씬 더 순조롭게 작업할 수 있다. 이 단계에서 평가할 내용은 다음과 같다.

- 게임 작동이 완전한가?
- 게임이 내부적으로 완전하면서 균형은 맞는가?

● 5단계: 게임이 재미있는가?

1단계와 2단계에서 테스트한 내용은 '재미'와 '작동성'이었다. 테스트 결과 핵심 게임 플레이가 재미있었다면, 3단계와 4단계 테스트에서는 게임의 완전성과 균형을 갖추기 위해 재미가 떨어지는 일이 생겨서는 안 된다. 오히려 완전성과 균형을 통해 게임이 더 재미있어져야 한다. 재미라는 것이 매우 광범위한 단어라서 재미가 무엇인지, 그리고 게임이 재미있다고 판단하는 기준도 매우 주관적이다. 그런데 플레이어에게 게임에서 원하는 것이 무엇이냐고 물으면, 대부분 재미라고 대답한다. 그들이 재미가 무엇인지 완전하게 정의하지는 못할지라도, 언제 재미있는지는 안다. 재미는 감정을 움직여 플레이어가 게임을 선택하고 플레이하게 하며, 계속 플레이하게 만드는 감정적, 극적인 모든 요소는 플레이어가 이 게임이 왜 재미있느냐는 질문에 대답할 때 언급하는 요소와 같다. 게임이 재미있는지 알아보려면 플레이어를 형식 체계에 몰입시키는 요소, 플레이어가 게임을 하면서 감정을 느끼게 만드는 요소를 테스트해야 한다.

❶ 도전

■ 목표 달성

목표를 달성하려는 욕구는 인간의 근본적인 성질이다. 플레이 테스터에게 플레이하면서 자신의 목표가 무엇인지 물어본다면, 게임 디자이너가 원래 계획한 목표를 플레이어가 자신의 목표로 삼는지 아닌지 알 수 있다.

- 게임에 최종 목표 하나만 있는가 아니면 하위 목표가 여러 개 있는가?
- 목표를 달성하기 너무 쉬운가 아니면 너무 어려운가?
- 목표가 명확하게 정의되었는가 아니면 잘 보이지 않게 숨어있는가?

■ 경쟁하기

인간은 경쟁을 즐기고, 경쟁은 직접적인 형태나 간접적인 형태로 게임에서 자연스러운 도전을 제공한다. 인간은 지능, 기술, 힘, 행운, 그 밖의 무엇이든 다른 사람과 비교하고 싶어 한다.

- 게임에 경쟁의 기회는 있는가 아니면 없는가?
- 여러 테스터가 무슨 이야기를 나누는가?

그림 12-10 경쟁: 식스틴

■ 개인적 한계 극복

플레이어 스스로 설정한 목표는 디자이너가 설정한 목표와 다르다. 자신의 한계는 본인이 가장 잘 안다. 게임에서의 목표를 직접 정하고 개인적인 한계를 극복한다면, 플레이어는 게임 내 어떤 보상 시스템보다 더 큰 성취감을 느낄 수 있다. 물론 여지가 너무 많기에 모든 플레이어가 이런 시스템을 즐기지는 않는다. 하지만 플레이어가 시스템 안에서 자신의 목표를 스스로 결정하는 경우가 매우 많으며, 상대를 이길 수 없다는 것을 알고 있어도 어떤 식으로든 성취감을 느끼고자 하므로 플레이어가 어떤 성향인지 파악하고 이런 자유를 주는 것이 좋을지 판단해야 한다.

- 테스터는 스스로 자신의 목표를 설정하는가?

- 스스로 목표를 결정하는 것을 좋아하는가?

■ 흥미로운 선택

선택의 가장 중요한 측면은 결과다. 선택의 종류에는 〈쉐이크 쉐이크(Shake Shake)〉에서 블록을 어디 놓을지부터 〈스톤 에이지(Stone Age)〉에서 얼마나 많은 일꾼을 만들지까지 다양하다. 게임이 플레이어의 마음을 사로잡으려면 각 선택이 게임의 흐름을 바꿔놓아야 한다. 이것은 결정에 잠재적인 기회 요인과 위험 요인이 있어야 한다는 뜻이다. 기회 요인은 플레이어가 승리에 한 발 더 가까워지는 것이고, 위험 요인은 플레이어가 이길 확률이 줄어드는 것이다. 이 개념을 위기와 보상이라고 한다.

선택에 결과가 따르면 선택은 흥미롭지만, 그렇지 않다면 플레이를 방해할 뿐이다. 만약 게임의 결과와 상관없거나 사소한 의사결정이 있으면 문제가 된다. 적의 공격 중간중간에 자신이 해낸 것에 성취감을 느끼고, 다음 대결을 예상하면서 마음의 준비를 할 수 있게 해야 한다. 정말 몰입도가 높은 게임을 만들려면 오르막과 내리막을 만들어야 한다. 게임이 진행하면서 의사결정의 중요도 곡선이 올라갔다 내려갔다 하면서 게임의 클라이맥스에 이르러 모든 것이 균형을 이루게 될 때까지 의사결정이 중요할 수밖에 없게 만들어 긴장감을 조금씩 높여야 한다. 플레이어가 여러 선택지를 신중하게 비교하게 하는 고민을 제시하는 것은 플레이어에게 도전을 제공하는 강력한 방법이다.

- 무엇이 선택을 흥미롭게 혹은 흥미롭지 않게 만드는가?

- 어떻게 하면 선택을 더 흥미롭게 디자인할 수 있을까?

- 게임이 결과가 따르는 선택을 제공하는가?

- 플레이어는 선택할 때 결과를 인식하는가?

- 플레이어는 의사결정을 할 때 어떤 요소를 고려하는가?

- 결정이 의미가 있는가 아니면 중요한 목표와 별로 관계가 없는가?

■ 기술 발휘

게임의 기술을 배우기는 어렵지만, 마스터하면 보상이 따른다. 새로운 기술을 익히는 데에는 많은 시간과 노력이 필요하다. 플레이어에게 어려운 기술을 습득할 기회는 도전이지만, 마스터한 기술을 보여 줄 기회를 풍부하게 제공해야 기술을 익히는 과정이 즐거워질 뿐만 아니라, 도전하는 것에 의미가 있다.

❷ 플레이

■ 환상 세계의 체험

게임은 도전을 제공함과 동시에, 놀이 공간이다. 즐거움, 모험, 자유, 낭만 등에 대한 욕구는 플레이의 강력한 힘이다. 대부분 사람은 황제, 귀족, 우주인, 마법사 등 자신이 아닌 다른 누군가가 되기를 열망한다. 플레이어가 이룰 수 있는 범위 안에서 게임이 제공하는 열망과 이것이 충족시켜 주는 환상은 상상 속의 게임 플레이 세계로 확장될 수 있다. 반드시 플레이어가 실제로 충족시키고 싶은 환상일 필요는 없고, 오히려 플레이어의 개인적인 윤리를 거스르더라도 경험해 보고 싶은 세계도 가능하다. 여기에 해당하는 게임이 〈클루(Clue)〉다. 플레이어는 실제 살인에 대한 환상이 없지만, 실제로 겪지 못할 상황과 추리로 인해 이 게임에 대한 매력을 느낀다.

■ 탐험과 발견

무언가를 발견하는 것은 마법과 같다. 미지의 세계에서 뭔가를 발견하는 것만큼 흥미진진한 것은 없다. 건물 모퉁이를 돌 때의 긴장감, 길을 잃을지 모른다는 두려움, 뭔가를 발견할 것 같은 기대, 발견했을 때의 흥분 같은 감정을 느끼게 게임을 만드는 것은 어려운 일이다. 그러나 게임이 플레이어에게 어떤 탐험을 제공하겠다고 약속하고 그것을 충족시켜 준다면 매력적인 경험을 제공할 수 있다.

그림 12-11 탐험: 엔데버

■ 수집

플레이어는 뭔가를 모을 때 더욱 게임에 몰입한다. 게임에서 한 턴 동안 유지되는 〈컬렉션(Collection)〉의 카드 컬렉션이든, 수년에 걸쳐 수집하는 〈매직: 더 게더링(Magic: the Gathering)〉의 카드 컬렉션이든, 〈네메시스(Nemesis)〉의 캐릭터 도색 컬렉션이든 수집은 다양한 유형의 플레이어가 재미있어하는 요소다.

그림 12-12 수집: 네메시스

■ 표현

인간에게는 자신을 표현하고자 하는 욕구가 있다. 스토리텔링 또는 캐릭터를 구축하여 자기가 어떤 사람인지 표현할 기회를 주면 플레이어들이 게임에 몰입할 것이다.

■ 건설과 파괴

건설은 플레이어가 게임에 몰입하게 만드는 훌륭한 도구다. 왕권이든, 도시든, 우주든, 캐릭터든 뭔가를 구축하는 것은 재미있다. 반대로 인간은 건설을 즐기는 만큼 파괴도 좋아한다. 게임이 2가지 기회를 모두 제공하면 플레이어에게 서로 다른 유형의 재미를 줄 수 있다.

■ 상호작용

사람들은 다른 사람들과 상호작용하면서 서로에 대해 알아가는 것을 좋아한다. 게임은 인간관계를 발전시키는 멋진 공간을 제공한다. 이런 요소를 게임에 더하면 예상하지 못한 경험이 생기며, 많은 플레이어가 이 제공되는 요소만으로도 게임을 계속한다. 강력한 상호작용이 있는 게임에는 충성심이 매우 높은 플레이어들이 있으며, 이들은 게임 종료 후에도 계속 연락하면서 또 다른 게임을 플레이할 시간과 기회를 계획한다.

■ 피드백 시스템

자신이 결정한 선택으로 게임이 진행되는 것을 보는 것만큼 만족스러운 것은 없다. 목표를 향해 나아가는 행동에서 기쁨을 느끼는 것은 인간의 본성이다. 종종 그 과정에서 얻는 작은 보상이 최종 승리보다 더 달콤하다. 플레이어가 앞으로 나아가고 있다는 것을 느끼게 만드는 것은 사람들을 게임에 끌어들여 계속 몰입시키는 가장 좋은 방법이다. 현재 점수, 현재 진행 정도, 현재 위치, 현재 상대방의 상황, 현재 자신의 상황 등 피드백 시스템을 통해 플레이어가 현재 진행 상황을 인식하게 하고, 무엇을 이루려 노력해야 하는지 그것을 성취하면 어떤 보상을 받는지 알려준다. 게임 디자이너 리처드 힐먼(Richard Hilleman)은 게임을 디자인할 때 전체 게임 진행에 걸릴 시간을 가정하고 '미니 곡선'을 계획한다고 말했다. 즉, 미니 곡선에 기억에 남을 순간을 반드시 넣어서 플레이어가 다시 게임을 하고 싶게 만들어야 하며, 이 미니 곡선을 모두 합치면 게임의 서사 곡선이 된다는 것이다.

❸ 스토리

반드시 스토리가 있어야 게임이 재미있는 것은 아니지만, 스토리는 사람의 감정을 불러 일으키는 강력한 게임 요소다. 스토리는 커뮤니케이션뿐만 아니라 엔터테인먼트의 가장 시초 형태 중 하나이며, 인간은 자신의 이야기를 들려주고 다른 사람의 이야기를 듣고자 하는 욕구를 타고났다. 게임에 극적 요소를 도입하면 내러티브와 스토리텔링에 대한 이러한 욕구를 경험할 수 있다. 게임의 스토리는 전통적인 스토리와 원천이 다르다. 영화나 소설에서 스토리는 자기 내부 또는 외부의 장애물을 극복하려고 노력하는 배우에 몰입하면서 발생하는데, 이를 공감이라고 한다. 반면, 게임에서 스토리는 이런 장애물을 플레이어 자신이 캐릭터를 통해 극복하려는 노력에서 발생한다.

- 매력적이고 상상력이 풍부한 전제가 있는가?
- 독특한 캐릭터가 있는가?
- 스토리라인이 게임 플레이를 이끄는가?
- 스토리라인이 게임 플레이로부터 만들어지는가?
- 플레이어가 스토리 때문에 게임을 플레이하는가?
- 스토리나 캐릭터에서 효과적인 것과 효과적이지 않은 것은 무엇인가?

그림 12-13 스토리: 신라: 천년의 미소

● 6단계: 게임을 쉽게 할 수 있는가?

좋은 게임은 설명이 없어도 플레이어가 혼자 플레이할 수 있는 게임이다. 작동성, 완전성, 균형, 재미 면에서 세상에서 가장 뛰어난 게임을 만들어도 플레이어가 게임을 할 수 없다면 뛰어난지 알 길이 없다. 게임은 이제 경쟁이기보다는 언어이며, 문화에서 나아가 예술이다. 이런 점을 게임과 게임이 취할 수 있는 새로운 형식의 관점에서 보면, 게임의 매력을 평가하는 가장 유용한 기준이 항상 재미라고 할 수는 없다. 아무리 재미있는 게임이라도 플레이어가 할 수 없는 수준이라면 좋은 게임이 될 수 없다. 참가자가 어디서 어려워하는지, 어디서 어림잡아 플레이하는지 알기 위해 테스트를 하는 것이다. 그다음 문제가 되는 부분을 파악하고 수정한 뒤 다시 일련의 테스트를 해야 한다. 타겟 플레이어 대다수가 게임의 중요한 영역 대부분을 쉽게 플레이할 수 있을 때까지 이 과정을 계속 반복하는 것은 매우 중요한 작업이다. 플레이 용이성을 위해 게임의 모든 측면을 테스트하는 것이 이상적인 경우지만 현실에서는 그렇게 할 시간과 자원이 없다. 집중해야 할 부분은 게임을 시작하기 쉽고 이해하기 쉽고 플레이하기 쉽게 만드는 것이다. 좋은 게임은 플레이어들이 편안하다고 느끼는 게임이다.

- 게임을 시작하기 쉬운가?
- 게임은 별다른 도움 없이 이해할 수 있는가?
- 게임을 플레이하기 쉬운가?

12.2 테스트 진단 체크리스트

01 플레이테스트 진단 체크리스트

● **게임 디자인 평가**

• 팀명 :

• 팀원 :

• 최저 점수와 최고 점수를 제외한 평균 점수로 최종 배점 처리

구분			배점	팀									
				1	2	3	4	5	6	7	8	9	10
1	방향성	– 소재는 흥미로운가? – 테마의 메시지가 명확한가? – 메커니즘이 새로운가? – 타겟이 명확하고 수준에 맞는가?	20										
2	작동성	– 게임은 작동하는가? – 소재, 테마, 스토리, 메커니즘에 일관성이 있는가?	15										
3	완전성	– 게임 시스템의 오류로 인한 허점은 없는가? – 플레이 중 교착 상태는 없는가? – 규칙은 명확한가? – 게임 목표는 명확한가?	15										
4	균형성	– 변수, 힘, 대칭, 비대칭 등 각각의 균형이 적절한가? – 구성요소 간의 균형이 적절한가? – 피드백 시스템은 잘 적용되었는가?	20										
5	재미성	– 목표, 경쟁, 흥미로운 선택 등 도전 요소가 있는가? – 탐험, 발견, 수집, 표현, 건설 등 재미가 있는가? – 전략, 운, 실력의 요소가 게임 시스템을 이끄는가?	20										
6	용이성	– 게임을 이해할 수 있는가? – 게임을 플레이하기 쉬운가?	10										
합계			100										

12.3

실습하기

13주차 실습

① **목표** : 재미 검증 및 밸런스 검증하기

② **추천 분량** : PPT 1~2장

01 플레이테스트를 통해 받은 피드백은 무엇인가?

- 1 :
- 2 :
- 3 :
- 4 :
- 5 :
- 6 :
- 7 :

02 피드백 내용 중, 수정 또는 보완할 사항을 정한다. 그리고 그것을 어떻게 수정 또는 보완할 것인지 적어보자.

13 장

규칙서 작성

게임 규칙서 작성 요령을 이해하고 개발한 게임의 규칙서를 명확하고
상세하게 작성한다.

13.1 이론과 개념

01 절차

게임의 절차는 룰 북, 즉 보드게임의 규칙서를 생각하면 이해하기 쉽다. 절차는 보드게임을 플레이하기 위한 준비부터 정리까지 일련의 순서를 의미하며, 플레이어가 계획한 목표를 달성하기 위해서 수행하는 모든 행동이다. 디지털 게임의 구도를 이해하려면 잘 만들어진 보드게임 규칙서를 보라는 말이 있을 정도로 보드게임 설명서는 아주 자세하고 상세하게 설명되어 있다. 디지털 게임에서는 플레이어가 컨트롤을 통해 진행 방법을 이용하기 때문에 일반적으로 게임 매뉴얼의 컨트롤 설명 파트에 진행 방법이 들어있지만, 보드게임 진행 방법은 보통 규칙서에 설명되어 있고, 플레이어가 행동으로 옮긴다.

보드게임 플레이 절차는 일반적으로 게임 소개, 게임 준비, 게임 진행, 게임 종료로 구분한다. 게임 소개는 간략한 스토리, 목표, 구성물, 참가 가능 인원, 플레이 타임 등이 있다. 게임 준비는 언제라도 게임이 플레이될 수 있도록 시작 플레이어를 정하고, 각각의 구성물들을 규칙에 따라 배치한다. 또 플레이어들을 어떤 순서로 게임을 진행하게 할지에 대한 내용이다. 게임 진행은 시작 플레이어가 게임을 시작하는 시점부터 종료될 때까지 해야 하는 모든 행동을 상세히 설계해 놓은 것이다. 게임 종료는 플레이가 멈추는 시점, 조건, 그리고 승패를 결정하는 기준이 해당한다.

게임 소개	→	세계관, 목표, 구성물, 장르, 플레이 타임, 플레이 인원
게임 준비	→	턴 방식, 선 플레이어 결정, 구성물 세팅
게임 진행	→	액션, 규칙 실행, 절차 적용
게임 종료	→	종료 시점, 승리 조건

그림 13-1 보드게임 시스템 절차

● 게임 소개

게임 소개(Introduction)는 플레이어가 게임을 진행하기 전에 어떤 게임인지 이해하고 게임에 대한 흥미와 기대를 가질 수 있도록 공개한 게임 지도라고 할 수 있다. 일반적으로 게임 타이틀, 게임 소개, 게임 목표, 구성물, 플레이 가능한 나이, 적정 인원, 예상 소요 시간 등을 설계한다. 이 부분에 들어갈 내용이 정해져 있는 것은 아니지만, 기본적으로 다루어야 할 기본 내용은 빠지지 않도록 주의해야 한다.

그림 13-2 신라: 천년의 미소 게임 소개

게임 타이틀은 플레이어가 캐릭터 다음으로 오래 기억하는 게임 요소다. 특히 캐릭터 비중이 크지 않는 보드게임 플랫폼에서는 가장 오래 기억하는 요소일 것이다. 그래서 게임 타이틀은 게임의 크기와 무게를 견딜 수 있는 볼륨이어야 한다. 게임 타이틀은 플레이어가 게임에 대해 궁금해 하고 선호하는 장르를 선택하는 데 영향을 미칠 수 있기 때문에 테마나 스토리를 짐작할 수 있는 이름으로 짓는 것이 좋다. 화성의 환경을 지구처럼 변화시켜야 하는 〈테라포밍 마스(Terraforming Mars)〉, 여왕 즉위식에 사용할 최고의 보석을 만들어야 하는 〈세공사(Segongsa)〉, 기차표를 구매하고 여행 경로를 만들어 가는 〈티켓 투 라이드(Ticket to Ride)〉 등이 대표적이다. 어떤 게임은 특정 지역이나 장소를 게임 타이틀로 짓기도 한다. 세계에서 가장 부유한 항구 국가 〈푸에르토 리코(Puerto Rico)〉, 스페인 그라나다에 있는 붉은 성 〈알람브라(Alhambra)〉, 제국건설을 목표로 하는 〈브라질(Brazil Imperial)〉 등이 있다. 또 게임의 핵심 메커니즘을 게임 타이틀에 반영한 〈코드톡(CODETALK)〉, 〈고 앤 스탑(Go and Stop)〉이 있다. 〈던전 앤 드래곤(Dungeons & Dragons)〉, 〈반지의 제왕(The Lord Of The Rings)〉처럼 소설이나 영화 원작을 게임으로 만들 경우에는 원작 제목을 게임 타이틀에 그대로 사용하기도 한다. 결론은 게임 타이틀은 게임의 테마, 스토리, 메커니즘, 배경 등과 일관성 있게 지어야 한다는 것이다.

세계관과 스토리는 플레이어가 흥미를 느낄 수 있고, 스토리를 잘 확장할 수 있도록 구상한다. 이야기를 모두 공개하는 것보다, 중요한 부분은 게임을 플레이하면서 알아갈 수 있도록 플레이어 핵심 액션으로 설계할 수도 있다. 게임 개발 방향성을 잃지 않기 위해서는 장르도 상세하게 정하면 좋다.

마지막으로 만들고자 하는 게임 난이도에 도전하고, 게임을 이해할 수 있는 적정 연령대를 결정한다. 게임 플레이에 참여할 수 있는 최소 인원과 최대 인원을 결정하고, 플레이가 얼마나 진행되길 원하는지 소요 예상 시간을 정한다. 연령, 인원, 시간은 게임의 볼륨과 무게와 난이도를 결정하는 핵심 요소들이다. 간단하게 생각하고 나중에 설정해도 크게 문제는 되지 않겠지만, 처음부터 게임에 대한 정확한 개요와 방향성이 있어야 프로토타입에서 크게 수정할 위험을 줄여준다.

● **게임 목표**

게임의 목표(Gole & Victory)는 플레이어가 성취하려고 노력하는 대상으로, 게임 규칙을 따르면서 이뤄야 할 무엇인가를 정의한다. 나아가 플레이어에게 도전을 제공하고 게임의 분위기를 결성하기 때문에 게임의 목표는 명확하고 구체직이이야 힌다. 좋은 플레이 목표란 반드시 달성 가능한 목표로, 간혹 이에 도달하기 위한 과정이 모호하거나 숨어있더라도 어떻게든 플레이어가 달성 가능한 것이어야 한다. 결과적으로 만족과 좌절, 즉 경험을 만드는 것이 무엇이든 플레이어를 목적지로 이끄는 선택지와 목적지에서 밀어내는 선택지 사이에서의 도전은 계속되기 때문이다. 또한, 게임의 목표는 플레이어가 게임에 집중하고 계속 머물 수 있게 하는 원동력이기도 하다.

어떤 게임은 플레이어마다 다른 목표를 정의하고, 어떤 게임은 플레이어가 여러 목표 중 하나를 선택하고, 또 어떤 게임은 플레이어가 게임을 하면서 자신의 목표를 스스로 정한다.

때로는 플레이어가 최종 목표를 달성하도록 돕는 미니 목표를 두기도 한다. 어떤 경우든 목표는 게임의 형식 체계뿐만 아니라, 극적인 측면에도 영향을 주므로 신중하게 디자인해야 한다. 목표가 전제나 스토리에 잘 통합되면 게임의 극적인 측면이 단단해진다.

- 〈식스틴〉 : 타일을 먼저 없애거나, 타일에 적힌 숫자의 합을 적게 남긴다.
- 〈코드톡〉 : 자신의 칩 3개를 나란히 연결한다.
- 〈세공사〉 : 6조각으로 보석을 세공하고 점수를 획득한다.
- 〈신라: 천년의 미소〉 : 지형을 다듬고 건축물을 세워서 신라 천년 왕궁을 복원한다.
- 〈배틀쉽〉 : 상대방의 군함 5대를 모두 격침한다.
- 〈체스〉 : 상대방 킹을 체크메이트 시킨다.
- 〈클루〉 : 누가 어디서 어떻게 살인을 저질렀는지 추론하여 범인을 잡는다.
- 〈슈퍼 마리오 브라더스〉 : 공주를 악의 브라우저로부터 구출한다.
- 〈문명〉 : 다른 문명을 모두 정복한다. 알파 센타우리 별을 식민지로 만든다.

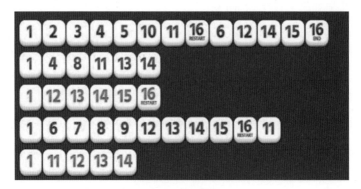

그림 13-3 식스틴

게임의 목표는 승패를 결정하는 기준이다. 게임을 다른 놀이나 활동과 구분하는 두 가지 특성은 목표와 최종 종료 시점이 있다는 것이다. 종료 시점이 불분명한 RPG에서도 캠페인이나 내러티브가 절정에 달하고 캐릭터가 다음 모험을 계속할 수 있지만, 목표는 여전히 존재한다. 게임에서 목표를 달성하는 것은 게임의 승자를 결정하는 것과 얽혀있다.

게임에서 목표가 없다면 플레이어는 게임을 계속할 이유가 없으며, 게임 자체의 가치와 의미도 사라진다. 그만큼 게임에서 목표는 중요하다.

목표는 플레이어가 게임을 왜 해야 하는지, 어떻게 해야 하는지, 언제까지 해야 하는지를 알 수 있도록 명확하게 디자인해야 한다. 게임에서 목표는 대부분 한 가지로 이루어진 경우가 많지만, 경우에 따라 여러 개를 설정할 수 있다.

● 게임 구성물

게임 구성물은 게임의 전체적인 분위기나 스토리를 이끌어 가는 데 꼭 필요한 것들로만 구성하되, 각각의 객체 수량은 희소성과 유효성을 고려해서 꼭 맞게 구성하는 것이 좋다. 이는 수량이 너무 많으면 게임의 긴장감이 떨어지고, 너무 부족하면 게임 흐름에 영향을 줄 수 있기 때문이다. 구성물의 종류는 게임 장르나 볼륨에 따라 다르며, 전략 게임은 대체로 구성물의 종류가 다양하고, 카드 게임이나 파티 게임 종류는 구성물이 간단하다. 규칙서에 게임 구성물을 작성할 때에는 모든 구성물을 한눈에 볼 수 있도록 하며, 각 구성물의 이름과 수량을 정확하게 적는다.

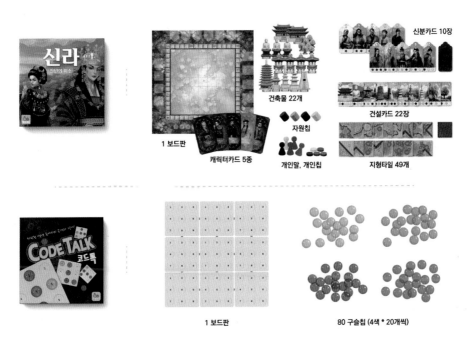

그림 13-4 신라: 천년의 미소/코드톡 게임 구성물

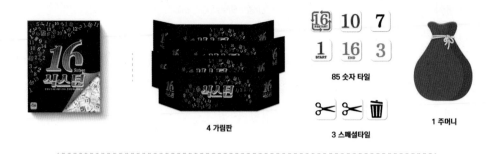

85 숫자 타일

4 가림판

3 스페셜타일

1 주머니

보석 조각 112개

기능 타일 8개
삽(3), 곡괭이(3)
집게(2)

Diamond
다이아몬드
(18조각)

Ruby
루비
(51조각)

Emerald
에메랄드
(39조각)

Sapphire
사파이어
(66조각)

Topaz
토파즈
(72조각)

Amethyst
자수정
(90조각)

그림 13-5 식스틴/세공사 게임 구성물

● 게임 준비

게임 준비(Setting)는 게임을 진행하기 위해 구성물을 어떻게 배치해야 하는지, 카드는 어떻게 나눠 가져야 하는지 안내한다. 게임 설정이 끝나면, 게임을 시작할 플레이어와 진행 순서를 어떻게 할 것인지에 대한 턴 방식으로 결정한다. 시작 플레이어는 일반적으로 가위바위보를 해서 이긴 사람이 시작한다. 이 외에도 여행을 테마로 하는 게임에서는 최근에 해외여행을 다녀온 사람을 시작 플레이어로 정하거나, 어린이용 게임에서는 나이가 제일 적은 사람이 시작 플레이어로 정하는 등, 게임의 테마와 장르에 어울리는 방법을 사용한다.

● 게임 진행

게임 진행은 보드게임을 본격적으로 진행하는 전체 과정에서 지켜야 하는 규칙을 순서대로 작성한다. 진행 차례에 플레이어는 어떤 것을 어떻게 해야 하는지 상세하면서 명확하게 디자인한다. 보드게임은 플레이어 행동에 따라 변하는 게임 상태와 상황을 점수판이나 자원의 수량 등으로 보여 준다. 그래서 게임 객체와 객체 간의 관계를 다루는 특수 메커니즘들을 추가하더라도 단순한 진행이 플레이 루프가 될 수 있도록 디자인할 필요가 있다.

게임 진행 방법을 정의할 때는 게임이 플레이될 환경의 제약을 염두에 두어야 한다. 보드게임은 아날로그 환경에서 플레이되기 때문에, 진행 방법을 플레이어가 기억하기 쉽게 만들어야 한다. 진행 방법은 본질적으로 이런 물리적 제약의 영향을 받는다. 게임 디자이너는 제약 조건에 유의하면서 직관적으로 이용할 수 있고 기억하기 쉬운 진행 방법을 제공하는 창의적인 해법을 찾아야 한다.

❶ 식스틴

- 빨강 1타일을 낸 사람이 게임을 시작한다.

- 자기 차례가 되면 1가지 색깔에 한해서 타일 1개 또는 연속된 숫자 타일 여러 개를 낸다.

- 가위 또는 휴지통을 사용할 때에는 규칙에 따라 기능을 수행하고, 추가로 숫자 타일을 한 번 더 놓는다.

- 자기 턴에 낼 타일이 없으면 패스를 외치고, 다음 순서 플레이어에게 턴을 진행한다.

❷ 코드톡

- 시작 플레이어를 정한다.

- 자기 차례가 되면 칩을 보드판에 놓고, 해당 위치의 코드를 말한다.

- 다음 플레이어는 이전 플레이어가 말한 코드방에 칩을 놓을 수 있다.

- 코드방의 원하는 곳에 놓을 수 있으며, 마찬가지로 코드 번호를 부른다.

● 게임 종료 및 승패

게임 종료 및 승패 조건은 게임 진행이 종료되는 시점과 조건 그리고 승리 기준에 대해 자세히 설명한다. 승패를 결정하는 기준은 게임 종료 및 목표와 연계된다. 게임 진행은 플레이어가 게임을 시작하는 시점부터 진행하는 모든 과정이다. 그리고 게임 종료는 게임이 종료되는 조건과 게임이 종료되었을 때, 승패를 가리는 기준을 제시한다.

● 규칙서

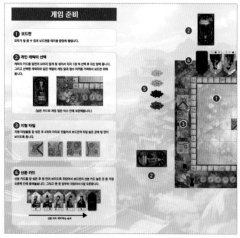

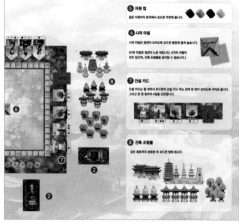

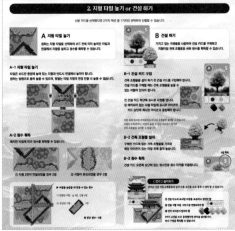

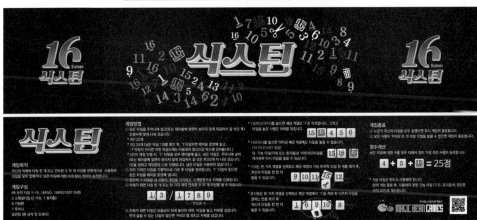

그림 13-6 신라: 천년의 미소/식스틴 게임 규칙서

그림 13-7 코드톡/세공사 게임 규칙서

13.2 실습하기

14주차 실습

① **목표** : 게임 규칙서 만들기

② **추천 분량** : PPT 3~4장

01 게임 소개를 간략하게 적는다.

02 게임 목표를 적는다.

03 게임의 구성물을 적는다.

04 게임 준비는 어떻게 해야 하는지 적는다.

05 게임 진행을 어떻게 하는지 적는다.

06 게임 종료 시점 및 승패 조건을 적는다.

13.3 기말 발표 가이드

기말 발표 PPT 작성 요령
① **추천 분량** : PPT 25~30장
② **발표 시간** : 10~15분

---

01 표지
- 게임명(로고 이미지)
- 개인 프로젝트 : 이름(학번) / 팀 프로젝트−팀명, 팀장, 팀원
- 학부(학과), 과목명, 지도교수

02 목차

03 개요
- 게임 대표 이미지 첨부
- 소재, 테마, 장르, 타겟, 참여 인원수, 소요 시간

04 기획의도 및 차별점
- 기획의도
- 차용 및 유사 게임과의 차별점

05 특성
- 놀이 유형 및 배분율
- 재미 유형 및 배분율
- 핵심으로 다룬 게임의 재미요소

06 **세계관과 스토리**

- 세계관 요약
- 스토리 요약

07 **캐릭터 소개**

- 캐릭터 상세 소개
- 캐릭터 관계도

08 **메커닉스**

- 코어 메커닉스 다이어그램
- 게임 절차(플로우 차트)

09 **컴포넌트**

- 구성물 소개(이미지, 종류, 수량 등)

10 **시스템**

- 게임 목표
- 게임 준비
- 게임 진행(상세하게 작성)
- 게임 종료 시점 및 승패 조건

11 **게임 시연 동영상**

- 시연 영상(1~3분 이내)

12 **정리**

- 느낀점 요약(팀 프로젝트는 팀원 각각 작성)

| 참고 문헌 |

이은정, 「보드게임 지도사」, 형설출판사, 2019.

이은정, 「언플러그드 보드게임으로 배우는 컴퓨팅 사고력」, 형설출판사, 2018.

이은정, 「보드게임 설계 시 고려사항에 관한 연구 −ccg의 구성요소를 중심으로−」, 가천대학교, 석사학위 논문, 2021.

이은정 & 김효은, 「한글 교육을 위한 가능성 보드게임 개발 연구」, 한국게임학회 논문지, vol.22,no.4,pp. 39−50, 2022.

이은정 & 남기덕, 「보드게임 디자인 방법론 CDR 모델 설계에 관한 연구」, 한국컴퓨터게임학회 논문지, 2023.

이은정 & 남기덕, 「환경교육용 보드게임 개발에 관한 연구」, 한국컴퓨터게임학회 논문지, 2023.

규리네, 「게임의 심리학」, 루비페이퍼, 2018.

김덕호, 「게임기획과 디자인 이렇게 시작하세요」, 컴스페이스, 2008.

김범석, 「캐릭터 커스터마이징 UI 사용성 평가 항목 분석 및 개발 연구 −모바일 MMORPG를 중심으로 」, 가천대학교, 석사학위 논문, 2022.

김정남 & 김정현, 「게임의 운명을 결정하는 기획과 시나리오」, 비즈북스, 2018.

김진우, 「경험 디자인: 잡스, 철학자 듀이를 만나다」, 안그라픽스, 2021.

남기덕, 「게임 디자인을 위한 기초 이론」, 에이콘, 2019.

남기덕, 「게임 캐릭터 성격 모형의 상대적 중요도에 관한 연구_AHP 분석기법을 중신으로」, 한국게임학회 논문지, vol.20, no.5, pp.77−88, 2020.

남기덕, 「게임 테마의 특성 비교 분석 연구 : 미국과 일본의 프랜차이즈 롤플레잉게임을 중심으로」, 상명대학교 일반대학원 게임학과 석사학위논문, 2016.

남기덕, 「싱글과 멀티 플레이 게임의 재미요소에 대한 우선순위 비교 연구」, 한국게임학회 논문지, Vol.22, no.2, pp. 57−68, 2022

남기덕, 「장르별 게임 디자인 구성요소의 우선순위에 대한 연구」, 한국게임학회 논문지, Vol.21, no.5, pp.63−73, 2021.

남기덕, 「AHP를 활용한 게임 캐릭터의 성격 디자인에 대한 연구」, 상명대학교 일반대학원 게임학과 게임학전공 박사학위논문, 2020.

남기덕, 「A Study on the Priority for Fun Factors by Genres : Focusing Action, Adventure, Role−Playing, Games」, 한국컴퓨터게임학회 논문지, Vol.35, no.3, pp. 55−64, 2022.

남기덕 & 길태숙, 「상호작용을 고려한 게임 캐릭터 성격 모델 연구」, 한국게임학회 논문지, Vol.20, no.4, pp.27−34, 2020.

남기덕 & 윤형섭, 「미국과 일본 게임의 플레이어 캐릭터 나이와 성별 비교 분석」, 한국게임학회 논문지, Vol.17, no.4, pp.91−100, 2017.

넬슨 신, 「넬슨 신의 영상백과사전」, 한울, 2006.

박 일, 「위대한 게임의 탄생 1: 좋은 게임을 넘어 위대한 게임으로」, 지앤선, 2011.

데이브 그레이 & 서니 브라운 & 제임스 매카누포 저, 정진호 & 강유선 역, 「게임스토밍」, 한빛비즈, 2010.

댁스 개저웨이 저, 강세중 역, 「게임 시스템 디자인 입문」, 책만, 2023

라프 코스터 저, 유창석 & 전유택 역, 「라프코스터의 재미이론」, 길벗, 2019.

로널드 B.토비아스 저, 김석만 역, 「인간의 마음을 사로잡는 스무가지 플롯」, 풀빛, 1997.

로제 카이와 저, 이상률 역, 「놀이와 인간: 가면과 현기증」, 문예출판사, 2018.

류철균 & 한혜원, 「트랜스미디어 스토리텔링의 이해」, 이화여자대학교출판문화원, 2016.

린다 시거 저, 윤태현 역, 「시나리오 거듭나기」, 시나리오친구들, 2001.

마이클 셀러스 저, 진석준 역,「시스템으로 풀어보는 게임 디자인」, 에이콘출판사, 2022.

바바 야스히토 & 야마모토 타카미츠 저, 김훈 역, 「게임/기획/개발: 게임 크리에이터를 꿈꾸는 사람을 위한」, 비즈앤비즈, 2020.

박재석, 「게임 기획의 멘토링」, 북스홀릭, 2020.

박지수 & 김헌, 「UX디자인 7가지 비밀」, 안그라픽스, 2013.

박형선 & 민준홍 & 유수연, 「유저를 끌어당기는 모바일 게임 기획: 기획서 작성부터 취업까지 한번에」, 비제이퍼블릭, 2020.

밥 베이츠 저, 송기범 역, 「Game Design: The Art & Business of Creating Game」, 제우미디어, 2001.

브라이언 업튼 저, 김동훈 역, 「플레이의 미학」, 에이콘출판사, 2019.

사사키 토모히로 저, 방수진 역, 「기초부터 배우는 게임 시나리오」, 비즈앤비즈, 2007.

스튜어트 브라운 & 크리스토퍼 본 저, 윤미나 역, 「플레이, 즐거움의 발견」, 흐름출판, 2010.

심재근, 「게임 기획자와 시스템 기획: 기본부터 실제 업무까지 차근차근 올라가기」, 에이콘출판사, 2021.

어니스트 아담스 & 요리스 도르만스 저, 고은혜 역, 「Game Mechanics」, 에이콘출판사, 2016.

앤드류 롤링스 & 데이브 모리스 저, 한쿨임 팀 역, 「게임아키텍처&디자인」, 제우미디어, 2004.

앤드류 롤링스 & 어니스트 아담스 저, 송기범 역, 「게임 기획 개론」, 제우미디어, 2009.

요한 하위징아 저, 이종인 역, 「놀이하는 인간 호모루덴스」, 연암서가, 2018.

웬디 디스페인 저, 김정태 & 오석희 & 윤형섭 & 한동숭 & 한호성 역, 「게임 디자인 원리 : 반드시 알아야 하는 게임 디자인 비법 100가지」, 에이콘, 2014.

윤형섭, 「MMORPG의 재미 평가 모델에 관한 연구」, 상명대학교 게임학과 박사학위논문, 2009.

이영주, 「모바일 UI/UX 디자인 실무」, 한빛아카데미, 2019.

이재홍, 「게임 스토리텔링 총론」, 홍릉과학출판사, 2018.

이진희, 「이론과 실전으로 배우는 게임 시나리오」, 한빛미디어, 2021.

정한숙, 「현대소설작법」, 장락, 1994.

제레미 깁슨 본드 저, 이승준 역, 「게임 디자인, 프로토타입 제작, 개발 2/e」, 에이콘출판사, 2023.

제인 맥고니걸 저, 김고명 역, 「누구나 게임을 한다」, RHK 코리아, 2012.

조해진, 「한국영화 장르의 법칙」, 국학자료원, 2010.

조현래, 「2022 대한민국 게임백서」, 한국콘텐츠진흥원, 2023.

존 야블론스키 저, 이미령 역, 「UX/UI의 10가지 심리학 법칙: 사용자의 마음을 읽는 인간 중심 제품과 서비스 디자인」, 책만, 2022.

주진영, 「게임 디자이너를 위한 문서 작성 기술」, 성안당, 2021.

지니 노박 저, 김재하 역, 「게임학이론」, 청문각, 2014.

최주홍, 「모바일 게임 기획의 모든 것」, 영진닷컴, 2020.

콜린 맥클린 & 존 샤프 저, 고은혜 역, 「게임, 디자인, 플레이: 반복적인 게임 디자인에 대한 상세한 접근법」, 정보문화사, 2017.

타드 자키 워플 저, 이예나 & 이재명 역, 「Prototyping 프로토타이핑: UX 디자이너가 반드시 알아야 할 프로토파이팅 기법」, 인사이트, 2011.

트레이시 풀러턴 저, 위선주 & 심연정 역, 「게임 디자인 워크숍: 게임 디자인, 플레이 중심으로 접근하자」, 길벗, 2016.

하라다 히데시 저, 전종훈 역, 「UI 디자인 교과서」, 유엑스리뷰, 2022.

허먼 멜빌 저, 김석희 역, 「모비딕」, 작가정신, Chapter 104, 2010.

호소야 마사토 저, 김현정 역, 「브랜드 스토리 디자인」, BMK, 2019.

Brian Sutton-Smith, 「The Ambiguity of Play」, Harvard University Press, 1997.

Brian Sutton-Smith, 「A History of Children's Play」, University of Pennsylvania Press, 1981.

Brian Sutton-Smith, 「Toy as Culture」, Gardner Press, 1986.

Bernard Suits, 「The Grasshopper: Games, Life and Utopia」, Broadview Press, 2005.

David E. Rumelhart, 「The Representation of Knowledge in Memory」, Lawrence Erlbaum Associates. 1977.

David Parlett,「Oxford History of Board Games」, Echo Point Books & Media,1999.

Felipe Pepe, 「The CRPG Book Project: Sharing the History of Computer Role-Playing Games」, e-book, 2018.

Elliott M Avedon, 「The Structural Elements of Games」, 1981.

Frank Lantz & Eric Zimmerman, 「Rules, Play and Culture: Towards an Aesthetic of Games」.

Greg Costikyan, 「I Have No Words and I Must Design」, Tampere University Press, 2002

Geoffrey Engelstein & Isaac Shalev, 「Building Blocks of Tabletop Game Design: An Encyclopedia of Mechanisms」, CRC Press, 2022.

Jack Botermans, 「The Book of Games: Strategy, Tactics & History」, Sterling Publishing, 2008.

Katie Dalen & Eric Zimmerman 저, 윤형섭 & 권용만 역, 「게임디자인 원론 1」, 지코사이언스, 2010.

Margaret K. Hofer, 「The Games we Played」, Princeton Architectural Press, 2003.

Tracy Fullerton & Christopher Swain & Steven Hoffman, 「Game Design Workshop: Designing, prototyping & Playtesting Games」, CMP Books, 2004.

| 이미지 출처 |

그림 1-1 Cézanne의 카드놀이 하는 사람들 https://blog.naver.com/tasteaart/223105313999.

그림 1-2 보드게임 하는 사람들 https://nownews.seoul.co.kr/news/newsView.php?id=20200210601006.

그림 1-3 고대에서 즐겼던 벡게먼 https://m.blog.naver.com/goliath_777/110031622784.

그림 1-4 고대 주사위들 https://gamecows.com/ko.

그림 1-5 테이블 축구 https://ko.wikipedia.org/비디오_게임의_역사

그림 1-6 퐁 https://ko.wikipedia.org/비디오_게임의_역사

그림 1-7 슈퍼 패미컴 https://ko.wikipedia.org/비디오_게임의_역사

그림 1-8 아타리 2006 https://ko.wikipedia.org/wiki

그림 1-9 페이퍼 프로토타입을 활용한 경험 디자인 http://www.magicbeangame.com/

그림 1-10 페이퍼 프로토타입 제작 과정 https://brunch.co.kr/@ebprux/476

그림 1-11 MBTI 성격유형 보드게임 캐릭터 페이터 프로토타입 http://www.magicbeangame.com/

그림 1-12 페이퍼 프로토타이핑 작업 http://www.magicbeangame.com/

| 표 출처 |

길벗 캠퍼스의 대학교재 시리즈를 소개합니다

길벗 캠퍼스는 교수님과 학생 여러분의 소중한 1초를 아껴주는

IT전문 분야의 교양 및 전공 도서를 Learn IT라는 브랜드로 출간합니다

컴퓨팅 사고 with 파이썬
김현정, 황숙희 지음 | 412쪽 | 25,000원 | 2022년 6월 출간

팅커캐드&아두이노
최훈 지음 | 548쪽 | 29,800원 | 2022년 11월 출간

메타버스 교과서
김영일, 임상국 지음 | 472쪽 | 29,000원 | 2023년 1월 출간

자료구조와 알고리즘 with 파이썬
김현정, 황숙희 지음 | 416쪽 | 28,000원 | 2023년 1월 출간

데이터 분석을 위한 전처리와 시각화 with 파이썬
오경선, 양숙희, 장은실 지음 | 536쪽 | 29,000 | 2023년 5월 출간

파이썬 워크북
이경숙 지음 | 408쪽 | 26,000원 | 2023년 5월 출간

안드로이드 프로그래밍
송미영 지음 | 672쪽 | 36,000원 | 2023년 6월 출간

모던 자바스크립트&Node.js
이창현 지음 | 600쪽 | 34,000원 | 2023년 7월 출간

SQL과 AI 알고리즘 with 파이썬
김현정, 황숙희 지음 | 376쪽 | 27,000원 | 2023년 8월 출간

머신러닝과 딥러닝 with 파이썬
김현정, 유상현 지음 | 432쪽 | 28,000원 | 2023년 8월 출간

4차 산업혁명과 미래사회
안병태, 정화영 지음 | 488쪽 | 26,000원 | 2023년 7월

게임 콘셉트 디자인 교과서
남기덕 지음 | 352쪽 | 27,000원 | 2023년 9월 출간

생성형 AI를 활용한 인공지능 아트
김애영, 조재춘 외 지음 | 356쪽 | 26,000원 | 2023년 9월 출간 예정

게임 디자인&페이퍼 프로토타입
이은정 지음 | 352쪽 | 27,000원 | 2024년 1월 출간

분산 컴퓨팅
윤영 지음 | 2024년 1월 출간 예정

길벗 캠퍼스의 모든 도서는 강의용 PPT 자료를 제공하고 있습니다.
길벗 홈페이지의 해당 도서 교강사 자료실에서 다운 받을 수 있습니다.